W0056032

ESOTERISCHES
WISSEN

Laeh Maggie
Garfield

DEN
EIGENEN
WEG
FINDEN

*Das Handbuch für den
Umgang mit
geistigen Kräften
im Alltag*

Deutsche Erstausgabe

WILHELM HEYNE VERLAG
MÜNCHEN

HEYNE ESOTERISCHES WISSEN
Herausgegeben von Michael Görden
08/9664

Aus dem Amerikanischen übertragen von Susanne G. Seiler

Titel der Originalausgabe:
HOW THE UNIVERSE WORKS
erschienen bei Celestial Arts, Berkeley, California

An meine beiden Töchter
Lianne und Kari,
an alle, die Veränderungen bewirken,
bereit, in dieser Zeit zu wachsen,
und an die Medizinmänner und -frauen
dieses Planeten

INHALT

DANKSAGUNG

Dankbarkeit jenseits bloßer Worte gilt Bob Wachtel für eine Auseinandersetzung, die schon viele Jahre dauert, für seine Kommentare und für seine instinktive Affinität zu den Lehren, die in diesem Buch enthalten sind. Ohne seinen wertvollen Rat und ohne seine Ermutigung wäre dieses Buch weniger informativ und klar.

Auch wenn er den Bezirk von Sonoma selten verläßt, ist Rio Olesky ein Astrologe der Weltklasse. Seine Einsicht in die menschliche Natur, die er seiner langjährigen beratenden Tätigkeit verdankt, und seine astrologischen Kenntnisse lassen mich immer wieder staunen. Danke Rio!

Meinen Lehrlingen und Schülern gebührt Dank, weil sie mir die Fragen gestellt haben, die für Anfänger wichtig sind.

Obwohl sie selbst nicht schreiben, wissen Edmée Gern, Bonnie Ronzio und Edwin Knight, wie man einem Buch Geburtshilfe leistet.

Dank auch an Gabrielle Gern, die Künstlerin, Schülerin und Freundin, deren Kreativität dieses wie auch andere meiner Bücher belebt hat.

VORWORT

In der Vergangenheit wurde das Preisgeben von Wissen immer mit dem Tod bestraft. Wenn das heute noch gilt, bin ich erfolgreich am Ende meiner Lebensreise angelangt, denn ich habe mit dem Universum ausgemacht, daß ich dieses Buch schreiben würde, und bin froh, daß ich es getan habe.

Das auf diesen Seiten dargestellte Material ist eine ernste Sache, deshalb können Mißbrauch und Dilettantismus zu ebenso unglücklichen wie unbeabsichtigten Resultaten führen. Sämtliche Techniken und Methoden, die in diesem Buch erklärt werden, müssen mit dem Respekt behandelt werden, den wir tiefgründigem Wissen vorbehalten. Nimm keine Abkürzungen, schade niemandem und sei guten Willens. Fang nichts Neues an, ehe du jeden Schritt bis zur Perfektion wiederholt und den Abschnitt, den du dir vorgenommen hast, ganz gemeistert hast.

Möge die Wahrheit dich immer begleiten und dir Mut, Glauben und Vertrauen in deine Aufgaben geben. Die Liebe, die dir durch diese Zeilen entgegenfließt, ist an keinerlei Bedingungen geknüpft. Nimm sie an und teile sie mit allen, die an deiner Seite gehen!

Erster Teil

Die anderen Welten

Die Lebensaufgabe

Es ist die Reise meiner Seele,
die ich unternehme; sie führt
von der Wiege bis ins Grab.

KATE WOLF

Magie ist ewig. Sie ist Teil deiner ursprünglichen Natur und liegt brach, bis du nach ihr rufst. Wunder finden statt, wenn du ausgediente Vorstellungen ablegst und dich von der Macht und der Liebe des Augenblicks führen läßt. Wie die Liebe ist auch die Magie erneuerbar und nicht der Besitz eines Einzelnen, der sie mit ins Grab nimmt. Sie ermöglicht es dir, dein Ziel zu erreichen und dich der Erleuchtung auf einer Vielzahl von Wegen zu nähern.

Niemand kann dich davon abhalten, die Geheimnisse des Universums zu erkunden. Allerdings haben organisierte Religionen und die finanziell Mächtigen das Ihre dazu beigetragen, die Glaubwürdigkeit jener, die willens sind, das Wissen weiterzugeben, in Verruf zu bringen. Gelegentlich erlauben sie dem Wissen auch zu blühen, jedoch nur soweit als es der gesellschaftlichen Ordnung erlaubt, unverändert zu bleiben.

Die Kultivierung von Weisheit kommt nicht ohne Humor aus. Ohne ihn bist du verloren. Egal wie weise oder gelehrt du bist, du kannst nicht alles in einem einzigen Leben lernen. Jeder funktioniert aufgrund von Wissensfragmenten, die persönlichen und beruflichen Interessensgebieten entsprechen.

Beim Studium des Weltraums wirst du dir vielleicht der Beziehung zwischen Wissenschaft und Mystik bewußt, doch du wirst nur wenig über die menschliche Natur lernen. Als Gärtner wirst du die natürliche Welt verstehen lernen und vielleicht auch dein Verständnis des spirituellen Bereichs fördern, aber nur wenig über den Weltraum erfahren. Bist du in einem psychoanalytischen Beruf tätig, bleibt dir vielleicht wenig Zeit, um mit Pflanzen zu sprechen oder in die vergleichende Kosmologie einzutauchen, aber du könntest einen größeren Überblick über die menschliche Natur erlangen und die Herausforderungen des Lebens schätzen lernen.

Jeder ernst genommene Pfad kann dich zu wahrem Wissen und Weisheit führen. Wie du deine Erfahrungen interpretierst, wie gut du auf deine innere Stimme hörst, wie schnell und vernünftig du dein Leben umstellen kannst, um den nächsten Schritt auf deinem Weg machen zu können, zeigt, wie fruchtbar deine Mission am Ende sein wird. Das Geheimnis deines persönlichen Erfolgs liegt darin, dir selbst treu zu sein.

Das Leben ist eine Aufgabe mit einem Anfang und einem Ende. Es ist kein Wettbewerb. Wichtig ist, daß dein Leben dir Spaß macht und es dir erlaubt, deiner Gesellschaft, deinem Planeten und deinem Schöpfer auf eine Weise zu dienen, die für dich Sinn macht. Dazu mußt du die Lebensaufgabe finden, die du angenommen hast, ehe du geboren wurdest.

Anläßlich einer kurzen Krankheit im Alter von zwölf Jahren wurde mir meine Lebensvision zuteil: Es wurde mir gesagt, was ich mit meinem Leben zu tun hätte. Ich hatte mir eine große Familie gewünscht, doch stellte ich diesen Wunsch zurück, um meiner Aufgabe gerecht zu werden. Materielle Güter, Freunde, Familie, diese Ziele verblaßten vor meinem Wunsch, meinen Vertrag mit dem Universum zu erfüllen, der in Wirklichkeit ein Vertrag mit meiner Seele ist. Mit der Zeit lernte ich darauf zu vertrauen, daß eine einheitliche Kosmologie und daraus eine weltumspannende Religion entstehen würde, wenn die Menschen ihre spirituelle Mitte fänden. Ich sah ganz klar, daß die meisten Religionen, um dominieren zu können, eine Politik des Bevölkerungswachstums und der Unterdrückung anderer Glaubensrichtungen betreiben, und daß religiöser Fanatismus nur allzu oft zu Kriegen und anderen Greueltaten geführt hat, die geistigen Suchern schlecht anstehen.

In meiner Jugend weigerten sich die herrschenden Religionen, Frauen in ihre inneren Geheimnisse einzuweihen. Deshalb wandte ich mich direkt an die göttliche Quelle, die mir Geisthelfer sandte, um mir beizustehen. Außerdem trat eine sehr erfahrene Lehrerin in mein Leben, die indianische Meisterschamanin Essie Parrish.

Männer sind sehr von Frauen abhängig, doch wenn diese sich nicht schwach und unterwürfig zeigen, weiß unsere Gesellschaft weibliche Eigenschaften nur selten zu schätzen. Im Vergleich zu Männern sind Frauen zäher, anpassungsfähiger, und haben die Gabe des Mitgefühls. Da wir wieder auf eine Zeit matriarchaler Religionen zugehen, müssen wir alle dafür sorgen, daß bleibende und ausgewogene Veränderungen zustande kommen, die den mütterlichen und den väterlichen Aspekt des Schöpfers in alles Heilige und Profane einbeziehen.

Um ihren eigenen Zwecken zu dienen, rechtfertigen viele sogenannte alternative spirituelle Gruppen gesellschaftliche Vorurteile gegenüber der weiblichen Natur. Verwirrte Männer und Frauen, die nur wenig informiert sind über historische und primitive matriarchale Gesellschaften, haben uns mit einem inkorrekten Bild vom weiblichen Wesen der Spiritualität indoktriniert, weil sie ihre Schlüsse aus einem auf unsere Kultur beschränkten Vergleich von nur drei Generationen gezogen haben, angefangen bei unseren Großmüttern.

Deshalb geht dieses Buch auf die wirklichen und mythischen spirituellen weiblichen Gaben und Errungenschaften ein. Das Universum besteht aus ausgewogenen männlichen und weiblichen Energien. Als ich entdeckte, daß der Heilige Geist die weibliche Komponente der Dreifaltigkeit darstellt, und daß das Judentum männliche und weibliche Namen für die göttliche Quelle kennt, fand ich mich in meinem Glauben an eine ausgeglichene und vorurteilsfreie Schöpfung bestätigt.

In diesem Buch wirst du immer wieder auf Begriffe aus

den Bereichen Yoga, Dzog Chen und Kabbala stoßen, sowie auf einige indianische Ausdrücke, die das gleiche Phänomen beschreiben. Yoga verkörpert den zentralen mystischen Weg des Hinduismus; im tibetischen Buddhismus heißt der schamanische Pfad Dzog Chen, und die Kabbala steht im Zentrum der jüdischen Mystik. Es sind alles gleichwertige traditionelle schamanische Wege der Erleuchtung. Jede dieser Formen führt zur selben Weisheit, auch wenn jedes System sein eigenes strukturelles Dogma besitzt.

Das Universum ist ein Spiegel. Schaust du lange genug hinein, wirst du darin sowohl jede kleinste Einzelheit als auch das Ganze erkennen.

1

Geheime Treppen

Da draußen besteht, unabhängig von uns Men-
schen, eine riesige Welt, die vor uns aufragt
wie ein großes, ewiges Rätsel, das wenigstens teil-
weise unserer Ergründung und unserem Den-
ken offensteht. Die Betrachtung dieser Welt lockt
wie eine Befreiung.

ALBERT EINSTEIN

Wenn wir uns auf Wege konzentrieren, die uns unser
Leben im Einklang mit dem Schöpfer leben lassen, senden
wir Signale aus, die unsere Welt rund laufen lassen, statt
dazu beizutragen, daß aus ihr ein heilloses Durcheinander
wird. Durch die Lösung unserer tieferen Konflikte und
indem wir unser Schicksal mit Mut und Einsicht leben, können wir uns in Einklang mit dem Universum bringen. Auf
Erden geboren zu werden, bietet uns die außerordentliche
Möglichkeit, nach dem höchsten Wohl zu streben und
durch den Dienst an allen Erdbewohnern – Pflanzen und
Mineralien inbegriffen – in Schönheit und Harmonie zu
leben.

Damit ein spiritueller Weg für dich richtig ist, muß er deinem individuellen Weg entsprechen, denn du fertigst dein
eigenes Mosaik aus den Philosophien, denen du ausgesetzt
bist, den kulturellen Glaubenssätzen deiner Generation und
den religiösen Konzepten und Praktiken, zu denen du dich
bekennst. Im Reifungsprozeß schälst du alte Schichten von
Glaubenssätzen und Werten und nimmst neue an. Dabei

bleiben gewisse Annahmen Teil deines Wesenskerns und lassen sich nicht verscheuchen, seien sie nun »in« oder »passé«.

Als Bewohner unseres globalen Dorfs bist du einer Vielfalt von spirituellen Idealen, Philosophien und interkulturellen Praktiken aus Ost-, West- oder Stammestraditionen ausgesetzt. Dabei mag es dir schwerfallen herauszufinden, was zu dir paßt und was nicht. Doch gleich, von wem du lernst, und wie tadellos deine Quellen sind: Prüfe alles, folge nicht blindlings. Behalte nur das, was funktioniert, und nimm dem Rest gegenüber eine abwartende Haltung ein.

Die auf der Suche nach Erleuchtung sind, gehen oft verschiedene Wege hintereinander, weil sie feststellen, daß sie mit der Religion oder dem Guru nicht ganz einverstanden sind, dem sie sich angeschlossen haben. Jeder Weg hat eine eigene Sprache, in der die akzeptierten mystischen Erfahrungen ausgedrückt werden. Solltest du über die dogmatische Terminologie hinauswachsen, werden deine Visionen und Gefühle möglicherweise in eine zu enge Form gepreßt, um sie dem entsprechenden Glauben anzupassen, statt als Teil eines größeren Bildes erkannt zu werden, das über kulturell akzeptierte Kriterien hinausgeht.

Es ist sehr schwer, in der Welt zu leben und nicht von dieser Welt zu sein. Als Haushälter, Elternteil, Angestellter, Student kannst du deinen Alltag nicht einfach hinter dir lassen, um den Pfad der Mysterien zu beschreiten und das Leben eines Einsiedlers zu führen. Deine Suche ist sehr anspruchsvoll, weil du alles, was du lernst, vor dem Hintergrund deines eigenen Alltags überprüfen mußt.

Es nutzt nichts, wenn man dir die Dinge bloß sagt, denn dann gehören sie dir nicht wirklich. Du mußt dich selbst bemühen, sie dir anzueignen. Dazu sind die Übungen in diesem Buch da. Etwas mit dem Kopf zu wissen, ist nicht dasselbe wie es im Herzen zu kennen. Die spirituelle Lebensreise ist eine Ehe zwischen Intellekt und Erfahrung.

DIE REISE: MOND, SONNE UND STERNE

Erleuchtung wird in drei Stufen erreicht. Jede von ihnen vermittelt ein Wissen, das als Basis für die nächste Stufe dient. Auch wenn es vorkommt, daß du einige Aspekte aller drei Schichten gleichzeitig erfährst, erlaubt erst die vollständige Kenntnis und Meisterung der ersten Stufen einen Fortschritt. Du wirst von deinen Lehrern – seien sie lebende oder geistige Wesen – geprüft, und deine dynamische Energie sowie dein Geschick, dich geistig heil durchzubringen, werden zeigen, ob du bereit bist, in den zweiten Erleuchtungskreis aufgenommen zu werden. Ein Schimmer der letzten Erleuchtungsstufe kann zu dir durchdringen, und du erfaßt vielleicht die universelle Wahrheit, die dahinter liegt. Wahre Einsicht ist jedoch nicht gegeben, bis du dein Können auf der zweiten Wissensspirale bewiesen hast.

Änderst du deine tiefen Überzeugungen, wird sich dein Leben verändern. Änderst du deine oberflächlichen Ansichten, werden sich lediglich das Äußere, dein Image und deine materielle Umgebung verändern.

Die Mondspirale

Beim Durchlaufen der ersten Stufe, dargestellt durch den Mond, wird Wissen vor allem durch Selbsterfahrung gewonnen. Durch die Entdeckung deines Unbewußten und deines göttlichen Potentials kannst du die Stufen zur nächsten Ebene erklettern. Sind deine Blockierungen einmal überwunden, kannst du alles, was der Vernunft zugänglich ist (und manchmal sogar darüber hinaus), erreichen. Die Fähigkeiten, die mit der Mondspirale oder der ersten Stufe in Verbindung gebracht werden, sind Heilen, Visionen, Astralreisen und die Arbeit mit verbündeten geistigen Helfern. Gleichzeitig wendest du dieses Wissen in deinem Alltag an.

Die Mondebene ist äußerst praktisch. Alles kann überprüft

werden, ob es funktioniert oder nicht. Die Mondebene ist weiblich und intuitiv; therapeutische Methoden, Heilungen, Rituale, das Unterbewußte und dein Schatten gehören dazu. Einige bekannte Ausdrucksformen, die der Mondebene, der ersten Erleuchtungsstufe, entsprechen, sind: Meditation, Selbsthilfeprogramme, Traumarbeit, Tanztherapie, Psychodrama, Körperarbeit, Psychoanalyse und Yoga oder Tai Chi.

Der Überlieferung nach ist es der Rabe, der dieses Wissen vermittelt, denn er führt uns durch die Unterwelt oder den Tunnel zum Überbewußtsein. Raben sind eine der wenigen Vogelarten, die zum Überleben zusammenarbeiten, indem sie ihre Nahrungsquellen teilen und gemeinsam totes Fleisch aufspüren. Der Rabe, der Aas frißt, um die Erde sauber zu halten, dient als Wächter des Mondes.

Symbolisch wirkt er auf deine Psyche, um sie von ihrem »Aas« zu befreien, den ausgedienten Ansichten und veralteten Wertvorstellungen, die dir anhaften. Bei der Arbeit auf der ersten Stufe des Erleuchtungswegs wirst du durch die entsprechenden Übungen emotional und geistig freier, sogar friedlich, und kannst Liebe in dein Leben einlassen. Es ist der Weg des sanften Kriegers, der keine äußeren Waffen einsetzt, sondern allein mit Frieden in Geist und Herzen kämpft.

Die Brücke von der lunaren zu den solaren Geheimnissen wird durch die regelmäßige Arbeit mit deinem Wurzelmann und deiner Wurzelfrau gewährleistet, wie in Kapitel 6 ausführlich beschrieben.

Die Sonnenspirale

Die zweite Erleuchtungsstufe ist die Sonnenebene. Sechs Bereiche der Weisheit und Erkenntnis finden wir hier: Tod, Vergänglichkeit, Liebe, Geburt, Zeit und Wahrheit.

Zugang verschafft man sich durch die Schranken der Zeit. Die Kenntnis der Zeit erlangst du durch Meditationen über das Wasserelement.

Es gibt zwei Arten von Zeit, die ewige oder kosmische Zeit

und die verstreichende Weltzeit. Mit dieser letzten Zeit sind wir am besten vertraut. Hast du diese grundlegenden Zeit-qualitäten verstanden, wird der Tod zu deinem Verbündeten, und du kannst dich über deine derzeitige Verkörperung hinaus entwickeln.

Die Kenntnis der wahren Zeit erlaubt dir, Wahrheit zu erfahren, und befreit dich von der Angst vor dem Tod. Du wirst den Todesengel kennenlernen, ohne selbst zu sterben. Geburt und Sexualität sind zwei weitere Wissensbereiche, die sich dem aktiven und aufrichtigen Sucher auf dem Sonnenpfad öffnen.

Das Geheimnis der Liebe, das wir kaum erfassen können, kann in einem mehr oder weniger großen Ausmaß entdeckt werden. Es kommt darauf an, welche Risiken du bereit bist einzugehen, wenn du dich ihrem Zauber öffnest. Liebe, von Nachbarschaftlichkeit bis zur tiefsten Freundschaft, von der romantischen Liebe bis zur Ehe, wie auch die tiefste menschliche Liebe von allen, die Elternliebe, können sich dir offenbaren. Die Begleiter der Liebe, Treue, Intimität, Respekt und Aufrichtigkeit, geben ihr Geheimnis preis, während du immer höher steigst in der zweiten Spirale der Erleuchtung. Deine Liebe zum Schöpfer, zu »Allem Was Ist«, wird geprüft. Und du wirst die unendliche Liebe des Ewigen erfahren.

Die Sonnenebene beinhaltet die Reise zum höheren Selbst, zur inneren Weisheit und zur Inspiration. Praktisch bedeutet das ein Verschmelzen von Wissenschaft und Mystik, Mitgefühl und Weisheit. Der inspirierte Wissenschaftler Stephen Hawking ist ein heutiges Beispiel für diese Art Renaissance-Mensch.

Adler – besonders weiße Adler – sind die Geisttiere, die engagierte Menschen zu Bewußtsein und Wissen führen. Der Adler ist außerdem eine Feuergottheit, die mit dem Blitz in Verbindung gebracht wird. Er ist das einzige Lebewesen, das direkt in die Sonne sehen kann, ohne seinen Augen zu schaden. Das erklärt, warum der Adler in vielen Kulturen als Sonnengott verehrt wird. Adler fressen kleines Getier, das sonst Feld und Wald mit seiner Fruchtbarkeit überrennen und alle anderen Lebensformen verdrängen würde. Als Schutzgeist der zweiten Erleuchtungsstufe bewahrt der Adler dich davor, beim Lernen das Gleichgewicht und das Maß zu verlieren.

Die Sternenspirale

Die Sternenebene ist der Eingang zum »Großen Geheimnis« der Weisheit, die zu allen Zeiten und an allen Orten gilt. Diese Stufe wird von den Sternen versinnbildlicht. Beim Durchschreiten dieses Tores wird der Raum zu einem integralen Bestandteil deines Wissens. Du arbeitest mit Transformation, Elektromagnetismus, der Schwerkraft und Schwerelosigkeit und mit nuklearen und molekularen Strukturen.

Den Elektromagnetismus lernt man zunächst auf der Mondspirale der Erleuchtung kennen, wo er Mensch, Tier und Pflanzen heilt oder verletzt. Auf der Sternenebene hält der Elektromagnetismus die Konstellationen auf ihrer Umlaufbahn und reguliert die Galaxien.

Ein sanfter, schöner, graziöser Wasservogel, der Schwan, ist der traditionelle Wächter der Sternenspirale oder der Wandlung der Seele. Der seltenste dieser außerordentlichen Vögel ist der schwarze Schwan, dessen Erscheinen von deiner völligen Aufnahme in den dritten Ring der Erleuchtung zeugt. Der Schwan, so groß er auch ist, ernährt sich von Algen, reinigt Flußbette und hält Seen sauber.

Der Kontakt mit Wesen anderer Planeten ist ein Weg, um die dritte Erleuchtungsstufe zu erkunden; auch die Astrologie ist eine Methode, um die dynamische Energie der Sternenebene kennenzulernen. Allerdings eignet sich dazu nur die esoterische Astrologie. Die Sternenschau* in einer klaren Nacht wird dich lehren, zutreffende Vorhersagen zu machen. Es braucht den Erdkontakt, damit du »auf dem Boden« bleibst, während du deinen Weg durch die Gestirne suchst. Du wirst alle Fähigkeiten brauchen, die du im Lauf der Jahre

---

* Die Sternenschau wird in Laeh Maggie Garfields Buch *Der heilende Klang* behandelt.

auf der Mond- und Sonnenspirale entwickelt hast. Der Ozean ist eine der gewaltigsten Mächte, die deine Entwicklung auf der Sternenspirale fördert. Wenn du dich vorbehaltlos dem Mystizismus öffnest, kannst du die Sternenspirale der Erleuchtung erreichen. Hast du die Reise entlang dieses Pfades einmal angetreten, öffnet sich dir der Zugang zur Quelle.

RAT AN DEN REISENDEN

Willst du über einen wirkungsvolleren Pfad als den üblichen in das universelle Bewußtsein eintreten, mußt du jeden Tag zur selben Zeit meditieren. Gemäß den Tibetern, die sich eingehend damit befaßt haben, gibt es neununddreißig Arten der Meditation, von denen jede siebzehn Unterformen besitzt. Deine Psyche wird automatisch jeden Tag die Art aussuchen, die du gerade am meisten brauchst. Das wichtigste ist, deinen Gedanken nicht zu folgen, sondern sie vielmehr vorbeiziehen zu lassen.

Eine weitere wirksame Methode, die auf allen drei Stufen nützlich ist, ist das Verfolgen deiner Träume. Träume überwinden die Schranken des Todes. Lerne, aktiv und kreativ zu träumen; führe ein Traumtagebuch, in dem du die Bilder, die dich besonders bewegen, festhältst.

Gute Bücher zum Thema Träumen findest du im Literaturhinweis am Ende dieses Buchs.

Die Beherrschung der vier Elemente wird dich außerdem schrittweise die Stufenleiter zur Weisheit hinaufführen. Die Anleitung zu den Meditationen, die dahinführen, findest du in Kapitel 11 meines Buchs *Der heilende Klang*. Ihre Wirkungsbereiche lassen sich wie folgt zusammenfassen: Wasser hilft, Gefühle zu beherrschen, Feuer begünstigt Transformation und Kommunikation, Wind lehrt dich das Universum kennen, Erde zeigt dir, wie du überleben und zu den Sternen aufsteigen kannst.

Eine wichtige Hilfe auf deiner Reise durch die Erleuchtungsebenen ist das Erkennen des Klanges, seiner Heilwirkung und seiner Rolle in der Wahrnehmung der Wirklichkeit.

Jedem Element liegt ein Klang zugrunde. Dieser Klang sagt mehr über die göttliche Quelle aus als alles, was je geschrieben worden ist. Das Erkennen der individuellen Keimlaute, Mantras und Namen von Schutzgeistern für Feuer, Wasser, Luft und Erde führt dich die Spirale der Weisheit und Erleuchtung hinauf. Gib nicht auf, wenn du den Rhythmus eines Elements erfaßt hast. Es gibt noch mehr zu erfahren hinter dem, was du hörst.

Zunächst ist der verborgene Klang hinter den Wellen des Meeres der gleiche wie der des Windes, und du findest wiederum den gleichen Laut im Feuer: Es ist der Ton des Schöpfers. Wenn du tiefer gehst, hörst du, wie dieser Klang sich in die Elemente und alle anderen Komponenten des Lebens aufteilt. Jenseits davon gibt es wiederum einen weiteren, einheitlichen Klang.

Die Wechselwirkung zwischen den Ebenen deiner eigenen Seele, den Geisthelfern, den früheren Leben, den Erzengeln, deinem weiblichen und männlichen Selbst, deinem Zeugen, deinen Beratern und dem Schöpfer ist von grundlegender Bedeutung.

Für deine Entwicklung gibt es hilfreiche Methoden, um Informationen zu sammeln, deine grundlegenden Glaubensmuster zu erkennen und die vier Komponenten deiner Seele wieder zusammenzufügen.

Ein erfahrener und engagierter Mensch braucht neun Jahre, um eine Erleuchtungsspirale zu durchwandern; die meisten Leute benötigen jedoch um die Mondebene zu vollenden zwischen vierzehn und zweiundzwanzig Jahre. Ein Nachahmen der äußeren Merkmale oder des angeblichen Verhaltens, das mit einer höheren Stufe der spirituellen Entwicklung einhergehen soll, wird dich nicht schneller dort hinbringen. Vielleicht hält es dich sogar auf. Ein sanftes Wesen vorzugeben, kaschiert nur deine wahre, unterdrückte Energie. Die Verstellung fällt unweigerlich auf, deshalb ist es am besten, wenn du dein Wesen ständig verfeinerst, ohne auf irgendwelche spirituelle Mätzchen zurückzugreifen. Abgesehen davon, besteht vor allem die Tendenz, nicht so sehr den anderen als sich selbst etwas vorzumachen. So verpaßt du deine wirkliche Entwicklung, ganz gleich, wie es um deine materielle oder spirituelle Stellung in der Welt steht.

Sei darauf vorbereitet, dich von den ausgedienten Begriffen und belastenden Regeln zu befreien, die dich verfolgt und von dir selbst abgelenkt haben. Wenn du den überflüssigen Ballast abwirfst, den du auf deiner langen Reise zur Erleuchtung angesammelt hast, wie zum Beispiel die *wahr klingenden,* jedoch vagen Informationen von wohlmeinenden Autoritäten, wirst du die Wahrheit erkennen. Es gibt entlang der Route, auf die du dich jetzt begibst, einige Wegweiser, doch auch hier gilt es, dein eigener Wegbereiter zu sein und deinem Pfad zu folgen, egal wo du dich gerade befindest und wie gut oder wie schlecht du bis jetzt bei der Mission deines Lebens abgeschnitten hast.

2

Die Existenzebenen

Es könnte der Moment kommen, da ein brennen-
der Pfeil dein Herz durchdringt und entfacht,
und du die Dinge so siehst, wie sie wirklich sind;
du wirst Angst haben und versucht sein, dich
in die Sicherheit zurückzuziehen. Wenn du
das tust, hört die Erfahrung hier auf. Doch hat
die Zeit der Stille dich gelehrt, Unsicherheit zu er-
tragen, wirst du loslassen und auf dem wilden
Rad wirbeln, auf dem Freud und Leid eins sind.
Du wirst dich fühlen, als würdest du bersten.
Es gibt keine Zeit, es gibt keine Zeit, es gibt
keinen Raum, kein Leben, keinen Tod.

TOLBERT MCCARROLL

DIE REICHE

Jeder Mensch ist auf einer Reise zur eigenen Göttlichkeit,
damit er so weise und rein werde wie unser Schöpfer. Für den
aufrichtig Suchenden sind weltliche Dinge unwichtig im Vergleich zur universellen Wahrheit. Der Kosmos folgt einem
wohlgeordneten, gut durchdachten und präzise ausgeführten
Plan. Als Lebewesen ist dein Platz darin nicht geringer und
nicht wichtiger als der aller anderen beseelten Wesen. Jedes
Mineral, jede Pflanze, jedes Tier und jeder denkende Mensch
spielt in diesem Mosaik eine Rolle, und zwar sowohl in dieser
als auch in allen anderen Welten. Die Reise deiner Seele führt
von Unwissen zu Weisheit und Vollendung.

Die Welt der körperlosen Wesen ist viel freundlicher, als sie von den großen Religionen beschrieben wird. Wenn du Angst vor negativen Wesenheiten hast, machst du dich empfänglich für sie, deshalb ist ein ausgewogenes Gemüt die beste Voraussetzung für den Umgang mit den anderen Bereichen.

Die materielle Ebene

Wir auf der Erde kennen die materielle Ebene am besten und wir identifizieren uns am ehesten mit ihr. Sie wird auch Ebene der Erscheinungen oder Ebene des Handelns genannt und schließt jedes Element, jedes Molekül, jede chemische Verbindung und jeden geophysikalischen Ort im Universum ein. Es gibt andere Planeten, die ähnliche Lebensformen wie unsere Welt beherbergen. Humanoide auf anderen Planeten müssen uns nicht ähnlich sehen, um ein ebenso wertvolles Leben voller geistiger und emotionaler Abenteuer zu führen wie wir.

Planeten, die ähnliche Bedingungen wie die Erde aufweisen, ermöglichen ihren Bewohnern eine technologische und geistige Entwicklung bis hin zur Telepathie. Jeder Planet ist eine Lernstätte für verschiedene Arten von Wissen, und überall sind intelligente Wesen durch ihren dem jeweiligen Lebensraum angepaßten Körper eingeschränkt.

Jeder Mensch macht sich ein eigenes Bild von den materiellen Gegebenheiten. Schamanen können von einem Vogel Besitz nehmen und fliegen, was nicht der Wirklichkeit entspricht, mit der wir vertraut sind: Es gibt die normale Wahrnehmung, die wir als Wirklichkeit bezeichnen, doch gleichzeitig lebt jeder Mensch in seiner eigenen Realität, aus der er sein eigenes Weltbild ableitet.

Unser Heimatplanet unterliegt gewissen materiellen Beschränkungen, die du vielleicht gerne überwinden würdest. Kindern sind gewisse »Kräfte« wie zum Beispiel Tumo (das Erzeugen von innerer Hitze) von Natur aus gegeben, aber wir verbieten ihnen, sie auszuprobieren.

Besonders motivierte Menschen erlangen außergewöhnliche Fähigkeiten wie Levitation, auf dem Wasser gehen, sich von Luft ernähren, oder sich durch innere Hitze zu erwärmen. Bei gewissen veränderten Bewußtseinszuständen wird die Schwerkraft aufgehoben. Das kann nach jahrelanger Meditation, anläßlich eines kraftvollen Rituals oder bei einem lebensbedrohenden Naturereignis wie einem Wirbelsturm eintreten. Wir wissen, daß wir mit unserem alltäglichen Bewußtsein ohne Wagenheber kein Auto wieder flott kriegen, das von der Straße abgekommen ist und sich überschlagen hat; doch auf der unbewußten Ebene ist uns klar, daß wir es mit der Kraft unseres Geistes könnten, wenn wir nur unsere einschränkenden Glaubenssätze loswerden könnten.

Unsere materielle Wirklichkeit ist Beschränkungen unterworfen, die uns von der Kultur auferlegt werden. Wir erleben uns als getrennt/verschieden von allem, was uns umgibt, doch es handelt sich dabei um eine erlernte Einstellung. Babys können, bis sie zweieinhalb sind, ihre Gefühle und Empfindungen nicht von denen ihrer Umwelt trennen. Ebensowenig machen sie einen Unterschied zwischen sich selbst und anderen. Glückliche Seelen retten einen Teil dieser telepathischen Gabe ins Erwachsenenalter hinüber und können sich beliebig auf die Schwingungen jedes Menschen, der sie interessiert, einstimmen, sei es hier oder jenseits der Tore des Todes.

Die Ebene der Gestalten und Formen

Auf der Ebene der Gestalten und Formen sind die körperlosen Wächter zu Hause, die für die Entwicklung und die Sicherheit von Landformationen, Bergen oder heiligen Orten zuständig sind. Anders als die Hüter von Bäumen, dienen diese Wächter während längerer Zeitabschnitte oder ganzen Epochen.

Die Wächter der Ebene der Gestalten und Formen unterscheiden sich grundsätzlich von den Wesenheiten, die für Wissen zuständig sind. Die Hüter der Lehre gehören einer höheren Ordnung an, sie sind für vielseitige und komplexere Projekte verantwortlich, ob auf der irdischen oder auf der Sternenebene.

Elfen, Devas, Feen, Kobolde, Baum- und Tiergeister gehören alle in das Reich der Gestalten und Formen. Es ist eine statische Welt; die in ihr lebenden Wesen schwingen auf einen einzigen Ton. Sie befinden sich innerhalb einer beschränkten dimensionalen Progression und sorgen dafür, daß die Energie im Universum mehr oder weniger konstant bleibt. Sie arbeiten synchron und finden zusammen für Aufgaben, die so lange dauern, wie eine bestimmte Eigenschaft oder ein bestimmter Zustand irgendwo im Kosmos notwendig ist.

Gattungen und Stämme, Mineralien und geographische Merkmale der Planeten werden von engelhaften Wesen oder Planetengöttern entwickelt und nach ihren Wünschen gestaltet. Es gibt zwei Arten von Devas, gottähnliche Wesen und Naturgeister. Beide arbeiten mit lebenden Menschen, aber auch mit körperlosen Wesen zusammen, um das Klima, die Erdoberfläche, die Vegetation und das genaue chemische und alchemistische Gleichgewicht herzustellen, das unsere einmalige kreisende Welt am Leben erhält. Hüter anderer Planeten, Sterne, Asteroide und Monde gehören ebenfalls in den Bereich der Gestalten und Formen. Eine begeisterte ältere Gärtnerin aus meinem Bekanntenkreis betrachtet eine Reihe von Elementargeistern aus diesem Bereich als ihre Gärtnergehilfen. Sie spricht von Gnomen (Erdgeister), die die Wurzeln ihrer Pflanzen versorgen, und von Undinen oder Nereiden (Wassergeister), die die Pflanzenteile über der Erde überwachen. Mit schelmischem Vergnügen erzählt sie, wie Salamander (Feuergeister) die Bestäubung fördern, und Sylphen (Luftgeister) Samen und Düfte durch die Luft tragen. Diese Bezeichnungen sind nur einige von vielen für verschiedene Elementargeister, die im Reich der Gestalten und Formen Aufgaben übernehmen. Ihre Namen stammen aus der alten Wissenschaft von den Elementen der hermetischen und neuplatonischen Schulen, die durch die Nachfolger Rudolf Steiners verbreitet wurden. Diese Elementargeister wurden erstmals von Paracelsus (1493–1531) in seinem *De Nymphiis* beschrieben.

Ein Großteil der Information, die wir aus dem Bereich der Gestalten und Formen beziehen, läßt sich leicht überprüfen. Angenommen, ein Kamillenbeet vermittelt dir, du sollst seine Blüten als Tee aufgießen, um deine Nerven zu beruhigen und gut zu schlafen, so kannst du »Kamille« in einem Kräuterbuch nachschlagen, um zu sehen, ob sie wirklich diese Wirkung hat. Pflanzen wurden schon immer zum Heilen benutzt. Eine Pflanze teilt dir telepathisch mit, daß dieser Platz im Garten ihr nicht behagt. Wenn du nicht darauf achtest, entwickelt sie Mehltau, aber wenn du sie, krank wie sie ist, umpflanzt und an einer anderen Stelle einsetzt, wo sie besser hinzupassen scheint, erholt sie sich und blüht wieder auf.

Es gibt auch Mitteilungen, die nicht so leicht zu überprüfen sind. Im allgemeinen lassen uns Mineralien, Pflanzen, Bäume und Tiere wissen, was sie brauchen. Während du in einem Hain sitzt, empfängst du zum Beispiel die Botschaft: »Pflanze Bäume, um mehr Regen anzuziehen.« Hier geben die Bäume dir zwar einen Hinweis, aber sie sagen dir nicht, wie dieser Rat zu beherzigen sei, auch wenn dir sofort klar ist, daß es dazu Tausende neuer Bäume brauchen wird. Ob du diese Aufgabe über einen Freundeskreis organisierst oder dich vielmehr an die Landesregierung oder an örtliche Behörden wendest, ist deine Sache. Zudem wird es Jahre dauern, bis die Bäume groß genug sind, um zu sehen, ob die Botschaft richtig verstanden war.

Gelegentlich bestätigt ein Wissenschaftler die mystische Ansicht, daß Meeressäuger und Menschen nicht die einzigen intelligenten irdischen Lebensformen sind. Wie andere Lebewesen sprechen auch Bäume miteinander. Der Physiker Ed Wagner aus Oregon nennt ihre Sprache W-Wellen. Er gibt deren Geschwindigkeit durch andere Bäume hindurch mit etwa einem Meter pro Sekunde und im Freien mit etwa fünf Meter pro Sekunde an.

»W-Wellen sind viel zu langsam, um elektrische Schwingungen zu sein, also muß es sich dabei um eine völlig andere Art Wellen handeln«, stellt Wagner in der Zeitschrift der

Washington State University *Northwest Science* fest. Wird ein Baum gefällt, »gibt er einen enormen Schreckensschrei von sich«, während benachbarte Bäume kleinere Schreie ausstoßen.

In jedem Hain gibt es einen Hauptbaum, der mit den Geistern (Devas) dieser Gattung und mit anderen Naturkräften kommuniziert. Dieser Baum »spricht« mit den anderen Bäumen, empfängt ihre Botschaften und gibt sie weiter. Auf diese Weise bitten Bäume um Regen – ein guter Grund, gesunde Wälder zu erhalten, da Kahlschlag die Wetterverhältnisse einer ganzen Gegend verändert. Das Fehlen einer genügenden Anzahl Bäume bringt auch einen Verlust an sauberer Luft mit sich.

Pflanzen sowie Tiere sprechen zu uns. Haustiere verbinden uns mit dem Bereich der Gestalten und Formen, was ihre große Beliebtheit erklären könnte. Dein Hund kann dir zwar nicht sagen, daß er eine Granne im Auge hat; auch wenn sein Auge nicht mehr tränt, scheint dir das Tier erschöpft. Daraufhin träumst du, daß mit dem Auge deines Hundes etwas nicht in Ordnung ist. Ob du zum Tierarzt gehst, eine Akupunkturbehandlung vornehmen läßt, oder das Auge selbst behandelst, spielt keine Rolle. Der Hund braucht nur Pflege. Wenn du auf deine Haustiere hörst, wirst du ihre Bedürfnisse erkennen, und du wirst auch erfahren, ob und wie sie dir helfen können.

Steine und Berge sehen vielleicht leblos aus, doch wir sind dabei zu entdecken, daß dem überhaupt nicht so ist. Sie leben, und ein Mensch, der auf das Erdelement eingestimmt ist, kann ihre Aura wahrnehmen und sie atmen sehen. Eine verborgene Intelligenz fließt durch alles, was lebt. Wir verkennen sie, weil so wenige moderne, gebildete, sogenannte »zivilisierte« Menschen sich die Zeit nehmen, mit Tieren oder Steinen zu sprechen. Das Wissen der anderen Lebensformen ist nicht auf den Menschen ausgerichtet, deshalb müssen wir besonders gut zuhören, wenn wir ihre Antworten nicht ersticken wollen. Aufmerksames Hinhören ist unerläßlich für jene, die das magische Reich der Gestalten und Formen kennenlernen wollen.

Die Ebene der Schöpfung

Die Ebene der Schöpfung ist der Ort, an dem du dich aufhältst, wenn du nicht in einem lebendigen, atmenden materiellen Körper bist. Von dort bist du gekommen, und dorthin wirst du zurückkehren, wenn du stirbst. Hier sind die Klans, die Häuser, die Geisthelfer, die Überseelen und deine verstorbenen Verwandten und Bekannten zu Hause. Der Bereich der Schöpfung bestimmt den Kreislauf des menschlichen Lebens auf Erden. Geburt, Politik, Ehen und Zufallsbekanntschaften werden hier arrangiert. Es ist die Existenzebene, auf der die diffusen Ängste und Visionen der Massen zur Wirklichkeit werden, wie klimatische Veränderungen, neue Arten und Gattungen oder Katastrophen.

Die Schöpfungsebene ist das Reich des reinen Geistes jenseits des Intellekts. Er hat die Fähigkeit, Wissen aufzunehmen und mit echtem inneren Verständnis zu begreifen und wiederzugeben.

Auf dieser Ebene erfährst du weniger Trennendes und mehr Verbindendes. Deine Beziehungen und Freundschaften sind vermehrt auf Liebe und Zusammenarbeit ausgerichtet, als es im materiellen Bereich der Fall war.

Man muß, um die Weisheit dieser Ebene zu erlangen, immer wieder bewußt in das Reich der Schöpfung eintauchen. Zwischen dieser und der materiellen Ebene besteht ein unglaublich dichtes Netz. Familien, Freunde, Kulturen, Massenwanderungen, Glaubenssysteme und Fähigkeiten werden von Generation zu Generation miteinander verwoben und von Zeitalter zu Zeitalter weitergegeben, damit das Potential jedes Einzelnen sich voll entfalten kann. Um die für den Wachstumsprozeß nötigen Schritte einzuleiten, werden Familien immer wieder zusammengeführt, und zwar nicht nur durch die Geburt, sondern auch durch Ehe und Freundschaft.

Eine deiner längst verstorbenen Tanten ist die Geisthelferin deiner neuen Schwägerin. Das kommt dir merkwürdig vor, denn die Familie deines Mannes lebt mehr als eintausend Kilometer von dem Ort entfernt, wo du aufgewachsen bist. Noch verwirrender ist, daß deine Mutter und deren Geschwister glauben, deine neugeborene Tochter sei eine Verkörperung dieser verstorbenen Schwester. Kann es sein, daß sie in deinem Kind weiterlebt und die Geistführerin eines anderen Menschen ist?

Ja, es ist möglich, als eine Person verkörpert zu sein und gleichzeitig als Geistführer (in der Erscheinung und dem Auftreten eines früheren Lebens) einem anderen Menschen zu helfen.

Eine Freundin, die ich zufällig in Arizona kennenlernte und mit der ich mich über die Jahre näher anfreundete, entpuppte sich als die Enkelin von Leuten, für die mein Großvater ein Haus gebaut hatte. Ihr Onkel war der Anwalt meiner Familie im New York des ausgehenden letzten Jahrhunderts. Ein bloßer Zufall? Eine Krankenschwester in der kalifornischen Klinik, in der du heute arbeitest, wuchs in Vancouver im gleichen Haus auf, in dem deine Urgroßmutter ihre Kinder großgezogen hatte. Dein Familienalbum ist voller Fotos davon.

Der Mitschüler, der im Geschichtsunterricht hinter dir sitzt, trägt denselben Namen wie du. Ein paar Erkundigungen ergeben, daß ihr im dritten Grad verwandt seid. Vorkommnisse wie diese werden spirituellen Therapeuten so häufig unterbreitet, daß man sie alltäglich nennen kann.

Im Alten Testament wird die Schöpfungsebene die »Welt des Throns« genannt. Du hast Zugang zu diesem Reich durch deine Träume, durch die Meditation, durch die Visualisierung, das Gebet und den Kontakt mit deinen Geisthelfern, deinem Urselbst und deiner Überseele. Da deine eigene Seele im Reich der Schöpfung zu Hause ist, ist es dir erlaubt, so oft du willst durch das Tor der Welt des Handelns in die Welt der Schöpfung zu gehen.

Im Reich der Schöpfung übernehmen Seraphe (die höchste der neun Engelsordnungen) und andere Wesen, die sich nicht länger verkörpern, Aufgaben als Lehrer, Überseelen, Über-Überseelen, Berater und Erzengel. Das Wissen der Seraphe ist multidimensional; jedes einzelne Leben derer, die sie betreuen, ist ihnen genauso geläufig wie die Ordnung des

Universums. Ihre Schwingungsenergie und ihre Intelligenz umfassen die zehn Eigenschaften des Schöpfers, die sie durch unzählige Leben hindurch erworben haben. Sie weilen für alle Zeiten auf einer erhabenen Bewußtseinsebene.

Ein Beispiel: Wenn der geizige John D. Rockefeller nach seinem Tod ein Seraph geworden wäre, dann wäre er jetzt der Hüter von Überfluß, weil er es zu Lebzeiten versäumte, die Zwillingseigenschaften von Überfluß und Großzügigkeit zu entwickeln.

Überfluß ist eine Gabe aus dem Bereich der Schöpfung, zu der du in jedem Leben Zugang hast. Wovon hättest du gerne viel? Du kannst von allem im Überfluß haben: Schöne Kleider, Intelligenz, Wahnsinn, Hunger, Geld, Liebe, Krieg, Intuition, Talent. Du brauchst dich nur zu entscheiden. Wenn du weißt, was du willst, wirst du es bekommen.

Obschon die Schöpfungsebene – die Heimat deines Urselbst – mit dem Reich der Gestalten und Formen zusammenhängt, verstehen wir nur selten, daß es uns freisteht, mit diesen Ebenen Kontakt aufzunehmen oder sie zu besuchen, während wir in der materiellen Welt leben.

Die Ebenen der Gestalten und Formen und der Schöpfung bestehen nebeneinander, wirken aufeinander und beeinflussen sich gegenseitig in der materiellen Ebene.

Die Ebene der Quelle

Der Bereich der Quelle ist der Sitz des Allmächtigen, des Herrschers über das Universum. Hier sind die Planetengötter, die aufgestiegenen Wesen zu Hause. Es ist der Ort der Erleuchtung, die Ebene der Sterne. Alles Bekannte und Unbekannte im gesamten Kosmos geht aus der Quelle hervor. Propheten erhalten ihr Wissen um künftige Ereignisse aus dieser Welt des Ursprungs, Medien hingegen von Wesen aus dem Reich der Schöpfung.

Der Schöpfer weilt nicht allein. Die Erzengel und die Götter der Planeten, der Sonnensysteme und Galaxien sind ebenfalls im Reich der Quelle zu Hause. Alle fortgeschrittenen Wesen können ihre Energien verschmelzen und als pulsierende, glühende Kugel erscheinen, die einen einzigen Klang von sich gibt und ein blauweißes Licht ausstrahlt, das alle Seinsebenen durchdringt und erhält.

Wenn du um dein Leben kämpfst und du den Todesengel wirklich mit leeren Händen fortschicken willst, mußt du dich mit dem Reich der Quelle in Verbindung setzen. Zum Glück hat beinahe jeder Mensch Erfahrung im Beten und weiß, wie man mit einer inständigen Bitte aus tiefstem Herzen Grenzen überschreiten kann.

Außer im Gebet haben die meisten Menschen nicht den Mut, sich direkt an die Quelle zu wenden, da sie irrtümlicherweise annehmen, es wäre ihr Tod. Das dachte ich auch, bis schiere Verzweiflung mich dazu zwang, den »verbotenen Ort« aus freien Stücken aufzusuchen. Ich entdeckte, daß weder das Tor zur Quelle noch die Tür zur Schöpfungsebene verschlossen und verriegelt sind. Die Quelle ist kein böser, schimpfender Ungott, im Gegenteil: Sie ist eine wirklich offene, freundliche, liebevolle und akzeptierende Energie.

Natürlich stimmt es, daß wir die Quelle nie ganz begreifen werden, solange wir in einem Körper stecken, aber wir können uns ihr nähern und ihren Bereich in einem gewissen Maß verstehen. Zugegeben: Bis wir fortgeschrittene Seelen sind, werden wir nur einen kleinen Einblick erhaschen. Im Reich der Quelle gibt es keine Trennung, nur Einheit.

3

Wer ist wer?

Die Wirklichkeit ist nichts als eine kollektive Ahnung.

LILY TOMLIN

Du bist ein komplexes lebendiges Wesen. Es ist dir beinahe unmöglich, deine eigenen Motive, Glaubenssätze, Werte oder Beweggründe zu verstehen, von denen anderer Menschen ganz zu schweigen. Wenn du von Umwelteinflüssen oder Erbfaktoren ausgehst, wirst du lediglich eine beschränkte Erklärung für deine eigenen oder für fremde Neigungen finden, sich anzupassen oder immer wieder aufzufallen. Der Mensch besteht aus mehr als einem einzigen Bewußtsein, er ist eine zusammengesetzte Persönlichkeit. Du hast wie jedes andere Lebewesen eine Reihe von Unterpersönlichkeiten, die zum Beispiel auch Anteile aus früheren Leben enthalten können. Eine inkarnierte Seele ist kein einheitliches Gebilde.

Die menschliche Seele

Die menschliche Seele besteht aus vier Teilen, von denen jeder eine eigene Funktion hat. Zusammen bilden sie dein einmaliges, unverwechselbares Selbst. Die vier Teile, die auf deine vorgeburtliche Bitte zusammenkommen, sind das Urselbst, der Zeuge, die Persönlichkeit und der Schöpfer. Der wichtigste Teil deiner Seele ist die Essenz oder das Urselbst.

Dieser Teil ermöglicht es den vier Komponenten, sich zu deinem »Ich« zu verschmelzen. C. G. Jung beschrieb die verschiedenen Teile der Seele als Quaternität, die das gesamte Ich zum Ausdruck bringt. Alte Völker glauben seit jeher, daß die menschliche Seele aus vier verbundenen, aber dennoch unterschiedlichen Teilen besteht, von denen jeder eine andere Aufgabe hat.

Die Essenz oder das Urselbst

Dein Urselbst ist dein essentielles Wesen, wie es auch das essentielle Wesen aller anderen Leben ist, an denen du beteiligt warst. Das Urselbst lebt auf anderen Seinsebenen und hält sich immer in der Nähe des Körpers auf, wo es seinen Sitz in der Zirbeldrüse hat.

Andere Namen für das Urselbst sind das Höhere Selbst oder die Essenz. Es ist der Teil von dir, der sich entschließt, sich zu verkörpern. Um wiedergeboren zu werden, muß das Urselbst eine Persönlichkeit hervorbringen, zwei völlig verschiedene Seelen dafür gewinnen, als Wurzelfrau und Wurzelmann (Kapitel 6) mitzumachen, Hilfe bei den Beratern suchen, ein oder mehrere Wesen als Geisthelfer verpflichten, den Zeugen benachrichtigen und um des Schöpfers Segen bitten.

Das Urselbst ist der Teil von dir, der deine und alle anderen Verkörperungen deiner Mit-Wesen erfahren hat. Auch wenn du nie wieder derselbe Mensch sein wirst, der du jetzt bist, wird sich dein Urselbst zu anderen Zeiten und in anderen Gestalten wieder verkörpern. Deine einmalige Persönlichkeit, im Gegensatz zu deinem Urselbst, kann entscheiden, ob sie in einem neuen Körper leben will. Doch auch wenn dein Urselbst zukünftige Mit-Wesen hervorbringt, wirst du immer »du« sein und dich in einem dir angemessenen Tempo entwickeln. Wenn du einmal geschaffen worden bist, kannst du nicht mehr entlassen oder aufgelöst werden. Wenn du willst, kannst du in deinem gegenwärtigen Körper deinen Charakter ändern und gewisse Fähigkeiten erlangen.

Auch wenn du gestorben bist, entwickelt deine Persönlichkeit sich weiter, nur langsamer.

Dein Urselbst enthält nicht nur deinen Intellekt, dein Gedächtnis, deine fünf Sinne, deine Fantasie, Kreativität und Intuition, es übermittelt auch dein Zeitbewußtsein. Du kannst die visionäre Kraft dieses Teils deiner Seele dazu verwenden, dein Potential zu steigern und deine Talente erfolgreich einzusetzen.

Du begegnest deinem Urselbst nie von Angesicht zu Angesicht, auch wenn du seine Gegenwart in Träumen, Visionen oder Erscheinungen spüren magst. Gelegentlich berichten Leute, daß sie jemanden in ihrer Wohnung umhergehen hören, während sie allein zu Hause sind. Vielleicht hast du auch schon das Gefühl gehabt, hinter dir würde jemand atmen. Wenn du den Atem anhältst, hört »es« auch auf zu atmen, und wenn du ausatmest, atmet auch dein Urselbst aus. Bei seltenen Gelegenheiten kann dein Urselbst als dein Doppelgänger auftreten, der dir den Rücken zuwendet. Vielleicht berührt er dich sogar. Diese Kontakte dienen als Warnungen, oder sie verleihen dir zusätzlichen Schutz, wenn du ihn dringend brauchst.

Als ich mir eines Morgens vor dem Aufstehen noch ein paar zusätzliche Minuten Schlaf gönnte, erschien mir mein Urselbst im Traum und sagte mir etwas auf so deutliche Art, daß ich aufschreckte. Die ebenso ansprechende wie unerwartet farbige visuelle Symbolik grub sich auf immer in mein Gedächtnis ein. Die Botschaft von meinem Urselbst diente dazu, meine Erleuchtung zu unterstützen.

Mit-Wesen

Mit-Wesen sind Seelen, die demselben Urselbst angehören (siehe die Darstellung auf S. 42 oben). Hat ein Mit-Wesen sein Leben einmal gelebt, wird seine Persönlichkeit nicht wiedergeboren. Auch wenn manchmal zwei oder mehr Mit-Wesen gleichzeitig in verschiedenen Ländern, sozialen Schichten und Kulturen leben, bleiben sie in spirituellem

Kontakt. Die Persönlichkeit deiner Mit-Wesen stirbt nicht mit ihnen, was auch für ihre Fähigkeiten und Talente und ihren Intellekt gilt. Bei Bedarf stehen sie alle zur Verfügung.

Um etwas Wichtiges auf der Welt zu erreichen, haben sich im folgenden Beispiel eine Überseele und mehrere Urselbste bereit erklärt, eine Reihe von Wiedergeburten zu unternehmen. In der unteren Abbildung auf Seite 42 siehst du die Überseele und vier Urselbste, die innerhalb eines Jahrzehnts inkarnierten. Alle sind männlich und haben einen englischen Dialekt als Muttersprache; manche sind afrikanischer Abstammung, andere kommen aus Europa. Die meisten emigrierten und ließen sich schließlich, bis auf einen, im gleichen englischsprachigen Land nieder. Kannst du die Lektion erkennen und ihre gemeinsame Lebensaufgabe erraten? Ein Hinweis: Peters Eltern sandten ihn ins Ausland, damit er wegen seiner politischen Ansichten nicht ins Gefängnis kam.

Peter, Ian, George und James sind alle schon mindestens einmal als Schüler oder Klient bei mir gewesen. Ihre Lebensaufgabe und ihr gemeinsames Ziel zu erfahren, war eine Lektion, die meine Führer für mich arrangierten. In verändertem Bewußtseinszustand begegnete Ian seinen Mit-Wesen Henry, Charles und dem Liberianer, und er nannte auch Peter und George, die ich bereits kannte.

Der Zeuge

Auch wenn es meistens vom gleichen Zeugen begleitet wird, kann das Urselbst für ein bestimmtes Leben oder für eine Reihe von Leben durchaus einen anderen Zeugen verlangen. Je nach den Anforderungen seiner eigenen Entwicklung, kann ein Zeuge ausschließlich dem Urselbst seines eigenen Klans dienen; oder er kann sich entschließen, für eine bestimmte Verkörperung zu einem anderen Klan überzuwechseln. Dieser Dienst ist nicht selbstlos: Auch der Zeuge entwickelt sich von Stufe zu Stufe auf seinem Weg.

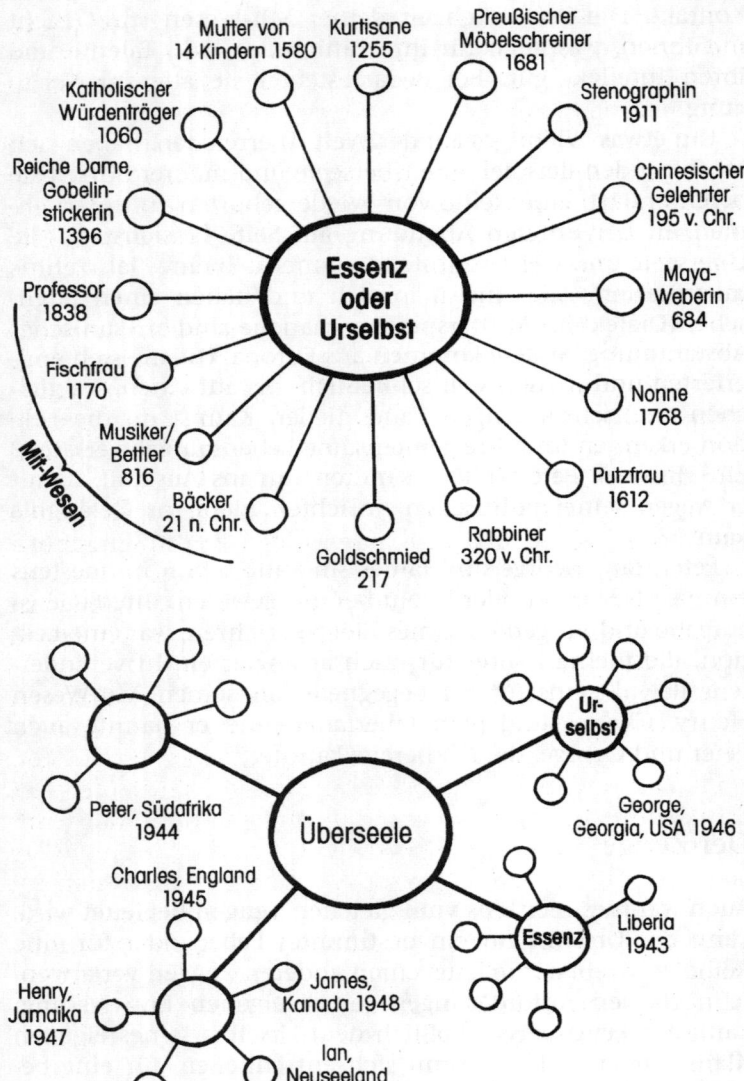

Ein Zeuge ist ein Erzengel. Auf den inneren Ebenen bilden die Erzengel einen Kraftring und sind ihr eigener Beraterkreis. Jeder, der die Aufgabe eines Zeugen wählt, überwacht einen eigenen Klan.

Ein Zeuge dient gleichzeitig hunderten von inkarnierten Wesen auf dieser Erde und auf anderen Planeten. Auf vielen Bewußtseinsebenen wacht er ständig über die Bedürfnisse der ihm Anvertrauten und achtet auf Abertausende von Einzelheiten. Dies erinnert an die alte Legende des allessehenden Auges.

Der Zeuge tritt in der vierzehnten Schwangerschaftswoche über die Placenta in den Fötus ein. Unsere Einsicht, unsere visionären und prophetischen Gaben verdanken wir unserem Kontakt mit ihm. Je enger deine Verbindung zum Zeugen, desto stärker können deine spirituellen Kräfte sich offenbaren.

Zeugen befinden sich nicht ständig im Körper; sie stehen zur Verfügung, als wenn sie durch Fäden von ihren Schützlingen herbeigezogen würden. Wenn der Zeuge in den Körper eintritt, befindet er sich im Hals-Chakra. Dein Zeuge ist der protokollführende Engel, der alles, was in deinem Leben geschieht, in der Akascha-Chronik festhält.

Der Zeuge ist der Teil von dir, der dir in allen Lebenslagen einen Überblick verschafft und dir zeigt, welche Maßnahmen und Taten von Vorteil für dich sind. Verlierst du den Kontakt mit deinem Zeugen, kommen deine Einsichten erst im nachhinein. Guter Kontakt mit ihm erlaubt Voraussicht; du erkennst die Absurdität in deinem Leben, während sie sich ereignen. So zum Beispiel, wenn dich mitten in einem Streit das Lachen überkommt, weil du plötzlich deine eigene Halsstarrigkeit und deine berechnenden Argumente durchschaust. Wenn du deinem Zeugen das erste Mal begegnest, kann·die bedingungslose Liebe und Annahme, die du empfindest, überwältigend sein. Der Zeuge urteilt nicht über dich.

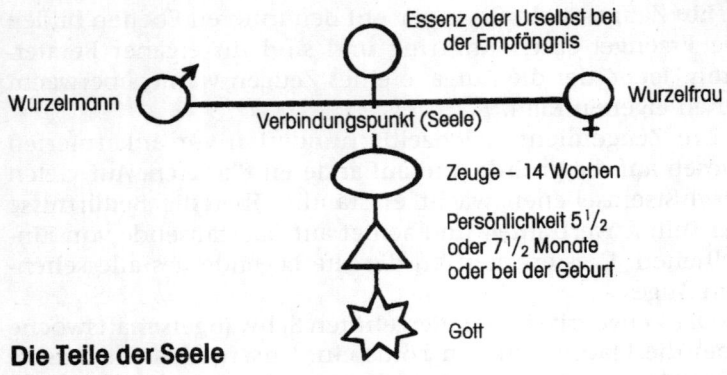

Die Teile der Seele

Die Persönlichkeit

Etwa im siebenten Monat der Schwangerschaft tritt die vom Urselbst und seinen Beratern zusammengestellte Persönlichkeit endgültig in den Körper ein. Manche Persönlichkeiten treten früher ein, ungefähr, wenn die Mutter die ersten Bewegungen ihres Kindes spürt, andere ziehen kurz nach der Geburt ein. Wenn mehr als ein Monat vergeht und die Persönlichkeit des Säuglings sich nicht genügend an den Körper bindet, wird das Kind häufig autistisch oder weist andere Persönlichkeitsstörungen auf. Ein Mangel an Persönlichkeit ist auch bei manchen Säuglingen aufgefallen, die den plötzlichen Säuglingstod gestorben sind.

Eine Mutter, die bei ihrem Baby einen leeren Gesichtsausdruck feststellt, weil dessen Persönlichkeit noch nicht in ihn eingetreten ist, sollte es mehrmals täglich mindestens 15 Minuten in lauwarmem Wasser baden. Wenn sie ihr Kindchen häufig in den Armen wiegt, hilft sie dessen Persönlichkeit, in den Körper einzutreten und sich zu festigen.

Die meisten von uns haben Eigenschaften, von denen sie wünschen, sie hätten sie nie entwickelt. Laut psychologischer Erklärungsmuster sind unsere Eltern daran schuld. Für mich ist jedoch klar, daß dem nicht so ist. Trotz späterer elterlicher Einflüsse ist jede Persönlichkeit als Säugling schon mehr als zur Hälfte geprägt. Das Seelenalter bestimmt die Fähigkeit eines Menschen, die Verhaltensmuster der Familie zu überwinden, die ihn erzogen und genetisch geprägt hat.

Die Grundlage deiner Persönlichkeit ist eine Kette von Gedankenformen, die dein Urselbst braucht, um seinen Charakter zu entwickeln. Da es sich um bloße Gedankenformen handelt, kannst du, je nach Neigung, gewisse Eigenschaften latent oder dominant werden lassen. Die Erziehung kann eine Eigenschaft mehr betonen als eine andere, doch jeder von uns hat Charaktermerkmale, die so tief sitzen, daß es unmöglich ist, sie zu unterdrücken. Ein Kind, das die Wahrheit spricht, wird deswegen vielleicht geschlagen, als Erwachsener jedoch zum Skandaljournalisten oder zum Diplomaten werden. Die Aufgabe der Eltern besteht darin, diesem Kind zu zeigen, daß es sich durch rücksichtslose Offenheit, die die Gefühle anderer Menschen verletzt, unbeliebt macht.

Normalerweise bleibt die Persönlichkeit in deinem Körper, es sei denn, du wirst gefoltert, erleidest einen schmerzhaften Unfall oder bist anderen extremen Umständen ausgesetzt. Wenn die Persönlichkeit aus dem Körper austritt, hält sie sich als Beobachter in einem Umkreis von zehn Metern auf. Unfälle können deine Persönlichkeit dazu bringen, den Körper zu verlassen: Du wirst bewußtlos, was Angst und andere Gefühle unterdrückt und auch die Muskeln und Knochen davon abhält, sich zu verkrampfen. Dies ermöglicht eine weiche Landung, die als Wunder erscheint und den Verunglückten vor Verletzung und Tod bewahrt. Die Persönlichkeit hat ihren Sitz im Herzchakra. In Traum- und Trancezuständen schwebt sie ebenfalls über dem Körper.

Der Atem des Schöpfergottes

Dein Atem ist dein innerer göttlicher Funke. Es ist der letzte Bestandteil der Seele, der in den Körper des Neugeborenen eingeht, wenn es seinen ersten Atemzug macht. Es ist darauf zu achten, daß die Menschen, die bei der Geburt zugegen sind, die Lebenskraft (Prana) nicht aufsaugen, die für das Baby bestimmt ist. Haustiere und Menschen, die einer Geburt beiwohnen, sollten in diesem Moment den Mund geschlossen halten, damit das Neugeborene seinen vollen Anteil des göttlichen Atems erhält.

Beim plötzlichen Kindstod (Sudden Infant Death Syndrome, SIDS) verläßt der göttliche Hauch den Körper; oft kommt es zum Tod, weil entweder dieser Teil der Seele, oder das Urselbst, oder die Persönlichkeit nicht richtig in den Körper eingegangen ist. Wenn ein Kind oder ein älterer Mensch krank ist, ist es gut, wenn ein gesunder Mensch dabei ist, der den Kranken berührt, damit der göttliche Funke den Körper nicht verläßt. Für kranke Menschen kann auch gesungen werden, oder man bittet eine kompetente Person, eine Fernheilung oder ein Heilungsritual zu vollziehen. Wenn du mit deinen Geisthelfern in Kontakt stehst, kannst du sie bitten, einem kranken Verwandten oder Freund beizustehen und den Lebenshauch in dessen Körper zu bewahren.

Bei einem Menschen, der im Koma liegt, ist die Lebenskraft konstant, wenn dieser Mensch ohne fremde Hilfe atmen kann. Ist eine künstliche Beatmung nötig, kann die Lebenskraft den Körper vorübergehend oder ganz verlassen.

Auch wenn sie im Koma sich außerhalb des Körpers befinden, wachen das Urselbst und der Zeuge über den Menschen und setzen die ihnen zur Verfügung stehenden Mittel ein, um die Heilung zu unterstützen. Während des Komas ist die Persönlichkeit eindeutig abwesend. Das Urselbst kann kommen und gehen, aber erst die Rückkehr der Persönlichkeit, sei es ganz oder teilweise, führt zur Genesung.

Liegen Kopfverletzungen vor, setzt sich die Persönlichkeit nach dem Unfall nicht immer genau gleich zusammen, und ihre Eigenschaften bleiben nicht unbedingt intakt. Ein Mensch, der weniger als vierundzwanzig Stunden bewußtlos war, bewahrt seine intakte Persönlichkeit und wird im allgemeinen unverändert erwachen.

Wenn du dich mit deinen früheren Leben befaßt, denk daran, daß die konstanten Teile deiner Seele das Urselbst und der Atem Gottes sind. Der Zeuge kann – aber er muß nicht – derselbe sein, und die Persönlichkeit ist mit Sicherheit eine andere.

Besessenheit

Man springt nicht einfach so in irgendeinen fremden Körper hinein; es muß schon eine Verbindung bestehen, damit eine Seele den Platz des Urselbst oder der Persönlichkeit einnehmen und einen fremden Körper für sich beanspruchen kann.

Die meisten Fälle von Besessenheit werden dadurch verursacht, daß zwei verschiedene Wesen (jeweils eine Kombination von Urselbst und Persönlichkeit) versuchen, denselben Körper zu bewohnen, und um die Vorherrschaft ringen. Dies bringt geistige und körperliche Qual für den betroffenen Menschen mit sich. Wenn die zweite Seele sich Eintritt in den Körper verschafft hat, stellen die Familie und die Freunde dieses Menschen oft Veränderungen an ihm fest. Macht die besitzergreifende Seele keine Schwierigkeiten und ist verantwortlicher und zurückhaltender als die ursprüngliche, sind Angehörige und Freunde oft traurig, weil sie das neue Verhalten als mangelnde Zuneigung empfinden. Die Familie hat meistens nicht die leiseste Ahnung, was vor sich geht, und weiß ihrem leidenden Verwandten nicht zu helfen.

Es ist ein echtes Problem, wenn die zweite und die ursprüngliche Seele oder Persönlichkeit im besessenen Körper um die Vormacht ringen. Handelt es sich bei der rivalisierenden Persönlichkeit um ein Mit-Wesen (ein vergangenes Leben dieses Menschen), behält dasselbe Urselbst die Kontrolle über den Körper, den es geschaffen hat. Bleiben Urselbst und Zeuge dieselben, erweist sich die (vorübergehende oder bleibende) Veränderung meistens als erträglich. Die Persönlichkeit ist oft sogar glücklicher während eines Lebensabschnitts, wenn ein Mit-Wesen sich ihren Körper ausleiht. Treten ein anderes Urselbst und eine neue Persönlichkeit ohne den ausgleichenden Einfluß des Zeugen in den Körper ein, können schreckliche emotionale Zustände, irrationales Verhalten und körperliche Krankheiten folgen. Wird der Körper völlig von einer anderen Seele übernommen, arbeitet das Urselbst daran, sich selbst und alle anderen Ebenen seines derzeitigen Lebens zu heilen und die Autonomie in seinem materiellen/mentalen/emotionalen Körper wiederherzustellen.

Ein Exorzismus kann sich als unumgänglich erweisen; er sollte mit Entschlossenheit und ohne Gewalt von jemandem unternommen werden, der es versteht, mit Geistern zu kommunizieren. Exorzismus ist kein Spiel für Amateure. Wenn du die eindringende Seele austreibst, aber das richtige Urselbst und die Persönlichkeit nicht wieder einsetzen kannst, wird der Mensch möglicherweise nur noch dahinvegetieren.

Ein Hausmittel hat in einem Fall wirklich geholfen, doch als vollkommen zuverlässig kann ich es nicht empfehlen. Ein Mann um die fünfundfünfzig wurde operiert. Nach der Operation hatten seine Frau und seine besten Freunde das Gefühl, sie hätten es fast mit einem Fremden zu tun. Der Gesichtsausdruck paßte nicht zu dem Menschen, den sie kannten. Einige Monate vergingen, dann ertappte die Frau ihren Mann dabei, wie er über seiner Glatze sein Haar kämmte. Den Kamm in der Luft, frisierte er sorgfältig seine eingebildete Mähne. Sie wurde plötzlich wütend und schrie, so laut sie konnte: »Du bist nicht Louis! Hau ab und laß ihn wieder rein!« So machte sie dem Schwindler den Garaus. Ihr Mann, dessen Persönlichkeit wieder hergestellt war, starrte verständnislos auf die Spraybüchse und auf den Kamm in seinen Händen und fragte kläglich, wann seine Operation stattfinden würde.

Chronischer oder übermäßiger Drogen- oder Alkoholkonsum öffnen den Menschen für eine vorübergehende Besessenheit. In diesem Zustand kann es zu illegalen, unsittlichen, gewalttätigen und zerstörerischen Handlungen kommen, wobei der Betrunkene oder Betäubte nicht einmal mehr weiß, daß es sein Körper war, der die Tat begangen hat. Guter Rat muß nicht teuer sein. Schränk dein Trinken und deinen Drogenkonsum ein, oder du wirst vielleicht eines Tages ernüchtert vor Gericht stehen. Während du den

Preis für deine Unachtsamkeit zahlst, steht es der eindringenden Persönlichkeit frei, den Körper eines anderen ahnungslosen Menschen zu besetzen, der gerade auf einer Sauftour ist.

Die Überseele

Mächtige Wesen tragen die Verantwortung für allerlei Arten von Kräften im Universum und regeln auch den materiellen Bereich. Deine Geisthelfer, deine Überseele, deine Berater, deine Meisterführer können augenblicklich miteinander kommunizieren. Zusammen bilden sie dein kosmisches Sicherheitsnetz. Alle Zitate im nun folgenden Abschnitt über die Überseele sind dem Buch *Geisthelfer* entnommen, das ich zusammen mit Jack Grant geschrieben habe.

Die Überseele berät und beschützt eine Gruppe Urselbste. Diese Urselbste sind meistens Mitglieder desselben Klans, doch teilen sie nur selten alle Interessen der Überseele, die zusammen mit ihnen ihre Inkarnationen überwacht. Diejenigen Überseelen, die nicht im Dienst von (verkörperten oder körperlosen) fühlenden Wesen stehen, übernehmen andere Aufgaben, wie den Unterhalt planetarer Strukturen, die Steuerung chemischer und alchemistischer Funktionen und die Betreuung der Artenentwicklung.

»Die Überseele ist die Quelle des Urselbst. Jede Überseele besitzt ebenfalls eine Überseele. Unsere Überseele läßt sich mit unserer Großmutter vergleichen, ihre eigene Überseele wiederum mit unserer Urgroßmutter.«

Dein Urselbst interessiert sich weit mehr für die Einzelheiten deines Lebens als deine Überseele. Deine Berater sind den alltäglichen Begebenheiten deines Lebens ziemlich fern. Die Überseele weist dein Urselbst an, dein Wachstum voranzutreiben und deinen wie auch seinen eigenen Charakter zu entwickeln.

Wenn ein Urselbst ein Leben oder eine Reihe von Leben vorbereitet, muß es dies mit den Beratern seines Klans und mit seiner Überseele besprechen. Dabei hilft die Überseele beratend bei der Wahl einer angemessenen Geburtsfamilie, des richtigen Umfelds und der eigentlichen Aufgaben dieses verkörperten Wesens. Oft hilft die Überseele dem Urselbst, schwierige und gefährliche Situationen zu meistern, in welche diese Persönlichkeit im Verlauf ihres Lebens gerät: Die Überseele hilft dem Urselbst das Wesen durch das Leben zu führen oder herauszufordern, sei es durch Krankheiten oder Unfälle, spirituelle Bestrebungen, berufliche Veränderungen, soziale Umwälzungen, Freundschaften und Ehen.

Ein Urselbst kann für eine spezifische Inkarnation jede beliebige Überseele in Anspruch nehmen. Die Regeln für die Seelenführung sind nicht so starr wie bei den erdgebundenen Hierarchien. Wenn das Urselbst beschließt, die Talente oder Eigenschaften einer anderen Überseele zu beanspruchen, hat es das Recht dazu, auch wenn diese aus einem anderen Klan kommt.

Wenn du in großer Not bist, kannst du die Überseele anrufen und, sofern sie es dir erlaubt, kannst du dich auch bei anderen Gelegenheiten an sie wenden. Bemühst du sie jedoch mit Belanglosigkeiten oder bittest du um Hilfe, die dir ein Geisthelfer oder deine eigene Intuition geben könnte, schimpft sie mit dir oder gibt gar keine Antwort. Im Umgang mit der Überseele ist Takt von größter Wichtigkeit.

Am besten nimmst du den Dialog mit der Überseele auf, indem du dich zunächst sammelst, meditierst, die Lichtstrahlen in deinen Rumpfchakras ausbalancierst und deine Aura stärkst. Schließlich stellst du dir eine Strahlenpyramide von durchscheinendem, leuchtenden Gold vor. Eine solche psychische Pyramide ist ein Werkzeug, mit dem man sich zu ätherischen Höhen aufschwingen kann.

Jetzt setzt du dich unter die Pyramide, genau in die Mitte. Laß deinen Gefühlsballast und deine berechnenden Pläne draußen, und füll dein Herz mit großer Erwartung. Wenn du geistig oder emotional unruhig bist, werden deine Versuche, Kontakt mit der ätherischen Ebene aufzunehmen, stark eingeschränkt sein. Feindseligkeit gegenüber anderen Menschen erweist sich meistens als Bumerang: Bleibe bei neutralen, wenn nicht liebevollen Gedankenmustern.

Eine psychische Pyramide muß glühen! Versichere dich, daß sie hell leuchtet, ehe du beginnst, mit ihr zu arbeiten. Wenn du bereit bist, bitte darum, daß dir der Name deiner Überseele genannt werde. Oft ist es ein Name mit fremdländischen Klängen und Silben. Vielleicht fällt es dir schwer, ihn auszusprechen. Bitte darum, den Namen ausgeschrieben zu sehen, damit du dir seinen phonetischen Klang einprägen kannst.

Solltest du die Überseele deiner Überseele erreichen, die unweigerlich ein Meisterführer ist, fragst du dieses hochentwickelte Wesen ebenfalls nach seinem Namen. In den meisten Fällen werden diese Wesen den ersten Kontakt herstellen. Dieser ist meistens kurz und vermittelt Wissen, nach dem du schon lange gesucht hast. Deshalb ist es wichtig, aufzupassen und sich an alles zu erinnern, was die höheren

Wesen dir sagen. Dieser Lehrer der Überseele hat Zugang zu jeder Vision oder Erfahrung, die du in deinem Leben je gehabt hast.

Geisthelfer

Jeder von uns hat einen oder mehrere geistige Führer, die uns beim Erlangen von Fähigkeiten und bei wichtigen Neuorientierungen helfen. Jeder Mensch hat einen Lebensführer und kann einen Heilungshelfer, einen Führer für einen bestimmten Zweck, ein Totemtier, einen Führer für seine Talente (Musik, Kunst, Sport, Kochen) gewinnen, oder in eine Familie mit einem eigenen Führer hineingeboren werden.

Auch wenn verbündete Geister deine eigene Seele oder dein Urselbst in einer anderen Aufmachung sein können, stammen die meisten unserer Geisthelfer von anderen Urselbsten. Jüngere Seelen erhalten immer geistige Helfer von außen.

Alte Seelen haben eine Vielzahl an vergangenen Leben, zu denen sie Verbindung aufnehmen können, wenn sie Hilfe und Trost brauchen. Es gibt keine feste Regel für die Seelenebene. Es könnte eines deiner Mit-Wesen zu deinem Haupthelfer werden, was allerdings nicht sehr häufig vorkommt. Alte Seelen sind immer in Kontakt mit ihrem Urselbst.

Es gibt unzählige Seelen, deren Meisterführer und Überseelen es ihnen erlauben, als Führer für deine spezifischen Bedürfnisse zu dienen. Dein kürzlich verstorbener Versicherungsagent steht dir zur Seite bei einem geschäftlichen Problem; ein Mit-Wesen, das Zimmermann werden wollte, kann dir helfen, dein Haus zu bauen; eine mit deinem Klan verwandte Überseele, die die Energien der Gegend kennt, in die du gerade ziehst, kann für kurze Zeit dein Berater werden.

Im Mai 1986 kam ein Führer zu mir, ein berühmter und beliebter Schriftsteller des frühen 20. Jahrhunderts, einzig und allein, um mir beim Schreiben meiner Bücher beizustehen. In den späten sechziger Jahren hatte eine Freundin von mir in einer Wohngemeinschaft in Oakland gelebt, die sich im früheren Heim dieses Schriftstellers befand. Er sagte, er sei »ich« gewesen, aber da wir nicht Mitglieder desselben Klans sind und nicht dasselbe Urselbst haben, kam mir seine Bemerkung eigenartig vor. Er erklärte, meine Überseele hätte sein Leben überwacht, was uns zu kosmischen Verwandten werden ließ.

Meisterführer

Meisterführer sind spirituelle Wesen, die sich bemühen, Samen kosmischen Wissens auf der irdischen Ebene auszusäen. Sie sprechen selten zu einem einzelnen, sondern wählen Menschen aus, die die Lehre an andere weitergeben werden. Meisterführer handeln aus bedingungsloser Liebe und teilen sie mit den Menschen, die sie unterweisen.

Eine ihrer Aufgaben besteht darin, unlängst Verstorbene einzuführen und ihnen vergessenes Wissen neu zu offenbaren. Sie sind wie Lehrer, die der Seele bei ihrer Selbstanalyse und der Auswertung des soeben vollendeten Lebens helfen.

Ich habe eine gute Beziehung zu White Eagle, der seit vielen Jahren mein Meisterführer ist. Anfänglich war ich überwältigt von ihm, aber es wäre mir nicht möglich gewesen, eng mit ihm zusammenzuarbeiten und seine Unterweisungen zu empfangen, wenn sich das nicht geändert hätte. Ich lernte, ihm mit respektvollen Fragen zu begegnen.

Manchmal vergehen Monate ohne weitere Anweisungen von meinem Meisterführer, doch dann spricht er plötzlich zu mir, als hätte er erst vor zehn Minuten damit aufgehört.

Wurzelmann und Wurzelfrau

Wurzelmann und Wurzelfrau sind Teile von Mit-Wesen und innere Führer für die Dauer eines Lebens. Kapitel 6 ist dieser sehr speziellen persönlichen Beziehung gewidmet.

Die Berater

Berater kommen von der Sternenebene. Sie sind keinem spezifischen Sonnensystem zugeordnet oder verpflichtet. Eine Reihe von Beratern wacht über eine Galaxie und arbeitet mit anderen Beratern zusammen, die wiederum andere Galaxien behüten. Zwei Berater, die keine weiteren Aufgaben haben, kümmern sich um einen Klan (siehe Abbildung auf S. 56). Eine der Hauptfunktionen der Klan-Berater besteht darin, die Seelen, die sich verkörpern wollen, durch das Auswahlverfahren zu führen, das der Geburt vorangeht. Normalerweise bleiben deine Klan-Berater nicht länger in direktem Kontakt mit dir, wenn du das Alter von zwei Jahren einmal erreicht hast, doch sie erkundigen sich von Zeit zu Zeit nach deinen Fortschritten. Es liegt an dir zu entdecken, wie du die Beziehung am besten wieder aufnehmen kannst. Dafür gibt es nur einen Grund, nämlich, sie um eine Änderung deines Lebensplans oder um die Klärung eines Teils deiner Aufgabe zu bitten. Die meisten Menschen können keinen bewußten Kontakt zu ihren Beratern aufnehmen, da sie vergessen haben, daß es sie gibt.

Die Berater erscheinen immer als unzertrennliches Paar. Der eine hält die Rahmenbedingungen aufrecht (Kontakt mit dem Schöpfer und anderen Beratern), während der andere auf die Ebenen der Materie und der Gestalten und Formen einwirkt und dort Veränderungen vornimmt. Der erste hält den Zugang zum Wissen offen, während der zweite deine Entwicklung überwacht und sich auf die menschlichen Aspekte deines Lebens konzentriert. Hast du deine Lebensaufgabe einmal aufgenommen, werden beide dich mahnen, wenn du sie vernachlässigst.

Mein ursprünglicher Kontakt mit meinen Beratern war spontan. Wenn du deine Führer einmal kennst und an der Verfeinerung deines Wesens und deiner Charakterschwächen gearbeitet hast, bist du bereit, deine Berater kennenzulernen. Gibt es Abkürzungen? Kann ein Mensch seine Persönlichkeit auf gewalttätige und asoziale Art ausleben und trotzdem Kontakt zu seinen Beratern aufnehmen? Die Antwort lautet ja;

wenn die Berater das Gefühl haben, ihr Eingreifen würde konstruktive Folgen haben, sind sie bereit, mit jedermann zu arbeiten, aber sie erlauben keinen Mißbrauch des vermittelten Wissens. Berater können dein Leben ohne deine Einwilligung beenden, wenn sie es für nötig halten, doch geschieht auch dies aus bedingungsloser Liebe.

Ein Gespräch mit meinen Beratern

Die vertraute Stimme einer meiner Berater klang in meinem inneren Ohr. Ich bin nicht so erpicht auf ungebetenen Besuch, auch wenn ich manchmal die beiden Berater selbst anrufe. Ihre Anweisungen bedeuten meistens eine plötzliche Änderung bereits gefaßter Pläne. An jenem Nachmittag erschütterte die Botschaft des Beraters mein gesamtes Glaubenssystem: »Dein gegenwärtiges Leben wird von deinem sechsten Chakra beherrscht«, hob die Stimme nachdenklich an.

Ich versuchte, diese Mitteilung einzugrenzen. Fragen purzelten aus mir heraus. »Ist das sechste Haus gemeint oder das sechste Stockwerk in einem anderen Haus? Bin ich vielleicht doch eine alte Seele?«

»Du weichst der Arbeit mit dem siebten Chakra aus«, erwiderte mein Berater.

Endlich begriff ich, daß ich mich auf dieser Ebene befinde. Dieses Wissen erklärte viele meiner Erfahrungen.

Der zweite Berater sah mit schweigender Unterstützung zu, während der erste fortfuhr, mich zu belehren. Sie sprachen davon, daß mein Meisterführer mir eine neue Möglichkeit anbieten wolle. Meine Aufgabe des Dienens durch Lehren und Heilen ist weit fortgeschritten. Da der größte Teil meines Lebens aus freier Wahl besteht, fragten sie mich, was ich vorhabe, damit sie mir ihre Unterstützung gewähren und meine Wahl mit den Bedürfnissen des Universums in Einklang bringen konnten. In dem Augenblick, in dem ich mir ein klares Bild davon gemacht hatte, verschwanden sie beide.

Eine Entscheidung, die ich nach dieser Begegnung traf, wurde von meinen Beratern mit einem Veto belegt. Sie sagten nichts, doch spätere Ereignisse zeigten es ganz deutlich. Heute weiß ich, daß sie recht hatten. Noch immer brauche ich den Beistand meiner Berater, wenn ich neue Pläne schmiede.

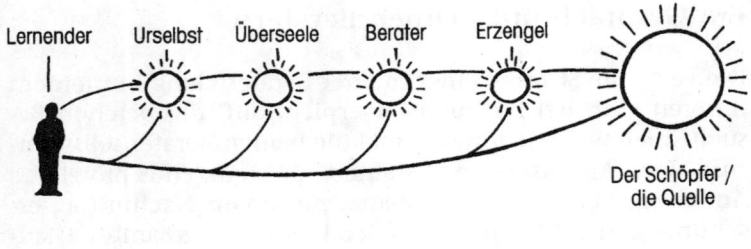

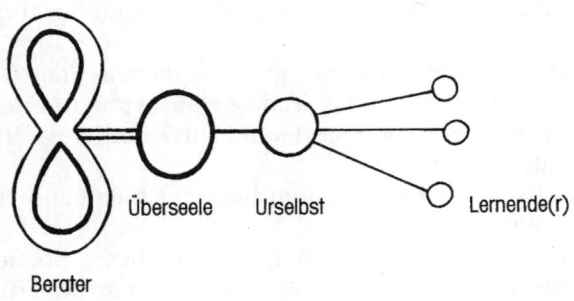

Erzengel

Erzengel schenken bedingungslose Liebe. Sie können sowohl verspielt als auch ernst sein. Der Volksglaube will, daß Engel ausschließlich männlich und schrecklich nüchtern sind. Das Gegenteil ist wahr, denn Erzengel haben einen Sinn für Humor, der ans Absurde grenzt. Sie durchschauen deine menschlichen Ängste ohne weiteres und kichern vergnügt, wenn du dich der einen oder anderen Versuchung gegenübersiehst. Stürzt du dich kopfüber in die verbotene Sache, bieten sie Alternativen an, damit du dich aus der Affäre ziehen kannst. Beweist du in einer gefährlichen Lage jedoch Mäßigung, Reife und Mitgefühl, werden sie diese Gaben mit noch größeren aufwiegen, die du mit der Zeit entwickeln wirst.

Weibliche Erzengel spotten über den Gedanken, daß es sie nicht geben soll und daß Gottes weibliche Seite ganz einfach abgelehnt wird von einer männlich dominierten Welt, die derart selbstverliebt ist, daß sie glaubt, ihre Verzerrungen seien ein Spiegel der geistigen Wirklichkeit.

Erzengel geben und lehren uns bedingungslose Liebe. Es sind keine kühlen und ätherischen Wesen: Jeder hat einen eigenen Charakter, obwohl er ein wahrer Engel ist. Ganz wie wir haben auch sie bestimmte Aufgaben und Interessensgebiete, aber sie können sich im Bereich der Quelle aufhalten, was uns nicht gegeben ist.

Wie jede andere entwickelte Seele sind Erzengel auf Liebe ausgerichtet; sie lieben uns trotz unserer Persönlichkeit, wobei sie großzügig übersehen, daß wir nicht so entwickelt sind wie sie. Es kann nicht oft genug betont werden, daß Liebe die stärkste Kraft im Universum ist, und daß sie den Tod überdauert.

Die Klans

Der Klan ist eine Stammesfamilie, die spirituell und nicht genetisch miteinander verwandt ist. Wie die Familie ist es eine Gemeinschaft, doch viel größer und weitläufiger.

Jeder Klan besitzt seine eigene Farbe oder Farben, seine Mineralformen, seine Molekularstruktur, seine Töne und Laute und seinen Energiecharakter. Menschen, die auf der Sternenspirale der Erleuchtung arbeiten, steht ausführliches Wissen über die Funktion des Klansystems zur Verfügung. Leute, die sich auf der Mond- oder Sonnenebene befinden, erhalten hauptsächlich in Träumen, kurzen intuitiven Erkenntnissen und in Meditationen flüchtige Einblicke in ihren eigenen oder in verwandte Klans.

Einige Klans arbeiten daran, in der menschlichen Gesellschaft Veränderungen zu bewirken, damit sie selbst lernen können, bessere Lehrer und Mit-Schöpfer zu werden, andere befassen sich mit der Entwicklung von Pflanzengattungen, klimatischen Bedingungen oder künstlerischen Vorhaben. Erfolge in ihrer Arbeit kommen der Entwicklung aller Klanmitglieder zugute. Die Mitglieder eines Klans können sich in jeder beliebigen Gesellschaft inkarnieren und sie wieder verlassen, um in einer anderen Aufnahme zu finden, wenn es ihrem Lebensweg dient.

Man könnte annehmen, daß ein Klan, der für das Pflanzenleben zuständig ist, Bauern, Kräuterkundige, Ärzte und andere, die sich für die allgemeine Entwicklung von Kräutergewächsen interessieren, aussendet. Diese Vermutung erweist sich als nur teilweise richtig, denn um ihre Experimente im Reich der Schöpfung schneller voranzutreiben, können Klanmitglieder auch Lebensaufgaben bei der Zubereitung und Lagerung von Nahrungsmitteln oder in der Städteplanung übernehmen, oder aber eine große Familie gründen. Wenn man auf einem Planeten lebt, wird die physiologische Entwicklung zur Wirklichkeit, im Gegensatz zur Existenz jenseits des Tores, wo alles Geist und Theorie ist. Alle Verbesserungen, die es einer bestimmten Gattung erlauben zu überleben, werden in den zwei Ebenen der Schöpfung und der Gestalten und Formen vorgenommen.

White Eagle sagte über seinen Klan: »Unser Klan koordiniert das Wachstum von göttlichem Bewußtsein in Sternengebilden. Wenn der Mensch mystische Konzepte verstehen lernt, wächst die sanfte Kraft, und es wandelt sich das Verständnis für jede Pflanze, jedes Mineral, jeden chemischen Stoff und jedes Molekül im ganzen Kosmos. Dabei profitiert nicht nur dein eigener Planet. Streit führt zu mehr Streit. Je mehr der Mensch sich in Einklang mit dem Universellen Bewußtsein befindet, desto mehr Harmonie gibt es überall.«

Gegenwärtig wirken vierundachtzig Klans, die sich für die Erde engagieren. Diese Zahl kann schwanken, da Klans ihren Mitgliedern beschränkte irdische Aufgaben zuteilen, von denen sie nach einer Weile wieder entbunden werden. Seelen, die zu Klans gehören, welche sich nicht mit dem Planeten Erde befassen, können für ein oder mehrere Leben unter dem Schutz eines erdbezogenen Klans hier inkarnieren.

Nachdem du deine für den Aufstieg durch alle Seelenstufen erforderlichen Leben erfüllt hast, darfst du dich einer anderen Gruppe von Wesen anschließen.

4

Neunundvierzig Stufen:
Die Reise des Urselbst

Im Hause meines Vaters sind viele Wohnungen.

Joh. 14:2

In ihrem Aufstieg zur höchsten Ebene bewohnt die Seele sieben Häuser, die je sieben Stockwerke zählen. Hast du die Lektion einer Etage gelernt, so steigst du im nächsten Leben zum nächsten Stockwerk auf. Theoretisch könnte ein begabter Lernender also in neunundvierzig Leben vom untersten Stock des ersten Hauses in die oberste Etage des letzten Hauses gelangen. Dies ist aber selten der Fall.

Die meisten von uns bewohnen mindestens einige Leben lang dieselbe Etage und untersuchen dort alle Räume, Ecken, Nischen, Erker und Balkone, bis wir schließlich mit unserer Leistung zufrieden sind. Erst dann steigen wir, unterstützt von unseren Lehrern, zum nächsten Stockwerk auf.

Wenn du mutwillig, halsstarrig oder verwirrt bist, verbringst du vielleicht mehr als einhundert Leben auf einem einzigen Stockwerk. »Du« heißt in diesem Fall dein Urselbst und die Mit-Wesen, die von ihm hervorgebracht wurden.

In einem einzelnen Leben arbeitest du an einem bestimmten Chakra, oder an mehreren zusammenhängenden Chakras. Ist es deine Aufgabe, etwas über Macht, Selbstbeherrschung, Wut, Manipulation oder Respekt zu lernen, wird sich dein Leben um das dritte Chakra drehen. Arbeitest du hingegen an Kommunikation, Durchsetzungsvermögen, Musik, Gesang, klarer Sprache, Wahrhaftigkeit oder Hellhörigkeit, kreisen die Lektionen um dein fünftes Chakra.*

Es ist manchmal nur schwer zu durchschauen, welches Chakra dominiert, denn die vordergründigen Probleme machen es möglich, das lebensbestimmende Chakra zu erkennen. Es kann zu Blockierungen kommen, weil eine Verbindung zwischen dem ersten, dem vierten und dem sechsten Chakra besteht, obschon in diesem Fall die Schwierigkeiten häufiger zwischen Wurzel- und Herzchakra liegen als zwischen diesem und dem dritten Auge. Oft bilden auch das zweite oder das dritte mit dem fünften, oder das fünfte mit dem siebten Chakra ein Paar.

Ist dein fünftes Chakra blockiert, wirst du möglicherweise nicht bemerken, daß dieser Stau dich davon abhält, bei deiner wirklichen Aufgabe Fortschritte zu machen: Die Arbeit mit dem siebten oder dem Scheitelchakra. Bei einem unzentrierten Menschen, der sein Leben nicht unter Kontrolle hat, kann das Öffnen des siebten Chakras zum Wahnsinn oder gar in den Tod führen. Viele sogenannte Verrückte sind Menschen, die ihr Scheitelchakra weit geöffnet haben, ohne sich entsprechend vorzubereiten und zu schützen. Offen für alle Eindrücke der Außenwelt, werden sie von überallher mit Empfindungen, Gedanken und Informationen bombardiert. Beruhigungsmittel sind hier nur eine Notmaßnahme; was wirklich nötig wäre, ist die Fähigkeit, das Scheitelchakra willentlich zu öffnen und zu schließen. Nur so kann die Informationsflut sinnvoll eingeordnet werden. Aus Angst vor dem Sterben halten viele Menschen ihr Scheitelchakra ständig verschlossen. Die meisten Menschen öffnen es selten, außer im Augenblick des Todes.

Auf dem Weg zum Heil arbeitet jede Seele an einem vorgegebenen Chakra, bis es vollkommen ist. Das Chakra, an dem du in deinem jetzigen Leben arbeitest, zeigt dir, welche Entwicklungsstufe du erreicht hast. Ob du dich zum zwan-

---

* Die vollständige Erklärung des Chakrasystems findest du im Kapitel 2 des Buches *Geisthelfer* von Laeh Maggie Garfield und Jack Grant.

zigsten oder zum zehntausendsten Mal auf das erste Chakra konzentrierst, hängt ganz von deinen Fortschritten ab. Manche geben sich nur mit absoluter Perfektion zufrieden, andere lassen »gut« auch gelten.

Die folgenden Angaben veranschaulichen den Entwicklungsprozeß, den eine Seele durchläuft während ihrer Reise durch die verschiedenen Stufen. Diese Einteilung ist nicht starr und unfehlbar, denn nicht jeder Mensch, der in deinen Augen eindeutig in eine gewisse Kategorie fällt, gehört auch wirklich dorthin. Die Arbeit mit den Chakras gibt dir lediglich eine Richtlinie, damit du das Prinzip verstehst. Es ist kein Punktesystem, nach dem du deine Mitmenschen beurteilen sollst.

Die Häuser

In der Dimension des irdischen Lebens durchläuft die Seele sieben Häuser oder Stufen des Wachstums. Die hier angeführte Tabelle zeigt ihre Entsprechung in den Chakras.

Lebensziel	Seelentyp	Chakra
Andere Menschen erleuchten	Freiwillige Seele	Scheitel
Telepathische Fähigkeiten, Vorsätze, Macht durch Gedanken	Alte Seele	Drittes Auge
Kommunikation	Reife Seele	Hals
Liebe, Mitgefühl	Erwachsene Seele	Herz
Macht, Kontrolle	Teenager-Seele	Sonnengeflecht
Emotionales Gleichgewicht, Selbstvertrauen	Kleinkind-Seele	Sakral
Überleben und andere Aspekte des Lebens im Körper	Säuglings-Seele	Wurzel

Deine Seele hält sich hauptsächlich in deinem Haus auf, egal ob du gerade auf der Ebene der Schöpfung oder auf der materiellen Ebene weilst. In diesem Stadium muß die relativ unreife Säuglings-Seele lernen, angemessen für sich selbst zu sorgen. Ihre Bemühungen konzentrieren sich auf das Wurzelchakra. Sind die durch die Seele und die Klanberater festgesetzten Ansprüche erfüllt, macht sie sich auf, den Gefühlsbereich zu erobern und steckt sich Ziele, die mit dem zweiten Chakra in Verbindung stehen. Sie entwickelt sich von Chakra zu Chakra, bis sie am Scheitelchakra anlangt. Dafür muß sie möglicherweise viele Inkarnationen und große Mühen aufwenden.

Hat sich eine Seele auf allen Ebenen eines bestimmten Hauses qualifiziert, schreitet sie zum nächsten vor, das heißt zum Beispiel vom siebten Stockwerk des Teenager-Hauses oder vom Haus der Macht zum ersten Stock des Erwachsenen-Hauses. In der Regel machst du, je entwickelter deine Seele ist, immer weniger Fehler. Deshalb nimmt die Anzahl Leben ab, die du auf jedes Stockwerk verwendest. Vier Leben pro Etage scheint das Minimum zu sein, das die meisten verkörperten Seelen brauchen, um alle gestellten Aufgaben zu erfüllen und zum nächsten Stockwerk aufzusteigen; im allgemeinen fällt dir die Stufe am schwersten, die dem Haus selbst entspricht. So ist im Erwachsenen-Haus die Stufe des Herz-Chakras – das vierte Stockwerk – am schwierigsten zu meistern. Für diejenige Seele, die im Teenager-Haus wohnt, erweist sich die dritte Etage, die Machtebene, als die schwierigste. Die anspruchsvollsten Aufgaben brauchen mehr Lebzeiten, um vollendet zu werden. Was als anspruchsvoll gilt, hängt von den Stärken und Schwächen des jeweiligen Urselbst ab.

Die Häuser und das Lebens-Chakra

Im Laufe deines Aufstiegs von Haus zu Haus gewinnst du immer subtileres Wissen über ein bestimmtes Chakra. Eine Kleinkind-Seele übt Macht aus, indem sie Wutanfälle produziert und alle drangsaliert, die nicht mit ihr einverstanden sind, während eine Teenager-Seele ihre Mitmenschen erpreßt, damit sie das tun, was sie will. J. Edgar Hoover, der vom ersten Tag bis zu seinem Tod als absoluter Diktator über das FBI herrschte, drohte Präsidenten, Kongreßabgeordneten und Geschäftsleuten mit Bloßstellung, wenn sie nicht nach seiner Pfeife tanzten. Für eine Reife Seele bedeutet Macht, zu wissen, was sie will, und dabei zu bleiben, ohne sich einschüchtern zu lassen. Sie weiß zu warten, bis die Zeit reif ist und die gewünschten Bedingungen gegeben sind.

Eine Erwachsene Seele, die den zweiten Stock des vierten Hauses durchläuft, beobachtet und prüft ihre Gefühle während ihres ganzen Lebens immer wieder, um ihre emotionalen Reaktionen mehr und mehr unter Kontrolle zu bekommen. Es gibt eine Gefahr, vor der sich Erwachsene, aber auch jüngere Seelen in acht nehmen müssen; sie betrifft die Zeit, die sie sich für sich selbst nehmen: Wenn das Leben aus nichts anderem mehr besteht als aus Verpflichtungen und Dingen, die getan werden müssen, bleibt zu wenig Zeit, um sich mit sich selbst auseinanderzusetzen.

Das Arbeiten an einem spezifischen Chakra bedeutet nicht unbedingt, daß eine Seele diesem Haus angehört. Die ganze Zeit, die jemand in einem Haus verbringt, arbeitet er auch mit dem Chakra, das von diesem Haus regiert wird. Eine Erwachsene Seele wird sich besonders mit dem fünften Chakra befassen, egal ob sie sich nun auf der dritten oder der siebten Etage befindet. Ist sie gerade im dritten Stockwerk, wird ihr Verhalten an viele Merkmale der Teenager-Seele erinnern. Im zweiten Stock zeigt die Erwachsene Seele viele Eigenschaften des Kleinkindes, da sie mit ähnlichen Gefühlen zurechtkommen muß.

Natürlich kommt es auch zu Fehlern. Manchmal können sogar Alte Seelen sich irrational aufführen. Alte Seelen haben jedoch die ausdrückliche Erlaubnis, mit der Tradition und den geltenden Gesellschaftsregeln zu brechen, um ihre Lebensaufgabe zu erfüllen. Selten, falls überhaupt, schaden sie jemandem außer sich selbst.

Was passiert, wenn einer der Inkarnierten alle Aufgaben eines bestimmten Stockwerks erfüllt hat, während andere Mit-Wesen noch am Leben sind? Da ihre Aufgabe erledigt ist, sind noch lebende Mit-Wesen frei zu tun, was sie wollen. Sie leben nach freier Wahl, praktisch ohne Karma, doch sind diese Menschen meistens sehr vorsichtig, um das bereits Erreichte nicht in Frage zu stellen.

Das Haus des Überlebens *(Wurzel-Chakra)*

Man könnte annehmen, daß Säuglings-Seelen es ungewöhnlich schwer haben, da ihr relativer Erfahrungsbereich sehr eingeschränkt ist. Doch die Klanberater sind weise, und wenn die Seele auf sie hört, kommt sie zu Reifen oder Alten Seelen als Eltern. Den Säuglings-Seelen muß gesagt werden, was sie zu tun haben und wie sie es tun müssen. Auch wenn sie über eine normale Intelligenz verfügen, entgehen ihnen viele irdische Begriffe. Säuglings-Seelen sehen unschuldig aus und leben zu sehr in der geistigen Welt. Im Gegensatz zu Alten Seelen, denen sie in dieser Hinsicht gleichen, sind sie eher naiv als weise. In der westlichen Welt werden viel weniger Säuglings-Seelen geboren als in östlichen Staaten wie Bangladesch oder Pakistan.

Säuglings-Seelen

Liebevoll, hemmungslos, wehrlos, hilflos, ichbezogen, launisch, hingebungsvoll, unschuldig, gelassen, fordernd, wechselhaft, unberechenbar, anderen gegenüber unverhältnismäßig offen oder ängstlich, arglos; schaut Menschen in die Augen, und sagt die nackte Wahrheit; braucht Anleitung.

Beruf: *Nimmt aus finanziellen Gründen langweilige Arbeiten oder Lehrstellen an und erwirbt so wertvolle Fähigkeiten für zukünftige Leben.*

Religion: *Strenggläubiger Moslem, Hindu oder Christ ohne wahres Verständnis seiner Religion. Praktiziert insgeheim Animismus – mit oder ohne kirchlichen Segen.*

Das Haus der Gefühle *(Sakral-Chakra)*

Ist die Säuglingsstufe einmal gemeistert worden, konzentriert sich die Seele auf das zweite Chakra. Diese Stufe kann viele Leben in Anspruch nehmen. Hier schreitet die Seele vom ersten zum siebten Chakra, doch nimmt sie alles durch einen Schleier von Gefühlen wahr. Oft pedantisch, fordernd, eigensinnig oder übertrieben nett, geht es bei dieser Lebensreihe um Akzeptanz und Ablehnung oder um regelrechtes Verlassensein.

Die Bewohner des Kleinkind-Hauses sind oft Menschen, die sich von ihrer Familie abgewendet haben, sie nie mehr sehen und nicht einmal mehr mit ihr sprechen. Manchmal werden sie in der Kindheit verlassen, oder sie werden später von mehreren Partnern sitzengelassen. Sie überreagieren gern und neigen zu Massengewalt oder zu Verzweiflungstaten, die mit ungebändigten Gefühlszuständen zusammenhängen. Man findet sie oft unter der Anhängerschaft von Superpatrioten oder Glaubensfanatikern. Als Arbeiter und Angestellte bedürfen sie der ständigen Kontrolle, damit sie ihre Aufgaben richtig und fristgerecht erledigen.

Kleinkind-Seele

Zügellos, abwechslungsweise hilfsbereit oder störrisch, anstrengend, lebhaft, lustig, tyrannisch, neidisch, gierig, neugierig, zärtlich, selbstsüchtig, wählerisch in Liebe und Treue, aufmerksam, besitzergreifend, ehrlich, charmant, erforschend, braucht Grenzen, keine Führernatur, engstirnig, intolerant, möchte gerne nützlich sein, arbeitet am besten in untergeordneter Stellung.

Beruf: *Zimmermann, Holzfäller, Bauer in mechanisiertem Betrieb, Computeroperateur, Elektroniker, Laborant, Arbeiter, Matrose, einfacher Soldat in Berufsarmee oder Elitetruppe, Büroangestellter, Buchhalter, Wächter und Aufseher. Wählt Berufe mit strenger Überwachung.*

Religion: *Hindu, strenggläubiger Christ oder Moslem, Mormone, Teufelsanbeter, Zeuge Jehovas, Fanatiker aller Art. Wirklich gläubig, übernimmt die Vertretung des Anführers.*

Das Haus der Macht *(Sonnengeflecht-Chakra)*

Sobald die Seele genug Erfahrungen und Fähigkeiten erworben hat, um in das nächste Haus zu ziehen, wird sie zum Teenager. Hier sieht sie alles durch die Brille von Macht und Kontrolle. Es kommt nicht darauf an, an welchem Chakra sie gerade arbeitet: Das ganze Leben dreht sich um Macht und Einfluß. Halbwüchsige Seelen machen Pläne und setzen sie in die Tat um. Autorität wird gesucht oder verworfen. Die Teenager-Seele gibt in der heutigen Zeit in Amerika, Australien, Indien und vielen anderen Ländern den Ton an. Sie wird von Gier getrieben, die tödlichste aller Todsünden, weil diese Schwäche alle anderen nach sich ziehen kann.

Für eine Teenager-Seele ist alles gut oder schlecht, schwarz oder weiß, und sie ergreift leidenschaftlich Partei. Sie ändert häufig ihre Meinung und läßt die Idee, für die sie sich soeben noch so stark gemacht hat, zugunsten einer neuen fallen, für die sie sich genauso leidenschaftlich einsetzt. Falsche Ansichten müssen überwunden werden.

Das Teenager-Haus entspricht der Jugendphase der menschlichen Entwicklung. Die nachstehende Stufenleiter zeigt das chronologische Alter eines Menschen im Vergleich zum Stockwerk, das dieser Seelenentwicklung entspricht. Der erste Stock stimmt mit dem ersten Chakra überein, was einem Halbwüchsigen im Alter von dreizehn Jahren gleichkommt. Der zweite Stock entspricht dem Alter von vierzehn Jahren usw. Eine Teenager-Seele des siebten Chakras ist vergleichbar mit einem bald erwachsenen Neunzehnjährigen.

Teenager-Haus

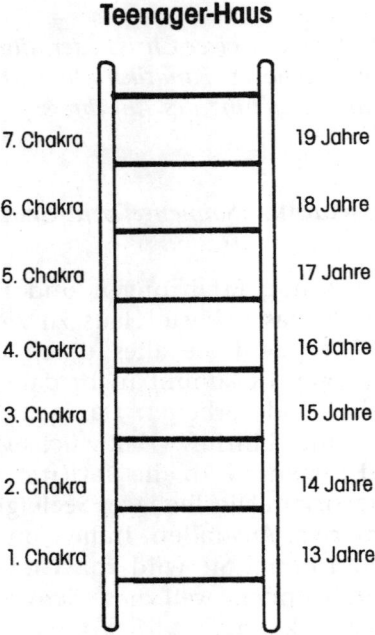

7. Chakra	19 Jahre
6. Chakra	18 Jahre
5. Chakra	17 Jahre
4. Chakra	16 Jahre
3. Chakra	15 Jahre
2. Chakra	14 Jahre
1. Chakra	13 Jahre

Teenager-Seele

Herausfordernd, idealistisch, rücksichtslos, im Reifeprozeß, ehrgeizig, einsichtig, eifersüchtig, freiheitsliebend, zwiespältig, rebellisch, liebenswürdig, Angst vor dem Anderssein, auf Sex fixiert, Hochstapler, überaktiv oder gehemmt, machthungrig, verführbar, einfallsreich, hilfsbereit, träumerisch, beeindruckt von materiellen Gütern, aufsässig, himmelhoch jauchzend, zu Tode betrübt, grausam, witzig, unterstützend, Konformist und Bilderstürmer.

Beruf: *Polizeibeamter, Lehrer, Pfarrer, Schulmediziner, Büro-krat, Schriftsteller, Manager, Techniker jeder Art, Wissenschaft-ler, Politiker an den Schalthebeln der Macht, Liederma-cher, Pop-Philosoph, Spitzensportler, Immobilienmakler, Bankier, Verkäufer, Unternehmer, Geschäftsführer, Bauunternehmer, Städteplaner, mittleres Kader, Berufsoffizier, religiöser Führer, Sporttrainer, Sänger, Schauspieler, Kaufmann, Nachrichten-sprecher.*

Religion: *Katholisch, Yogi/in, Angehöriger einer protestantischen Sekte, Russisch-Orthodox, Lutheraner, Baptist, Jude, Mormone, Griechisch-Orthodox. Das Leben hat mehr mit religiösen Bräu-chen und gesellschaftlichen Idealen zu tun als mit wahrem Glauben. Kirchenführer arbeiten mit Teenager-Seelen in Ge-meindesitzungen und Verwaltungsräten.*

Das Haus der Liebe *(Herz-Chakra)*

Erwachsene Seelen sehen ihr Leben nicht nur als eine Reihe von Annehmlichkeiten, sondern sie streben nach dem Aus-druck tiefer Werte wie Mitgefühl, Liebe, Schmerz und Güte. Auf dieser Stufe beschließen viele Menschen, Aufgaben wie-deraufzunehmen, die sie in früheren Leben als vollendet er-achteten. Jetzt verfeinern und definieren sie ihr Leben durch den Filter des Herz-Chakras: Für sie ist das wichtigste Krite-rium, wie ihr Herz auf die Dinge reagiert. Hier finden wir den Übergang zwischen dem gewöhnlichen und dem Höhe-ren Selbst. Erwachsene Seelen erledigen ihre Arbeit und hal-ten sich an die meisten sozialen Regeln, sofern diese sinnvoll erscheinen; doch werden sie Gesetz und ungeschriebene Bräuche umgehen, wenn sie diese nicht billigen oder aner-kennen. Während die Seele im Haus der Liebe weilt, ent-wickelt sie ihre Philosophie und die persönliche Ethik. Er-wachsene Seelen sind statusbewußt und stellen entspre-chende Ansprüche, bis sie den sechsten Stock erreichen. Die ganze Menschheit muß durch das Haus der Liebe ziehen, um in die höheren Entwicklungsstufen aufzusteigen, die für die nächsten zwei Jahrhunderte angestrebt sind. Eine große Anzahl Erwachsener Seelen lebt in Europa.

Erwachsene Seele

Sucher, Abenteurer, Herausforderungen annehmend, neidisch, großzügig, diplomatisch, versteckt ihr wahres Ich, fürsorglich, kritisch, kontrollierend, fügsam, innere und äußere Entdekker, kreativ, kompetent, selten Streber, unabhängig, hart arbeitend.

Beruf: *Krankenschwester, Heiler, Lebensberater, Psychologe, Übersetzer, Universitätsprofessor, Sprachtalent, Unternehmensberater, Computerfreak, Anwalt, Schauspieler, Schiedsrichter, Physiker, Astrologe, Forscher, Wissenschaftler, Kaufmann, Musiker, Datenanalytiker, Journalist, engagierter Schullehrer, Mathematiker, Kämpfer für das Gute, Arzt, Pfleger aller Art.*

Religion: *Buddhist, Jude, liberaler Protestant, Katholik, Yogi, Amish, Taoist, Russisch-Orthodox, Quäker, Sufi. Die Meinung der einzelnen Mitglieder wird ebenso berücksichtigt wie die menschlichen Bedürfnisse der Gemeinde. Erwachsene Seelen übernehmen zahlreiche Aufgaben im weltlichen Sozialdienst und im Bildungsbereich.*

Das Haus des Klanges *(Hals-Chakra)*

Reife Seelen arbeiten an Projekten, die mit dem fünften Chakra zusammenhängen. Deshalb ist ihre Weltsicht gefärbt von innerem Wachstum und äußerer Anteilnahme. Sie lassen sich nicht in Kämpfe ein, die sie nichts angehen. Selten sind sie religiös oder Mitglieder einer bestimmten Konfession; dennoch sind sie diszipliniert und engagieren sich für ihre Grundsätze. Sie bemühen sich um das Allgemeinwohl und sind oft Pazifisten, die wegschauen, wenn sie etwas sehen, an dem sie nicht teilhaben möchten und mit dem sie nicht ganz einverstanden sind. Menschen in diesem Haus bleiben verheiratet, und seien die Umstände noch so unglücklich. Ob auf der ersten oder der sechsten Stufe, die Werte dieser Seele bleiben die, für die das fünfte Chakra bekannt ist: Aufrichtigkeit und Kommunikation. Erkrankungen treten häufig in der Schilddrüse oder in der Kehle auf.

Reife Seele

Zuverlässig, heiter, hält sich an Regeln, aufrichtig, ehrlich, treu, mitfühlend, zwingt ihren Willen anderen nicht auf, schätzt die guten Dinge im Leben (wird sie sich aber nicht durch Mord oder Manipulation verschaffen), anpassungsfähig, flexibel, konstruktiver Kämpfer, aufgeschlossen, Sinn für das Angemessene, hört anderen zu, hilfsbereit, integer, Rückgrat der Gesellschaft, feinfühlig, einsichtig, vernünftig.

Beruf: *Lehrer, Therapeut, Besitzer eines exklusiven Ladengeschäfts, Kunsthandwerker, Musiker, Heiler, Komponist, Übersetzer, Schriftsteller, innovativer Fotograf, Designer, Halbprofi im Sport, wissenschaftliches Genie, unkonventioneller Gesellschaftskritiker.*

Religion: *Buddhist, Gnostiker, Taoist, Quäker, Sufi, Yogi, indianische Religionen. Die reife Seele fühlt sich von traditioneller Mystik oder auch von Natur- oder Stammesreligionen angezogen.*

Das Haus des Wissens *(Drittes Auge)*

Alte Seelen leben nach ihren eigenen Regeln, Wünschen und Prinzipien, gleich in welcher Gesellschaft sie sich aufhalten. Es sind die erfolgreichen Einzelgänger dieser Welt, die sich nach ihrer eigenen Intuition richten. Sie sind tolerant, setzen wenig Gewalt ein und geben mehr, als sie bekommen. Sie wissen, daß das Leben dazu da ist, sich wohl zu fühlen und froh zu sein, auch wenn man dabei ernsthafte und wichtige Aufgaben erfüllt. Zum Glück sind sie schon in der Kindheit so weise wie ein gewöhnlicher Mensch im Alter.

Durch liebevolle Überzeugung belehren viele Alte Seelen die Menschen, die sie aufsuchen; zusammen mit anderen, die zu dieser Mission gesandt wurden, vermitteln sie neues Bewußtsein und neue Werte. Alte Seelen haben im allgemeinen viel Respekt vor dem Standpunkt und dem Glauben anderer und schweigen in der Gegenwart dummer Menschen.

Alten Seelen fällt es meistens nicht schwer, ihr Schicksal zu akzeptieren. Sie leben nicht in großartigen Villen oder stattlichen Häusern wie Teenager- oder Erwachsene Seelen, sondern in einfachen Wohnungen, wenn sie überhaupt eine feste Bleibe haben. Von ihrem Wesen geht etwas ausgesprochen Freundliches aus. Wenn du einer Alten Seele begegnest, wirst du von ihrem tiefen Verständnis und Wissen um die menschliche Natur beeindruckt sein.

Alte Seele

Sanftmütig, nicht verurteilend, annehmend, fürsorglich, nicht statusbezogen, freigiebig und großzügig, weise, tolerant, stark, ausdauernd, eher spirituell als religiös, mitfühlend, sich selbst erkennend, weitsichtiger Visionär, bricht die Regeln, ohne die Rechte anderer zu verletzen.

Beruf: *Künstler, Gärtner, Zimmermann, Kunsthandwerker, Musiker, Komponist, Bio-Bauer, Lehrer, Wanderer, innovativer spiritueller Führer, Philosoph.*

Religion: *Vermeidet institutionalisierte Religionen, folgt ihrem direkten Kontakt zum Schöpfer.*

Das Haus der Weisheit *(Scheitel-Chakra)*

Freiwillige Seelen haben die Stufenleiter erfolgreich abgeschlossen und leben im allgemeinen auf der Stufe des siebten Chakras. Wenn sie einen Körper annehmen, haben sie Zugang zu allen Erinnerungen im gesamten Universum. Sie sind die Baumeister. Der Karmapa, der Dalai Lama und andere tibetische Weise gehören zu den bekanntesten Freiwilligen Seelen. Im Gegensatz zum tibetischen Glauben, daß das gleiche Urselbst sich immer wieder in einem bestimmten Lama inkarniert, sind es in Wirklichkeit eine Reihe von verschiedenen Freiwilligen Seelen, die sich verkörpern, um an ihrem eigenen Wachstum zu arbeiten und die grundlegenden mystischen Traditionen am Leben zu erhalten.

Freiwillige Seelen sind die Hüter der Flamme. Sie bewegen sich nicht so schwerfällig und mühsam durch ihr Haus wie die Seelen auf anderen Stufen. Dank ihres intakten Wissens können sie das erste bis siebte Chakra in einem einzigen Leben durchlaufen. Ihr Experimentierfeld betrifft die Auflösung der Grenze des materiellen Körpers, denn sie bewahren das Bewußtsein und ihre Allsichtigkeit in ihrem irdischen Leben.

Allerdings sind auch Freiwillige Seelen Menschen, die sich in den Leidenschaften des Lebens verstricken können. Sinnliche Begierde, übertriebene Genußsucht und ein Mangel an Übersicht können ihre Bestimmung gefährden. Keiner wird ohne Schwächen, die es zu überwinden gilt, in diese Welt geboren. Die Berater setzen viele Erfolgssamen, aber auch einige Mißerfolgskeime. Wie oft beachten die Menschen ihre vielen guten Sämlinge nicht und scheitern deshalb.

Eine Freiwillige Seele ist jemand wie der Karmapa, der auf die Welt kommt und sich dabei an alle Erfahrungen erinnert, die von anderen Freiwilligen Seelen in dieser Rolle gesammelt wurden.

Vergleiche diese Stellung mit derjenigen des Papstes, einem Posten für Teenager-Seelen, den man genauso erreicht, wie wenn man die Leiter eines großen Unternehmens erklettern würde. Als Dalai Lama oder Karmapa wird man geboren, wohingegen Päpste auf Lebenszeit gewählt werden, wenn ihr Vorgänger stirbt. Eine Gruppe Kardinäle könnte einen Papst vergiften, um mehr Macht zu erlangen, doch bringt man den Karmapa um, bedeutet das lediglich, daß jemand anderer seiner Linie seine Aufgaben bis zu seiner Wiedergeburt wahrnehmen wird.

Freiwillige Seelen haben Weisheit erlangt; deshalb machen sie während ihres Aufstiegs durch die Stockwerke des Freiwilligenhauses wenig Fehler. Wahrscheinlich ist das siebte das einzige Haus, in dem man mehr als ein Stockwerk pro Leben bewältigen kann.

Dein Haus

Wie findest du heraus, in welchem Haus du dich befindest? Das Haus ist schwieriger zu erkennen als das Stockwerk, das du bewohnst. Je weniger du weißt, wer du bist, um so mehr stehst du unter dem Einfluß der Wertvorstellungen des Hauses, das in deiner Gesellschaft dominiert. Die amerikanische Politik wird mit viel Drama und einer fortwährenden Krisenmentalität geführt, was für Teenager-Seelen typisch ist. Das findet bei der Mehrheit der Amerikaner Anklang, die das Haus der Macht bewohnen. Wenn du eine Reife Seele im fünften oder sechsten Stockwerk bist, fühlst du dich vielleicht bei gewissen Geschäften und Aktivitäten unwohl, während du versuchst, dich anzupassen. Bist du hingegen eine Erwachsene, Reife oder Alte Seele im dritten Stockwerk, fühlst du dich recht wohl, auch wenn du dir gelegentlich wünschst, du könntest deine gesellschaftlichen und geschäftlichen Beziehungen aufrichtiger und offener gestalten. Mit zunehmender Reife, wenn du aus den Verhaltensmustern von Kindheit und Familie herausgewachsen bist, wirst du immer weniger geneigt sein, dich dem kleinkarierten Verhalten deiner Kultur anzupassen.

Der Bereich, in dem es dir am schwersten fällt, dich auszudrücken, bezeichnet das Chakra, an dem du in diesem Leben arbeiten mußt. (Häufig zeigen sich dort auch gesundheitliche Probleme.) Sei ehrlich und erinnere dich an die Beschwerden, die in den letzten Jahrzehnten deines Lebens aufgetreten sind. Probleme mit dem Magen, den Nebennieren und der Gallenblase entstehen im dritten Chakra. Hautbeschwerden kommen von den Nieren, die vom Sakral-Chakra regiert werden. Kopfschmerzen treten im allgemeinen in der vom Dritten Auge beherrschten Gegend auf, aber sie können auch einer Verstopfung zu verdanken sein, die durch das Dreigespann Wurzel-, Herz-, Stirn-Chakra in den Kopf steigt. Wenn du dich ständig unsicher fühlst und regelmäßig Kopfschmerzen hast, befindet sich dein Wurzel-Chakra außer Gleichgewicht.

Wenn du in einem Leben die Ziele nicht erreichst, die du dir vorgenommen hast, wirst du mit deinen Beratern für eine weitere Verkörperung sorgen, in welcher ähnliche Voraussetzungen herrschen, und du wirst dich erneut bemühen, deine Aufgaben zu erfüllen. Nehmen wir einmal an, du hättest gewählt, innerhalb des Rahmens einer Ehe an Gesundheit, Glück, Romantik und Verwandtschaft zu arbeiten. Wie würdest du das merken?

Du brauchst dich nicht blauäugig in die Welt der Medien und Wahrsager zu stürzen, um festzustellen, was deine Ziele für dieses Leben sind. Zwei gewöhnliche Kartenspiele genügen. Nimm aus beiden Spielen die Joker heraus und mische jeden Stapel getrennt gut durch.

Nimm eines der Spiele und lege die Karten wie für eine Patience aus (Abbildung auf S. 76). Spiel bitte allein, ohne zu schummeln und ohne fremde Hilfe. Du legst sieben Karten nebeneinander aus, wobei die erste aufgedeckt liegt und die anderen sechs Karten verdeckt bleiben. Beim zweiten Durchgang werden sechs Karten ausgelegt, wobei wieder die erste aufgedeckt und die nächsten fünf verdeckt hingelegt werden. So geht es weiter, bis sieben progressiv aufgedeckte Karten oben auf einer Siebenerreihe liegen. Das siebte Päckchen zählt sechs verdeckte und eine aufgedeckte Karte.

Mit dem Rest der Karten spielst du. Der Stapel ist der Teil eines Kartenspiels, der nicht verteilt wird. Bei der Patience wird der Stapel, den du in der Hand hältst, in einer bestimmten Reihenfolge aufgedeckt. Die aufgedeckten Karten bilden den Talon. Bei diesem Spiel drehst du zwei Karten auf einmal um. Über dem Spiel ist Platz für die Asse.

Jetzt gehst du den Stapel durch und schaust, was du brauchen kannst. Rote Karten kommen auf schwarze Karten, schwarze in absteigender Reihenfolge auf rote, also roter

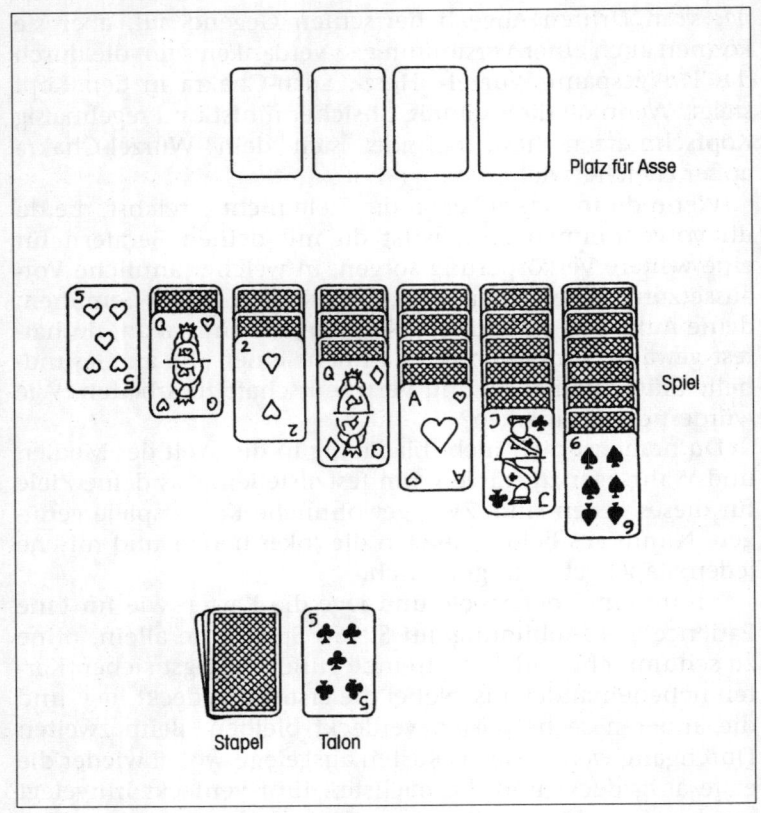

Platz für Asse

Spiel

Stapel

Talon

König, schwarze Dame, roter Bube, oder schwarzer König, rote Dame, schwarzer Bube usw. Liegt ein roter Sechser oben in einer Reihe und eine schwarze Sieben in einer anderen, darfst du die Sechs auf die Sieben legen und die Karte umdrehen, die frei geworden ist. Ein roter Fünfer paßt nicht auf einen roten Sechser, nur auf einen schwarzen, Könige sind Basiskarten. Wenn Asse auftauchen, nimmst du sie aus dem Spiel und legst sie nach oben an ihren Platz. Auf das Herz-As kommt die Herz-Zwei, dann die Herz-Drei usw. Dasselbe gilt auch für die anderen Farben. Wenn zum Beispiel die Herz-

Drei nicht verfügbar ist oder zwischen anderen Karten auf dem Tisch liegt, kannst du sie nicht einfach herauspicken. Ziel des Spiels ist, daß es aufgeht, was bedeutet, daß alle Karten aufgedeckt worden sind.

Gehe den Stapel nur zweimal durch. Wenn nichts mehr geht, zählst du die Karten, die nicht aufgedeckt worden sind und legst sie beiseite. Was sich im Stapel befindet, zählt nicht.

Meistens bleiben zwischen sieben und dreizehn Karten übrig. Wenn du alle Karten gespielt und aufgedeckt hast, kann es sehr wohl sein, daß deine Aufgabe entweder beendet ist oder gut voranschreitet.

Jetzt nimmst du ein zweites Kartenspiel und legst es genauso aus wie das erste. Danach nimmst du den Stapel und legst ihn folgendermaßen aus (s. Abb. a):

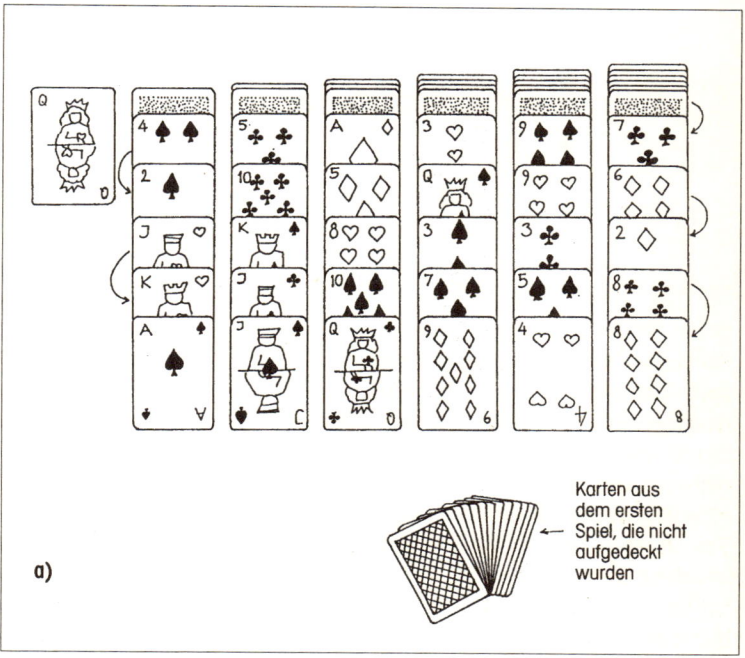

Karten aus dem ersten Spiel, die nicht aufgedeckt wurden

a)

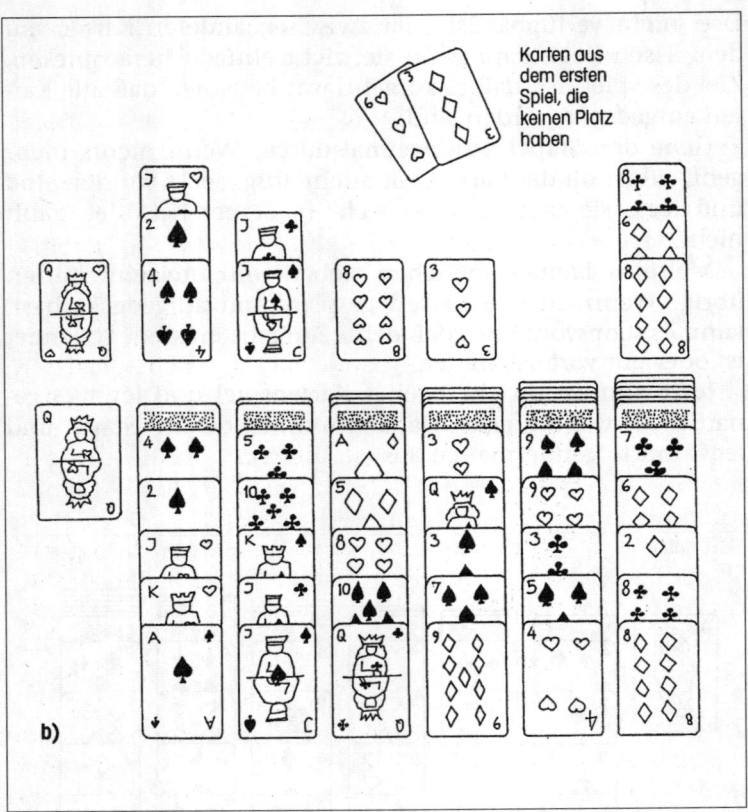

Karten aus dem ersten Spiel, die keinen Platz haben

b)

Zuerst legst du eine Reihe von sechs Karten von rechts nach links (Kolonne 7 bis Kolonne 2); die erste Karte bleibt unaufgedeckt. Die nächste Reihe legst du von links nach rechts (Kolonne 2 bis 7) und so weiter, bis du keine Karten mehr in der Hand hältst.

Nun solltest du fünf offene Karten in jeder der Kolonnen 7, 6, 5, 4, 3 und 2 haben, und eine einzige offene Karte in Kolonne 1.

Prüfe die Karten vor dir und schau, welche davon mit den übrig gebliebenen Karten des ersten Spiels übereinstimmen.

Lege die Karten des ersten Spiels oben an die Kolonne, wo die gleichen Karten im zweiten Spiel wieder vorkommen (Abb. b).

Hast du zum Beispiel eine Herz-Drei vom ersten Spiel übrig, und es befindet sich eine Herz-Drei in der fünften Kolonne des zweiten Spiels, legst du die alte Herz-Drei über die fünfte Kolonne des zweiten Spiels.

Die Karten, die du über den Kolonnen plazieren kannst, stellen die Arbeit dar, die deine Familie, deine Erziehung und deine gleichaltrigen Kameraden schon mit dir begonnen haben (s. Schlüssel zur Bedeutung der Karten auf S. 81).

Die Karten aus dem ersten Spiel, die du nicht plazieren kannst, legst du beiseite (Abb. b). Wenn durch Verschieben und Aufdecken eine Reihe leergeworden ist, bedeutet das, daß die durch die oberen (alten) Karten dargestellte Arbeit in diesem Leben erledigt werden kann. Die über dieser Kolonne liegende Karte kannst du dann weglegen.

Sobald eine Reihe leer wird, kannst du einen König mit allen Karten, die auf ihm liegen, an die leere Stelle rücken, was dir wieder neue Möglichkeiten bietet.

Wenn ein As frei wird, legst du es neben das Spiel. Darauf legst du die Karten derselben Farbe in der Reihenfolge As, 2, 3, 4, 5 usw., sobald diese Karten aufgedeckt werden (Abb. c).

Das Ziel ist, alle Karten aufzudecken und in eine andere Kolonne zu rücken. Beachte die Karten, die während des Spiels neu aufgedeckt werden: Sobald eine von ihnen mit einer übriggebliebenen Karte des ersten Spiels übereinstimmt, legst du die Karte aus dem ersten Spiel quer über die Kolonne. Das ist Arbeit, die du durch deine Achtsamkeit aufgedeckt hast.

Karten aus dem ersten Spiel, die kein zweites Mal auftauchen, deuten auf Aufgaben, die du noch nicht in Angriff genommen hast. Ist es ein Pik-Bube, mußt du lernen, deine Gedanken zu zügeln. Eine unaufgedeckte Kreuz-Zwei bedeutet, daß es dir an Selbstkritik mangelt, während eine Karo-Sechs dir mitteilt, du sollst das Leben mehr schätzen und liebevoller mit dir selbst umgehen.

Gelingt das Spiel, so liegen alle Karten offen und in der

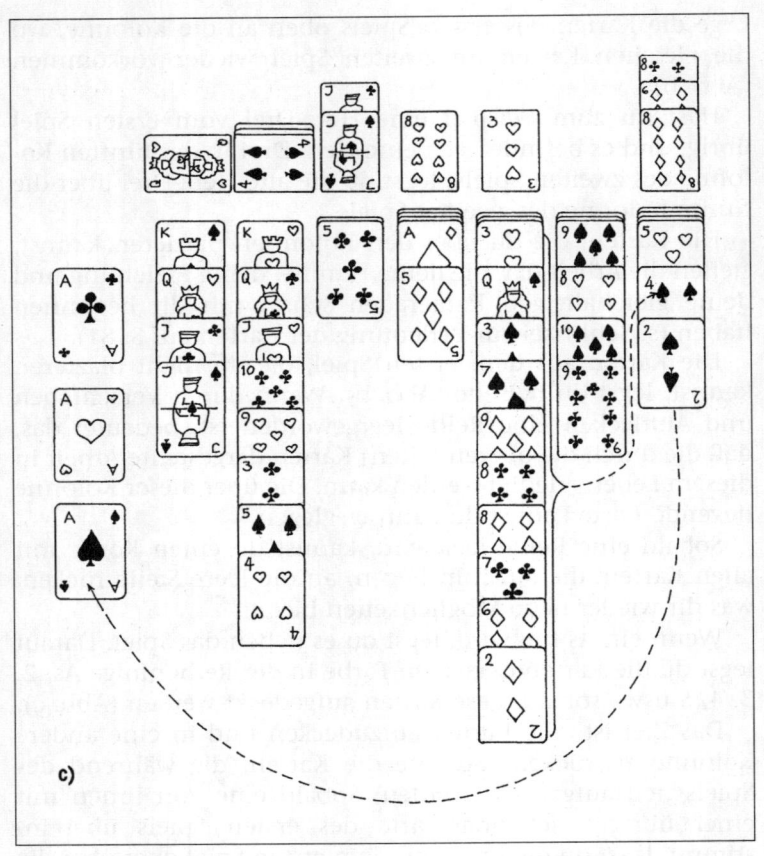

richtigen Reihenfolge da. Die Karten, die immer noch zuge-
deckt sind, wenn du nicht mehr weiterkommst, ohne zu
schummeln, stellen die Dinge dar, die erledigt werden müssen, ehe du zum nächsten Stockwerk aufsteigen kannst. Das
sind deine Aufgaben. Wenn das Spiel ohne weiteres aufgeht,
bedeutet das, daß du in diesem Leben den richtigen Weg gefunden hast.

Spiele das Spiel nur einmal.

Wenn du das zweite Spiel gewinnst, heißt das, daß du

deine Aufgabe bereits erfolgreich erfüllt hast und frei über deine Zeit verfügen kannst. Genieße sie, und schade niemandem! Du bist bereit, nach deinem Tod ein weiteres Stockwerk zu erobern oder aber zu einer anderen Seelenebene aufzusteigen.

DIE SCHLÜSSEL

	Karo	*Herz*
As	neue Wagnisse	das Heim
2	Veränderung	persönliche Liebe
3	harte Arbeit	Überfluß
4	Macht	die Ehe
5	Qualen	Ernüchterung
6	Vergnügen	Vernunft
7	Erfolg	Glücksgefühl
8	Erbschaften	universelle Liebe
9	Träume/Visionen	erfüllte Wünsche
10	Geld	das Familienleben
B	Briefe	Beliebtheit
D	Intuition	Freundschaft
K	Anstand	Genuß

	Kreuz	*Pik*
As	Geschenke	der Tod
2	Selbstergründung	Friede
3	Tugend	Kummer
4	Vollendung	Waffenruhe
5	Begierde/Verlangen	Niederlage
6	Sieg	Vorsicht
7	Botschaften	Gesundheit
8	Leistung	Schwierigkeiten
9	Glück	Enttäuschung
10	eine Reise	Kreativität
B	Grundsätze/Ideale	geistige Klarheit
D	Du selbst	Dankbarkeit oder Selbstsucht
K	Beruf/Berufung	Überraschungen; Theorien und das Unerwartete

Der Überblick

Dieses Spiel kann dir dabei helfen, einen Überblick über deine Lebensaufgaben zu erlangen und die Richtung zu erkennen, die du einschlagen mußt, um sie gut erfüllen zu können. Ein Direktor, ein General oder ein Fußballspieler müssen jederzeit wissen, wo alles und jeder zu finden ist. Alle Einzelheiten beachten vermeidet Unordnung, erlaubt zweckmäßiges Handeln und entscheidet über deine zukünftige Einsatzfähigkeit. Die meisten Fußballspieler brauchen nur gut zu spielen und nett zu ihrem Trainer zu sein. Ein Direktor kann mürrisch oder jovial sein und viele verschiedene Rollen spielen, aber ein General muß ein vollendeter Politiker sein, bevor er seine Fähigkeiten oder deren Fehlen auf dem Schlachtfeld beweisen kann. Generäle, die zu arrogant werden, werden oft besiegt oder sind verantwortlich dafür, daß Tausende unnötig sterben. Auch Manager von Großunternehmen müssen das Gesamtbild im Auge behalten, was im Teenager-Haus oder im dritten Stock anderer Seelenhäuser notwendig ist. Der Überblick ist für diejenigen, die lernen wollen, wie man führt oder mit Macht umgeht, unerläßlich.

Ob Säuglings-Seele, ob Reife Seele, den Überblick über dein Leben zu erlangen, hilft dir, deine Aufgabe erfolgreich zu erfüllen.

5

Der Weg

Das Gefühl zu haben, daß es etwas Größeres gibt,
das uns umfaßt, daß es einen göttlichen Plan
gibt, ist mehr als nur tröstlich: Es bestätigt, was
wir in unserem innersten Herzen wissen.

Anonym

Du wirst geboren und stirbst. Was dazwischen geschieht, ist Ausdruck deiner Fähigkeit, ein harmonisches Gleichgewicht zwischen deinem Schicksal und deinem freien Willen herzustellen. Was du tust, und die Beziehungen, die du pflegst, regen dein geistiges, emotionales, körperliches und spirituelles Selbst an. Um dein Leben richtig einzuschätzen, mußt du wissen, daß es einen gewaltigen Unterschied zwischen dem Schicksal (im Sinne von auferlegtem Verhängnis) und dem Los, das du gewählt hast, gibt. Das Schicksal in Form von deiner Aufgabe und Persönlichkeit wurde besiegelt, ehe du gezeugt wurdest. Besondere Umstände können während der Schwangerschaft, oder später an Wegkreuzungen neu ausgehandelt werden: So übst du dein Wahlrecht aus. Dein ganzes Leben lang triffst du bewußte oder unbewußte Entscheidungen, die zum Erfolg, zur Verzögerung oder zum unwiderruflichen Scheitern deiner Lebensaufgabe beitragen.

Schicksal und Freie Wahl

Das Schicksal besteht aus den vorbestimmten Aspekten deines Lebens; dein freier Wille liegt in der Möglichkeit, innerhalb dieses Rahmens deine Wahl zu treffen. Das Leben ist eine Mischung aus Schicksal und freiem Willen. Manchmal besiegeln von dir getroffene Entscheidungen dein Schicksal. Zu anderen Zeiten versperrt dir dein Schicksal allerlei Wahlmöglichkeiten. Deine Hautfarbe, deine Herkunft, dein Geschlecht, dein religiöses Erbe, dein genetischer Code, dein Körperbau und deine natürlichen Begabungen stehen alle schon vor deiner Geburt fest. Ob du deine gute Gesundheit dazu benutzen willst, ein Sportwunder zu werden oder ob du sie an Drogen, Sex und Alkohol verschwendest, liegt an dir. Gleich ob deine Geburtsfamilie freundlich oder gräßlich war, in deiner von dir gegründeten Familie kann es – dank Schicksal oder freier Wahl – ganz anders aussehen. Du kannst deine Heimatstadt wegen der giftigen Abgase (Schicksal) verlassen, oder weil du einen anderen Lebensstil pflegen willst (freier Wille).

Der Weg

Welches ist dein Weg, und wie erkennst du ihn? Warum lassen sich die meisten Menschen von der Aufgabe ablenken, die sie vor ihrer Geburt angenommen haben? Manche Leute scheinen sich ihres Lebensplans immer bewußt zu sein: Ob Exzentriker oder erfolgreich in einem konventionellen Sinn, für sie funktioniert ihr Lebensplan immer. Andere haben keinen eindeutigen Plan, noch sind sie willens, sich für einen solchen zu entscheiden. Sie treiben durchs Leben, als stünden ihnen ihre Jugend und ihre ungenutzten Talente ewig zur Verfügung. Andere stolpern durstig durchs Leben, auf der Suche nach Antworten, die sie nicht finden können. Die Mehrheit verkauft ihr Geburtsrecht für den gängigen Traum ihrer Zeitgenossen.

Während des Selektionsverfahrens vor der Empfängnis

sprechen deine Klan-Berater und deine geistigen Lehrer mit dir über deine nächste Inkarnation und legen dir eine Anzahl möglicher Eltern*, Nationalitäten, Planeten, Rassen, Geschlechter, wirtschaftliche und soziale Lebensumstände und erstrebenswerte Ziele vor. Mit ihrem Rat und ihrer Zustimmung wählst du die Aufgaben für dein künftiges Leben. Die Eigenschaften, die du entwickeln möchtest, und die Voraussetzungen, die gegeben sein müssen, um diese Arbeit durchzuführen, lassen sich mit den Wurzeln eines Baumes vergleichen.

Der Baumstamm

Der Baum besteht aus drei Teilen (siehe Abbildung S. 86). Die Wurzeln sind deine Aufgaben, die Eigenschaften, die du dir vorgenommen hast, in diesem Leben zu erarbeiten und zu vervollkommnen. Obwohl man sie von außen gar nicht sieht, sind die Wurzeln genau so wesentlich für dein Leben wie dein Lebensplan. Der Stamm des Baumes stellt dein Leben dar. Er ist dick und schwer zu erklettern wie die materielle und emotionale Wirklichkeit. So steht er da und wartet darauf, daß du dein Leben anpackst und mit deiner Aufgabe beginnst. Wenn du Glück hast, verfügt dein Baum über einen tief hängenden Ast, an dem du dich hochziehen kannst, um deinen Aufstieg zu beginnen. Die Äste, die du siehst, wenn du nach oben schaust, stellen Aufgaben dar, die du wiederentdeckt hast. Manche Bäume sind üppig und voll, während andere wie abgeschnitten wirken. Die toten Äste und abgebrochenen Zweige an deinem Baum stehen für Eigenschaften, auf die du in diesem Leben verzichtet hast. Gesunde Zweige und Blätter an einem anderen Ast zeigen, wie gut du diesen Teil deiner Aufgabe erfüllt hast. Bäume

---

* Eigentlich wählst du drei bis vier mögliche Elternpaare und weißt nicht, wessen Kind du sein wirst, bis die kosmische Spirale aufhört, sich zu drehen. Deinen Beratern steht es frei, deine erste, zweite und dritte Wahl mit einem Veto zu belegen.

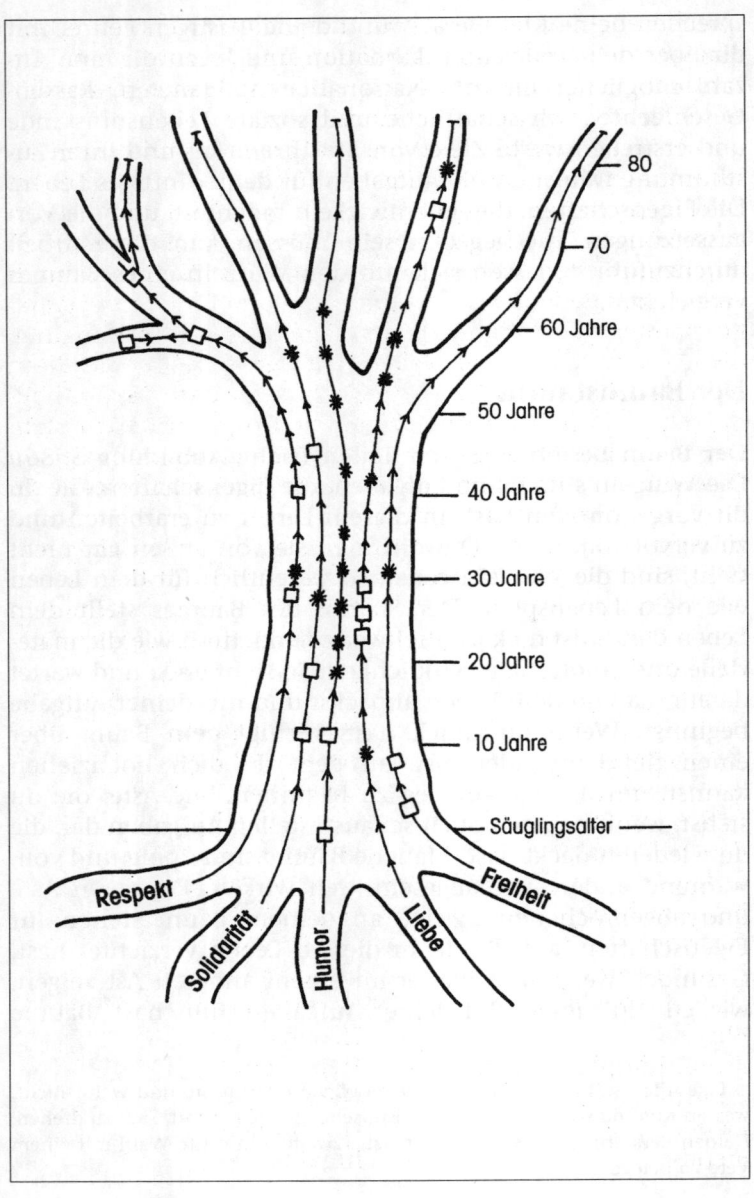

können auch krank und verwachsen sein. Krankheit ist ein gutes Mittel, um deiner Lebensaufgabe auszuweichen. Ein rundherum schöner Baum ist wie ein inspiriertes Leben, dessen Plan sich zusehends entfaltet.

Die Charaktereigenschaften, die du entwickelst, sind als Linien dargestellt, die von den Wurzeln deines Baumes bis zu seinen Ästen verlaufen. Die Pfeile auf den Linien stellen dein Alter dar, als du angefangen hast, an deiner Aufgabe zu arbeiten. Weitere Pfeile zeigen, wann du die Arbeit nach einer Unterbrechung wiederaufgenommen hast. Ein Quadrat bezeichnet den Zeitpunkt, an dem du jede Anstrengung, diese Eigenschaft zu erwerben, aufgegeben hast. Ein Stern stellt die Beherrschung eines Teilaspekts dar. Diese Abbildung bezieht sich auf einen ziemlich fortgeschrittenen Menschen, doch kann auch hier eine Linie sich einmal in einen falschen Ast verirren und damit die Entwicklung einer anderen Eigenschaft unterbrechen.

Unter den nachstehenden Eigenschaften sind vielleicht solche, an denen du in diesem Leben arbeiten willst. Es ist nur eine Auswahl, da die Möglichkeiten, die der inkarnierten Seele offen stehen, zu zahlreich sind, um auf einer Liste Platz zu haben.

Anmut
Ausdauer
Ausstrahlung
Begeisterung
Beharrlichkeit
Brillanz
Brüderlichkeit
Charme
Dankbarkeit
Diskretion
Ehrgeiz
Einfühlungsvermögen
Empfindsamkeit
Fleiß
Freude

Freundlichkeit
Fürsorglichkeit
Gerechtigkeit
Geschicklichkeit
Gesundheit
Gewandtheit
Glück
Großzügigkeit
Halluzinationen
Harmonie
Heilen
Heiterkeit
Herz
Hoffnung
Intelligenz

Intuition
Klarheit
Konzentration
Kompetenz
Künstlerisches Talent
Leidenschaft
Liebenswürdigkeit
Macht
Makellosigkeit
Mäßigkeit
Mitgefühl
Mystik
Prinzipien
Redlichkeit
Reichtum
Respekt
Risikobereitschaft

Sanftmut
Schönheit
Selbstvertrauen
Sicherheit
Sinnlichkeit
Solidarität
Sturheit
Überzeugungskraft
Voraussicht
Vorsicht
Wachstum
Wahrheit
Weisheit
Widerstandsfähigkeit
Witz
Wohlwollen

Liebe

Zusätzlich zu den drei bis fünf Eigenschaften oder Gebieten, an denen reifere Seelen in einem Leben arbeiten, ist da immer noch die LIEBE, die so stark mit unserem Leben zusammenhängt, daß man ohne sie nicht leben kann. Untersuchungen haben aufgezeigt, daß Säuglinge und ältere Kinder, die keine Liebe erhalten, sich nicht richtig entwickeln. In unserer Gesellschaft, die das Alter mißachtet, sterben ältere Menschen oft an mangelnder Zuwendung.

Liebe kann sich als Gottesliebe, als Liebe für einen bestimmten Ort, für seine Mitmenschen (Agape), für die eigene Familie (Eltern, Kinder, Verwandte) oder als romantische Liebe ausdrücken. Man kann sich auf eine einzige Art der Liebe konzentrieren, oder eine Kombination von zwei oder mehr Arten der Liebe pflegen. Dramatisch wird es, wenn man sich zwischen zwei Arten Liebe entscheiden muß. Übertriebene Vaterlandsliebe verhindert, daß wir andere Völker mögen. Dieser Patriotismus kann sogar so weit gehen, daß du deine Familie verläßt, wenn sie dich am meisten braucht. Die Entscheidung zwischen romantischer Liebe und der Liebe zur Familie ist ein ebenso klassisches wie alltägliches Thema. Jede Liebe lehrt dich mehr Rücksicht auf andere zu nehmen und dich weniger abzukapseln.

Die Liebe einer Mutter für ihr Baby ist eines der mächtigsten und leidenschaftlichsten Gefühle der Welt. Während die Kinder größer werden, bleibt die ursprüngliche, offenherzige und allumfassende Liebe bestehen, aber sie wandelt sich auch, um in ihrer Fürsorglichkeit nicht erstickend zu wirken. Sie bleibt bestehen, während die Kinder spannende Rollenwechsel durchmachen, um als Halbwüchsige und junge Erwachsene ihr provozierendes Benehmen auszuprobieren.

Universelle Liebe läßt dich ein Gefühl der Einheit mit jedem Menschen, Tier, Baum, Kraut oder Gestein erleben. In ihrer heiligen Form äußert sich Liebe als Mitgefühl. Liebe ist auch ein Dazugehörigkeitsgefühl, ein alchemistischer Prozeß, der sich nicht in Worte fassen läßt. Wenn du noch nie den heiligen Augenblick erlebt hast, in dem dieses Wunder spürbar wird, wirst du kaum verstehen, was es heißt, sich der Liebe hinzugeben.

Galionsfiguren (Generäle zu Kriegszeiten oder andere heroische Gestalten) sind oft sehr einsam und hungern nach Zuwendung. Wenn sie sich um Unterstützung an den Schöpfer wenden, wird Er zu ihrer Zuflucht und zum Born ihrer Lebensfreude. Dank ihrem Dienst am Allmächtigen ziehen sie Menschen an und überwinden Hindernisse.

Vor deiner Geburt unterrichten dich die Klan-Berater über deine Entwicklungsbedürfnisse. Aus den verschiedenen möglichen Lebensaufgaben wählst du diejenigen Eigenschaften, die du bereit bist, in Angriff zu nehmen. Während der Erziehung und Sozialisierung (der untere Abschnitt des Stammes in unserem Bild) wirst du oft von einzelnen Teilen deines Weges abgelenkt.

Wenn du Glück hast, werden deine Eltern dich in der Jugend dazu anhalten, einer Reihe dieser Aufgaben nachzugehen, während Kinder, die Pech haben, sich gefangen, gestört und fehl am Platz fühlen, weil sie merken, daß etwas nicht so ist, wie es sein sollte.

Deine Familienmitglieder helfen dir dabei, dich auf den Weg zu schicken, aber sie können deine Bemühungen auch zunichte machen und deine Lebensaufgabe behindern, bis du ihren Einfluß abschüttelst.

Das Erwachsenwerden bietet die Gelegenheit, verschiedene Qualitäten zu erforschen, doch leider ist ein großer Teil der Menschen bis dahin schon so geschädigt, daß sie ihrem inneren Verlangen untreu werden und hedonistischen Vergnügen nachjagen; oder sie flüchten aus ihrem jämmerlichen Leben in die Sucht und andere psychologische Fallen. Im Verlauf ihres Lebens erhalten alle genügend Gelegenheiten, ihr Fluchtverhalten aufzugeben und ihre Lebensarbeit voranzutreiben. Das bedeutet, daß man sowohl die negativen als auch die positiven Seiten der gewählten Qualitäten untersucht.

Karmisch gesehen, gibt es zwei Möglichkeiten, vergangenes Unrecht gutzumachen: durch harten Einsatz oder durch Krankheit. Letztere wird gewählt, um negative Leben zu sühnen, wenn in der Vergangenheit nicht hart genug daran gearbeitet worden ist, diese Negativität zu beheben. Jemand, der, statt sich an die karmische Pflicht der harten Arbeit zu halten, lieber trödelt, und am Abend und an den Wochenenden trinkt, kann im Alter beschließen, seine Schuld abzuzahlen und ein Leiden auf sich zu nehmen. Deshalb sind so viele ältere Menschen krank. Sie büßen dafür, daß sie ihre Lebensaufgabe nicht erfüllt haben.

Deine Einstellung hat viel damit zu tun, ob du gesund bleibst oder eine Krankheit entwickelst. »Eine Krankheit langes Leben; keine Krankheit kurzes Leben«, sagen die Chinesen. Eine Krankheit regt das Immunsystem an und lehrt es, sich zur Wehr zu setzen. Was der Körper einmal gelernt hat, bleibt ihm als Wissen erhalten.

Gebrechen, die man vor der Geburt auf sich nimmt, sind karmischen Ursprungs, auch wenn sie zum Tod führen. Krankheiten im Kindesalter dienen dazu, die gesellschaftlichen und gefühlsbedingten Blockierungen der Familie aufzuarbeiten. Im erwachsenen Leben lehren Erkrankungen dich, der Wahrheit ins Gesicht zu sehen und Schulden abzutragen, die du sonst nicht loswerden kannst. Viele persönliche Schwächen und Behinderungen lassen sich vom Geburtshoroskop ablesen. Wenn man das persönliche Horoskop eines Menschen studiert, kann man sehen, welches Kreuz er freiwillig auf seine Schultern geladen hat. Versuche nicht, über das Schicksal eines anderen zu richten, sondern hilf ihm vielmehr, so gut du kannst, bei seiner schwierigen Aufgabe.

Menschen sterben, wenn sie, unbewußt oder bewußt, beschlossen haben, daß sie ihr Bestes gegeben haben. Entweder sie sind mit dem Resultat zufrieden oder sie sind damit derart unzufrieden, daß ihnen ein Weitermachen hoffnungslos erscheint. Die Entscheidung zu sterben kann viele Ursachen haben. Ist ein Kind älter als zwei, braucht es dazu die Erlaubnis seiner Berater. Bis dahin steht es der jungen Seele völlig offen zu entscheiden, ob es besser ist, weiterzumachen, oder ob sie ihre Aufgabe lieber in einem anderen Körper erfüllen möchte.

Umstände, die von den Eltern, älteren Geschwistern, Ärzten, Familienangehörigen, Freunden und deiner Geburt verursacht wurden, setzen das Rad des Glücks oder des Unglücks in Bewegung und unterstützen oder beeinträchtigen dein Selbstverständnis und dein Selbstvertrauen. Menschen mit einem guten Selbstwertgefühl haben mehr Erfolgschancen beim einzigen lohnenswerten Spiel im Leben, der Erfüllung des Vertrags, den sie mit dem Universum abgeschlossen haben.

Würde man uns, wenn wir schon hier sind, vor die Wahl stellen, wäre jeder gerne reich und gutsituiert, weil das der einfachste Weg zu sein scheint. Zum Glück befindest du dich auf der anderen Seite, wenn du deine Entscheidung triffst. Zu diesem Zeitpunkt stehen für die Seele Ziele wie Charakterentwicklung und spirituelles Wachstum im Vordergrund.

Die Berater informieren dich unaufhörlich und geben dir Einsichten. Es ist dir erlaubt, ihren Rat zu mißachten und Entscheidungen zu treffen, die sich oft als kurzsichtig und bedauerlich erweisen. Andererseits kannst du deine Berater auch freudig überraschen.

Du und deine Mit-Wesen entwickeln sich nicht immer im gleichen Maß von einem Leben zum nächsten. Einem Bach oder einem Mozart ist es verboten, als Komponist zurückzukehren. Was deine Mit-Wesen vollendet haben, ist für dich kein gangbarer Weg zu höherem Bewußtsein mehr. Aus diesem Grund entschließen sich Kinder mit großem musikalischem oder künstlerischem Talent als Jugendliche oder Erwachsene oft für eine andere Laufbahn. Es gibt allerdings Ausnahmen. Im Wissen, daß dein Mit-Wesen ein ausgezeichneter Künstler war, der in bitterer Armut lebte, werden deine Berater dir vielleicht gestatten, in einer anderen Zeit wiedergeboren zu werden, um in einem anderen Medium eine erfolgreiche und gut honorierte künstlerische Karriere zu genießen. Vielleicht wird man dir auch erlauben, von Talenten aus vergangenen Leben Gebrauch zu machen, um deinen Lebensunterhalt zu bestreiten, damit andere Dinge, an denen du arbeiten willst, in den Vordergrund treten können.

Jeder Lebensweg umfaßt verschiedenartige Aufgaben. Eine davon könnte die Abrundung einer Qualität, die in einem früheren Leben unvollendet blieb, beinhalten. Eine Seele, die bereits Erfahrung mit ehelichen Beziehungen hat, kann entscheiden zu heiraten, weil die Ehe einen bequemen Rahmen liefert, um weiteren Schwächen oder Stärken nachzugehen. Wenn man einen Partner wählt, mit dem man gut auskommt, liefert diese Beziehung den Hintergrund für ein undramatisches Familienleben, auch wenn man krank wird oder unter gesellschaftlichen Unruhen und wirtschaftlichen Schwierigkeiten zu leiden hat. Ein glückliches Zuhause kann der Grundstein eines erfolgreichen Lebens sein.

Bei Seelen, die beschließen, all ihre Leiden in Form von geistiger Armut, unglücklichem Familienleben, persönlichen Verletzungen oder Katastrophen auf sich zu nehmen, wird das in ihrem Geburtshoroskop oder in der numerologischen Studie sichtbar. Auch Erfolg kann aus der astrologischen oder der numerologischen Analyse abgelesen werden.

Gehen wir von den Schwierigkeiten der heutigen Weltbevölkerung aus, sind es alte Geschichten aus vergangenen Leben, die Frieden, Wohlstand und geistiges Wachstum verhindern. Ein Mensch, der sich mit früheren Leben auseinandersetzt, kann seine Angst und seine Aufregung normalerweise überwinden. Allerdings verleugnen viele den Zugang zu früheren Leben aus religiösen Gründen. Christen, Juden und Moslems glauben offiziell nicht an die Wiedergeburt. Das hängt mit der Schreibweise der Torah zusammen. Die in ihr enthaltenen Worte waren heilig und durften nicht ausgeschrieben werden. Deshalb wurden gewisse Buchstaben ausgelassen und nur vom Lehrer an den Schüler überliefert. Adam heißt »ein Leben«, Adom »viele Leben«. Über die Jahrtausende lehrten verschiedene Rabbiner das Wissen auf unterschiedliche Weise. Diese Unterschiede wurden etwa zur Zeit Jesu durch einen rabbinischen Rat geklärt, der sich für die erste Bedeutung entschied: Adam. Trotz religiöser Dogmen glauben Millionen Menschen an vergangene Leben und greifen darauf zurück, um Konflikte in ihrem jetzigen Dasein zu lösen.

Eine junge Frau, die Chiropraktikerin werden wollte, bat mich um Rat. Sie war achtundzwanzig Jahre alt, unverheiratet, Mitbesitzerin eines beliebten örtlichen Restaurants und Empfängerin einer stattlichen Erbschaft, doch sie traute sich nicht, ihren Traum in die Wirklichkeit umzusetzen. Ich schlug ihr vor, eine Rückführung zu versuchen.

In der Trance schien ihr letztes Leben zunächst angenehm zu verlaufen, doch ich sah das schreckliche Ende kommen. Erst fiel es ihr leicht, über dieses Leben zu sprechen, in dem sie als ältester Sohn einer liebevollen jüdischen Familie aufgewachsen war. Ihr Entsetzen und ihre Erregung wuchsen, als sie entdeckte, daß er ein dreiundzwanzigjähriger Medizinstudent im Warschauer Getto gewesen war, der schließlich als Freiheitskämpfer in den Abwasserkanälen starb.

Kein Wunder, daß sie Angst hatte, eine Ausbildung als Chiropraktikerin anzufangen. Alles, was mit Medizin zu tun hatte, bedeutete für sie den Tod. Wir sprachen darüber, und sie stellte fest, daß es sich jetzt um ein neues Leben handelte, in einem anderen Land, und daß sie dieses Mal nicht jüdisch sei. Ein Jahr später begann sie ihr Studium an einer sehr guten Schule. Drei weitere Jahre vergingen, und wir trafen uns zufällig in Santa Fe. Sie erklärte, daß sie zum besten Akupunktur-College der Vereinigten Staaten übergewechselt sei, weil sie entdeckt habe, daß diese Art Behandlung eher mit ihrem inneren Wesen übereinstimme.

Ihr früheres Leben, das 1943 zu Ende ging, war von dem Umstand geprägt, als Jude geboren zu sein. Damals war es der Seele verwehrt, zu überleben und einem frei gewählten Beruf nachzugehen. Als heutige Frau konnte sie ihrer medizinischen Berufung folgen und ihr eine neue Richtung geben.

Rückführungen

Die Mehrzahl deiner Leben gleicht den Leben, die man in der heutigen Welt vorfindet. Du hast gehungert oder geschlemmt, bist jung oder alt gestorben. Wie jeder von uns, hast du die Gelegenheit gehabt, als Raubritter, Kriegsopfer, Krimineller, Priester, Trunkenbold, Führer, Anhänger, Beschützer oder Verräter auf die Welt zu kommen. Du bist reich, arm, frei, unterdrückt, weise, dumm, tragisch, komisch, abstoßend oder liebenswert gewesen. Kurzum, du warst schon alles mögliche von der Matriarchin bis zur Hure, vom Bettler bis zum Krösus, vom vielseitig begabten Virtuosen bis zum Dorftrottel. Deine Vorurteile und deine Intoleranz entstammen sowohl deiner Abneigung gegen Umstände aus früheren Leben wie dem Einfluß deiner Eltern und der Gesellschaft, der du heute angehörst.

Vielleicht findest du in diesem Leben eine geistige Behinderung abstoßend, doch du verstehst dich gut mit tauben und schwerhörigen Menschen. Ein Einblick in ein früheres Leben zeigt eine Hörschwäche, die dich damals zum Idioten abstempelte. Nach einer Rückführung empfindest du unendliches Mitgefühl für geistig behinderte Menschen.

Eine junge Frau, die in einem früheren Leben eine Schwarze gewesen war, fühlte sich in ihrem jetzigen Leben sehr zu schwarzen Menschen hingezogen, die sie faszinierten. Auch wenn ihre Haut ziemlich hell ist und sie glattes aschblondes Haar hat, ist sie schon oft gefragt worden, ob sie schwarz sei. Sie konnte nicht verstehen, warum weiße Menschen schwarze Menschen fürchten und hassen, aber sie hatte eine Abneigung gegen Lateinamerikaner. Ihre Familie dagegen pflegte einen freien Umgang mit Lateinamerikanern, während sie sich Schwarzen gegenüber gleichgültig verhielt. Im Laufe einer Rückführung sah sie sich in verschiedenen Leben als Schwarze. Dieses Wissen spendete ihr viel Freude und Trost. In einem dieser Leben hatte sie enorme Schwierigkeiten mit Leuten, die spanisch-amerikanisch aussahen. Da es ihr bei dieser Sitzung gelang, dieses Problem auszuräumen, hat sie heute nichts mehr gegen Freundschaften mit Latinos und verkehrt auch weiterhin mit Schwarzen.

Wenn es dir nicht gelingt, die Ziele zu erreichen, die du dir für ein bestimmtes Leben vorgenommen hast, wirst du zusammen mit den Beratern ein neues Leben zusammenstellen, in welchem ähnliche Voraussetzungen herrschen, um nun zu versuchen, deine Aufgabe zu erfüllen. Nicht jeder ist zum Sieg geboren; einige Menschen sind hier, um andere zu belehren, andere, um von Vorbildern zu lernen. Wiederum andere werden hart arbeitende Begründer einer neuen Gesellschaftsordnung (z. B. demokratische Gründerväter der Vereinigten Staaten), was ihnen zu Lebzeiten ein bescheidenes Maß an Anerkennung bringt, doch erst nach ihrem Tode unsterblichen Ruhm.

Nehmen wir an, du hättest gewählt, innerhalb einer Ehe an den Themen Gesundheit, Glück, Romantik und Verwandtschaft zu arbeiten. Eine Frau, die zu einer Rückführung zu mir kam, arbeitete unzählige Leben lang an genau diesen Aufgaben. Sie befand sich schon seit Jahrhunderten auf demselben Stockwerk desselben Hauses. Immer wieder hatte sie sich geweigert zu heiraten, oder sie hatte ihre Ehen aufgelöst, weil sie es nicht ausstehen konnte, wenn man ihr sagte, was sie zu tun hätte. In Anlehnung an das alte Muster stand sie in diesem Leben kurz davor, ihren

Partner zu verlassen, mit dem sie seit fünf Jahren zusammenlebte, obwohl ihr bewußt war, daß dieser Mann sie als ebenbürtig behandelte. Nachdem sie vier frühere Leben wiedererlebt hatte, in denen sie jedes Mal aus ihrer Ehe ausgebrochen war (obschon sie zahlreiche andere Aufgaben erfolgreich löste), wurde ihr bewußt, daß ihr Leben wenig Sinn hatte, wenn sie den Plan nicht durchführte, zu dem sie sich vor ihrer Wiedergeburt entschlossen hatte. Sie heiratete ihren Liebsten, und die beiden zogen nach Neuseeland, wo sie eine Farm kauften.

Nichts läßt sich ohne Anstrengung erreichen. Um erfolgreich zu sein, mußt du dich in jedem Leben einer inneren Auseinandersetzung stellen. Es ist nicht empfehlenswert, eine andere Person zu früheren Inkarnationen zu konsultieren, denn das Bild kann durch die Fantasie des Wahrsagers oder des Mediums verfälscht werden. Oft werden vergangene Leben, das Labyrinth der Seele oder bestimmte Informationen auch falsch verstanden. Viel besser ist es, seine vergangenen Leben selbst zu entdecken und zur eigenen Zufriedenheit zu interpretieren. Rückführungen werden am besten mit Hilfe eines Menschen unternommen, der Zugang zur Akashachronik hat. Doch kannst du die Reise auch alleine unternehmen, wenn du es wünschst.

Das selbständige Erleben vergangener Leben

Die häufigsten Reisen in vergangene Leben unternehmen wir in unseren Träumen. Manche Menschen sehen während ekstatischer Augenblicke wie beim Orgasmus oder bei ungewollt heraufbeschworenen Trancezuständen Teile eines oder mehrerer vergangener Leben. In gewissen Fällen gleiten manche Menschen spontan und wie im Traum in ein vergangenes Leben. Sie befinden sich auf zwei oder drei Bewußtseinsebenen gleichzeitig und beobachten die Umstände ihres Lebens, als fänden sie an einem bekannten, jedoch weit entfernten Ort statt.

Eine Kursteilnehmerin brachte ihr Erlebnis folgendermaßen zum Ausdruck.

Mein Freund hatte sich einem hinduistischen Lehrer angeschlossen. Er wollte, daß ich dem Darshan (der hinduistischen Liturgie) beiwohne. Eigentlich war mir dort alles zuwider, aber ich machte trotzdem mit, um ihm einen Gefallen zu tun. Ich lernte die Bräuche akzeptieren, verabscheute aber das obligatorische Singen vor der Predigt des Swami.

Eines Abends beschloß ich, alle zu foppen und mich in eine vorgetäuschte ekstatische Trance zu begeben, um nicht singen zu müssen. Männer und Frauen saßen getrennt auf gegenüberliegenden Seiten der Halle am Boden. Täuschen wollte ich die Aufseher und die Frauen, die um mich herum saßen, da mein Freund nirgends zu sehen war.

Ich hob zusammen mit der Gruppe zu singen an. Bei Gesang Nr. 19 begann ich mit meiner Komödie. Ich ließ mein Buch fallen und wiegte mich hin und her, wobei ich ekstatische Reaktionen nachahmte, die ich beobachtet hatte. Plötzlich sah ich vor meinem inneren Auge eine aufgehängte Frau. Ich hatte das Gefühl, als steckte ich in einem hölzernen Halskragen in zwei verschiedenen Situationen. Dann wurde ein Gewicht von meinen Schultern gehoben. Etwas in meinem Nacken schnappte zurück an seinen Platz und lockerte sich.

Ich öffnete die Augen, enttäuscht, mich in einer Umgebung zu befinden, der ich hatte ausweichen wollen. Als ich auf den Boden sah, war mein Buch bei Gesang Nr. 118 aufgeschlagen – genau dort, wo die anderen gerade sangen. Da verstand ich erst, daß ich durch zwei vergangene Leben katapultiert worden war und mein Körper sich ihrer entledigt hatte. Durch meinen Trick war ich in einen tiefen Meditationszustand geraten.

Frühere Leben sind dir nur dann zugänglich, wenn sie eine Bedeutung für dein jetziges Leben haben. Wenn du mit dem Karma vergangener Leben abgeschlossen hast, wie es für viele ältere Menschen der Fall ist, wirst du vielleicht gar nichts sehen. Für eine gelungene Rückführung braucht es:

1. Die Bereitschaft zu meditieren;
2. einige Stunden ungestörte Freizeit;
3. eine saubere, aufgeräumte Umgebung;
4. einen Freund, der nach drei Stunden nach dir schaut, um sicher zu sein, daß du in die heutige Zeit und Wirklichkeit zurückgekehrt bist;
5. Neugier und die Fähigkeit, Zeuge des eigenen glücklichen oder armseligen Zustands zu sein, ohne sich schuldig zu fühlen oder sich damit zu identifizieren.

Manche Leute erreichen ihre Trance in einem Schaukelstuhl, dessen sanftes Wiegen sie einlullt. Andere liegen gerne auf dem Rücken mit angewinkelten Knien, die Füße auf den Boden gestellt. Man kann sich auch im Schneidersitz bequem an eine Wand lehnen. Du meditierst so, wie es für dich am besten geht. Menschen, die regelmäßig meditieren, kennen bereits ihre bevorzugte Stellung. Wenn du dich in einer Stellung nach einer Weile nicht mehr wohl fühlst, kannst du die Stellung wechseln. Wenn dein Fuß schmerzt, gehe bitte nicht darüber hinweg, sondern bewege ihn.

Zieh dich auch im Hausinnern warm an. Bei längeren Trancen kühlt der Körper sich schnell ab. Es ist besser, dir ist zu warm als zu kalt. Mach ein Fenster auf: Die frische Luft führt dir Prana (Lebenskraft) zu, eine wichtige Komponente bei der Erweiterung deines Bewußtseins.

Atme tief ein und fülle deinen Unterleib, deine Lungen und deinen ganzen Körper bis in die Zehen mit frischer sauberer Luft. Atme aus und laß dabei alle Spannungen, alle Ängste und alle anderen widrigen Lebensumstände los. Atme dreißig Mal tief ein und aus. (Es kann sein, daß dir dabei etwas schwindlig wird.)

Nimm dir vor, gegen Außengeräusche immun zu sein. Atme noch ein paar Mal tief durch und konzentriere dich auf deine Visionskraft. Betrachte das, was du siehst, als handle es sich um einen Videofilm.* Weise dein Überbewußtes an, dir Zugang zu einem früheren Leben zu gewähren, das für dein heutiges Dasein von Bedeutung ist. Wenn dir das, was du siehst, Angst macht, spulst du dein Video vorwärts oder zurück zu einem fruchtbaren oder auch lehrreichen Teil dieses Lebens. Du kannst dein vergangenes Leben schnell oder langsam an dir vorbeiziehen lassen. Es ist deine Erfahrung und dein Film.

Wenn schlimme Momente auftauchen, die dich weinen lassen, etwa, weil du geliebte Menschen verloren hast, frage dich, ob diese Leute in deinem heutigen Leben vorkommen, und wie sie heißen. Vergiß nicht, nach der Lehre aus deinem früheren Leben zu fragen.

Hast du ein früheres Leben kennengelernt, kannst du zu einem weiteren übergehen. Wenn ein Leben unklar scheint oder dich zu sehr aufwühlt, legst du einfach ein anderes »Band« ein.

Begnüge dich mit zwei früheren Leben pro Sitzung. Wenn du sie abgeschlossen hast, kehrst du zu dem Tag zurück, bevor du in deiner heutigen Form gezeugt wurdest. Schau dir den Stamm deines Baumes an, den du für dich selbst geschaffen hast und merke dir, welche Aufgaben du gewählt hast. Am besten, du wiederholst sie eine nach der anderen mit lauter Stimme und nimmst dir vor, sie sofort nach deiner Rückkehr ins Alltagsbewußtsein aufzuschreiben. Atme tief, gib dir die Anweisung, heil und gesund in die heutige Zeit zurückzukehren, und sei bereit, dein Leben im Licht deines neu erlangten Wissens wieder aufzunehmen. Wenn du die Augen wieder geöffnet hast, bleibst du ein paar Minuten ruhig sitzen, denn du bist gerade auf einer anderen Wirklichkeitsebene gewesen. Du kannst eine Kleinigkeit essen, um den Übergang in die normale Wirklichkeit zu beschleunigen. Die Abbildung auf Seite 100 zeigt dir, welche Druckpunkte dich nach einer Rückführung mit neuer Energie versehen. Halte jeden Punkt etwa 30 Sekunden lang.

---

* Eine Tonband-Kassette zu dieser Übung kann bei der Adresse bestellt werden, die am Ende des Buchs vermerkt ist.

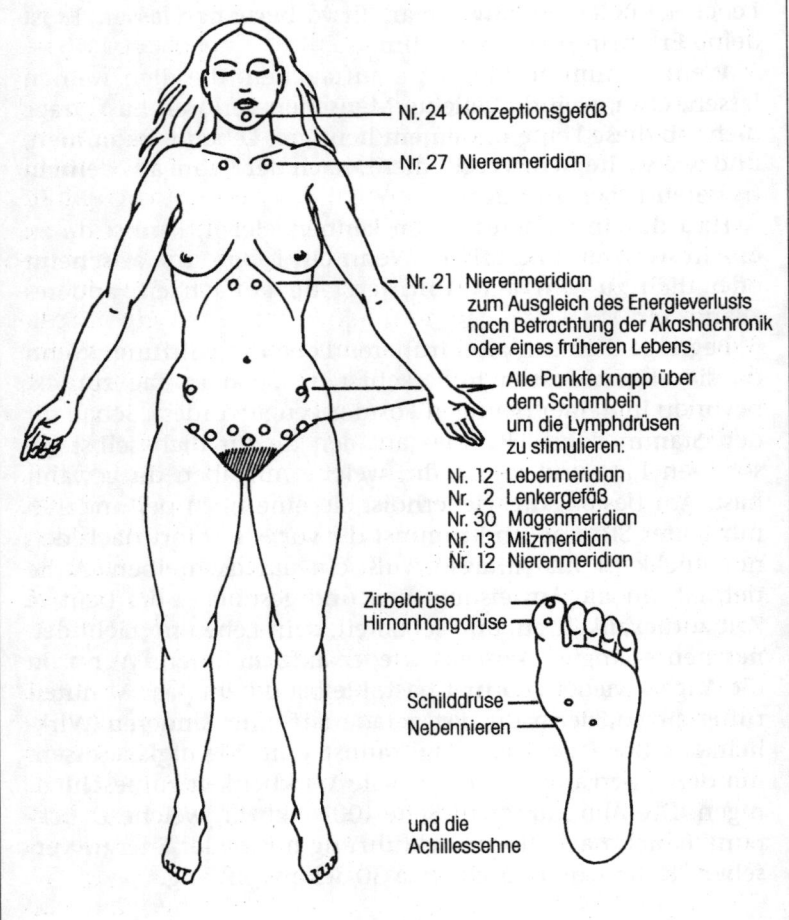

Druckpunkte, um den Körper nach einer Rückführung zu beleben und auszugleichen
(die Person sollte auf dem Rücken liegen)

Nr. 24 Konzeptionsgefäß

Nr. 27 Nierenmeridian

Nr. 21 Nierenmeridian
zum Ausgleich des Energieverlusts nach Betrachtung der Akashachronik oder eines früheren Lebens.

Alle Punkte knapp über dem Schambein um die Lymphdrüsen zu stimulieren:

Nr. 12 Lebermeridian
Nr. 2 Lenkergefäß
Nr. 30 Magenmeridian
Nr. 13 Milzmeridian
Nr. 12 Nierenmeridian

Zirbeldrüse
Hirnanhangdrüse

Schilddrüse
Nebennieren

und die
Achillessehne

Das Spiel des Lebens meistern

Es braucht Fleiß, Tapferkeit, die Bereitschaft, die Richtung zu ändern, und Achtsamkeit, um den Verpflichtungen der Seele nachzukommen. Es ist von Vorteil, ständig präsent zu sein, nach Wissen, Weisheit und Schönheit zu suchen; Starrheit in Gedanken und Lebensweise zu vermeiden; die Lebensfreude, einen Sinn für das Wunderbare und Humor zu bewahren.

Leute, die »in« sind, kennen sich selbst nur selten. Sie sind dauernd mit Dingen beschäftigt, die fünf Jahre später keine Bedeutung mehr haben. Trendsetter wie der verstorbene Andy Warhol folgen ihrer inneren Führung. Modebewußte Leute ahmen andere bloß nach; weil sie dem Rudel voraus sind, haben sie das Gefühl, sie seien originell. An konventionellen Vorstellungen von sich selbst und vom Leben festzuhalten, bringt keine Meisterschaft, aber es ist gut für die Wirtschaft. Wenn du endlos einkaufen gehst oder eine Schönheitsoperation dein einziger Schutz gegen das Alter ist, läßt das auf eine gewisse innere Leere schließen.

Überqueren die Bahnen von Saturn und Uranus dein Geburtshoroskop, ist die Zeit günstig für geistige Aufbrüche. Uranus braucht 84 Jahre oder sieben Jahre pro Zeichen oder Haus, um die Sonne zu umkreisen. Es sind nicht immer genau sieben Jahre, denn es gibt Abweichungen. Auch Saturn (er gibt die Form und setzt die Grenzen) bewegt sich annähernd in Siebenjahreszyklen. In der folgenden Aufzählung wurden die Jahrgänge unterstrichen, in denen Saturn an den Ort zurückkehrt, an dem er zur Zeit der Geburt stand. Saturn braucht etwa 29 Jahre, um die Sonne zu umlaufen; er verweilt fast zweieinhalb Jahre in einem Sternzeichen oder Haus deines Horoskops. Den genauen Stand des Saturn kannst du in den Ephemeriden feststellen. Die Gelegenheit, dein Gleichgewicht wiederzufinden und einen Teil deiner Pflichten zu erfüllen, tritt im Alter von 18–21, 27-30, 33, 39–43, 49, 55-58, 63–65, 70; 77 und 82-85 Jahren auf. Falls du dein ganzes Leben vergeudet hast und dieses hohe Alter erreichst, kannst du mit 82 bis 85 Jahren, wenn sowohl Saturn als auch Uranus nochmals dein Horoskop überqueren, versuchen, deine Lebensaufgabe zu vollenden.

Manchmal kommt jemand zu mir, der weiß, daß er im Leben eine wichtige Aufgabe zu erfüllen hat, und sie nicht finden kann, oder der zögert, die nötigen Opfer zu erbringen. Ein solcher Mensch befindet sich in einem großen Zwiespalt und ist oft verwirrt. Schlaflosigkeit, rasende Gedanken, ständige Aktivität ohne wirkliches Ziel oder lähmende Depression sind die psychischen Anzeichen, die einen Menschen dazu führen, sich Gedanken über seinen Weg zu machen. Wenn du deprimiert bist, trainiere deinen Körper, bis du den Tiefpunkt überwunden hast. Gedankenfetzen und unausgereifte Ideen schreibst du am besten auf. In ein paar Jahren wirst du sie besser verstehen. Überaktivität wird durch Meditation, Malen, Töpfern und andere künstlerische Betätigungen ausgeglichen. Menschen, die unter Schlaflosigkeit leiden, sollten diese Zeit aktiv nutzen, nachdenken und einfach tief durchatmen, bis der Schlaf kommt.

An seinen freien Tagen machte ein 39jähriger Akademiker, der seine Arbeit nicht mochte, lange ganztägige Spaziergänge, oder er putzte jeden hintersten Winkel seiner Wohnung. Um sich zu entspannen, begann er, Perlen zu weben, so seinen überaktiven Geist zu beschäftigen und sich dazu zu bringen, still zu sitzen. Er war ein geborener Künstler und konnte seine kreativen Arbeiten in einer Galerie ausstellen. Er besuchte Fortbildungskurse in einem Spezialgebiet seines Berufes. Das brachte eine gewisse Verbesserung, aber er war immer noch auf der Suche nach seiner Lebensaufgabe. Leider war ihm mehr an seinem großspurigen Lebensstil gelegen als an der Suche nach seinem Weg, aber er fühlt sich nun wohler in seiner neuen Tätigkeit.

Ein anderer, 49jähriger Mann, der in Mexiko geboren wurde und in den Vereinigten Staaten aufwuchs, spürte den Drang, sich seiner Aufgabe zu widmen. Endlich wohlhabend und zu jung, um sich aus dem Geschäftsleben zurückzuziehen, zögerte er auch, seinen Lebensstil zu einer Zeit zu verändern, die für seine Familie kritisch werden könnte. Doch dann setzte er alles auf eine Karte, vermietete sein Haus, plante ein Familienabenteuer mit seiner ganzen Familie, ließ sich ein Jahr freistellen und ging nach Mittelamerika, um dort für eine internationale Organisation als Entwicklungshelfer zu arbeiten. Sein Salär war klein, aber als er ein Jahr später zurückkehrte, wußte er, welcher Aufgabe er sich zuwenden wollte, wenn seine Kinder erwachsen sind.

Der Lehrstoff wird geprüft

Eine Lehrstoffprüfung ist wie ein Abschlußexamen in der Schule. Wenn du soweit bist, daß du in gewissen Situationen richtig reagierst, und deine eigene Wirklichkeit geschaffen hast; wenn du dir ein neues Verhalten angeeignet und unter Beweis gestellt hast, kommt eine ähnliche Situation als Reifeprüfung auf dich zu, die du bestehen, aber bei der du auch durchfallen kannst.

Denkst du an dein Leben zurück, wirst du auf Prüfungen stoßen, die du spielend gemeistert hast, aber auch auf solche, die immer wieder auf dich zugekommen sind, bis du deine Lektion gelernt oder aufgegeben hast.

Eine Krankheit kann eine solche Prüfung sein, die dich dazu bringen soll, dich besser um dich selbst zu kümmern. Vielleicht brauchst du mehr Schlaf, oder du solltest dich nur mit den besten Freunden umgeben und die anderen fallenlassen. Vielleicht solltest du dich nicht so stark an anderen messen, dich weniger unter Druck setzen oder aber deine Eßgewohnheiten ändern und etwas für deinen Körper tun.

Nehmen wir einmal an, bei deiner Lehrstoffprüfung gehe es um Geld. Entweder du hast gelernt, genug davon zu verdienen, um deine Wünsche und Bedürfnisse zu erfüllen, oder aber du hast deinen Lebensstil an dein Einkommen angepaßt. Du hast genug Geld für deine Freizeit in dein Budget eingeplant, fühlst dich nicht benachteiligt und lebst nicht über deine Verhältnisse. Nun beschließt du, eine Reise zu machen, für die du das Geld bereits auf der Seite hast. Deine Ferien sind gebucht und bezahlt, und du wirst einen großen Teil deines Geldes verlieren, wenn du in letzter Minute zurücktrittst. Die Prüfung beginnt damit, daß dein Auto plötzlich wegen einer größeren Reparatur dringend in die Garage muß.

Du erwägst deine Möglichkeiten. Du kannst (a) Geld borgen; (b) die Reise absagen und auf einen Teil deines Geldes und auf deinen Urlaub verzichten, (c) den Wagen irgendwo abstellen und behaupten, er sei gestohlen worden, das Versicherungsgeld kassieren und damit einen neuen Wagen kaufen, (d) per Bus zur Arbeit fahren, bis du die Autoreparatur bezahlt hast, (e) Überstunden machen oder vorübergehend eine Teilzeitarbeit annehmen, (f) etwas verkaufen, an dem du nicht sehr hängst, um damit die Reparatur zu zahlen oder (g) dich mit der Diskrepanz zwischen deinem Einkommen und deinem Lebensstil auseinandersetzen.

Vergiß nicht, daß es eine Prüfung ist. Wenn du durchfällst, könnten alle anderen wichtigen Lektionen, die du im Zusammenhang mit Geld gelernt hast, sich in Luft auflösen. Vielleicht bist du vor Spannung und Angst so nervös, daß du durchfällst, und dein ganzes wirtschaftliches Gefüge kracht zusammen. Behalte das im Auge, und begegne jeder Wendung und jeder Herausforderung vertrauensvoll und mit offenem Herzen.

Wie kannst du dieses Problem aus deiner jetzigen Sicht in Angriff nehmen? Bitte deine Geisthelfer, deinen Wurzelmann und deine Wurzelfrau um Hilfe, damit du deine Möglichkeiten besser einschätzen kannst. Vielleicht ist die durch die dringende Autoreparatur verursachte finanzielle Klemme der einzige Weg, deine Aufmerksamkeit zu erlangen. Vielleicht brauchst du »einen Sprung ins Absurde«, wie Kierkegaard die unausgewogenen und unpraktischen Entscheidungen genannt hat, die beim Aufsteigen in die nächste Entwicklungsstufe auftreten. »Absurd« würde in diesem Fall bedeuten, daß du trotzdem in Urlaub fährst und darauf vertraust, daß du das Geld für die Reparatur schon irgendwie auftreiben wirst. Diese Schicksalsfügung lenkt deine Aufmerksamkeit vielleicht auf Teile deines Lebens, die du beim Meistern des Geld-Spiels vernachlässigt hast. Es kann auch sein, daß du beginnst, dich für Automechanik zu interessieren, damit du den Schaden selbst beheben kannst.

Alle Freunde einer Klientin, einer Frau um die 85, waren weggestorben, und es blieben ihr nur ihre Verwandten, um ihr Gesellschaft zu leisten. Bei ihrer Lehrstoffprüfung ging es darum, sich nicht zu sehr auf ihre Kinder und Enkel zu verlassen. Also ging sie wieder unter die Leute und wurde von ein paar jungen Psychologen entdeckt, die sich mit ihr anfreundeten. Ihr Humor und ihre Einsichten waren ihnen eine große Hilfe bei der Eröffnung ihrer Praxis. Plötzlich befand sich die alte Dame in der aktiven Rolle der Lehrerin, was ihre letzten Jahre viel glücklicher gestaltete. Das führte zu einer Besserung der Steifheit in ihren Gelenken, die Beschwerde, wegen der sie mich ursprünglich aufgesucht hatte.

Langlebigkeit

Wenn die Wiedergeburt wirklich eine solche Herausforderung ist, wäre es da nicht besser, wir würden länger leben, um negative Muster auflösen zu können, oder hätten mehr Zeit, um unsere Lebensaufgabe zu vollenden? Außerordentlich lange Leben kommen vor, doch für die meisten Menschen ist ein hohes Alter mit großer Mühe verbunden. Wenn du ewig leben willst, mußt du bereit sein, auf immer ein Fremder zu bleiben und keine Bindungen einzugehen. Das könnte ein Geschenk für eine Alte Seele sein, die keine unzähligen Wiedergeburten mit der jeweiligen Kindheitsphase erleben müßte. Schließlich werden die meisten von uns vierzig, bis wir unsere Kindheitserfahrungen überwunden haben. Erst dann stehen wir für unsere eigentliche Aufgabe zur Verfügung.

Es gibt unzählige Legenden von erleuchteten Meistern oder von Menschen auf dem Erleuchtungspfad, die über neunhundert Jahre alt wurden. Diese Geschichten sind weit verbreitet. Hinduistische Babajis, buddhistische Inkarnationen, christliche Mystiker, der Ewige Jude und ein moderner

Europäer namens St. Germain sind angeblich solche Beispiele. Nicht alle Unsterblichen sind über jeden Tadel erhaben. Vielmehr meistern sie im Laufe ihres langen Lebens immer neue Aufgaben.

Das Alter, in dem man sich von der eigenen biologischen Familie völlig löst, wird man über viele Jahrhunderte beibehalten. Bei dieser Art Arbeit altert man sehr langsam. Man kann lernen, die Formen seines Körpers zu ändern, ihn länger oder kürzer, schlanker oder breiter werden zu lassen. Auch die Gesichtszüge lassen sich durch den Geist so verändern, daß Leute, die einen früher kannten, einen nach fünfzig Jahren nicht wiedererkennen.

Stell dir vor, du würdest zwei Jahrhunderte wie ein Mensch mittleren Alters, oder dreihundert Jahre jugendlich aussehen! Nach einer normalen Lebensspanne hättest du keine Familie und kein Zuhause mehr. Für einen Mann hätte das in patriarchalischen Zeiten noch angehen können; doch für eine Frau wäre es aus gesellschaftlichen Gründen praktisch unmöglich gewesen, auch wenn es immer wieder Frauen gegeben hat, die die Einschränkungen ihrer Zeit überwunden haben.

Es wird überliefert, daß diese neunhundertjährigen Erleuchteten vollständig von Krankheit verschont sind. Um zu sterben, müßten sie in einen Autounfall verwickelt werden, ertrinken oder auf andere Weise gewaltsam umkommen. Wer eine solche Aufgabe einmal angenommen hat, kann ihr nicht so einfach entkommen. Möglicherweise ist er vor dem Tod geschützt und käme nicht einmal in einem Unfall oder Krieg um.

Ob du nun an diese außergewöhnlichen Lebensspannen glaubst oder nicht, es ist auf alle Fälle nicht ratsam, danach zu trachten oder vorzutäuschen, du seist schon mehrere hundert Jahre alt, wenn es nicht zu deiner Lebensaufgabe gehört. Es ist immer ein schwieriger Weg, der einen selbstlosen Einsatz und außergewöhnliche Weisheit verlangt. Wenn du in Gesundheit ein reifes Alter erreichst, Weisheit erlangst und deine Lebensaufgabe erfüllt hast, hast du sehr viel erreicht.

Zweiter Teil

DER GEIST
IN UNSERER WELT

6

Wurzelmann und Wurzelfrau

Männlich/weiblich ist der Schlüssel zum Ursprung der Kraft.

PAUL WILLIAMS (Nation of Lawyers)

Die Wurzelwesen

Jeder Mensch hat ein männliches und ein weibliches Selbst: Wurzelmann und Wurzelfrau. Frauen fallen ihre männlichen Anteile oft auf, doch wissen sie diese nicht richtig zu deuten oder einzusetzen. Die Funktion der eigenen Männlichkeit zu begreifen, kann schwierig sein. Männern fällt es genauso schwer, ihre innere Weiblichkeit aufzuspüren. Ein ungenügender Kontakt zur inneren Weiblichkeit wird im Leben dieser Männer zu Unstimmigkeiten im Umgang mit Frauen und Mädchen führen.

Dein Wurzelmann und deine Wurzelfrau sind partielle Mit-Wesen, die dir als Teil einer Dreierkonstellation zugeteilt sind: deine Wurzelfrau, du (der/die Lernende) und dein Wurzelmann. Ihr gehört zusammen als menschliche Entsprechung zur geistigen Dreieinigkeit.

Die Wurzelwesen arbeiten gerne mit dir, dem Lernenden: Im Austausch gegen Fähigkeiten, die du bereits erworben hast, leihen sie dir ihr Wissen und ihr Können. Außerdem brauchen sie auch Eigenschaften und Fertigkeiten, an denen du arbeitest. Du leistest die Arbeit auf der irdischen Ebene, und sie stehen dir mit ihren Ratschlägen zur Seite und stimmen deinen Entscheidungen zu, oder sie wehren sich dagegen.

Jedes Wurzelwesen zeigt dir nur sein männliches oder nur sein weibliches Gesicht. Die weiblichen Aspekte deines Wurzelmannes treten während deines ganzen Lebens nicht in Erscheinung, und deine Wurzelfrau zeigt nichts von ihrem männlichen Ich. Wenn er will, kann dein Wurzelmann mit deinen männlichen Eigenschaften, Fähigkeiten, Grenzen und Gefühlen verschmelzen und sie einsetzen. Auch deiner Wurzelfrau stehen alle deine weiblichen Muster, Stärken und Eigenschaften zur Verfügung. Beide sind offen für deine Bedürfnisse. Du und deine Wurzelwesen tauschen Einsichten und Wissen aus und prüfen verschiedene Strategien und Verhaltensweisen, damit du deine Lebensaufgabe erfüllen kannst.

Eine Schülerin fragte mich: »Bedeutet das, daß mein Wurzelmann und meine Wurzelfrau Teilinkarnationen sind, während ich voll inkarniert bin?«

Genau. Wurzelwesen haben keinen Zeugen, keinen Atem und keinen eigenen Körper. Die Aufmerksamkeit eines Urselbst ist nicht so stark auf ein Wurzelwesen gerichtet wie auf

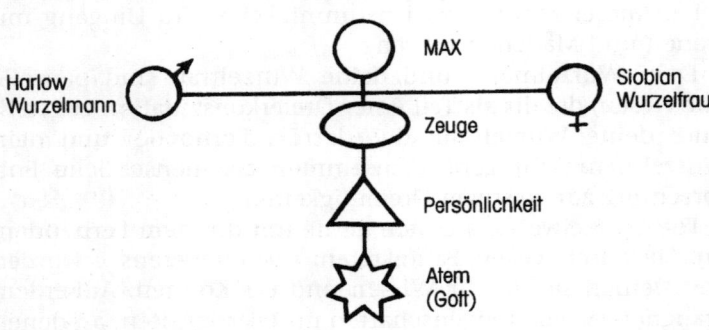

Lernender (1957 geboren)

Harlow Wurzelmann

MAX

Siobian Wurzelfrau

Zeuge

Persönlichkeit

Atem (Gott)

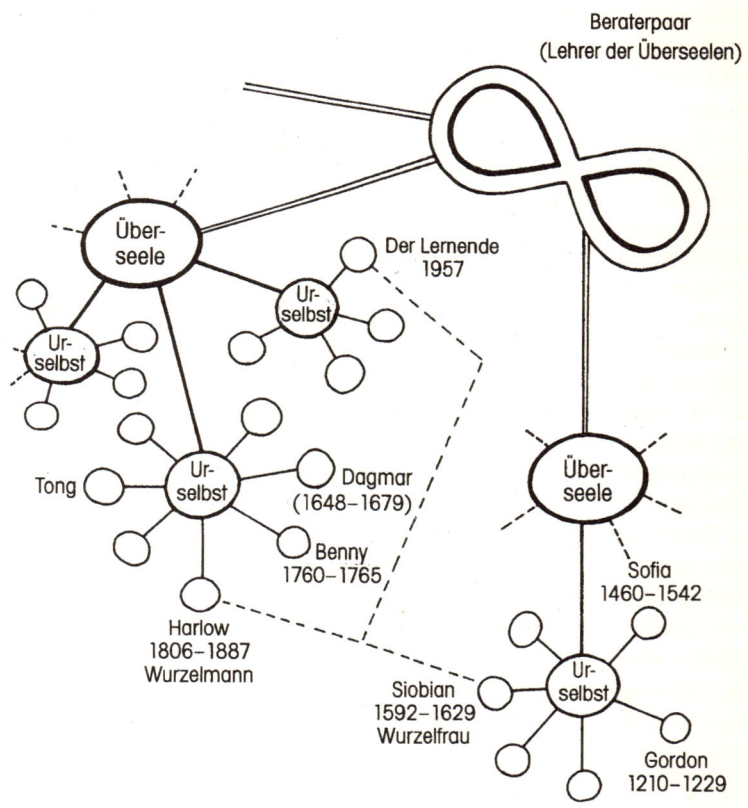

Beraterpaar
(Lehrer der Überseelen)

Über-
seele

Der Lernende
1957

Ur-
selbst

Ur-
selbst

Tong

Ur-
selbst

Dagmar
(1648–1679)

Benny
1760–1765

Harlow
1806–1887
Wurzelmann

Über-
seele

Sofia
1460–1542

Ur-
selbst

Siobian
1592–1629
Wurzelfrau

Gordon
1210–1229

eine voll inkarnierte Seele. Durch ihre männlichen oder weiblichen Eigenheiten prägen sie deine Handlungen und Beziehungen auf vielfache Weise. So sind sie Mitschöpfer deiner Wirklichkeit; doch ihre eigentliche Aufgabe ist es, aus deinen Erfahrungen zu lernen. Meistens sind es Mitglieder desselben Klans, dem auch du angehörst. Die Abbildung zeigt, wie diese Drei sich häufig zusammensetzen.

Ein Wurzelwesen versucht gerne, den Lernenden dazu zu bringen, die negativen Verhaltensmuster auszuleben, die beiden gemeinsam sind. Wenn du aus übertriebenem Gerechtigkeitssinn ein peinlich anständiger Mensch bist, wirst du die Grenzen deiner gemeinsamen Persönlichkeit niemals in Frage stellen. Alle Menschen haben Schranken. Die wenigsten sind bereit zu morden, zu stehlen, zu lügen, zu betrügen oder alles niederzureißen, doch viele verschweigen und vertuschen die Wahrheit, täuschen andere und huldigen derjenigen der sieben Todsünden, die ihr Gewissen zuläßt, um der achten Vorschub zu leisten, der Gier. Diese wird von den dogmatischen Religionen wie auch von der Geschäftswelt geflissentlich übersehen. Lernst du dieses Treiben zu durchschauen, so kommst du dem Lichtwesen näher, das du in Wahrheit bist.

Wurzelfrau und Wurzelmann spielen von dem Moment an eine Rolle in deinem Leben, in dem sich dein Lebensplan herauskristallisiert, etwa zwischen sieben und zwölf Jahren. Zu diesem Zeitpunkt beginnen sie, dir Anweisungen zu geben. Bei einem rebellischen oder introvertierten Kind übernehmen sie das Ruder. Je weniger bewußt du bist, desto mehr bestimmen die Wurzelwesen dein Leben. Doch wenn du dich ernsthaft auf die Suche nach deiner Spiritualität machst, werden die Wurzelwesen dir helfen und deine Verwandlung unterstützen. Ebenso werden sie sich jeder Religion und jedem spirituellen Weg widersetzen, der nicht deiner seelischen Stufe entspricht und dein, wie ihr, Wachstum fördert.

Wurzelmann und Wurzelfrau können aus einem einzigen vergangenen Leben kommen, das alle negativen Aspekte beinhaltet, an denen du jetzt arbeiten mußt. Jede von deinen Schwächen kann von einer bestimmten Persönlichkeitsfixierung stammen. Es gibt neun zwanghafte Triebe, wovon jeder mit einer Form der Leugnung zusammenhängt. Rachsucht, Trägheit, Eitelkeit, Feigheit, Selbstsucht, Groll, Schmeichelei, Melancholie und Geiz. Wenn du die Hauptfixierungen des Wurzelmannes und der Wurzelfrau herausfinden und auflösen kannst, wirst du dein eigenes Leben um so besser in den Griff kriegen. Wenn du allerdings die Notwendigkeit der Veränderung leugnest und alles beim alten lassen willst, werden deine Wurzelwesen dich zwingen, die Dinge auf ihre Weise zu tun.

Während du ihre Schwierigkeiten für sie entwirrst, gewinnst du die Fähigkeiten, die du zur Herrschaft über dich selbst brauchst. Außerdem wird dir die Dankbarkeit deiner Wurzelwesen zuteil, was deinem Leben einen besonderen Schwung verleiht.

Wenn dein Wurzelmann rachsüchtig ist, und du bist einer unangenehmen Situation ausgesetzt, verleitet er dich vielleicht zu einer gehässigen Reaktion, und du schlägst zurück. Deine Wurzelfrau hingegen ist mitfühlend und möchte dir klarmachen, daß du das Opfer eines Opfers bist. Sie wird dir sagen, daß Vergeltung zu nichts führt. Als Lernender denkst du darüber nach, wie du am besten auf jemanden reagieren kannst, der dich verletzt hat, weil du diesen Menschen dazu bringen möchtest, sich so zu sehen, wie er wirklich ist, damit er versteht, was er dir angetan hat.

Nehmen wir ein anderes Beispiel: Dein Wurzelmann ist ein Schurke und obendrein noch gierig; doch wenn du diese Eigenschaften entlarvt hast, stellst du vielleicht fest, daß sich dahinter weitere Charakterzüge wie Schnorrer oder Verschwender verbergen. Vielleicht bringt deine Wurzelfrau ähnlich schwierige Qualitäten mit, zum Beispiel will sie alles kontrollieren. Dein Wurzelmann ist völlig überwältigt, er schreckt zurück und regt sich nicht mehr. Wenn deine Wurzelfrau sich etwas besser angepaßt hat und mit sich reden läßt, wendest du dich deinem Wurzelmann zu, damit auch er sich freier ausdrücken kann. Die Arbeit mit deinen Wurzelwesen wirkt sich auf deine Partnerschaften, Freundschaften oder Liebesbeziehungen aus, da du vielleicht auch dazu neigst, andere zu überfordern oder zu nachgiebig zu sein.

Wenn es dir tatsächlich gelingt, die harten Kanten deines Wurzelmannes und deiner Wurzelfrau abzurunden, wird es in deinem Leben zu einer Kettenreaktion kommen. Dein Blickfeld und deine gesamte Ausdrucksweise können sich sehr schnell verändern und deinen Arbeitsbereich, deine Freundschaften und deine Familienangelegenheiten nachhaltig beeinflussen.

Viele Menschen, die die Existenz ihrer Wurzelwesen spüren, fürchten sich davor, mit ihnen in Verbindung zu treten aus Angst vor dem Tod. So stolpern sie weiterhin leidend durchs Leben. Wenige wissen, daß ihr Wurzelmann und ihre Wurzelfrau sowohl in als auch außerhalb von ihnen existieren. Sie sind du, und sie bestehen getrennt von dir. Auch wenn sie dir noch so unzulänglich vorkommen: Du wirst keine anderen kriegen. Doch es wird dich kaum umbringen, wenn du die Hilfe eines deiner Wurzelwesen in Anspruch nimmst, weil ein Teil deiner Lebensaufgabe ja gerade darin besteht, deinen Wurzelmann, deine Wurzelfrau und dich in Einklang zu bringen. Leider hält Todesangst die große Mehrheit aller Lernenden bis zum Ende davon ab, diesen Teil ihrer Lebensaufgabe zu erfüllen.

Das andere Geschlecht

Für die Frau verkörpert jeder Mann in ihrem Leben einen oder mehrere Aspekte ihres Wurzelmannes. Der Mann lernt Teilaspekte seiner Wurzelfrau kennen, wenn er sich mit verschiedenen Frauen anfreundet. Jeder Freundschaft scheint jedoch irgend etwas zu fehlen, da sie nur einem Bruchstück des Gesamtbildes der Wurzelfrau entspricht. Eine Frau hat vielleicht nur wenige männliche Freunde, die ihre intellektuelle Seite nähren, doch genau diese Beziehungen können zu ihrer Suche beitragen und das Beste in ihr zur Entfaltung bringen.

Laurie, eine erfolgreiche Künstlerin um die vierzig, beschreibt ihre freundschaftlichen Beziehungen zu Männern als einen Ausdruck ihres eigenen Wurzelmannes:

> Der Liebeskörper einer meiner jüngeren Freunde fehlt völlig. Seine unterdrückte Liebesfähigkeit und Liebenswürdigkeit spiegelt dieselben Mängel meines Wurzelmannes. Ein älterer Freund von mir, ein Künstler, der sein Talent versteckt, ist in eine Lebensweise abgesackt, die nur wenig Freude zuläßt. Abgesehen von gelegentlichen Veröffentlichungen, lebt er von

einem sehr bescheidenen Einkommen. Diese Eigenschaft finde ich auch in meinem Wurzelmann. Ich hatte früher einen anderen Künstler zum Freund, der so ähnlich war, nur war er ein Quartalsäufer. Sein Alkoholismus und die Nüchternheit meines Wurzelmannes paßten nicht zusammen, deshalb ist aus unserer Freundschaft nichts geworden.

Bist du eine heterosexuelle Frau, wird dein Lebensgefährte einige auffallende Merkmale deines Wurzelmannes aufweisen. Wenn du den Dialog mit deinem Wurzelmann aufnimmst und ein paar von diesen Eigenschaften änderst, wird dein Partner als äußerer Ausdruck deines Wurzelmannes sich ebenfalls verändern. Arbeitest du an einem Charakterzug, den dein Lebensgefährte nicht loslassen will, wird er sich vielleicht von dir abwenden und dich völlig vernachlässigen oder einfach alles vergessen, was du ihm erklärst. Er wird dich vielleicht sogar verlassen, um den betreffenden Teil seines Ichs zu schützen. Wenn du dich weigerst mitzuspielen, und nicht auf die Verhaltensweisen oder Fixierungen eingehst, an denen dein Liebster hängt, wird er diese Persönlichkeitsaspekte mit dir nicht ausleben können.

Es wäre denkbar, daß dein Partner willens ist, an einer Charakterschwäche zu arbeiten, du aber nicht wahrhaben willst, daß du dich auch ändern mußt. Deshalb übernimmst du die Rolle des Partners, der auf Distanz geht. Manchmal spielst du auch des Teufels Advokat und weist auf die widersprüchlichen Aussagen und Verhaltensweisen deines Partners hin, die beweisen, daß er nicht wirklich an der Wahrheit interessiert ist.

Es ist dem Wurzelmann und der Wurzelfrau nicht erlaubt, in eine feste Beziehung zwischen einem menschlichen Paar einzugreifen, auch wenn sie sie beim ersten Treffen häufig begünstigen. Weil alles sich jederzeit verändern kann, entwickelt sich eine Art tantrischer Prozeß zwischen den Partnern, was einem oder beiden zu einer beschleunigten Entwicklung verhelfen kann.

Wenn du die Fähigkeit erworben hast, die das gegengeschlechtliche Wurzelwesen dir beizubringen hat, kann dein gegenwärtiger Partner überflüssig werden. Wenn es für euch beide nichts mehr zu lernen gibt, und ihr bleibt trotzdem zusammen, werdet ihr möglicherweise durch Alkoholismus, Drogensucht, Arbeitswut, sexuelle Abenteuer, ständigen Streit und eine schlechte Stimmung, oder durch Gleichgültigkeit, chronische Krankheit oder den Tod einander verlassen. In einer schlechten Beziehung behindern die Partner die gegenseitige Entwicklung. Doch eine Beziehung mag verbal und emotional noch so verzwickt sein, solange das Paar daran wächst, sieht der Kosmos diese Verbindung als lebendig und positiv an. Ein solches Paar wird schließlich in Harmonie leben. Nach 25jähriger Ehe verlieben sich Mann und Frau oft nochmal ganz neu und verbringen die ihnen verbleibenden Jahre in glücklicher Zweisamkeit. Von außen ist es schwer zu beurteilen, ob es in einer Beziehung auf gesunde Weise gärt, oder ob sie auf eine Art und Weise auseinanderfällt, die schließlich einen oder beide Partner zerstören wird.

Wie sieht es in der Beziehung zum gleichgeschlechtlichen Wurzelwesen aus? Die Wahl von gleichgeschlechtlichen Freunden versieht dich mit einem Spiegel für etwas, das du selbst nicht zum Ausdruck bringen kannst. Vielleicht ist deine Freundin Weberin wie deine Wurzelfrau, auch wenn du selbst deine Talente als Sängerin in einem Chor einbringst. Eine andere Freundin hat eine sanfte Stimme, von der du wünschst, es wäre deine. Oft läßt man sich auch von seinen Freunden anstecken und hält nicht unbedingt an seiner eigenen Persönlichkeit fest. Ein Freund lebt häufig eine Qualität aus, die deine Wurzelwesen schätzen, du aber nicht. Zum Beispiel könntest du eine Wurzelfrau haben, die ein einfaches Leben geführt und sich um eine große Familie gekümmert hat. Du hast auch eine Familie, aber sie ist kleiner, und du arbeitest außer Haus. Deine Freundin mit ihrer großen Familie erfüllt dieses Bedürfnis für dich. Ist die Sehnsucht nach unkompliziertem Hausfrauendasein deine eigene, oder die deiner Wurzelfrau?

Die Eigenschaften deines Wurzelmannes und deiner Wurzelfrau wurden in deiner Kindheit und manchmal auch später von Menschen geprägt, die einen starken Eindruck auf dich machten. So kann jemand, der unauslöschlich in deinem Gedächtnis verankert ist, als Beispiel eines positiven oder negativen Ausdrucks deiner Wurzelwesen dienen. Eine Frau erzählte mir, ihre Wurzelfrau fühle sich immer wie Billie Holiday in einer bestimmten Filmrolle an. Keine von Holidays anderen Rollen löste, durch ihre Eigenheiten und ihre Lebensphilosophie, dasselbe Gefühl der Verbundenheit aus.

Wurzelwesen mit mehreren Persönlichkeiten

Einige wenige Menschen haben es mit einem gleichgeschlechtlichen Wurzelwesen zu tun, das viele verschiedene Facetten aufweist; nur selten kommt es vor, daß so ein vielschichtiges Wurzelwesen dem anderen Geschlecht angehört. Es ist viel schwieriger, mit diesen Wurzelwesen zu arbeiten, die aus mehreren Persönlichkeiten aus drei oder mehr Leben einer einzigen Seele bestehen. Die unerledigten Aufgaben verschiedener Lebenszeiten ringen im Lernenden um Vorherrschaft und Ausdruck, so daß er sich vielleicht überwältigt fühlt, bis er die vielen Archetypen erkennt, die sein Wurzelwesen aufzeigt.

Ein Mann mit einer vielschichtigen Wurzelfrau kann große Verwirrung in seinem Leben erfahren. Bis es ihm gelingt, ausreichenden Kontakt mit ihr herzustellen, kann er das Gefühl haben, als müsse er mehrere Frauen gleichzeitig lieben, weil er nicht in der Lage ist, sein gesamtes Wesen mit einer einzigen Frau auszuleben.

Der Lernende, seine Wurzelfrau und sein Wurzelmann haben Unterpersönlichkeiten, von denen zwei mehr oder weniger ausgeprägt immer vorhanden sind:

Narziß – der Teil, der eitel und voller Eigenlob ist;
Nagewurm – der kritische, zerstörerische Teil.

Solltest du feststellen, daß deine Wurzelwesen dich und dein Leben über die Maßen rühmen – oder rügen – sei dir bewußt, daß sie möglicherweise diese Neigungen nicht im Griff haben. Wenn sie darin scheitern, so ist das, paradoxerweise, weil das auch dir nicht gelingt. Es liegt an dir, die Initiative zu ergreifen, um häufiger mit dem Wurzelmann und der Wurzelfrau zu kommunizieren und auch öfter an diesen Teilen deines Selbst zu arbeiten. Wenn du diese Wesensanteile einmal besser verstehst, werden sie sich auch in deinen Wurzelwesen weniger widerspenstig äußern.

Wie du deine Wurzelwesen erkennst

Die Kleidung oder die Aufmachung, die von Wurzelmann/Wurzelfrau getragen werden, können auf ihr früheres Leben und dessen Zusammenhang mit dir oder auf dasjenige Leben, woran sie arbeiten, während sie mit dir verbunden sind, hindeuten. Normalerweise ist dein Kleidungsstil ein Spiegel. Wenn dir tief ausgeschnittene Spitzenmieder, bodenlange Röcke und andere Dinge, wie sie im ausgehenden letzten Jahrhundert Mode waren, zusagen, kann es gut sein, daß deine Wurzelfrau aus dieser Zeit stammt.

Ein schräg aufgesetzter, verwegener Hut gehört vielleicht zu deinem Erscheinungsbild. Falls du merkst, daß dein Wurzelmann sich genauso anzieht, glaubst du zunächst, daß du dir das nur einbildest; doch der Hut hat dich fasziniert, weil dein Wurzelmann eine Beziehung zu dieser Kopfbedeckung hat.

Auch eine bestimmte Farbschattierung kann zu einem deiner Wurzelwesen gehören. Du wirst dich von dieser Farbe angezogen fühlen, auch wenn sie nicht viel getragen wird, wie zum Beispiel Bronze oder ein leuchtendes Orange. Du staunst über den subtilen, aber wichtigen Einfluß, den deine Wurzelfrau auf dein Leben hat, wenn du sie in den Farben Lila und Silber siehst, die du auch gerne trägst, während der Rest der Gesellschaft diese Kombination nicht sehr schätzt.

Es wäre also besser, eine aktive und bewußte Kommunikation mit ihr aufzunehmen, anstatt von einer unbewußten Kraft getrieben zu werden oder ständig unter inneren Konflikten zu leiden. Blockierungen deines eigenen Erfolgs können daher rühren, daß dein Wurzelmann sich widersetzt, während du bereit bist, voranzuschreiten.

Die erste Begegnung mit deinen Wurzelwesen

Es folgen ein paar Verhaltensregeln, die du im Umgang mit deinen Wurzelwesen beachten solltest: Sei höflich; trage ihnen dein Anliegen so einfach wie möglich vor; und gib dir jede erdenkliche Mühe, um deine Wurzelwesen kennenzulernen.

Setze oder lege dich in einer bequemen Stellung hin und decke dich zu, falls die Temperatur es erforderlich macht. Atme ein und wieder aus und laß deine täglichen Sorgen von dir abfallen. Verkünde deine Absicht, Kontakt zu deinem gleichgeschlechtlichen Wurzelwesen aufnehmen zu wollen. Vielleicht fühlst, siehst, riechst, spürst oder hörst du es, oder du erfährst eine Kombination dieser Wahrnehmungen. Sprich mit ihm wie mit jemandem, den du kennst, aber schon lange nicht mehr gesehen hast. Erinnere dich daran, daß es auf deiner Seite steht, auch wenn es vielleicht nicht sehr zufrieden mit dir ist, weil du dich bis jetzt ohne seine Hilfe durchs Leben geschlagen hast. Sprich ohne Groll mit ihm.

Es ist seine Aufgabe, die Kommunikation aufrecht zu erhalten, wenn du sie einmal aufgenommen hast. Sollte es sich weigern, mit dir zu sprechen, so darfst du ihm nachjagen über Stock und Stein, bis es mitmacht.

Falls du keine Zusammenarbeit erreichen kannst, rufst du nach dem gegengeschlechtlichen Wurzelwesen und trägst ihm deine Bitte vor.

Du kommst im allgemeinen am schnellsten zu einer Übereinkunft, wenn du deine Wurzelfrau und deinen Wurzelmann selbst miteinander verhandeln läßt und das Resultat ihres Kompromisses und ihr Unterstützungsangebot einfach nur entgegennimmst, oder allenfalls eine nächste Vertragsrunde einläutest. Vergiß nicht, dich an die Absprachen zu halten, die du mit deinen Wurzelwesen triffst, damit sie weiterhin mit dir verkehren und sich mit dir einigen können. Du kannst die Bedingungen eures Vertrages jederzeit neu aushandeln.

Erfahrungen meiner Schüler mit ihren Wurzelwesen

Einige meiner Kursteilnehmer haben sich bereit erklärt, ihre Erlebnisse im Kontakt mit ihren Wurzelwesen mitzuteilen.

Hier die Erfahrung, die Susan Fisher aus Kern County in Kalifornien mit ihrem Wurzelmann machte:

Während unserer Gruppenmeditation erklärte Laeh, wie wir Kontakt mit unserem Wurzelmann aufnehmen konnten. Sie sagte, manche von uns hätten ihren Wurzelmann vernachlässigt und seinen Einfluß schon früh aus ihrem Leben verbannt. Wenn dies der Fall sei, hätten wir möglicherweise Schwierigkeiten, ihn zu erreichen, und müßten uns bei ihm entschuldigen. Sie sagte auch, daß er uns vielleicht als Knabe begegnen würde.

Ich rief nach meinem Wurzelmann und sagte ihm, daß es mir leid tut, daß ich ihm in der Vergangenheit seinen Anteil an unserem Leben mißgönnt hatte. Ich sagte ihm, daß ich ihn gerne sehen und mit ihm sprechen würde, und daß ich in Zukunft mit ihm zusammenarbeiten wollte. Als ich einige Minuten zu ihm gesprochen hatte, spürte ich eine erwachsene männliche Gegenwart. (»Gesehen« habe ich ihn nie.)

Ich bat ihn, mir seinen Namen zu sagen. Er antwortete: »Arthur«. Dann fragte ich ihn, ob er mir etwas mitzuteilen habe, und er wollte wissen, warum ich ihm seine Macht verweigert hätte. Ich entschuldigte mich und beteuerte, daß es nicht meine Absicht gewesen sei, seine (und dadurch auch meine) Macht und auch die anderen Qualitäten, die er mir zu bieten habe, zurückzuweisen. Er meinte, er hätte schon die ganze Zeit mit mir in Verbindung gestanden, doch ich hätte seine Macht immer nur abgewiesen. Ich versicherte ihm, daß ich den Dialog mit ihm aufrechterhalten wolle und hoffe, daß wir zusammenarbeiten könnten, um unsere Kräfte gemeinsam zu entfalten.

Seit dieser Zeit habe ich mehrmals Kontakt mit Arthur aufgenommen, und ich bin auch meiner Wurzelfrau Monique begegnet, die mir sehr vertraut war. Wir scheinen harmonisch zusammenzuarbeiten, und sie scheint Arthur zu kennen. Ich habe beiden und auch meinem Lebensführer Roddy gesagt, daß ich all ihre Hilfe brauchen werde, wenn ich mich dazu entschließe, den Weg der Heilerin zu gehen.

Sie haben mich sehr in meinem Wunsch bestätigt, sagten aber auch, daß es an mir liegt, ihn zu verwirklichen.

Der folgende Bericht stammt von der Schweizer Malerin und Illustratorin Gabrielle Gern aus Lichtensteig im Kanton Sankt Gallen.

Ich suchte nach meinem Wurzelmann und rief ihn: »He, wo bist du? Halllloooo!« Mein Wurzelmann war nirgends zu sehen. Statt dessen sah ich meine Wurzelfrau. Es war eine Orientalin, die sehr wie eine Frau aussah, die ich in einem meiner früheren Leben geheiratet hatte. Ängstlich kniete sie vor mir, immer unterwürfig, immer zum Nachgeben bereit, um ja keine Unstimmigkeiten aufkommen zu lassen.

Ich lockte sie: »Komm schon, Wurzelfrau, du hast doch auch andere Seiten! Erinnere dich, zu deiner Zeit und in deiner Kultur hatten die Großmütter das Sagen. Du hast Zugang zu diesem alten Wissen der Macht, also bring es doch bitte zum Ausdruck. Ich könnte es brauchen.«

Die Wurzelfrau hatte schreckliche Angst. Wo sie herkam, war es tabu, als Frau für seine eigene Meinung einzustehen, oder sich zu widersetzen. Für ein solches Vergehen wurde man zu Tode gesteinigt.

»Schau«, sagte ich zu ihr, »versuchen wir es zusammen. Dies ist mein Leben – du wirst dir keine Schwierigkeiten einhandeln. Ich werde für alles geradestehen, und ich kann damit umgehen. Außerdem leben wir jetzt in einer anderen Zeit:

Die Frauen haben mehr zu sagen. Also würdest du jetzt bitte rauskommen?«

Ihr hättet sie sehen sollen! Sie wuchs zusehends und richtete sich hoch auf, bis sie etwa doppelt so groß war wie ich, beinahe ein bißchen zu groß für meinen Geschmack, aber ich konnte sie nicht mehr aufhalten. Ist die Feder einmal aus dem Uhrwerk gesprungen, bringst du sie nicht wieder ins Gehäuse zurück.

Jetzt war es Zeit, meinen Wurzelmann zu finden. Er war ein Kobold mit spitzen Ohren, der mit hoher Geschwindigkeit zwischen Feuer und Eis hin- und herglitt. Er trug unsichtbare Stiefel, die keine Spuren hinterließen. Es wäre mir unmöglich gewesen, ihn einzufangen. Irgendwie erinnerte er mich an Mickey Mouse in der Rolle des Zauberlehrlings.

Ich mußte meine Wurzelfrau zu Hilfe rufen, um ihn dazu zu bringen, aufzuhören und still zu stehen. Sie stand neben mir und strahlte viel Liebe und Geduld für den Wurzelmann aus. Ich mußte darüber nachdenken, was ich wirklich von ihm wollte. Er stand da und trat nervös von einem Fuß auf den anderen. Dann fragte er: »Kann ich jetzt gehen?«

»Nein, ganz bestimmt nicht«, erklärte ich. »Schau, ich mag deine Verspieltheit, deine Spontaneität, deine Farben und Formen, aber ich brauche deine Hilfe in meinem Leben. Was soll ich mit dir anfangen, wenn du dauernd durch die Gegend zischst und überall und nirgends bist? Würdest du bitte erwachsen werden, Schuhe anziehen und Fußabdrücke hinterlassen? Bitte übernimm die Verantwortung für deine eigenen Handlungen!« »Verantwortung? Pfui!« Wurzelmann rannte beinahe schon wieder weg. »Halt, lauf nicht weg, Wurzelmann, ich brauche deine Hilfe. Wurzelfrau kann mir Einsicht und Reife in meiner Kunst geben, während du mir helfen kannst, sie zum Ausdruck zu bringen und ihr eine Form zu verleihen. Du könntest immer noch spielen, weißt du – spielerisch arbeiten! Und du könntest mir bei meinen Auftritten im Laientheater helfen. Das wäre doch ein Spaß, wenn wir zusammen auf der Bühne stünden!«

Das packte ihn. Dank der liebevollen Unterstützung, die meine Wurzelfrau ihm gab, während ich langsam die Geduld verlor, erholte sich mein Wurzelmann so weit, daß er sich bereit erklärte, erwachsen zu werden. Er wuchs, bis er etwa fünfundzwanzig war. Er hatte einen schönen, athletischen Körper, war voll Energie, ging barfuß, hatte dunkles Haar und sah sehr gut aus.

Ich bat ihn, seine Erfahrungen mit Feuer und Eis nicht zu vergessen, und fragte ihn, ob er mir beim Malen und im persönlichen Ausdruck helfen würde. Das war ihm so weit recht. Wir drei fühlten uns gut zusammen, Wurzelfrau, Wurzelmann und ich.

»Danke, daß ihr euch gezeigt habt. Bis bald einmal«, rief ich ihnen beim Abschied nach.

Edwin R. Knight aus Ashland, Oregon, erzählt, wie er Kontakt mit seiner Wurzelfrau aufnahm:

Meine erste Begegnung mit meiner Wurzelfrau war nicht so leicht wie die mit meinem Wurzelmann, auch wenn sie während derselben Meditation stattfand. Als ich sie bat, vor meinen Augen zu erscheinen, geschah erst einmal gar nichts. Ich begann, mich bei meiner Wurzelfrau zu entschuldigen, weil ich die ganzen Jahre über nichts von ihr gewußt hatte, und bat sie, mir zu verzeihen. Nach etwa einer halben Stunde begann ich die sehr vage Form eines jungen Teenagers wahrzunehmen. Ich dankte ihr und versuchte, sie zu überreden, sich in festerer Form zu zeigen. Da sah ich ein blondes junges Mädchen vor mir, das die Pubertät gerade hinter sich gelassen hatte. Ich fragte nach ihrem Namen, aber trotz meiner inständigen Bitten antwortete sie nicht. Ich dankte ihr für ihre Bemühungen und sagte ihr, ich würde bald wieder Kontakt mit ihr aufnehmen.

Drei Monate später wurde aus meinem zweiten Kommunikationsversuch mit meiner Wurzelfrau ein regelrechtes Abenteuer. Als ich sie sehen wollte, erhielt ich trotz guten Zuredens keine Antwort. Meine Reaktion überraschte mich völlig. Eine Art negatives Gefühl befiel mich. Ich versuchte, es als unwichtig abzutun, aber bei meinen weiteren Versuchen, meine Wurzelfrau zu kontaktieren, nahm dieses Gefühl die Ausmaße einer ungeheuren Wut an. Schließlich gab ich auf.

In jener Nacht hatte ich einen sehr symbolträchtigen Traum. Ich war zutiefst verliebt in eine Frau. Endlich getraute ich mich, sie um eine Verabredung zu bitten. Am Tag unserer Abmachung betrank ich mich mit ein paar regelrechten Machotypen. Die Frau ließ ich mutwillig sitzen, obwohl ich wußte, daß sie mit dieser Art Verhalten überhaupt nicht einverstanden war. Sie suchte mich dann zu Hause auf und sagte mir, daß sie mich nie wieder sehen wollte. Ich war erschüttert und fing unkontrollierbar an zu schluchzen. Dann starben in meinem Traum meine Mutter und meine Hündin. Alle wichtigen weiblichen Wesen in meinem Leben hatten mich verlassen. Am nächsten Tag überlegte ich mir, was der Traum zu bedeuten hatte. Er stellte die Zeit in meinem Leben dar, als meine Wurzelfrau mich verlassen hatte, weil ich nicht auf ihren weisen Rat hören wollte. Das nächste Mal, als ich versuchte, meine Wurzelfrau zu kontaktieren, entschuldigte ich mich für das, was ich getan hatte, und als ich sie noch mal bat zu kommen, erschien sie. Sie wandte mir ihr Profil zu, schien Ende Zwanzig zu sein und hatte dunkles Haar. Ihr Name ist Shirnee.

Menschen, die ihre Wurzelwesen entdecken wollen, stellen oft ähnliche Fragen. Ich habe ein paar von den häufigsten und interessantesten zusammengestellt, die dir beim Lesen dieses Kapitels vielleicht auch gekommen sind.

Eine reife Frau, die schon lange eine leidvolle Beziehung mit ihrem Wurzelmann pflegte, fragte ihn schließlich: »Wurzelmann, was ist deine wichtigste Funktion in meinem Leben?«

Er antwortete: »In deinem Fall steht der Wurzelmann für den Lebenswillen. Wie dir vielleicht aufgefallen ist, ist deiner manchmal ziemlich erschüttert. Ich gehöre zu demselben Urselbst wie du. Das ist ungewöhnlich. So spannen sie uns zusammen, weil wir nicht in mehr als vier Körpern gleichzeitig leben können. Unsere Wurzelfrau stammt von unserer Überseele. Viele fühlen sich von ihr angezogen.«

Ein anderer Schüler fragte, ob Affirmationen die Übungen mit den Wurzelwesen ersetzen könnten. Seine Wurzelfrau antwortete geduldig: »Auch wenn du sie endlos wiederholst, nützen die schönsten Affirmationen nichts, wenn dein tieferes Glaubenssystem nicht mit ihren Zielen übereinstimmt. Affirmationen funktionieren nicht für Reife Seelen, Alte Seelen oder Freiwillige Seelen. Die besten Resultate bringen sie bei Erwachsenen-, Teenager-, Kinder- und Säuglingsseelen.«

Eine dreißigjährige Frau fragte, warum so viele von ihren Vorstellungen von der Familie herrührten, in der sie aufgewachsen war. Ihr Wurzelmann antwortete: »Familien verstärken nur das, woran du sowieso schon arbeiten mußt. Deshalb finden die Psychologen in einer Familie auch bei gleichgeschlechtlichen Geschwistern bei jedem ein anderes Lebensskript. Eine Familie kann ohne weiteres vier oder fünf verschiedene Lebensskripts an ihre diversen Kinder weitergeben. Die Wurzelfrau und der Wurzelmann übernehmen je einen Teil des elterlichen Weltbilds.«

Die Eigenschaften deines Wurzelwesens erkennen

Um gesunde, stabile Beziehungen mit den Wurzelwesen zu pflegen, ist es wichtig, ihre Qualitäten richtig einzuschätzen. Stellst du fest, daß das, was du von deinem Wurzelmann oder deiner Wurzelfrau vermutet hast, nicht stimmt, versuche nicht die Tatsachen deinen Wünschen anzupassen, sondern korrigiere deine Liste, und schau, ob du dadurch einen besseren Einblick in deine eigene Vorgehensweise erhältst.

Kennst du deinen Wurzelmann und deine Wurzelfrau schon ziemlich gut, so kannst du versuchen, ihren Charakter zu erfassen. Dazu stellst du eine Liste ihrer Merkmale auf; als Frau mußt du darauf achten, daß du deinem Wurzelmann nicht nur negative Eigenschaften zuweist, und du solltest als Mann unbedingt auch das Gute an deiner Wurzelfrau sehen. Dieses Mißverständnis tritt in den Anfangsstadien der Kommunikation mit den Wurzelwesen häufig auf. Negative Eigenschaften sind nun mal leichter aufzuspüren als positive.

Die nachstehende Liste soll lediglich als Beispiel dienen. Du kennst deine Wurzelwesen vielleicht anders oder besser, in welchem Fall dein Inventar viele Begriffe und Eigenschaften enthält, die hier nicht erscheinen.

EIGENSCHAFTEN DER WURZELWESEN

Schwächen	*Stärken*

WURZELMANN

Schwächen	Stärken
1. Fürchtet sich, im Mittelpunkt zu stehen	1. Gutmütig, unternehmungslustig
2. Verschwenderisch, spart nicht für die Zukunft	2. Hilfsbereit
3. Arbeitet unstet	3. Ißt nicht, wenn es ihm nicht gut geht
4. Buchführung schlampig, falls vorhanden	4. Lehnt sich zurück und genießt das Leben
5. Verweigert sexuelles Vergnügen und Erregung	5. Sanft und einfühlsam
6. Rachsüchtig, wenn man ihm Unrecht tut	6. Analytisch
7. Verurteilend und zu emotional	7. Wenn begeistert, arbeitet er unermüdlich

WURZELFRAU

Schwächen	Stärken
1. Erschöpft sich in der Arbeit, treibt sich ständig an	1. Geliebt und geschätzt
2. Ißt, wenn es ihr schlecht geht	2. Warm und fürsorglich, erdverbunden, einsichtsreich, großzügig
3. Hat nie Zeit, um das Leben zu genießen	3. Bereitet jedes Projekt gut vor
4. Fertiges Produkt hat oft noch unfertige Details	4. Willens, sich alle Seiten einer Sache anzusehen, gerecht, tolerant
5. Überempfindlich, will es anderen recht machen, mißachtet die eigenen Bedürfnisse.	5. An allem interessiert, lebenslustig.
	6. Sauber, ordentlich

Der Wurzelmann einer meiner guten Freunde erscheint ihm als hünenhafter, muskulöser Holzfäller mit einer Axt. Mein Freund meint: »Er sieht nach mehr aus, als er ist, nicht allzu weltgewandt, aber gutmütig. Er kennt den Wald und seine Arbeit. Meine Wurzelfrau sieht wie eine blonde Porzellanpuppe aus. Fragil, aber wenn sie fällt, geht sie nicht kaputt. Sie steht mit beiden Beinen auf der Erde, interessiert sich für alles, ist gebildet und weise. Sie ist eine Frau, die für ihren Mann zu sorgen weiß.«

Seine Frau, die genau wie seine Wurzelfrau aussieht, hat ihm in letzter Zeit einige Gelegenheiten geboten, auf eigenen Füßen zu stehen, da sie ihm immer weniger mütterliche Fürsorge angedeihen ließ. Ursprünglich war er wütend auf sie und wollte sich von ihr trennen, da sein Wurzelmann sich der Aufgabe nicht gewachsen fühlte. Jetzt, da er langsam gelernt hat, für sich selbst zu sorgen, akzeptiert er die neue Rolle seiner Frau.

Oft arbeite ich mit der Wurzelfrau und/oder dem Wurzelmann meiner Klienten, um ihnen dabei zu helfen, Probleme zu lösen, die schon seit langer Zeit existieren. Gewisse zwanghafte Muster können ganz eindeutig am Aussehen und am Verhalten des gleichgeschlechtlichen Wurzelwesens abgelesen werden.

Marissa, eine schöne Frau von 38 Jahren, hatte, seit sie zu studieren angefangen hatte, mit einer Reihe von älteren Männern zusammengelebt. Sie war aus ihrem Studium ausgestiegen, um mit ihrem ersten Partner zu leben, einem Impresario mit einer prächtigen Villa in Malibu. Sie war an der Seite dieses Mannes berühmten Leuten begegnet und weit gereist. Ihre Verbindung dauerte sieben Jahre. Ihre nächste Beziehung war ein äußerst erfolgreicher Bühnenautor, dem ein wunderschönes Haus an der Nordküste gehörte. Sie war die Gastgeberin der Elite aus Hollywood und New York und ihrem Liebhaber eine charmante Gefährtin. Ihr Leben drehte sich um sein Bedürfnis nach Ruhe und Abgeschiedenheit, deshalb unterhielt sie die endlose Reihe Besucher, die er zu sich einlud. Es war ihr nicht bewußt, daß diese Leute nicht ihre Freunde waren, bis sie und ihr Liebhaber sich nach acht Jahren trennten. Marissas nächster Lebensgefährte, ein ziemlich bekannter Jazzmusiker, geriet in den Sog der Drogensucht, was sie dazu zwang, ihn bereits nach drei Jahren zu verlassen. Zu jener Zeit lebten sie auf einer reizenden Insel vor der kanadischen Küste. Für Marissa brach die Welt zusammen. Sie hatte in einem Traumland gelebt, ohne je an den Tag zu denken, an dem sie kein schönes, naives junges Ding mehr sein würde, das ein Mann nach seinen Wünschen formen konnte. Sie wurde älter, und das machte ihr angst. Sie war zutiefst unglücklich und völlig außerstande, für sich selbst zu sorgen.

Die Frau, die ich kennenlernte, war zerbrochen und machte sich Sorgen wegen ihrer Zukunft. Marissa hatte keine Ausbildung, keine Arbeitserfahrung, keine Kinder und kein Geld. Sie war die perfekte Gefährtin gewesen, ohne die Rechte einer geschiedenen Ehefrau zu genießen.

Ich sah, daß der Glaube an ihre Schwäche sehr tief in ihr steckte. Deshalb erklärte ich ihr das Prinzip von Wurzelmann und Wurzelfrau und führte sie in eine leichte Trance, um zu versuchen, ihren Wurzelmann zu kontaktieren. Sie schrie vor Entsetzen, als sie sah, daß ihr Wurzelmann ein »aufgeblasener Fatzke in einem pastellblauen Anzug« war. Ihre Abneigung gegen dieses Bild war so stark, daß ich sie sofort bat, ihre Wurzelfrau zu rufen. Was erschien, war kein Kind, kein Backfisch, keine Frau, sondern Glöckchen, die Fee aus *Peter Pan.* Sie war erstaunt, ich war entsetzt. Die magische, doch kindische Disney-Persönlichkeit ihrer Wurzelfrau erlaubte es Marissa nicht, entschlossen und produktiv zu handeln. Glöckchen versinnbildlichte ihre vollkommene Entfremdung von der wahren Weiblichkeit und ihre unrealistischen Abhängigkeiten. Langsam und geduldig arbeiteten wir zusammen, bis die menschlichen Eigenschaften ihrer Wurzelfrau sich zeigten. Aus der Figur wurde ein Teenager, dann eine junge Frau, während Marissa von ihrer emotionalen Aufruhr und ihrem Wunsch nach mehr Ausgeglichenheit sprach. Die Wurzelfrau wurde um so überzeugender, je mehr sie sich zeigte. In diesem Gespräch bat sie Marissa, sich an der örtlichen Berufsschule einzuschreiben und einen Beruf zu lernen.

Sie nahm den Rat ihrer Wurzelfrau an, litt aber im darauffolgenden Jahr sehr, weil sie an ein Luxusleben gewöhnt war. Jetzt war sie blank. Auch wenn sie ihrem Ziel so nahe war und sich langsam mit dem Gedanken auseinandersetzte, für einen Frauenlohn in der Industrie zu arbeiten, spielte sie mit dem Gedanken einer weiteren Beziehung.

Bis auf den heutigen Tag denke ich an Glöckchen, wenn ich Frauen Ende Dreißig bis Mitte Vierzig kennenlerne, die ein ähnliches Leben führen.

Manche Leute finden weder in ihrem männlichen noch in ihrem weiblichen Wurzelwesen Stärke. Sie sind unausgeglichen, oft krank oder süchtig. Willis, ein Quartalssäufer, der eine Reihe von lebensgefährlichen Krankheiten hatte, erreichte ein gewisses Maß an Reife durch den Umgang mit seinem Wurzelmann und seiner Wurzelfrau. Als hochtalentierter 26jähriger Diabetiker mit einem gefährlich vergrößerten Herzmuskel konsultierte er mich von Zeit zu Zeit wegen seiner chronisch schlechten Gesundheit. Meistens kam er zu mir, um sich schnell von mir aufpeppen zu lassen und sich dann so schnell wie möglich wieder seinem selbstzerstörerischen Lebensstil zuzuwenden. Er wollte sich nicht um seine Gesundheit kümmern und ärgerte sich, weil seine Krankheit ihn behinderte.

Gierig nahm er die Heilungen an, aber er weigerte sich, sich mit dem Grund für seine Krankheiten auseinanderzusetzen. Eines Abends schien alles hoffnungslos. Wenn er seine Ansichten über sich selbst nicht ändern konnte, würde er endlos leiden. Ich schlug die Methode von Wurzelmann und Wurzelfrau vor. Er entschloß sich halbherzig, mitzumachen.

Willis hatte starke Widerstände, sein Atem ging schwer und unregelmäßig. Ich machte ein paar Entspannungs- und Atemübungen mit ihm, bevor er seine Wurzelfrau sehen konnte. Er muß sie in den tieferen Schichten seines Unbewußten gekannt haben, denn er hatte große Angst vor der Begegnung mit ihr. Trotz seines Widerstandes sah er eine schwarzhaarige Vampirin in einem aufreizenden bodenlangen Kleid mit knallrot lackierten, übertrieben langen Fingernägeln. Sogar in seiner relativ tiefen Trance war seine Furcht vor ihr offensichtlich. Er schwitzte und machte kurze, ruckartige Bewegungen mit den Händen und den Füßen.

Da ich ihn immer wieder aufforderte zu sprechen, fand er schließlich seine Stimme, die in kurzen heiseren Stößen aus ihm hervordrang und nichts mit seiner normalen klangvollen Stimme gemeinsam hatte. Er sagte: »Meine Wurzelfrau befindet sich an einem dunklen Ort im Schattenreich. Sie hat ein charmantes Lächeln und ein Leuchten in ihren exotischen Augen. Sie trägt große silberne Ohrringe.« Er beschrieb sie weiter als »feurig, energisch, geheimnisvoll, innerlich stark, kreativ und temperamentvoll. Sie ist sehr liebesfähig und kann sehr hart arbeiten.« Sobald Willis das gesagt hatte, verschwand seine Angst, und seine Stimme wurde sicherer. »Sie hat goldene Augen und kann sehr weit sehen. Sie kommt von den Sternen.« Willis' Wurzelfrau bestätigt seine Beschreibung. Sie wünscht sich einen Ort, wo sie sich mit ihren Sachen umgeben kann, und eine Machtbasis – ein Zuhause mit einem Kamin, vielen Kissen und Ruhe. Willis' Stimme klang wieder normal, als er bemerkte: »Sie kann sehr grausam sein und wird dann zu einer Frau, die dich beim Liebesspiel blutig kratzt. Das tut ihr leid, und sie möchte nicht mehr so sein. Sie hat Angst davor, alt zu werden.«

Plötzlich begriff er, daß seine vielen Beschwerden zu einem frühen Tod führen könnten und daß seine Wurzelfrau dann nie altern müßte. Er dankte ihr für ihr Erscheinen wie auch dafür, daß sie ihm ihr Wissen mitgeteilt hatte. Dann verhandelte er mit ihr über die Bedingungen ihres Zusammenlebens.

Seine Wurzelfrau teilte ihm mit, daß er unter Scham leiden würde. Seine Aufgabe war, durch harte Arbeit darüber hinwegzukommen, indem er anderen half. Er mußte lieben lernen und andere lehren, einander zu lieben. Er sollte auch schreiben und öffentlich reden. Willis eröffnete mir seine geheime Hoffnung, ein Schriftsteller zu werden. Er hatte trotz seines beachtlichen Talents bei diesem Vorhaben bis jetzt nur wenig in dieser Richtung getan. Die Sitzung endete damit, daß ich ihm auftrug, seine Gefühle und Gedanken aufzuschreiben, bis wir uns nächste Woche wiedersahen.

Als er zur nächsten Sitzung erschien, hatte er sich erstaunlich gut erholt. Sein Herz war um ein Drittel geschrumpft. Er hatte auch seinen Arzt aufgesucht, der versuchsweise eine Reduktion der Insulindosis vorschlug, als er die unerwartete Besserung feststellte.

Begeistert rief Willis seine Wurzelfrau. Sie kam ihm nicht länger bedrohlich vor. Sie war immer noch schwarz gekleidet, aber sie war weicher, stärker, bestimmter und freundlicher zu ihm. Sie sagte Willis, es sei seine Lebensaufgabe, anderen Menschen ein Wegbereiter zu sein. Das nahm er gerne an und dankte ihr für ihre Hilfe während der vergangenen Woche.

Nun erschien plötzlich, ganz ungebeten, sein Wurzelmann. »Mein Wurzelmann steht im Licht, er ist seltsam knochig, zart, zerbrechlich. Seine Muskeln sind zum Teil verzerrt. Er scheint starke Schmerzen zu haben, aber er hat Mut. Er trinkt gerne Bier. Mein Wurzelmann ist einsam; dort, wo er ist, gibt es keine interessanten Leute, doch er hat dort eine Arbeit zu erledigen, er zeichnet Dinge in Mustern. Mein Wurzelmann fühlt sich getröstet, weil er weiß, daß es anderswo Seelen und Wesen gibt, die seine Kameraden sind. Die Arbeit, die er macht, birgt ihre eigenen Gefahren. Manchmal kriegt er eins auf die Daumen (ein Hinweis auf den Finger des Geistes).

Er mag Wurzelfrau, und sie verstehen sich gut. Allerdings treffen sie sich nicht sehr oft, um besser zusammenzuarbeiten. Er mag die Sonne und den Ozean. Er hat ein Gefühl dafür, was es heißt, ein Mensch zu sein, und wenn man ihn läßt, wird er furchtbar weinerlich. Er sagt, daß er das Gespräch mit ihr genießt und wir so etwas öfters tun sollten. Es gibt ihm eine Gelegenheit, an die Wärme zu kommen und seine kalten, schmerzenden Hände an Wurzelfraus Kamin zu wärmen. Mein Wurzelmann fürchtet sich vor Frauen und weiß nicht, wie er sich ihnen nähern soll. Nicht, daß er sich selbst nicht mag, aber er fühlt sich in Gesellschaft von Frauen nicht sehr wohl.«

Nach dieser Begegnung fragte mich Willis, ob seine Schwierigkeiten mit Frauen zum Teil von seinem Wurzelmann mit seiner ungehobelten Art und dem mangelnden Selbstvertrauen herrührten. Wir besprachen diese Möglichkeit. In den nächsten paar Monaten schrieb Willis sich für ein paar Kurse ein, nahm an öffentlichen Anlässen teil und hörte auf zu trinken. Die Frauen, die ihn kennenlernten, unterhielten sich gern mit ihm. Er lernte, aufrichtiger mit seinen Meinungen und Gefühlen umzugehen. Während dieser ganzen Zeit nahm er immer weniger Insulin, und sein Herz schrumpfte auf die normale Größe zurück. Er arbeitet immer noch an sich und spricht mit seinen Wurzelwesen, wobei er langsam zu dem Menschen wird, der er gerne sein möchte.

Barbara, eine Frau Ende Dreißig, hatte selbständig gelernt, mit ihren Wurzelwesen zu arbeiten. Sie berichtete von ihrem Umgang mit ihrem Wurzelmann und dessen Auswirkungen auf ihren Freund, James:

»Meine Wurzelfrau ist wütend auf meinen Wurzelmann, weil er uns Dinge vorenthält. Sie setzt Wurzelmann vor die Tür und schließt sie hinter ihm ab, worauf er wie ein Hund schuftet, um alles wieder gut zu machen. Er bringt sogar mehr Geld nach Hause, um sie glücklich zu machen. In den letzten paar Monaten, seit ich an diesem Prozeß arbeite, ist James viel kooperativer und finanziell großzügiger geworden.

Weil Wurzelfrau so wütend war, fragte ich meinen Wurzelmann: ›Habe ich gelernt, wie man sich in einer Zweierbeziehung verhält, oder versuche ich nur, Streit zu vermeiden? Ist die finanzielle Unzuverlässigkeit meines Freundes ein Spiegel deiner/unserer eigenen niedrigen Erwartungen oder liegt es nur an ihm?‹ Dann konfrontierte ich ihn mit einem viel schlimmeren Vorwurf: ›Wurzelmann, ist es nicht so, daß du mir erlaubst, auf der Erfolgsleiter voranzukommen, nur um dann vor Schreck abzuspringen und mich sitzen zu lassen?‹

James schaute herein, während mein Wurzelmann und ich uns immer noch mit diesen Gedanken zu schaffen machten. Eigentlich wollte er mir zeigen, daß die Änderung in meiner Einstellung zu meinem männlichen Anteil sich auch auf ihn auswirkten, und daß er sich gerne anpassen würde, um bei mir zu bleiben. Er wollte, daß wir zusammen meditieren, etwas, das ich mit einem früheren Freund gemacht hatte und schon seit langer Zeit mit ihm aufnehmen wollte.

Dann bot James mir an, mich zum Abendessen einzuladen; dabei stand er in der Küche und aß eine halbe Schale mit Früchten leer, die ich für meine Söhne gekauft hatte. Das irritierte mich. Um mich zu beschwichtigen, lud er mich zum Nachtisch ein, doch kaufte er sich eine doppelt so große Portion wie mir. Mir fiel sein Mangel an Großzügigkeit auf. Er hatte mir zwar etwas angeboten, aber wenn es ums Geld ging, gab er für sich mehr aus als für mich.

Geld ist der Gradmesser für mein Selbstwertgefühl. Bin ich so viel wert? James' Benehmen ist seine Sache, aber ich werde weiterhin mit diesem Aspekt meines Wurzelmannes verhandeln. Wäre er nämlich nicht so geizig, würde ich keine selbstsüchtigen Männer anziehen.

Abgesehen von seinen Macken mag ich James wirklich. Ich habe aber auch Angst vor dem Alleinsein«, schloß Barbara wahrheitsgetreu. »Deshalb habe ich mit meinem Wurzelmann nicht genug daran gearbeitet, die finanzielle Unausgewogenheit in meinem Leben zu lösen, und auf diese Weise bin auch ich geizig mit mir selbst. Wenn mein Wurzelmann und ich zu einer Lösung kommen, könnte sich James nicht länger zu mir hingezogen fühlen. Mit anderen Worten habe ich meine Probleme in dieser Beziehung dazu benutzt, mich davon abzuhalten, meine eigenen tiefen Bedürfnisse, wie sie mir der Widerstand meines Wurzelmannes und meiner Wurzelfrau aufgezeigt hat, in mein Leben einzubringen.«

Ein großer Teil von Barbaras ständigen Fortschritten war ihrer Fähigkeit zu verdanken, ihre eigenen Widersprüche aufzulösen. Ich hörte vor allem zu. Dann schlug ich vor, daß sie sich mit ihrem Wurzelmann in Verbindung setze, während ich als ihre Zeugin anwesend sei. Ich würde mich nicht einmischen, während sie mir ihre Begegnung schilderte.

Ihr Wurzelmann erschien sofort: »Dieses Mal bin ich bereit für deinen Erfolg«, sagte er. »Ich habe etwas gegen das Geldverdienen, weil Wurzelfrau alles für uns behalten will. Wenn sie einverstanden ist, es zu teilen und weniger davon zu brauchen, als deinen ganzen Verdienst, bin ich völlig bereit, dir ein unbegrenztes Einkommen zu gestatten. Ich habe allerdings etwas dagegen, wenn du es ausgibst, um deiner Eitelkeit zu frönen, oder wenn du es verschwendest.«

Barbara rief nach ihrer Wurzelfrau, wobei sie ihren Wurzelmann darum bat, sich zurückzuhalten und ihr die Verhandlung mit Wurzelfrau zu überlassen. Wurzelfrau behauptete, sie hätte nicht gewußt, daß Wurzelmanns Widerstand mit ihrer eigenen Einstellung gegenüber der Gemeinschaft und einem aktiven Dienst am Nächsten zusammenhing. Sie hatte Barbara dazu angehalten, Karriere zu machen, um genau diese Werte zu verwirklichen. Barbara stieß einen erleichterten Seufzer aus und bat ihr Wurzelwesen, die Sache miteinander zu besprechen, um sicher zu sein, daß ihre Ansichten und Wertvorstellungen jetzt wirklich übereinstimmten. »Ich will nicht noch mal einen Fehlstart riskieren«, erklärte sie.

Etwa fünf Minuten später verkündeten Wurzelmann und Wurzelfrau ihr Einverständnis. Barbara schien zufrieden und bemerkte dann, daß dies wahrscheinlich das Ende ihrer Beziehung zu James bedeutete. Die wußte, daß sie dieses Opfer bringen mußte, um sich selbst treu zu bleiben.

7

Geburt

*Ein Baby zeugt von Gottes Meinung, daß das
Leben weitergehen soll. Nie wird eine Zeit
kommen, in der die neueste Erfindung so
wunderbar ist wie ein neugeborenes Baby.*

CARL SANDBURG

Eine der magischsten Verwandlungen im menschlichen
Leben ist jedem von uns zuteil geworden; und wahrscheinlich wirst du in deinem Leben bei mehreren dieser Verwandlungen eine große Rolle gespielt haben. Das Wunder der Geburt ist immer noch ein Geheimnis, trotz aller wissenschaftlichen Untersuchungen selbst der kleinsten Einzelheiten wie
Same und Eisprung, Befruchtung, Zellteilung, Schwangerschaft und Geburt.

Die Medizin ist sich nicht einig über die emotionalen, intuitiven und intellektuellen Fähigkeiten des ungeborenen
Kindes, doch manch eine Mutter wird dir bestätigen, sie
habe ihr Baby in ihrem Schoß weinen hören und ihren
Bauch getätschelt, um ihr Kind zu beruhigen, worauf der
Fötus tatsächlich still wurde. Es gibt auch Frauen, die behaupten, daß ihr Baby ein besonderes Lied mochte, oder daß
sie fühlten, wie ihr Kind sich im Takt zum Rhythmus der
Musik bewegte, die sie gerade hörten. Es ist auch schon vorgekommen, daß Ärzte, die den Herzschlag des Fötus kontrol-
lierten, ihn unerwartet im Mutterleib weinen hörten.

Erwachsene erinnern sich unter Hypnose an Dinge, die in

ihrer Familie vor ihrer Geburt geschahen. Auf der Suche nach Bestätigung setzen sie ihre Verwandten durch ihre Fragen in Erstaunen: »Woher weißt du das nur? Das war doch vor deiner Geburt«, war die Antwort, die eine Mutter ihrer Tochter gab, als diese ihr das Haus beschrieb, aus dem ihre Großeltern sieben Wochen vor ihrer Geburt ausgezogen waren.

Das Gedächtnis des Fötus ist vom fünften Schwangerschaftsmonat an aktiv. Spätestens wenn die Mutter die Bewegungen ihres Kindes spürt, dürfen wir davon ausgehen, daß die emotionalen, psychischen und intellektuellen Fähigkeiten des Kleinen voll da sind. Ungeborene haben telepathische Fähigkeiten, die weit über die eines Erwachsenen hinausgehen.

Es kommt ganz selten vor, daß eine werdende Mutter während einiger Tage kein Leben spürt und dann das Gefühl hat, sie trage nicht dasselbe Baby wie zuvor. Sie ist überzeugt, daß seine Persönlichkeit oder Schwingung nicht mehr dieselbe ist. Das stimmt tatsächlich. Ehe das Urselbst, das einen gesunden Körper geschaffen hat, ihn aufgeben kann, muß es den Fötus jeder willigen Seele anbieten.

Meistens übernimmt eine andere Seele, die vorhatte, als Kind dieser Eltern geboren zu werden, den Körper; dabei verzichtet sie auf das Recht, Geschlecht, Körpermaße und andere Merkmale selbst zu bestimmen, die für ihre irdische Aufgabe von Bedeutung sein könnten. Manchmal ist die Mutter eine Zeitlang traurig, weil sie die Seele vermißt, die von der Zeugung an bei ihr war. Die neue Seele wird auf die Welt kommen und den Körper bewohnen, den sie die ganze Zeit in sich getragen hatte. Hoffentlich wird sie sie genau so lieben wie die Seele, die sich anders entschieden hat.

Ein Leben aussuchen

Geboren zu werden ist wie eine Art Tod. Es bedeutet, daß diese Seele während einer bestimmten Anzahl von Jahren nicht mehr aktiv in der geistigen Welt leben kann. Der Prozeß der Auswahl eines Lebens wird in früheren Kapiteln dieses Buches behandelt. Wenn dir der Vorgang nicht klar ist, lies Kapitel 2, *Die Existenzebenen,* Kapitel 4, *Neunundvierzig Stufen: Die Reise des Urselbst* und Kapitel 5, *Der Weg* noch einmal durch.

Es gibt gewisse Geburtsumstände, bei denen du sicher sein kannst, daß man dich schätzen und gut für dich sorgen wird, wenn du zum Beispiel als heißersehnte Tochter nach zwei oder mehr Söhnen auf die Welt kommst oder einem Paar geboren wirst, das viele Jahre lang vergeblich versucht hat, ein Kind zu zeugen. Wähle wenigstens einen Elternteil, dessen seelische Bindung zu dir so stark ist, daß du, egal was du in deinem späteren Leben anstellst, mit seiner unerschütterlichen Loyalität rechnen kannst. Such dir eine Familie aus, die eine karmische Verbindung zu deiner Lebensaufgabe hat, dir eine entsprechende Ausbildung ermöglicht und dich auf den richtigen Weg schickt.

Tod, Geburt und Zeugung sind verschiedene Manifestationen derselben Kraft. Ohne einen bewußten Tod kann es keine bewußte Zeugung geben. Was heißt Bewußtsein in solchen Augenblicken? Es kann sich kaum um das Theater handeln, das viele Leute inszenieren. Nur zu oft wird eine Heimgeburt oder der Tod als ein sogenannter spiritueller Übergang dargestellt, während rundum Gefühlsduselei und Chaos die Szene beherrschen.

Es ist schon vorgekommen, daß Papa das große Match im Fernsehen verfolgte, bis das Spiel im Nebenzimmer wirklich einsetzte. Um die Geburt wirklich bewußt zu erleben, mußt du deinen geistigen Geburtshelfern vertrauen! Das bedeutet, daß du weißt, daß die Geburt auf verschiedenen Bewußtseinsstufen und in mehreren Existenzebenen gleichzeitig stattfindet. Wenn du dein Neugeborenes begrüßt, verabschieden sich seine alten Freunde von ihm und wünschen ihm alles Gute. Die Geburtsumstände hängen fast immer mit Erinnerungen aus früheren Inkarnationen zusammen. So können Steißgeburten daher kommen, daß in einem früheren Leben Kopfverletzungen vorlagen oder ein chirurgischer Eingriff am Gehirn vorgenommen wurde, weshalb das

Baby sich davor fürchtet, seinen verletzlichen Kopf dem Druck einer normalen Geburt auszusetzen. Dies gilt vor allem für das Kind einer Erstgebärenden.

Ärzte, die sich ihrer Kunst nicht sicher sind oder die keine Erfahrung mit vaginalen Steißgeburten haben, nehmen willkürlich Kaiserschnitte vor und verwehren dem Säugling auf diese Weise einen normalen Eintritt in die Welt. Um ihr Einkommen zu verbessern, veranlassen viel zu viele Ärzte schon beim geringsten Anzeichen einer Komplikation einen Kaiserschnitt. Auch wenn manche Leute sagen, Babys würden diese Art der Geburt vorziehen, ist es wahrscheinlicher, daß sie dies nur dulden, weil es in dieser Zeit üblich ist, seine Kinder so unnatürlich wie nur möglich zu gebären. Dank der vielen Regeln und Vorschriften, die die Schulmedizin der Geburtshilfe auferlegt hat, und weil die Gesetze gegen freie Hebammen so streng sind, muß eine Seele, die in unserer Gesellschaft inkarnieren will, all dies über sich ergehen lassen. In anderen westlichen Ländern, in denen Kinder mit gesunden Müttern zu Hause unter der Obhut einer Hebamme auf die Welt kommen, ist dies nicht der Fall.

Eine besonders hilfreiche Volksweisheit der Pomo-Indianer lautet:

• »Liegt eine Steißlage vor, soll die Mutter sich zum Schlafen auf die andere Seite des Bettes legen. Wenn sie auf der anderen Seite des Bettes schläft, wird das Energiemuster innerhalb der Gebärmutter gestört, und das Kind wird sich umdrehen, um weiterhin in derselben Stellung schlafen zu können. Die große Mehrheit der Babys, die dieser Behandlung ausgesetzt werden, drehen sich innerhalb von drei Wochen automatisch mit dem Kopf nach unten. Lege dein Kissen nicht ans Fußende deines Bettes, sondern nur auf die linke oder auf die rechte Bettseite, je nachdem, auf welcher Seite du vorher geschlafen hast.«

Es suchen mich seit beinahe zwanzig Jahren Frauen auf, die mit diesem Problem konfrontiert sind. Wird die Pomo-Methode zwei bis sechs Wochen vor der Geburt angewandt, so funktioniert sie praktisch jedes Mal.

- »Eine Frau, die keinen Korb flechten kann, kann auch kein Kind gebären.« Die westliche Entsprechung dieser alten Weisheit lautet: »Wenn eine Frau keinen Kuchen backen kann, kann sie auch kein Kind austragen.« Es ist einer schwangeren Frau nicht erlaubt, einen Korb zu machen, denn sie könnte, während sie den Kreis flicht, das Baby in ihrem Körper einschließen; falls sie den Korb nicht fertig macht, wird das Kind nicht zur Welt kommen. Diese letzte Aussage entspricht einem alten englischen Aberglauben, nach dem die Zöpfe der Mutter während der Wehen aufgelöst werden müssen, damit das Baby ungehindert herauskommen kann.

Katsi Cook, eine Akwesasne-Indianerin und die Enkelin und Nichte traditioneller indianischer Hebammen, schreibt über das Wissen ihres Klans in der Zeitschrift *Daybreak* vom Herbst 1988: »Margaret Cook Narcissian, die Nichte meiner Großmutter, erzählt, daß meine Großmutter wußte, daß bei der Geburt die Geister kommen, um dem Baby Geschenke zu machen. Alle indianischen Traditionen, seien es nun die der Irokesen, der Pomo oder der Sioux, sind sich einig, daß diese Geister nicht immer die menschlichen Geister unserer Verwandten sind, sondern daß es auch Tiergeister oder Geister des Ortes sein können, an dem die Geburt stattfindet.«

Das nur als Warnung. Es kann gut sein, daß die Geister in den Krankenhäusern schrecklich unglücklich sind, weil so viele von ihnen in diesem Gebäude einen langsamen und qualvollen Tod gestorben sind. Wir brauchen separate Kliniken für die Gebärende und ihre Familie, wie es sie früher bei uns gegeben hat. Geburtsräume in der Nähe von, doch nicht direkt im Krankenhaus stellen eine gute Alternative dar. Noch besser wäre es, wenn es mehr fähige diplomierte Hebammen für sichere Hausgeburten gäbe.

Innerhalb der ersten fünf Tage nach der Geburt ist das Neugeborene wie ein offenes Buch. Man kann sogar sehen, ob ein Kind ein erleuchtetes Wesen ist oder Chaos in die Welt bringen wird. Eltern, die das letztere vermuten, müssen sich um so mehr darum bemühen, ihr Kind mit Sorgfalt zu führen, indem sie ihm realistische Grenzen setzen und in ihm die Qualität des Mitfühlens entwickeln. Eltern von Babys mit einem durchschnittlicheren Potential haben jetzt oft eine Ahnung, daß die kleine Sofie eine weise Frau oder der kleine Joseph ein Bauer werden wird. Am Ende der ersten Woche legen die Babys eine Maske an. Ihr ursprünglicher Ausdruck wird sich fünf oder sechs Monate lang verhüllen. Dann wird er noch einmal kurz in Erscheinung treten, um dich wissen zu lassen, was dich erwartet, wenn du es nicht schon erraten hast.

Wissende behaupten, daß die Jahreszeit oder der Monat, in dem ein Mensch stirbt, auch diejenige seiner Wiedergeburt ist. Das habe ich schon beobachtet. Trotzdem glaube ich nicht, daß es sich dabei um eine unfehlbare Regel handelt.

Wehen und Geburt

Hat sie einmal eine Familie gewählt, muß die Seele entscheiden, wann der richtige Zeitpunkt für die Geburt ist. Die Geburtszeit entscheidet über den Erfolg oder den Mißerfolg dieses Lebens.

Wenn eine Geburt eingeleitet und das Kind deshalb am falschen Tag oder zur falschen Stunde geboren wird, stimmt sein Geburtshoroskop nicht mit seinem Wesen überein. Es wird zwar Energie haben, um seine Aufgabe zu erledigen und seinen Weg zu verfolgen, aber die richtige astrologische Konstellation, die Antrieb und Hilfe verleiht, wird ihm fehlen.

Menschen, die wissen, daß ihre Lebensaufgabe von großer Bedeutung ist, werden trotzdem nach ihr streben. Die übrigen wählen eine leichtere Lösung und opfern die Arbeit ihres Lebens dem unvorhergesehenen Aszendenten, Mond oder Planeten, die der Kaiserschnitt oder die eingeleitete Geburt ihnen beschert haben. Sie schließen sich der großen Mehrheit an und verzichten auf ihre Lebensaufgabe zugunsten der materiellen Welt sowie einiger Schritte auf der Mondspirale. Diejenigen, die ihre Arbeit dennoch in Angriff nehmen, haben es im Leben viel schwerer und müssen alle Talente aufbieten, die sie während früherer Leben erworben haben.

Nehmen wir zum Beispiel an, Diplomatie wäre deine Lebensaufgabe. Die Grundbegriffe der Diplomatie, die du dir während des Aufstiegs durch die Stufenleiter in früheren Leben erworben hast, bleiben dir erhalten. Unglücklicherweise hast du nicht den gleichen Zugang zu diesem Können, wie wenn du mit einem Aszendenten geboren wärest, der dieses Talent besonders fördert, weil es für ihn – oder für das ihm gegenüberliegende Zeichen – typisch ist. Je fortgeschrittener du in deiner Reise durch die Häuser bist, um so leichter fällt es deiner Seele trotz des ungewollten Geburtshoroskops, die wichtigen Schritte zu erkennen und die notwendigen Anpassungen vorzunehmen.

Jedes Sternzeichen hat seine Spezialitäten. Die Waage ist eine geborene Diplomatin. Mit viel Geschick läßt sie dich glauben, daß sie ganz mit deinen Wünschen und Idealen übereinstimmt. Der Widder aber, das gegenüberliegende Zeichen, kann sehr direkt und schneidend sein, doch wenn er sich weiterentwickelt, hat er Zugang zum diskreten Auftreten und den sanftmütigen Worten der Waage. Der Stier hat eine honigsüße Stimme mit wunderbaren Klangschattierungen. Ein Kind, das unter dem Waageaszendenten hätte geboren werden sollen, kann mit mehreren Stunden Verspätung auf die Welt kommen, wenn die Mutter während der Geburt beruhigende Medikamente erhält, welche die Muskeln der Gebärmutter entspannen. Deshalb wird das Kind mit einem Schütze-Aszendenten geboren. Ein Schütze ist sprachgewandt wie die Waage, doch fehlt ihm die Gabe der Verschwiegenheit. So hat dieses Kind eine zusätzliche Schwierigkeit zu überwinden: Es muß lernen nachzudenken, ehe es spricht. Das bedeutet, daß es mehr Zeit brauchen wird, um zu antworten, bis ihm die kluge Wortwahl zur Gewohnheit geworden ist. Bist du unter diesen Bedingungen geboren, mußt du besonders auf Situationen achten, in denen Verschwiegenheit fehl am Platz ist, damit die Schütze-Schlagfertigkeit zur Verfügung steht, wenn du sie brauchst.

Wenn du unter einem unpassenden oder falschen Zeichen geboren wirst, bringt das Schwierigkeiten, die nicht Teil deines Lebensplans sind, ob es sich dabei nun um deinen Aszendenten oder um Merkur, Venus, Mond, Sonne oder Mars handelt. Eine Geburt, bei der die Sonne oder ein Planet um einige Grade verschoben ist, wird deine Entwicklung weniger beeinträchtigen, als wenn du in einem Zeichen geboren wirst, das deiner Arbeit zuwiderläuft.

Manchmal setzen die Wehen vor der Zeit des geplanten Kaiserschnitts ein. Es ist wahrscheinlich, daß das Kind einen für seinen Lebensweg passenden Tag und vielleicht sogar die für die Geburt günstigere Stunde als die vom Arzt vorgesehene gewählt hat. Viel zu viele Kaiserschnitte werden nach vorheriger Vereinbarung durchgeführt, weil es für den Arzt so am bequemsten ist. Im Notfall kann ein Kaiserschnitt unternommen werden, ohne die Lebensaufgabe des Kindes zu beeinträchtigen; aber er sollte nur in wirklichen Notfällen, wie bei offensichtlicher Gefahr für das Leben des Kindes oder der Mutter, erfolgen. Die Meßgeräte, die in den Krankenhäusern überall eingesetzt werden, stören den natürlichen Geburtsrhythmus. Diese Maschinen mit ihren unbekannten Schwingungen lösen an und für sich schon Streßreaktionen beim Baby aus. Sie wirken hypnotisierend auf den Betreuer und nützen vor allem dem Arzt, der als Geburtshelfer an das große Geld heranzukommen hofft. Die sicherste und kosmisch korrekteste Geburt ist immer noch die Hausgeburt mit einer gut ausgebildeten Hebamme. Schließlich ist das Ganze ein natürlicher Vorgang und keine Krankheit.

Wenn du unter einem falschen Aszendenten geboren wirst, besteht die Tendenz, die Schwächen statt die Stärken des unpassenden Zeichens abzubekommen. Eine Geburt zur falschen Zeit bedeutet oft, daß man sich zwar alle Mühe gibt, das Leben aber trotzdem nur mittelmäßig meistert. Menschen, denen das bewußt ist und die den Kampf nicht ertragen können, geben sich mit weltlichem Erfolg zufrieden und suchen das Vergnügen, anstatt gegen den Strom zu schwimmen. Hinduistische und buddhistische Astrologen sowie die Hofastrologen vieler alter Kulturen stellten die günstigste Geburtszeit für Thronerben und andere wichtige Persönlichkeiten fest. Mönche, Swamis oder Priester beteten für eine gute und recht zeitige Geburt des Kindes.

Wie steht es mit den Hebammen in den Dörfern und anderen Orten, wo Babys zu Hause geboren werden? Wenn sie der Mutter einen Kräutertee verabreichen, um die Geburt zu beschleunigen, ist das etwa keine Einmischung? Kräuter sind natürliche Substanzen. Ihre Wirkung kann leicht überwunden werden, und der Mutter wird schlecht von Mitteln, die sie und ihr Baby nicht einnehmen sollen. Reagiert sie ungewöhnlich stark auf eine Kräutermischung, wird eine weise Hebamme davon absehen und ihr die Zeit lassen, die sie braucht, damit das Baby kommen kann, wenn es bereit ist.

Sticht die Hebamme die Fruchtblase auf, um die Wehen zu beschleunigen, kann das Baby immer noch zu seiner eigenen Zeit geboren werden. Manche Mütter gebären sehr schnell, wenn das Wasser einmal gebrochen ist; andere brauchen mehrere Stunden, obwohl die Wehen jetzt schneller aufeinander folgen als zuvor. Manchmal merkt man kaum einen Unterschied.

Wie weiß ein Baby, wann es geboren werden sollte?

Jeder Mensch hat eine innere Uhr, die von der Zirbeldrüse auf einer 24stündigen Basis geregelt wird. Die chinesische Medizin schreibt jeder Drüsen- und Organfunktion zwei Stunden am Tag zu. Während dieser Zeit konzentriert sich der Körper auf die entsprechenden Drüsen und Organe. Die Hormone der Hirnanhangdrüse werden um fünf Uhr morgens ausgeschüttet, die Zirbeldrüse gibt ihre Hormone um 6 Uhr ab, und Thyroxin wird von der Schilddrüse um 8 Uhr ausgeschüttet. Der Dickdarm wird von 5–7 Uhr stimuliert, die Nieren von 17 bis 19 Uhr. Wenn du mit dem Flugzeug reist, bringst du deine innere Uhr durcheinander. Das Licht, das auf den Körper wirkt, stimmt nicht mehr mit der inneren Uhr überein, deshalb wirst du, je nach deiner Anpassungsfähigkeit, einen Tag oder länger unter der Zeitverschiebung leiden. Eine genaue Abbildung dazu findest du in Kapitel 14.

Im Mutterleib werden die Organe des Fötus zu genau denselben Zeiten stimuliert. Er weiß schon, daß er um 11.34 Uhr geboren werden wird und berechnet den Anfang der Wehen so, daß die Geburt genau dann stattfinden kann. Jedes Baby weiß aufgrund der Muster seiner Mutter, ob es die Wehen schon früh oder lieber kürzer vor der Geburt einleiten soll. Wenn aus irgendeinem Grund der richtige Zeitpunkt verpaßt wird, können die Wehen von selbst abflauen, oder sie setzen sich während weiterer vierundzwanzig Stunden fort, bis zur Niederkunft.

Werdende Eltern sollten wissen, daß keine Infektionsgefahr droht, auch wenn das Wasser schon 24 Stunden vor der Geburt oder länger gebrochen ist, solange niemand (mit oder ohne Handschuhe) die Scheide untersucht, bevor die Wehen einsetzen. Der Geburtshelfer braucht nur die Herztöne des Babys zu kontrollieren und sicherzustellen, daß die Nabelschnur ihm weiterhin die lebensnotwendigen Nährstoffe zuführt. Herzrhythmusstörungen oder eine Verfärbung des Fruchtwassers bedeuten eine echte Gefahr für das Baby.

Unfruchtbarkeit

Es gibt Anzeichen im Horoskop einer Frau, die auf die Unmöglichkeit einer Empfängnis deuten, doch relativ unfruchtbare Frauen können zu bestimmten astrologisch günstigen Zeiten schwanger werden. Plutotransite als Opposition, Konjunktion oder Quadrat zu deinem Mars im Geburtshoroskop sind viel zu gefährlich als Zeitpunkt der Empfängnis, da mit dem daraus hervorgehenden Baby etwas nicht in Ordnung sein könnte.

Endokrine Beschwerden wie eine ungenügende Schilddrüsenfunktion können zu wiederholten Fehlgeburten führen oder eine Empfängnis überhaupt unmöglich machen. Wenn dir bekannt ist, daß diese Krankheiten in deiner Familie vorkommen, ist es besser, deine Kinder zu gebären, ehe du fünfundzwanzig bist. Die natürliche Fruchtbarkeit ist während dieser Jahre am höchsten, und deine Drüsenfunktion erlaubt es dir viel eher, ein Kind auszutragen.

Ein zuverlässiger Hinweis auf eine Schilddrüsenstörung liegt vor, wenn in deinem Geburtshoroskop ein wichtiger Planet im Stier steht. Wenn dein Mond oder dein Aszendent im Stier stehen, beeilst du dich lieber mit dem Kinderkriegen, solange du die Jugend auf deiner Seite hast. Eine weitere Voraussetzung für hormonale Probleme ist gegeben, wenn dein Mond in Opposition oder im Quadrat zu deinem Saturn steht. Venus im Quadrat zu Uranus oder Saturn ist eine weitere Kombination, die eventuell zu hormonalem Ungleichgewicht führen könnte. Venus im Steinbock ist auch oft ein Unfruchtbarkeitsfaktor.

Das fünfte Haus deines Geburtshoroskops gibt einen zuverlässigen Hinweis auf deine potentielle Gebärfähigkeit oder auf Schwierigkeiten in der Kindererziehung. Die Spitze des fünften Hauses und das Haus selbst spiegeln deine Fruchtbarkeitschancen wider: Es ist das Haus der Kinder und der Liebenden. Ein hinderliches Zeichen an der Spitze des Hauses weist auf Schwierigkeiten bei der Zeugung hin, auch wenn Planeten in diesem Haus, und besonders in einer anderen Konstellation, diesen Faktor ausschalten können. Neptun in diesem Haus deutet darauf hin, daß es dir leichtfallen wird, Kinder zu adoptieren, oder daß du eine Stiefelternrolle übernehmen wirst. Jupiter läßt auf gute Fruchtbarkeit schließen. Die Kinder einer Frau, deren Venus sich im fünften Haus befindet, sind meistens Mädchen. Venus bedeutet auch außerordentliche Fruchtbarkeit.

Saturn im fünften Haus versagt dir häufig Kinder, oder diese können unter die Obhut des Vaters gelangen (wie zum Beispiel bei einer Scheidung oder durch Krankheit). Uranus in demselben Haus kann auf den Verlust des ersten Kindes durch Trennung oder durch ein plötzliches, außergewöhnliches Ereignis hinweisen. Ist Uranus im Horoskop der Mutter rückläufig, kann es zu einer gefährlichen Geburt kommen, doch wenn er gut aspektiert ist von einem anderen Planeten oder durch einen Planeten im Transit zur Zeit der Geburt, wird es kaum zu Komplikationen kommen. Wenn dein

Mond sich im fünften Haus befindet, heißt das, daß du viele Kinder haben kannst; die Sonne in diesem Haus zeigt an, daß deine Familie entweder sehr klein oder sehr groß sein wird. Mars im fünften Haus bedeutet, daß du gesunde Kinder haben wirst. Er verheißt auch eine schwierige und gefährliche Geburt, doch hast du dein Kind unter guten Transiten empfangen, werden die Gefahren minimal sein.

Mars liefert in jedem Haus einen Hinweis auf die Entbindung. Im allgemeinen wirst du schnelle Geburten haben, wenn dein Mars sich in einem Feuer- oder Luftzeichen befindet. Die marsischen Feuerzeichen Schütze, Widder und Löwe sind bekannt für unkomplizierte Geburten. Mars ist die Energie, die der Vater für die Geburt zur Verfügung stellt. Er zeigt den Männertyp, den du als Vater für dein Kind gewählt hast. Wird er gerade draußen beim Golfspiel sein, oder dich liebevoll unterstützen? Wird er sich ängstigen, oder dich beruhigen?

Normalerweise geht die Fruchtbarkeitsphase der Frau mit ca. 43 zu Ende, wenn der Transit-Pluto zum Geburts-Pluto im Quadrat steht. Bei gesunden und gut ernährten Frauen kündigen sich die Wechseljahre an, die eigentlich mehr auf kosmische als auf körperliche Gründe zurückgehen.

Vielleicht findest du die Lösung deiner Unfruchtbarkeits- oder Schwangerschaftsprobleme auf astrologischem Weg. Am besten du konsultierst einen erfahrenen Astrologen, der sich in der medizinischen Astrologie gut auskennt.

Eine unfruchtbare Frau kann beim Gruppensex empfangen, weil die große Samenmenge die dicke Hülle ihres Eis leichter durchdringen kann. Eine schwere, schleimige Hülle braucht zur Befruchtung eine große Samenmenge, deshalb werden manche Frauen schwanger, wenn sie einen Partner verlassen, dessen Samenmenge sehr gering war. Gleichermaßen kann ein Mann mit einer geringen Samenmenge Vater werden, wenn er an eine Frau gerät, deren Eihülle dünner ist.

Eine Frau, bei der es nicht sehr oft zum Eisprung kommt, wird von einem Mann schwanger, der eine große Menge aktiver Samen hervorbringt.

Fruchtbarkeitspillen setzen mehr Eier frei, wobei diese eine dünne Hülle haben, weil der Körper nicht den dickeren Schleim für so viele Eier produzieren kann.

Vielleicht bist du aber auch eine von den Frauen, die Angst haben vor der Verpflichtung, die ein Kind in dein Leben bringt, so daß dein vaginaler pH-Wert sehr sauer ist, was das Überleben des Samens unmöglich macht. Deine Körperflüssigkeiten werden von deinem Gehirn gesteuert. Wenn du schwanger werden willst, ist es wichtig, diese Steuerung bewußt zu verändern. Mit anderen Worten verfügt eine Frau über ein wirksames natürliches Spermizid, wenn die vaginale Flüssigkeit zu alkalisch oder zu sauer ist.

Eine Seele herabrufen

Vielleicht wirst du deshalb nicht schwanger, weil es keine Seele gibt, die ganz speziell bei dir sein möchte, oder du kommst einem Wesen nicht gastfreundlich vor, das dich sonst als Mutter gewählt hätte.

Stell dir eine Seele vor, die von außerhalb deines Körpers einen goldenen Lichtstrahl entlang herabsteigt. Hebe den linken Arm, um das Wesen durch die Aura zu deinem zweiten Chakra, fünf Zentimeter unter deinem Bauchnabel, in den Körper zu führen (siehe S. 149).

Wenn dein Partner mitmachen will, kann er sich neben dich stellen, und ihr könnt zusammen eine inkarnierende Seele dazu einladen, euer Kind zu werden. Sobald mehr als ein Mensch seine Energie einsetzt, um etwas zu erreichen, wird mehr Kraft gebündelt. Ein Paar hat mehr Energie als nur seine eigene, denn es kann auf die Hilfe des Hüters ihrer Beziehung zählen. Die Seele sucht lediglich nach einem Weg in die Welt. Da Abermillionen Wesen darauf warten, geboren zu werden, bittest du um eine Seele, deren Lebensplan zu dem deinen paßt. Die genetische Herkunft gewährleistet nicht, daß das Kind deine eigenen geistigen Vorlieben teilt. Wenn ihr eine Seele herabgerufen habt, liebt ihr euch langsam und zärtlich. Die Energie, mit der du dein Kind rufst, bereitet den Rahmen für eure Beziehung. Das Liebesspiel ist Teil derselben zeremoniellen Haltung. Bewußt zusammen ein Kind zu zeugen ist etwas Heiliges.

Vielleicht brauchst du einen erfahrenen Helfer, wenn du es nicht gewohnt bist, voller Vertrauen an die Güte und die Wunder des Universums zu glauben. Angst ist ein Energiekiller. Der Frust, auf eine Schwangerschaft zu warten, die nicht eintritt, behindert den Erfolg ebenfalls. Je jünger du bist, desto größer sind deine Chancen, schwanger zu werden. Viele Frauen haben ein erstes Kind geboren, aber es gelingt ihnen nicht, ein zweites lebensfähiges Kind zu empfangen. Das nennt man sekundäre Unfruchtbarkeit. Es tut genau so weh, nur daß du bereits Mutter bist.

Wenn du dieses Kapitel gelesen hast, damit es dir mit deiner eigenen Unfruchtbarkeit hilft, wünsche ich dir von ganzem Herzen viel Erfolg, denn ich schreibe diesen Abschnitt sowohl aus eigener als auch aus beruflicher Erfahrung. Ich wurde schwanger, als ich neunzehn war, konnte aber außer meiner Erstgeborenen kein weiteres Kind austragen. In meinem Horoskop findet man jeden denkbaren Aspekt für Unfruchtbarkeit und Fehlgeburten. Eine von langer Hand vorbereitete Schwangerschaft mußte wegen einer Überdosis Röntgenstrahlen nach einem schweren Autounfall abgebrochen werden. Neptun im fünften Haus (Adoption) gab mir die Gelegenheit, ein zweites Mal Mutter zu werden.

Ich kann es gar nicht oft genug sagen: **Der beste Verbündete für eine gute Schwangerschaft ist die Jugend.**

Doch egal wie alt du bist oder wie es um deine Finanzen steht, es gibt keine ideale Zeit, um ein Baby zu haben. Man soll seine Kinder kriegen, wenn sich dazu die Gelegenheit bietet. Jedes Baby birgt sein eigenes Glück. Ältere Eltern sind nicht unbedingt weiser: man lernt nur durch die Praxis. Die Weisheit, die man reiferen Eltern zuschreibt, hängt mit ihrer Erfahrung zusammen. Nachgeborene Kinder sind meistens leichter großzuziehen als erstgeborene. Man ist immer in der Rolle der/des Lernenden, wenn man das erste Mal Mutter oder Vater wird.

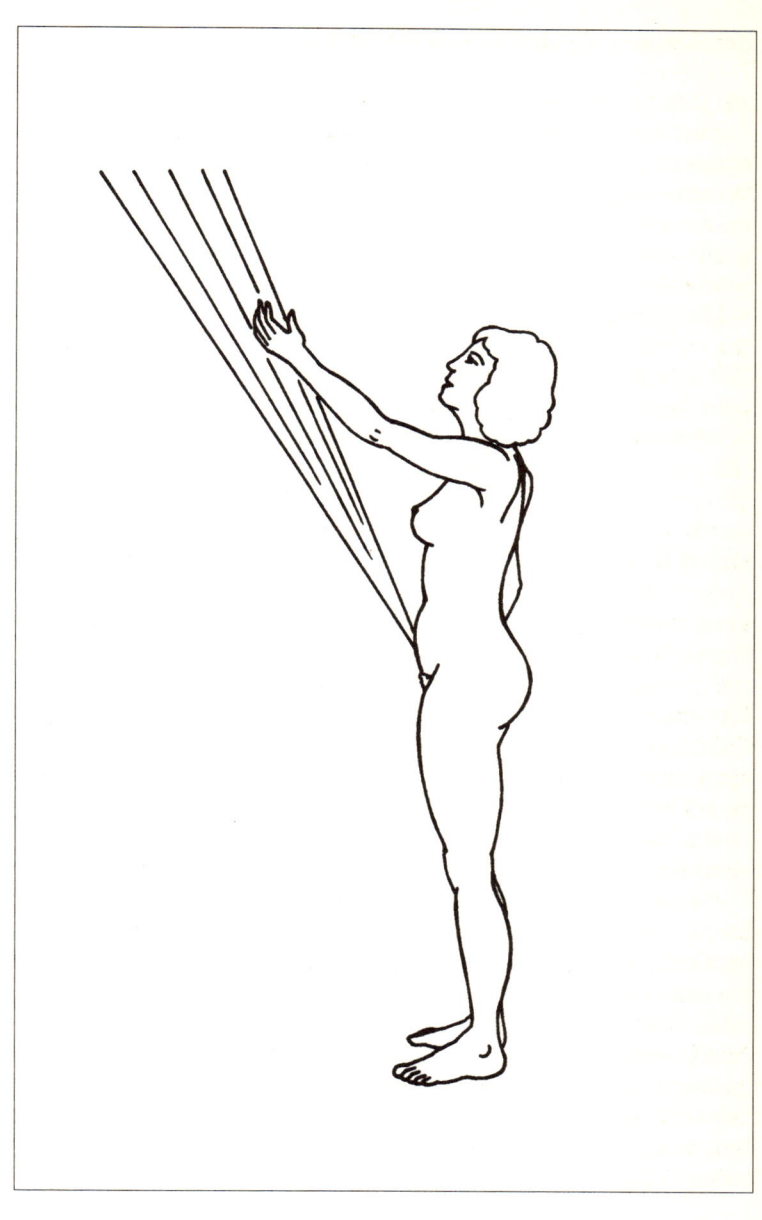

Bestimmung des Geschlechts

Im Talmud heißt es: »Wenn der Mann seinen Samen als erster verströmt, wird ein Mädchen aus dieser Vereinigung hervorgehen, doch wenn die Frau erst ausströmt, wird der Nachkomme ein Junge sein.« Das paßt zu dem Ammenmärchen, wonach eine unfruchtbare Frau einen Orgasmus haben muß, damit sie empfängt; sie bleibt jedoch unfruchtbar, wenn sie keinen hat.

Die Chinesen glauben, daß die Empfängnis von männlicher Nachkommenschaft damit zusammenhängt, daß das Chi der Frau das des Mannes überwiegt. Die Geburt eines Mädchens ist darauf zurückzuführen, daß die Lebenskraft des Vaters im Augenblick der Zeugung größer ist als die der Mutter.

Retortenbabys

Retortenbabys sind oft nicht überlebensfähig (die meisten Kliniken verzeichnen lediglich 3–14 Geburten auf 100 Versuche), weil die Mutter oder der Vater eine Seele herabrufen muß, während das befruchtete Ei eingeführt wird. Dieses »Herabrufen« ist eine ganz natürliche Handlung, die während des Liebesspiels oder auch kurz danach erfolgt, ohne dein bewußtes Dazutun. Jeder Elternteil kann eine Seele einladen, die gerade nach einer Familie sucht, um geboren zu werden.

Das in vitro befruchtete Ei wird durch einen Schlauch in die Gebärmutter eingeführt, was einen Schnitt in der Nabelgegend bedingt. Dieser operative Eingriff ist schmerzhaft für das Unbewußte, so unangenehm, daß sich die Mutter automatisch gegen jedes weitere Eindringen im Nabelbereich wehrt. Die meisten Seelen sind nicht bereit, diese Schranke zu überwinden: wenn die Seele nicht gerade die Erfahrung des in der Glasschale gezeugt werdens gesucht hat, wird sie sich dem Schmerz im Aurafeld nicht freiwillig aussetzen.

Künstliche Befruchtung

Die Künstliche Befruchtung ist eine Methode, die vielen Familien Fruchtbarkeit gebracht hat. Das langersehnte Baby wird von seiner biologischen Mutter geboren, was bedeutet, daß der mütterliche Teil des genetischen Codes in ungebrochener Folge an das Kind weitergegeben wird.

Künstlich befruchtete Nutztiere haben Schwierigkeiten während der Trächtigkeit oder der Niederkunft. Die erste Generation ist normal, auch wenn angenommen werden kann, daß sie etwas weniger vital ist, als ihre durch Geschlechtsverkehr gezeugten Artgenossen. Die zweite künstlich befruchtete Generation hat Schwierigkeiten beim Gebären, während die dritte Generation nicht mehr zeugungsfähig ist.

Was diese Erkenntnis für die Lebenskraft einer menschlichen Familie bedeutet, weiß man zur Zeit noch nicht. Es mag daran liegen, daß der tiefgefrorene Samen an Lebensenergie verliert. Ein weiterer Faktor könnte sein, daß die Erregung und die spirituelle Übertragung des Vaters bei der Zeugung fehlen.

Unerwünschte Schwangerschaft

Bei einer unerwünschten Schwangerschaft hat jemand unabsichtlich eine Seele herabgerufen und nicht gewußt, wie man dies rückgängig machen könnte. Die werdende Mutter weiß selten, wie sie ein Wesen (Urselbst) bitten soll, wieder zu gehen. Sie kann die Seele wieder aus der Gebärmutter entlang eines Lichtstrahls nach oben führen. Wenn du dich dann schwach oder schwindlig fühlst, ziehst du die Energie wieder zurück (Abbildung auf Seite 152). Beuge dich nach vorne oder gehe in die Hocke. Mit deiner rechten Hand führst du das Urselbst den Lichtstrahl entlang, der durch deinen Körper fließt, und schickst es zur Erde zurück. Für das Urselbst ist dieser Vorgang wie eine kleine Geburt. Dabei kannst du dein eigenes Höheres Selbst zu Hilfe rufen und es um Erlaubnis bitten, den ungewollten Fötus zu entlassen.

Diese Methode funktioniert während der ersten elf bis zwölf Schwangerschaftswochen, solange der Zeuge noch nicht in das Embryo eingegangen ist.

ACHTUNG: **Nur die Mutter kann eine Seele wegschicken!** Der Vater oder wohlmeinende Verwandte und Freunde können der Schwangeren und sich selbst einen nicht wieder gutzumachenden Schaden zufügen, wenn sie es versuchen. Sie könnten dabei ihr eigenes Urselbst oder auch ihre Persönlichkeit verlieren und nie wieder dieselbe Person sein.

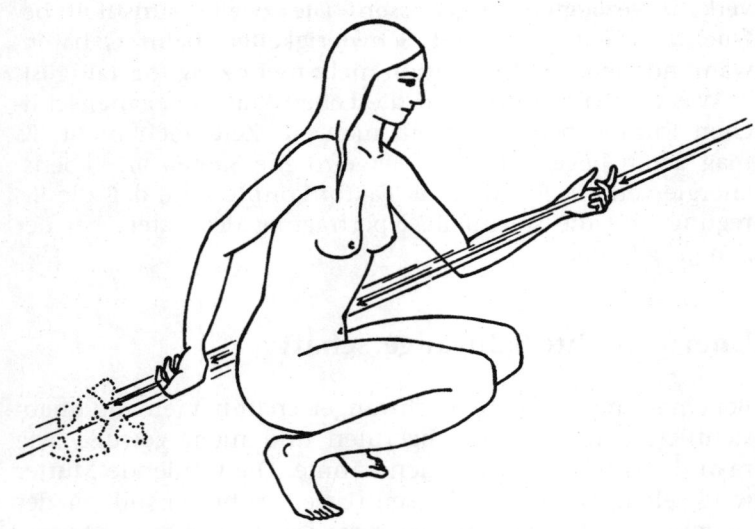

Schon immer sind Seelen auch durch unverheiratete Mütter auf die Welt gekommen; für sie besteht kein Grund, eine gesellschaftliche Regel zu respektieren, deren Übertretung ihr das Leben schenkt. Bis in die zweite Hälfte dieses Jahrhunderts wurden uneheliche Kinder von ihren Müttern meistens weggegeben. Heute ist es nicht länger ein Problem, eine unverheiratete Mutter zu sein. Seit es so viele Scheidungen gibt, werden Familien mit nur einem Elternteil akzeptiert. Die interessierten Seelen wissen, daß sie eine gute Chance haben, von ihrer biologischen Mutter erzogen zu werden.

Wenn du schwanger bist und du aufrichtig glaubst, daß du zu einem späteren Zeitpunkt Kinder kriegen kannst, kannst du der Seele versprechen, daß sie zurückkommen kann, wenn dein Leben gefestigt ist und du besser auf eine gute Elternschaft vorbereitet bist. Versprich nichts, was du nicht halten kannst. Die Seele wird deine Lage verstehen, auch wenn sie die Dinge nicht mit irdischen Augen sieht.

Dr. Gladys T. McGarey, eine ganzheitliche Medizinerin, die sich auf Heimgeburten spezialisiert hat, erzählt in ihrem Buch *Born to Live,* daß sie sich in der Abtreibungsfrage zwischen den Fronten »hin und her gerissen« fühlte, bis eine ihrer Patientinnen ihr folgende Geschichte erzählte:

> »Diese Mutter hatte eine vierjährige Tochter, die sie ab und zu zum Mittagessen ausführte. Sie sprachen über dieses und jenes, bis Dorothy (das Kind) plötzlich sagte: ›Das letzte Mal, als ich 10 cm lang und in deinem Bauch war, war Papi noch nicht bereit, dich zu heiraten, also bin ich weggegangen. Aber dann bin ich zurückgekommen.‹ Dann verloren ihre Augen ihren träumerischen Blick, und sie plapperte weiter über Dinge, die eine Vierjährige interessieren.
>
> Die Mutter sagte nichts. Außer ihrem Mann, ihrem Arzt und ihr wußte niemand, daß sie etwa zwei Jahre vor der Heirat schon einmal von ihrem späteren Mann schwanger gewesen war. Sie hatte sich im vierten Monat zur Abtreibung entschieden.«

Abtreibung

Es wird von einer Kultur zur anderen sehr verschieden über die Abtreibung gedacht. In den westlichen Nationen hat die Religion keinen eisernen Zugriff mehr auf die Moral und unsere menschlichen und allzumenschlichen Schwächen. Die Chinesische Regierung ermutigt und unterstützt die Abtreibung. Zu diesem Thema schweigt sich die Bibel aus. Die Abtreibung hat immer schon in den Bereich weiser Frauen gehört, die wußten, welche Pflanzen zu Fehlgeburten führen, und die den anderen Frauen in ihrer Gemeinschaft halfen. Die sogenannten Ekbolika (Kräuter, die eine Abtreibung bewirken) werden seit der Antike verwendet. Solche Kräuter sind auch als Abortifazientien bekannt. Viele davon findest du in Kräuterbüchern und botanischen Schriften.

Hanna Kroeger, eine bekannte Kräuterfrau aus Boulder in Colorado, gibt besondere Kräuter an, die seit Jahrhunderten verwendet werden, um einer verspäteten Monatsblutung abzuhelfen. In ihrem Buch *Instant Herbal Locator* (1979 erschienen) schreibt sie: »Um die Menstruation herbeizuführen, trinken Sie Beifußtee; bei zu schwacher Regel, Thymiantee; und bei Beschwerden und ausbleibender Periode täglich zwei Tassen Schafgarbentee.« Vom Peyote weiß man, daß er in jeder Einnahmeform zu Gebärmutterkrämpfen führt, die stark genug sind, um einen Fötus abzutreiben. Es ist schwangeren Frauen immer verboten, an Peyote-Ritualen teilzunehmen, gleich in welchem Monat sie sind.

Bei einer frühen Abtreibung (vor der vierzehnten Woche) ist nur einer von den vier Seelenteilen anwesend: die Essenz oder das Urselbst. Wenn das Urselbst von der geschwängerten Frau zurückgewiesen wird, sucht es entweder einen anderen Körper oder wartet darauf, bis sich für die Frau, die es abgelehnt hat, ein günstigerer Zeitpunkt ergibt. Sie kann sich einverstanden erklären, diese Essenz in einem anderen oder später in diesem Leben aufzunehmen. Eine Frau kann sich aus einer Vielzahl Gründen dagegen entscheiden, ein Kind auszutragen. Vor der vierzehnten Schwangerschaftswoche kann eine Abtreibung ohne karmische Folgen vorgenommen werden.

Abtreibung oder Adoption?

Die Adoption spielt bei der Familienbildung eine wichtige Rolle. Du wirst Mutter oder Vater, indem du für ein Kind sorgst und dich in es verliebst. In Amerika ist eines von neun Kindern adoptiert. Waisenhäuser und Heime spiegeln diese gesellschaftlichen Verhältnisse ziemlich genau, denn auch eines von neun Heimkindern ist ein Adoptivkind. Es ist traurig, aber wahr, daß Adoptionen nicht immer zugunsten des Kindes erfolgen.

Die Agenturen verstehen nicht wirklich, was gut zu sein verspricht für das Kind, für das sie eine Familie suchen. Das wichtigste ist, daß das Kind ganz normal ausgetragen und dann von der leiblichen Mutter zu Leuten gegeben wird, von denen sie weiß, daß sie gut zu dem Baby sein werden. Es ist wichtig, daß das Urselbst des Säuglings der Plazierung zustimmt. Ohne das Einverständnis des Urselbst kann die Adoption nicht wirklich gelingen.

Unerwünschte Kinder sind sehr wichtig für Paare, die selbst keine haben können und die ein Kind adoptieren wollen, anstatt kinderlos zu bleiben. So schwer das Schicksal der Kinderlosigkeit auch ist, es ist niemals schwerer als die Not einer Mutter, die ihr Kind aufgibt, ohne Hoffnung, es je wiederzusehen. Die Tatsache, daß eine Frau ein anderes menschliches Wesen ausgetragen hat, bleibt für immer ein Teil von ihr. Es bedeutet für manche das Ende ihrer mütterlichen Fähigkeiten, während andere unter Schuldgefühlen leiden, und einige sich bis zu ihrem Tode wünschen, sie hätten es nie getan. Wenn die Adoption so eine perfekte Lösung wäre, warum suchen dann so viele Erwachsene, die als Kinder adoptiert wurden, nach ihrer richtigen Mutter? Und warum hoffen so viele Mütter, von ihren Kindern gefunden zu werden?

Die freie Adoption ist die bessere Lösung, aber sie birgt doch viele Gefahren. Sie verlangt von den Adoptiveltern, daß ihre Liebe zu dem Kind so stark ist, daß sie sich nicht von der Liebe der biologischen Eltern bedroht fühlen. Fast alle Menschen, die adoptiert wurden, leiden unter der übermäßigen Angst, verlassen zu werden. Adoptierte Menschen behaupten, sie würden bereits schreckliche Verlustgefühle empfinden, wenn ihre Freunde in die Ferien fahren.

Die Adoption ist gut für Familien, vor allem wenn alle Parteien zusammenarbeiten. Der Talmud sagt: »Zieht einer ein Waisenkind in seinem Haus groß, ist es, als hätte er dieses Kind selbst zur Welt gebracht.«

Die Niederkunft

Wenn die Zeit für die Geburt gekommen ist, kann der Vater, gute Freunde oder die Mutter selbst mit dem Kind sprechen, um die Geburt zu erleichtern. In den frühen Wehenstadien empfindet die Mutter die Berührung eines anderen Menschen im allgemeinen als wohltuend, aber wenn die Kontraktionen häufiger und heftiger werden, wird sie sehr empfindlich. Bringe sie dazu, ihren Bauch zwischen den Wehen zu berühren, und sprich sanft mit dem Baby. Sage ihm, daß es diese 20 Zentimeter lange Reise sicher überstehen und für seine Mühe belohnt werden wird. Sage deinem Kind, daß du es mit offenen Armen willkommen heißt. Es kann dich hören und telepathische Botschaften empfangen. Die ganze Energie im Geburtszimmer wird vom Säugling aufgenommen. Eine hektische und angstvolle Atmosphäre trägt nicht dazu bei, das Baby zu beruhigen.

Die Mutter ist die Hauptperson. Ihren Gefühlszustand kann es am deutlichsten wahrnehmen. Schaffe nicht nur am Tag der Geburt, sondern auch in den Wochen davor die richtigen Bedingungen für sie, und das Baby wird es leichter haben. Die Mutter gerät während der Geburt in einen Zustand der Glückseligkeit. In diesem Zustand ist sie in Kontakt mit allen geistigen Beschützern der Geburt sowie mit den Seelen auf der anderen Seite.

Ein geistig eingestimmter Geburtshelfer kann in den ersten paar Stunden nach der Geburt die vergangenen Leben des Kindes sehen. Manche Mütter und Väter sind so verbunden mit ihrem neuen Baby, daß sie von ihren früheren gemeinsamen Inkarnationen oder vom zukünftigen Leben ihres Kindes träumen. Mütter haben oft ein paar Wochen vor der Geburt einen oder mehrere Träume, die ihnen das Geschlecht ihres Kindes und sein Schicksal eröffnen.

In einer Winternacht hatte ich einen denkwürdigen Wachtraum über die Geburt eines kleinen, drei Kilo schweren Mädchens namens Rose. Geisthelfer führten mich in den Geburtskanal der Mutter, um mir zu zeigen, daß genug Platz da war und das Baby sicher geboren werden konnte. Um acht Uhr in der Früh klingelte das Telefon. Es war eine Freundin, die mich anrief, um mir zu sagen, daß eine unserer gemeinsamen Freundinnen vor einigen Minuten Großmutter geworden war. Ich schilderte ihr die Einzelheiten der Geburt, und sie fragte mich überrascht, wie ich das wissen konnte. Es war genau so, wie die Geisthelfer es mir gesagt hatten.

Etwa zehn Tage später riefen mich zwei Hebammen, die ich kannte, wegen einer Geburt an, die ich fotografieren wollte. »Du brauchst noch nicht zu kommen. Wir glauben, es wird eine Steißgeburt«, warnten sie mich. Ich saß ein paar Minuten wie gelähmt da, dann erinnerte ich mich an die Technik, die mir im Traum gezeigt worden war. Ich stellte mir vor, ich befände mich in der Gebärmutter und sah, daß das Baby, ein Junge, sich nicht in der Steißlage befand. Ich fuhr hin und sprach mit Joshua Montgomery in der Dämmerung, bis er auf die Welt kam. Er hatte Angst, geboren zu werden, weil er sein zukünftiges Leben gesehen hatte. Erst als ich ihm versicherte, daß er von seinem Vater erzogen werden würde (was tatsächlich eingetroffen ist, nachdem seine Eltern geschieden waren), ließ er die Geburt zu.

Geburtstage

Der Tag, an dem du geboren wurdest, ist ein wichtiger Zeitpunkt in deinem Jahreszyklus. Im allgemeinen befindet man sich in einer Art Zwischenzustand während der drei Wochen vor dem Geburtstag. Vor allem langfristige Entscheidungen sollten bis zum Tag nach deinem Geburtstag aufgeschoben werden, wenn du dein geistiges und emotionales Gleichgewicht wiedererlangt hast.

Die emotionale und körperliche Schwäche vor dem Geburtstag ist ebenfalls eine Spiegelung deiner Geburt, eine eigentliche Wiederholung deiner Vorbereitung auf die 20 Zentimeter lange Reise durch den Geburtskanal, im Schwebezustand zwischen dem lungenlosen Wasserwesen, das du warst, und dem Geschöpf, das an der Luft lebt, zu dem du wurdest. Die Zeit rund um deinen Geburtstag eignet sich gut, um dich auf das Leben vorzubereiten, das vor dir liegt.

8

Elternschaft:
die heilige Pflicht

Ein Mensch ist nie er selbst, sondern immer eine Maske; er ist nie er selbst, sondern stellt immer einen anderen dar, von dem er besessen ist. Und der andere, der er ist, ist immer ein Vorfahre...

NORMAN O. BROWN

Die Wahl

Für die Hälfte aller Familien in den Industrienationen bedeutet ein Baby zu kriegen der Höhepunkt eines gut durchdachten Planes; die andere Hälfte bringt gesegnete »Unfälle« zur Welt. Ein Kind aufzuziehen, ist eine heilige Pflicht. Hast du die Schwangerschaft angenommen und beschlossen, das Kind zu behalten, bist du verpflichtet, dem Wesen, das zu dir kommt, die größte Zuwendung und eine möglichst bewußte Erziehung zu geben. Das Zweitbeste reicht da nicht aus. Grausamkeit einem Kind gegenüber – sei sie nun körperlich oder geistig –, schafft Karma, mit dem du dich in diesem oder in einem zukünftigen Leben auseinandersetzen mußt. Wenn du durch Gleichgültigkeit oder Unentschlossenheit deinen Kindern nicht gerecht wirst, machst du dich an der ganzen Gesellschaft schuldig und durchkreuzt die Pläne des Universums für eine friedliche Welt.

Viele werdende Eltern fragen sich: »Wie kann ich ein Kind

in die Welt setzen, wenn ich selbst kaum würdig oder fähig bin?« Wenn nur Heilige Kinder hätten, wäre es um unseren Nachwuchs schlecht bestellt. Die Elternschaft ist ein Lernprozeß. Du brauchst dich ihm nur zu öffnen. Sogar die kleinsten Kinder werden zu Lehrmeistern, wenn du dich auf ihre nonverbalen Botschaften einstellen kannst.

Es ist sehr einfach, sein Fehlverhalten in der Kindererziehung mit dem Spruch »Wegen dieser Erfahrung sind meine Kinder zu mir gekommen« zu entschuldigen. Doch Egoismus und Sturheit werden drüben nicht belohnt. Es kann auch sein, daß eine bestimmte Seele dein Kind wird, um dein eigenes Wachstum zu fördern. Die meisten Leute erleben durch ihre Kinder die eigenen Kindheitserfahrungen wieder. Sie sind unweigerlich unzufrieden mit der Erziehung und Disziplin, die sie von ihren eigenen Eltern erfahren haben. Auf der Suche nach Alternativen lesen sie die neuesten psychologischen Ratgeber oder fallen zurück auf Methoden, die vor ein paar Generationen angewandt wurden und zu funktionieren scheinen, bis sie zur Anwendung kommen.

Raum schaffen

Jedes Kind reagiert anders, jedes Kind hat einen eigenen Lebensrhythmus. Meine jüngere Tochter erzählte mir immer alles beim Autofahren, wenn ich sie in die Schule brachte und wieder abholte, oder wenn wir auf Reisen waren. Meine ältere Tochter wählte als Teenager ebenfalls das Auto für private Gespräche. Bis sie elf war, erzählte sie mir ihre Tageserlebnisse vor dem Schlafengehen, was mir die Gelegenheit gab, Vorschläge zur Lösung eines Schulproblems zu machen oder ihr einfach zuzuhören, bis sie friedlich einschlief. Ich mußte mir überlegen, welche Art Unterstützung jede Tochter brauchte und diese anbieten, wenn ich konnte. Die jüngere hatte viele Verhaltensprobleme, mit denen ich mich auseinandersetzen mußte, bis sie sich sicher fühlte.

Ein Kind wird mit gewissen Programmen aus vergangenen

Leben geboren, oder mit großen Herausforderungen, denen es sich stellen muß. Es ist die Aufgabe der Eltern, die Energien jedes ihrer Kinder so zu führen, daß es seinen eigenen Weg findet und ihn bereitwillig und leicht einschlägt. Kinder sind immer eine Herausforderung; wenn du sie im Stich läßt, hast du deine Elternpflichten versäumt und deinen eigenen Weg verpfuscht.

Die seelische Verbundenheit, die du während der Schwangerschaft empfindest, ist ein Hinweis dafür, wie nahe du dem neuen Baby sein wirst. Ein Vater fühlt vielleicht nichts für seinen Sohn, bis der Junge sprechen lernt und er intellektuell Kontakt mit ihm aufnehmen kann. Eine Mutter kann das Neugeborene ansehen und sich Hals über Kopf verlieben, während der Vater das Gefühl hat, man hätte ihnen einen Außerirdischen angehängt. Das Herz eines Adoptivvaters schlägt höher, wenn die Behörde anruft, um ihm mitzuteilen, daß sie ein Kind für ihn hat, aber die Mutter braucht Monate, bis sie sich für das Kleine erwärmen kann. Eine Mutter, die seit Ewigkeiten in positivem Kontakt zu der Seele steht, die als ihr Kind inkarniert, ist beglückt, wohingegen ein Elternteil, der die Seele eines Kindes kaum kennt oder sogar schlechte Erfahrungen mit ihr gemacht hat, den Zugang nur schwer findet.

Wenn es mit der Bindung nicht klappt, kann die ganze Familie darunter leiden. Schwelende Probleme, die zu Kindesmißhandlung, Verwahrlosung und Ablehnung führen können, treten auf, wenn die Eltern keine bewußten Anstrengungen unternehmen, um ursprüngliche Zweifel und ihre Vorbehalte zu überwinden.

Als Kinder denken wir oft, wir seien im Krankenhaus vertauscht worden und lebten jetzt in der falschen Familie. Das trifft vor allem bei kreativen Kindern zu, die in einer fantasielosen, künstlerisch uninteressierten Familie landen, oder für ein Kind mit Talent für Mechanik, das in eine rein intellektuelle Familie hineingeboren wird. Eine Reife Seele, deren Eltern Teenager-Seelen sind, wird insgeheim ebenfalls glauben, sie sei adoptiert worden, und man werde es ihr sagen, wenn sie älter ist.

Wenn du meinst, das Formen eines Babys liege lediglich in den Händen der Menschen, die es erziehen, denkst du am Wesentlichen vorbei. Du brauchst nur dieses Buch noch mal zu lesen, um zu verstehen, daß Eltern nur Betreuer sind, die ihre Aufgabe dieses Mal hoffentlich besser erfüllen werden als in ihrem früheren Leben, als ihnen dieselben Seelen als Kinder oder Gefährten anvertraut waren.

Kinder tun mehr aus Liebe und für kleine Belohnungen als aus Angst vor allen erdenklichen Strafen. Zärtlichkeit, leichtes Necken, gemeinsames Spiel und vor allem *mit* deinen Kindern reden (statt bloß auf sie *ein*zureden) sind Zutaten einer gelungenen Elternschaft. Leider richtet übertriebene Nachsicht einen ebenso großen Schaden an wie Schlagen, Schimpfen, Alkoholismus oder Drogenabhängigkeit der Eltern. Schenke deinem Kind warme Liebe, die direkt aus dem Herzen kommt, und du wirst kaum Fehler machen.

Während einer Sitzung fiel einer Klientin folgendes zu ihrem Leben ein: »Meine Mutter liebte Paris mindestens so sehr, wie ich es haßte, obwohl keine von uns beiden die Stadt je gesehen hatte. Ich muß ihr auf jede erdenkliche Art widersprochen haben und ging sogar so weit, Dinge schlecht zu machen, die sie mochte, vor allem ihre romantischen Träume. Sie hatte ein geheimes, reiches Fantasieleben, das sie mit niemandem teilte. Ich erinnere mich daran aus den Tagen, wenn ein Kind die Gedanken anderer mit solcher Klarheit liest, daß es alles weiß, obwohl nichts gesprochen wird.«

Es gibt keine Schranken zwischen den Gedanken der Eltern und denen des Kindes. Kein Wunder also, daß so viele Kinder leiden, auch wenn die Eltern sich ihnen nicht anvertrauen. Sie kennen die Wahrheit bereits und schweigen, um ihre Eltern zu schonen.

Die Phasen der Kindheit

Der Mensch ist ein Gemisch aus drei Anteilen:
Gott, dem Vater und der Mutter.

DER TALMUD

Von der Geburt bis zum Alter von sieben Jahren wird die Weltsicht eines Kindes von seinen Eltern, Geschwistern und anderen Bezugspersonen in seiner unmittelbaren Umgebung geprägt. In den ersten Lebensjahren, wenn ihm die Dinge oft verwirrend und geheimnisvoll vorkommen, wendet das Kind sich an seine Eltern, damit sie ihm die Welt erklären. Jedes Kind besitzt einen Schatz an früheren Erfahrungen und muß sich mit der neuen Natur seiner Seele auseinandersetzen; doch am meisten verwirren es die Gesellschaft und das Gesetz von Ursache und Wirkung. Oft verstehen Kinder allgemein gültige Annahmen über die Beschaffenheit der Wirklichkeit nicht und können mit materiellen Begrenzungen nicht umgehen. Der Erwachsene muß einschreiten und dem Kind zeigen, was gefährlich ist und was nicht. Bis ein Kind Gifte, Heizungsapparate, den Straßenverkehr und andere mögliche Gefahren versteht, braucht es ständige Überwachung; und doch benötigt es den Spielraum, um die materielle Welt zu erkunden und zu bestaunen, aber auch die Freiheit, ein Fantasieleben zu führen. Wie dürfen nicht vergessen, daß auch ein Kind Träume hat, mit seinen Geisthelfern spricht und mit Menschen Kontakt aufnimmt, die es an seine Lebensaufgabe erinnern. Viele Kinder im Vorschulalter sprechen von ihrem Geisthelfer als »unsichtbarem Freund«.

Im Alter von sieben bis neun Jahren ist ein Kind voll in der Lage, zu überlegen und die Motive hinter den Handlungen und Reaktionen anderer Menschen zu verstehen. Oft hat es erste bewußte Kontakte mit dem Zeugen. Es entwickelt sich das Gewissen.

Zwischen acht und vierzehn Jahren erforscht das Kind die Welt selbständig, um anschließend zu seinen Eltern zurückzukehren, deren Unterstützung es braucht. Es muß Selbstdisziplin lernen; es entwickelt seinen kritischen Verstand und beginnt, selbständig zu denken. Achtung vor sich selbst und vor anderen erlernen die meisten Kinder nur mühsam. In diesem Alter sind sie noch nicht unabhängig und leben doch nicht mehr ganz unter der elterlichen Obhut. Sie werden von der Schule, von gleichaltrigen Kameraden und von den Medien beeinflußt, die ihr Bild von sich selbst und von der Welt prägen.

Während der ersten und der zweiten Kindheitsphase ist die Lebensschnur, die das Kind auf der Erde festhält, mit den Eltern oder der Elternfigur verbunden, doch mit vierzehn nimmt es sein Leben selbst in die Hand. Teenager organisieren ihr eigenes Ausbildungs- oder Sportprogramm, probieren verschiedene gesellschaftliche Umgebungen aus, und beginnen, Geld zu verdienen. Wenn es gut geht, sind ihre Eltern erfreut, und lassen dem Kind mehr und mehr Spielraum. Wenn Probleme auftauchen, sorgen sie sich und versuchen strengere Kontrolle einzuführen. In diesem Fall fährst du besser, wenn du dir das Kind sicher und gesund vor deinem inneren Auge vorstellst. Achte darauf, daß es seine Lebensschnur festhält. Gelingt ihm das nicht, übernimmst du sanft die Führung, ohne daß der Teenager etwas davon merkt. Meistens äußern Jugendliche ihre Ansichten sehr leidenschaftlich. Erwachsene, die mit ihnen zu tun haben, können ihnen zur Weisheit verhelfen, indem sie ihnen behutsam beibringen, ihre Meinung gemäßigt auszudrücken und einen kühlen Kopf zu bewahren.

Zwischen fünfzehn und einundzwanzig probiert der junge Mensch alle erwachsenen Rollen aus, die den Wünschen seiner Persönlichkeit und seines Urselbst entsprechen könnten. Manches an diesem Verhalten kann Erwachsene erschrecken, weil sie selbst in ihrer Jugend ausgiebig herumexperimentiert haben oder aber weil sie sich strikt an die elterlichen Gebote hielten.

Für uneingeweihte Eltern ist der Kontakt ihres Kindes mit der Geisteswelt etwas Erschreckendes. Kleine Kinder haben Träume und Visionen, die ihnen ihren Weg in Erinnerung rufen, und sogar Säuglinge haben Kontakt mit Geisthelfern.* Werden diese Erlebnisse von den Eltern verstanden und unterstützt, wird das Kind kein Geheimnis daraus machen und sich nicht vor dem Umgang mit seinen Helfern fürchten.

Jugendliche, die einen besonders wichtigen Lebensweg vor sich haben, werden von ihren Meisterführern, ihren Beratern, von Erzengeln und manchmal vom Schöpfer selbst aufgesucht. Wenn sie eine Vision ihrer Zukunft empfangen und erfahren, wie die Welt wirklich funktioniert, so wird sie das verändern. Von diesem Zeitpunkt an sieht der Mensch die drei Ebenen der Wirklichkeit, die jeder Handlung, jedem Wort und jedem Gedanken der anderen Leute zugrunde liegt. Doch es gibt nichts umsonst. Von nun an muß er sich ausschließlich von seiner inneren Führung und dem Reich der Schöpfung anleiten lassen. Es wird von ihm verlangt, niemandem Schaden zuzufügen, immer um sein Wachstum bemüht zu sein und seinen eigenen Prinzipien streng zu folgen.

Solche Visionen sind oft begleitet von Grippesymptomen und Fieberschüben. In ganz schweren Fällen ist der Jugendliche im Delirium oder gar bewußtlos. Auch wenn es eine spirituelle Krankheit ist, muß sie behandelt und das Fieber gesenkt werden. Es wird der Vision nicht schaden, sie wird fortgesetzt, sobald der Patient allein ist oder zu dösen scheint. Paß auf, daß du dich nicht einmischst, und halte dich, deine Energie und deine Absichten zurück. Drängst du dich auf und bist zu fürsorglich, kannst du die Lebensvision gefährden, die das Kind gerade empfängt.

Eine Frau, deren elfjährige Tochter eine Lebensvision mit Grippesymptomen hatte, blieb zu Hause, hielt ihre Tochter im Arm, massierte sie, sprach mit ihr und beruhigte sie. Das Kind war psychisch erleichtert und gewann sein Selbstvertrauen wieder, aber die spirituellen Botschaften mußten warten, bis sie älter war und sich selbst um ihre Lebensvision bemühte. Die Mutter, die nach einem spirituellen Erlebnis dürstete, beraubte ihre Tochter buchstäblich dieser Gelegen-

* Siehe dazu *Geisthelfer* von Laeh Maggie Garfield und Jack Grant

heit. Eine verpaßte Chance kann nicht immer nachgeholt werden.

Teenager, die Botschaften empfangen, können verängstigt sein; man kann sie beruhigen, indem man ihnen sagt, sie sollen die Mitteilungen aufschreiben, um sie langsam verdauen zu können. Ist deine Tochter besonders nervös, bittest du sie, sich auf den Rücken zu legen mit dem Kopf auf einem flachen Kissen. Lege deine Hände sanft an ihre Schläfen und Wangen. Laß deine Hände etwa eine halbe Stunde leicht dort ruhen. Dann legst du deine Hände unter ihren Hinterkopf, so daß der oberste Halswirbel zwischen deinen Händen liegt. Laß dich auf keinen Fall von ihrer Panik anstecken: bleibe ruhig und verhalte dich vernünftig. Gib deinem Kind Knollengemüse zu essen, um es zu erden, erlaube ihm, kleine Nickerchen zu machen, wenn es müde ist, und ermutige es zu täglicher Bewegung im Freien.

Die meisten dieser Visionen dauern zwischen einer Nacht und zehn Tagen. Wenn die Geister deine Tochter in der Schule belästigen, soll sie sie bitten, nicht dort mit ihr zu sprechen, es sei denn, sie befände sich in Gefahr. Ein Geisthelfer wird sich nicht in das normale Leben einmischen, wenn er weiß, daß er seine Mitteilungen zu einer anderen Zeit machen kann.

Innerhalb von ein paar Tagen sollte deine Tochter sich wieder gefangen haben. Das gilt natürlich alles auch für männliche Jugendliche, die einen geistigen Durchbruch erleben. Wer diese Gabe nicht in einem frühen Alter erhalten hat, wird kaum verstehen können, was ein westlicher Teenager durchmacht, der versucht, wie alle anderen zu sein und dennoch seine spirituelle Begabung zu bewahren. Die meisten geben den Kontakt zu den Geisthelfern auf. Auch wenn das Leben so leichter scheint, bleibt doch ein Gefühl von Verlust zurück. Deshalb versuchen solche Menschen als Erwachsene oft, zu ihrem geistigen Erbe zurückzufinden. Doch ein Kind, das ein Bündnis mit dem Universum eingeht, steht unter besonderem Schutz, das kann ich bezeugen.

Angeborene Wesenszüge und Fixierungen

Es gibt neun Persönlichkeitstypen, die bei uns unter dem Namen Enneagramm bekannt geworden sind. G. I. Gurdjieff lernte dieses psychologische Konzept in den Sufiklöstern Asiens und brachte es in den Westen. Heute lehrt u. a. der chilenische Psychiater Claudio Naranjo die neun Persönlichkeits-Fixierungen alle Menschen, die sich für die spirituelle Dimension der Psychologie interessieren.

Eltern bestimmen, wie ein Kind mit seinen Fixierungen und Zwängen umgeht, doch kein Maß an Strafe, gutem Zureden oder Bestechung wird die grundsätzliche Ausrichtung, mit der die Kinder geboren worden sind, ändern. Wenn du die Fixierungen deiner Kinder einmal kennst, wirst du in der Lage sein, ihnen zu helfen, die positiven Aspekte ihres Persönlichkeitstyps einzusetzen und ihre Verhaltensmuster zum Guten zu verändern.

Ich fasse hier die neun Persönlichkeitstypen nur kurz zusammen. Näheres findest du in Margaret Frings Keyes *Emotions and the Enneagramm: Working Through Your Shadow Life Script* (Molydater Publications) sowie in Helen Palmers Buch *Das Enneagramm. Sich selbst und andere verstehen lernen* (München 1991).

DIE NEUN TYPEN DES ENNEAGRAMMS

EINS – Zorniger Typ: *Der/die Nachtragende,* Groll, Perfektionist, selbstgerecht, verurteilend, hysterisch, zwanghaft, eifersüchtig, streng, sucht Anerkennung, versteckt Gefühle, stellt hohe Ansprüche an sich selbst, strebt danach, Gutes zu tun und meidet direkten Umgang mit Wut. Braucht Selbstbeherrschung, Ausgeglichenheit. Unter Druck (Streßpunkt) benimmt die Eins sich wie eine Vier, wenn es ihr gut geht (gemittet) wie eine Sieben.

ZWEI – Image-Typ: *Der/die Helfende,* ehrgeizig für andere, manipulativ, verführerisch/aggressiv dem anderen Geschlecht gegenüber, Schmeichler/in, sucht Anerkennung, stolz, abhängige Persönlichkeit, sucht anderen zu gefallen. Strebt nach Freiheit und verdrängt eigene Bedürfnisse. Braucht besseres Selbstwertgefühl. Verhält sich unter Druck wie eine Acht und gemittet wie eine Vier.

DREI – Image-Typ: *Statussucher,* Workaholic, zynischer Pessimist, hinterhältig, eitel, tüchtig, klassischer Alpha-Typ, manipulativ, fordernd, sucht öffentliche Anerkennung und hat keine Zeit für privates oder eigenes Leben. Sucht Bestätigung, ist ein Schauspieler, strebt nach Erfolg und meidet das Versagen, braucht Hoffnung, verhält sich unter Druck wie eine Neun und gemittet wie eine Sechs.

VIER – Image-Typ: *Tragische/r Romantiker/in,* ultraschlank, Gewichtszunahme ist eine Tragödie, rachsüchtig, neigt zu Depressionen, will das Unerreichbare, neidisch, manisch-depressiv, glaubt, sie/er hätte die wahre Liebe oder einmalige Gelegenheit auf immer verloren, künstlerisch, temperamentvoll, dramatisch, wetteifert mit anderen, voller Selbsthaß, sabotiert den Erfolg. Sucht Einzigartigkeit und lehnt das Gewöhnliche ab, braucht Zufriedenheit. Unter Druck benimmt die Vier sich wie eine Zwei, gemittet wie eine Eins.

FÜNF – Angst-Typ: *Geizig und gierig,* hält zurück, isoliert sich, um Nähe zu vermeiden, legt sich nicht gerne fest, geht Verpflichtungen, Wettbewerb und Erfolg aus dem Weg, hamstert Zeit, Geld und Wissen. Sucht die Zurückgezogenheit, beobachtet das Leben, anstatt an ihm teilzunehmen, ultraschlanker Körper. Strebt nach unendlichem Wissen und lehnt Ziellosigkeit ab. Braucht Engagement, verhält sich unter Druck wie eine Sieben, wenn gemittet wie eine Acht.

SECHS – Angst-Typ: *Feige oder verwegen,* loyal, gewissenhaft, neigt zu Selbstvorwürfen oder eingebildeten Feindbildern, vorsichtig, warmherzig und liebevoll. Sucht Sicherheit, meidet Originalität. Braucht Stärkung des inneren Kriegers. Benimmt sich unter Druck wie eine Drei, gemittet wie eine Neun.

SIEBEN – Angst-Typ: *Planer/in,* unbeschwerter Optimist, kann sich schlecht entscheiden, hält sich beschäftigt, um zu vertuschen, daß er obenauf oder »high« bleiben möchte. Sucht Vergnügen und irdische Bequemlichkeiten, neigt zur Korpulenz. Strebt nach Arbeit, meidet Schmerz, braucht ein vernünftiges Mittelmaß, handelt unter Druck wie eine Eins und wenn gemittet wie eine Fünf.

ACHT – Zorniger Typ: *Rache,* bezeichnet sich als mächtig, Macher/in, persönlicher Gerechtigkeitssinn gepaart mit Arroganz, lebensdurstig, Hang zur Kontrolle, puritanisch/freizügig, gespalten zwischen eigenem Verhalten und den Erwartungen gegenüber anderen Menschen. Strebt nach Wahrheit, meidet Schwäche, braucht wachsendes Vertrauen, handelt unter Druck wie eine Fünf, gemittet wie eine Zwei.

NEUN – Zorniger Typ: *Verleugnet den Zorn,* bezeichnet sich als umgänglich; faul, träge, unentschlossen, träumend, zwanghaft, passiv-aggressiv, nicht verurteilend, kann rundlich oder sehr schlank sein, guter Vermittler und Verhandlungspartner, strebt nach Liebe, meidet Konflikte, braucht Aktivität, verhält sich unter Druck wie eine Sechs, gemittet wie eine Drei.

Elterliche Dilemmas im 20. Jahrhundert

Es ist sehr wichtig, daß du deine Kinder darauf aufmerksam machst, daß dieses Jahrhundert ein besonders gewaltsames und vulgäres gewesen ist. So verhält sich die Menschheit nicht immer. Viele andere Jahrhunderte waren weniger gewalttätig und kamen ohne weitverbreitete Kriege aus. Seit 1989 befinden wir uns nach 680 Jahren Tod und Zerstörung in einer neuen Ära mit einer praktischen und realistischen menschlichen Perspektive. Sind deine Kinder noch jung, wird die Welt ein besserer Ort sein, bis sie erwachsen sind. Sind sie Teenager in den neunziger Jahren, werden sie in einer mitfühlenderen Zeit leben, und ihre Kinder gemäß den Wertvorstellungen erziehen, von denen die westliche Gesellschaft behauptet, daß sie sie hätte.

Lehre deine Kinder, gemäß ihren eigenen Grundsätzen zu leben und nicht bloß andere nachzuahmen, die Dinge verbreiten, an die sie selbst nicht glauben. Lebe selbst deine höchsten Ideale, und lehre durch dein Vorbild. Sei der Hüter deines Bruders und ein Hüter der Erde. Wenn deine Kinder an deinem Leben und deinen Idealen teilhaben, werden sie mühelos in ihre Aufgabe hineinwachsen.

Es braucht Mut, seine Überzeugungen zu leben. Die meisten Menschen entscheiden sich für die bequeme Lösung.

Damit wirst du leben müssen (Karma)

Was du mit deinen Kindern anstellst, hat einen großen Einfluß auf ihr späteres Leben. Grausamkeit oder unüberlegte Redefluten verlangen ihren Zoll, auch wenn du selbst glaubst, daß du dich für deine Kinder aufopferst.

Wenn du nicht siehst, was in deinen Kindern vorgeht, verpaßt du deine Chance, ihnen dabei zu helfen, ihren rechtmäßigen Platz in der Gesellschaft zu finden.

Kinder, die von Kindermädchen erzogen wurden, empfinden im späteren Leben oft einen schweren Verlust, wenn sie vom Tod der Frau hören, die für sie wie eine Mutter war. Deshalb ist es sehr wichtig, die Gesellschaft so zu reorganisieren, daß die Kinder bei ihren Eltern und inmitten ihrer Verwandten ihr erstes Lebensjahr verbringen können. Berufstätige Eltern, die abends mehrere Stunden sowie ihre Wochenenden den Kindern widmen, schaffen ein starkes Band zu ihnen. Wo das nicht der Fall ist, können Eltern nicht erwarten, ihr

Kind zu beeinflussen, das sich in ihrer Abwesenheit an Gleichaltrige bindet. Je weniger aufrichtige Zuwendung du deinem Kind in den ersten Jahren gibst, um so dünner ist das psychische Band.

Nimm dir Zeit für deine Kinder und zeig ihnen Dinge, die ihnen helfen werden, sich in der Welt zurechtzufinden. Jugendliche brauchen eine breite Palette von Erfahrungen, damit sie Aktivitäten und Interessensgebiete kennenlernen, denen sie sich im Leben zuwenden können. Museen, Messen und Märkte, Konzerte, Theater, Reisen und Sport fördern ihre Entwicklung. Ob du nun gerne an deinem Auto bastelst, deine Kleider selbst nähst, meditierst oder Tennis spielst: Laß deine Kinder daran teilhaben, aber zwing sie nicht dazu.

Im Alter von etwa sechs Jahren interessieren sich die meisten Kinder für das Essen und seine Zubereitung. Wenn du deinen Kindern zeigst, wie sie kochen können, werden sie bald selbständig Mahlzeiten für die ganze Familie zubereiten. Viele Kinder können schon in einem recht frühen Alter ein Frühstück oder ein einfaches Mittagessen auf den Tisch bringen. Mit zehn Jahren können Jungen und Mädchen ihre Wäsche besorgen, wenn man ihnen zeigt, wie die schmutzige Wäsche zu sortieren und welche Waschtemperatur zu wählen ist. Man kann Kindern beibringen, die Preise zu vergleichen und bewußte Konsumenten zu sein, sobald sie alt genug sind, um einkaufen zu gehen. Eine Lehrerin, die ich kannte, brachte ihren beiden Söhnen bei, die Familieneinkäufe zu machen. Die beiden waren acht und zehn, als ich sie im Supermarkt beobachtete, wie sie an Melonen rochen, um festzustellen, ob sie reif waren, und ausrechneten, welche Tomatensoße die billigste war. Man braucht etwas Geduld, um es ihnen zu zeigen, aber Kinder bringen es beim Einkaufen schnell zu einer beachtlichen Kompetenz, die sie als Bestätigung empfinden. Sie lernen Verantwortungsbewußtsein, weil ihnen Fertigkeiten beigebracht werden, die sie unabhängig machen. Wenn ein Kind sich seines Beitrags für das Familienleben bewußt ist, gibt ihm das auch ein größeres Zugehörigkeitsgefühl.

Ich war etwa sieben, als sich die Schlafzimmertür meiner

Eltern in der Sommerhitze wölbte. Mein Vater zeigte mir, wie man sie aushängt, indem man die Türbolzen mit einem Hammer aus den Scharnieren schlägt. Wir trugen die Tür ins Wohnzimmer und legten sie über zwei Holzböcke, damit mein Vater sie abschleifen konnte. Dabei erklärte er mir laufend, wie er genau in Richtung der Maserung arbeitete. Ich machte es genauso, als meine Haustür dreiundzwanzig Jahre später bei schlechtem Wetter aus ihren Fugen geriet; dabei half mir meine zehnjährige Tochter.

Mit deinen Kindern spielen oder deine Interessen und Talente mit ihnen teilen, bringt lebenslange Erinnerungen und bietet die Gelegenheit, das Band zwischen dir und deinen Kindern fester zu knüpfen. Solche Erinnerungen sind wie ein Bankkonto voller herzerwärmender Erfahrungen, an die deine Kinder als Halbwüchsige denken werden, wenn das Leben nicht mehr ganz so einfach ist.

Kummer, der einfach nicht weggehen will, ist das Resultat von Ereignissen, die dein Kind auf die Aufgaben vorbereiten, die es in seinem späteren Leben verarbeiten und mit fortschreitendem Alter immer mehr verfeinern muß. Was ein Kind aus einer Familie, die schwere Zeiten oder eine Tragödie durchmacht, erfährt oder erinnert, wird von seinen Geschwistern nicht immer genauso wahrgenommen. Für die Brüder und Schwestern, die zu jung sind, um sich bewußt daran zu erinnern, bleiben Schatten und Keime, die als unbegründete Ängste, Leiden oder Krankheiten auftauchen können. Die Nachwirkungen von begrabenen Familiendramen oder persönlichen Tragödien führen dazu, daß sie Entwicklungsrichtungen meiden, die solch unbewußte Erinnerungen wecken könnten.

Wir gehen schlechten Erinnerungen möglichst aus dem Weg, weil wir uns vor dem fürchten, was wir entdecken würden. Doch wenn ein Mensch sich dazu bringen kann, sich zu erinnern, liefert seine Kindheit Einsichten, die ihm erlauben, seinen Horizont zu erweitern und sein ganzes Lebenspotential zu erkennen. Ist die Vergangenheit aufgearbeitet worden, kann er das Leben erst voll ausschöpfen.

Natürlich ist es sehr schwer, sich der eigenen Wahrheit zu

stellen. Viele Menschen können ihr nicht ins Gesicht sehen, resignieren und nehmen eine negative Haltung ein. Du kannst dich dein ganzes Leben lang hassen wegen dem, was du über dich selbst herausgefunden hast, oder deine Probleme nacheinander in Ordnung bringen, indem du ihren Ursprung verstehst und das Trauma nochmals durchlebst.

Vielleicht weißt du nicht, wie du deine Kinder mißhandelst, aber die Kinder merken es bestimmt. Kinder, denen man sagt, sie seien dumm, unfähig und unreif, werden diesen Erwartungen prompt entsprechen. Wenn sie Glück haben, rebellieren sie und tun das Gegenteil, um sich zu behaupten. Wahrscheinlich werden sie so wenig wie möglich mit dir zu tun haben wollen, wenn sie einmal älter sind.

Das Leben ist so ungerecht! Der Mann, dessen Kinder ihn in ein Altersheim abschieben und ihn nie besuchen, hat jedes Wochenende mit ihnen gespielt und in den Ferien mit ihnen gezeltet. Aber er war es auch, der sie mit seinem Gürtel schlug, ihre Mutter mißhandelte und Kohlen statt Geschenke in ihre Weihnachtsstrümpfe steckte.

Der ältere Herr, der nun Windeln braucht, ist derjenige, der seine Söhne erniedrigte und schlug, als sie versehentlich ins Bett machten. Sie fürchteten ihn oder durften nicht weinen und ließen ihren Gefühlen im Schlaf freien Lauf. Mitgefühl war damals nicht seine Stärke. Nun kann er sich selbst bemitleiden und erkennen, wie wenig seine Kinder ihr Bettnässen unter Kontrolle hatten, als sie klein waren.

Die Mutter, deren Liebhaber ihre Kinder körperlich, emotional, psychisch oder sexuell mißhandelte, ist als alter Mensch vielleicht allein und verlassen. Damals hatte sie es unterlassen, ihre Kinder zu verteidigen oder zu schützen, als es nötig gewesen wäre. Sei äußerst vorsichtig, wenn du einen Partner aufnimmst oder heiratest, solange deine Kinder noch nicht erwachsen sind. Ein gefühlloser oder gleichgültiger Stiefelternteil verläßt das Haus meistens dann, wenn die Kinder ausgewachsen sind. Ihnen bleiben seelische Narben, und du sitzt alleine da. Ergreifst du immer noch seine Partei statt die deiner Kinder? Verlangt dein »erwachsener« Partner immer noch deine volle Aufmerksamkeit, und ist er eifersüchtig auf die Kinder? Wenn deine Kinder deinen gewählten Lebensgefährten nicht mögen, gib ihn auf! Es würde dich nicht glücklich machen, mit dem Ärger und den Problemen einer entzweiten Familie zu leben.

Inzest

Mütter dürfen die tragische Tatsache niemals vergessen, daß Kinder von ihren Stiefvätern sehr häufig sexuell mißbraucht werden. Wie wird deine Ernte beschaffen sein, wenn du deine Saat nicht schützt? Höre auf dein Kind, wenn es sagt, es sei belästigt worden, und greif sofort ein.

Kinder, die von einer vertrauten Person (Elternteil, Familienfreund, nahe Verwandte, Lehrer, Pfarrer) sexuell ausgebeutet worden sind, blockieren ihre Weiblichkeit (Frauen) oder ihre Männlichkeit (Männer), oder gehen mit jedem ins Bett. Erzwungener Sex zerstört die Selbstachtung und das Vertrauen eines Menschen.

Die Ehe der ersten Frau, die wegen einer sexuellen Dysfunktion zu mir kam, war ruiniert durch die Erinnerung an ihren Vater, der seine Töchter dazu zwang, seine sexuellen Gelüste zu befriedigen. Alles, was ich tun konnte, war, ihr zu helfen, ihr Selbstverständnis, ihr eigenes Machtgefühl und ihre Selbstachtung wiederzugewinnen. Zum Glück verhielt sich ihr Mann trotz ihrer langen, sexuell gleichgültigen Ehe loyal und liebevoll. Als sie selbstsicherer wurde, begann er mit ihr zu duschen, sie vor ihren erwachsenen Kindern überschwenglich in die Arme zu nehmen und zu küssen. Sie fingen wieder an, miteinander zu schlafen, und sie war überglücklich.

Wer sich daran erinnert, als Kind mißhandelt worden zu sein, sollte sich die Wahrheit eingestehen. Was passiert ist, ist nicht deine Schuld. Sogar wenn ein Inzest geheimgehalten wird, spürt die ganze Familie die Schwingungen, und alle leiden darunter. Es gibt keine Geheimnisse im Universum. Jeder weiß jederzeit alles. Unsere telepathischen Fähigkeiten wurden nur in enge Schranken verwiesen, um der Kirche und der politischen Mächte willen. Deshalb dauern in unserer Gesellschaft Übel und zerstörerische Lügen von Generation zu Generation an.

Disziplin

Man sollte einem Kind nie etwas versprechen und es dann nicht halten, denn man bringt ihm so das Lügen bei.

DER TALMUD

Ehe das Christentum die indianische Religion und Kultur unterwanderte, hatten sogar Stämme, die häufig in den Kampf zogen, folgende Einstellung zum Thema Erziehung: »Wenn du ein Kind schlägst, wird es nie lernen, dir zu vertrauen.« Vielleicht fehlt diese Einsicht in unserer Kultur. Schmerz zufügen kann niemals etwas anderes als Angst, Wut und andere negative Gefühle hervorrufen.

Als beseeltes Wesen lernt der Mensch durch Liebe. Er wird aus Liebe zu dir viel eher tun, was du von ihm verlangst, als wenn du versuchst, ihn dazu zu zwingen. Kinder werden dir für ihre Erziehung dankbarer sein, wenn du konsequent, präsent, warm, liebevoll und mitfühlend, als wenn du kalt, distanziert, verurteilend oder gewalttätig bist. Lobe deine Kinder für ihre Erfolge, tröste und unterrichte sie, wenn sie scheitern. Sage die Wahrheit, ohne schroff zu sein. Halte, was du versprichst, um Vertrauen zu schaffen, und verlange von deinen Kindern dasselbe.

Auch wenn dir irgendein Medium erzählt, deine Kinder hätten dir in einem früheren Leben Qualen zugefügt, ist das keine Entschuldigung dafür, sie heute emotional oder körperlich zu mißhandeln oder zu züchtigen.

Jedes Kind, auch wenn du es noch so schützen möchtest, ist unvermeidlichen Schicksalsschlägen ausgesetzt. Todesfälle in der Familie und im Freundeskreis, Scheidungen, Umzüge, wirtschaftliche Schwankungen und die Schikanen anderer Kinder in der Schule stellen ernste Herausforderungen dar. Die Kinder brauchen deine besonders liebevolle Unterstützung, wenn sie schwierige Zeiten durchmachen.

Gewaltfreie Kindererziehung

Die einzige wirksame Methode ist das Beispiel, da Kinder genauer auf das achten, was sie sehen, als auf das, was man ihnen sagt. Sprich mit deinen Kindern und erzähle ihnen Anekdoten aus deiner eigenen Kindheit. Wenn du von einem Baum gefallen warst, oder mit deinem Cousin einen Strandspaziergang bis in die Nacht unternommen hattest, und deshalb Probleme mit den Eltern kriegtest, werden diese Abenteuer dich deinem Kind näherbringen. Hattest du dich mit Klavierspielen abgemüht und eine große Befriedigung empfunden, als du es endlich so gut konntest, daß es Spaß machte, ist auch das eine gute Geschichte, von der deine Kinder profitieren werden.

Höre deinen Kindern zu und laß sie ausreden. Wenn du das, was dir wie kindisches Geschwätz vorkommt, nicht beachtest, wirst du nie erfahren, daß die Klassenlehrerin Kinder schüttelt, die sie nicht mag, oder daß der Pfadfinderführer deinem Sohn schmutzige Bilder gezeigt hat. Du wirst aber auch nichts von ihrer Freude darüber erfahren, daß sie in der Nachbarschaft einen geheimen Garten entdeckt haben, mit einer freundlichen alten Dame, die ihnen Pflanzengeschichten erzählt. Kinder, die wissen, daß man zu Hause ein offenes Ohr für sie hat, erzählen bereitwillig von ihren Abenteuern und Mißgeschicken.

Es kann schwierig, wenn nicht gar unmöglich sein, wirksame gewaltfreie Strafen auszudenken, um deine Kinder zu maßregeln, wenn deine Eltern nichts von diesen Methoden hielten. Wenn in deiner Familie erst geschlagen und dann gefragt wurde, hätte man dir mit Beschämung, Aussperren oder Hausarrest keinen großen Eindruck machen können. Egal, welche Maßnahmen die Eltern ergreifen, sie müssen auf das Kind abgestimmt und gewaltfrei sein.

Ein Tierarzt indianischer Abstammung, der weit von der

Prärie seines Stammes lebt, setzt dennoch Geschichten über *Coyote* ein, um seinen drei Söhnen richtiges Benehmen beizubringen. Sie wirken besser als Schläge und lehren die Kinder nach ihrem Gewissen, und nicht nach ihrem unmittelbaren Begehren, zu handeln.

Eines Abends ließ er zusammen mit seinem Tascheninhalt eine 50-Dollarnote auf seiner Kommode liegen. Als er seine Sachen am nächsten Morgen einstecken wollte, war das Geld verschwunden. Darauf sagte er seinen Kindern, daß während der Nacht Coyote gekommen sei und das Geld gestohlen hätte. Er erzählte auch, wofür er das Geld alles hatte ausgeben wollen – unter anderem, um mit ihnen ins Kino zu gehen. Er bat sie, Coyote zu suchen und ihm zu sagen, wie sehr seine unüberlegte Tat der Familie geschadet hätte. Als er an diesem Abend nach Hause kam, lag das Geld wieder auf der Kommode. Beim Abendessen erzählte er den Kindern, sie hätten alle Glück gehabt, denn Coyote hätte die 50-Dollarnote zurückgebracht. Dann verwendete er das Geld genau so, wie er es gesagt hatte.

Der Vater hatte keinen beschuldigt, und keine Inspektion der Zimmer oder der persönlichen Habe seiner Jungen angeordnet. Er sagte ihnen lediglich, daß ein Problem entstanden sei, und führte sie einer Lösung zu. Weil er das Fehlverhalten auf das schlechte Urteilsvermögen Coyotes zurückführte, brauchten die Kinder einander nicht zu verpetzen oder sich hervorzutun, noch wies er ihnen irgendwelche schlechten Eigenschaften zu. Er wußte es ebenfalls zu vermeiden, sich als jemanden darzustellen, den man fürchten muß.

Um diese Methoden anwenden zu können, mußt du dir ein paar Bücher über Coyote zulegen und die Geduld haben, jedesmal eine passende Geschichte zu erfinden, wenn etwas schiefgelaufen ist. Du mußt deinen Kindern die Coyote-Geschichten immer wieder erzählen, bis sie an die Macht des Tricksters glauben, der alles weiß, alles sieht und dabei in seine eigenen Fallen geht.

Stubenarrest, in die Ecke stellen und andere Formen milder Isolation sind nützliche Erziehungsmittel. Weniger als eine halbe Stunde Arrest genügt für Kinder bis zu sieben Jahren. Von kleinen Kindern kann man kein Zeitgefühl erwarten: »Lang« bedeutet für sie ebensogut eine Stunde wie zwei Tage. Ihre Aufmerksamkeitsspanne beträgt nur etwa zwanzig Minuten, so daß längere Trennungszeiten von ihren Eltern oder ihrer Gruppe keine Wirkung mehr zeigen. Der gesunde Menschenverstand heißt dich, ein Kind nie in eine Garage oder einen Keller zu sperren, wo giftige Substanzen oder potentielle Gefahren ihnen schaden könnten. Wenn es möchte, bringst du das Kind ins Wohnzimmer zurück, sobald seine Strafe vorüber ist. Ein wütendes oder beschämtes Kind braucht vielleicht etwas mehr Zeit allein, bis es seine verletzten Gefühle verdaut hat, bevor es anderen gegenübertreten kann.

Ein Kind in die Ecke zu stellen, während die anderen im Zimmer ohne es weiterspielen, ist eine weitere Form der Isolation. Wenn das gestrafte Kind redet, gibt man ihm keine Antwort. Gibt es keine Ruhe, bringst du es aus dem Zimmer. Es kommt nicht darauf an, wie lange du ein Kind aussperrst, stelle in jedem Fall einen Wecker, damit es hören kann, wenn die Strafzeit vorbei ist.

Drohungen

Man drohe einem Kind nicht mit Strafe.
Entweder man strafe es sofort oder man
beherrsche sich und sage nichts.

DER TALMUD

Drohe nichts an, was du nicht durchführen wirst. Zu sagen, du würdest alle Spielsachen wegschmeißen, die es nicht selbst vom Boden aufhebt, macht keinen Eindruck auf das Kind, wenn du es dann nicht wirklich tust. Andererseits kannst du die Spielsachen auch für einige Monate wegräumen und dann Stück für Stück wieder hervorbringen.

Drohungen wirken nicht bei allen Kindern. Meine ältere Tochter war sehr ordentlich und brauchte kaum mehr als eine Erinnerung, um ihre Spielsachen an ihren Platz zu räumen, wenn sie fertig war mit Spielen; doch meine jüngere Tochter brach jedes Mal in Tränen aus, wenn sie ihre beträchtliche Unordnung aufräumen mußte. Sie war etwa fünf Jahre alt, als sie sich weigerte, ein wildes Durcheinander aus Strohhalmen, Rädchen, Holzeisenbahnen und Klötzen aufzuräumen, die sie seit zwei Tagen im Wohnzimmer hatte liegen lassen. Ich drohte, alles zu verbrennen, wenn es bis zum Abendessen nicht weggeräumt war. Sie erwiderte: »Dann verbrenn es doch!« und half mir, alles in Papiersäcke zu stopfen, die ich vor ihren Augen in den Holzofen schmiß. Im nächsten Frühjahr kaufte ich ihr einen riesigen Legokasten. Sie paßte so gut darauf auf, daß ihre Kinder auch noch damit werden spielen können.

Ältere Kinder reagieren gut auf Strafen, die ihre Freizeit betreffen. Die Einbuße von Taschengeld, Belohnungen, Fernsehverbot und Heimarrest sind wirksame Mittel, um Kinder im Schulalter bei der Stange zu halten. Teenager lernen Verantwortung, wenn sie für verlorene Sachen oder für einen Schaden an der Wohnung haften müssen. Strafen sollten nie übertrieben werden. Eine Strafe pro »Vergehen« genügt. Sag dir, daß jeder einmal einen schlechten Tag haben kann.

Eine verspätete Strafe bringt nichts bei kleinen Kindern, die noch kein Gewissen entwickelt haben. Vertagte Strafen wirken sich negativ auf die Psyche des Kindes aus, und führen zu Angst und Abwehr.

Eine Frau las mir eine ergreifende Geschichte vor, in der sie ihre Probleme als Erwachsene schilderte. Ihre Mutter pflegte die Missetaten des Kindes dem Vater zu erzählen, wenn er spät abends von der Arbeit heimkehrte. Dann weckte er seine Tochter mit Gewalt und schlug sie:

> »Als ich heute morgen meditierte, kam mein Hund Brandy zu mir und küßte mich unerwartet auf den Mund. Mit geschlossenen Augen holte ich aus, um ihn zu schlagen, weil ich nicht wußte, daß er es war. Als ich das Tier sah, hielt ich inne. Dadurch, daß mein Vater immer wieder auf mich einschlug, wenn ich im Bett lag, bleute er mir Angst vor unerwarteten

Berührungen ein. Kein Wunder, daß ich die halbe Nacht wach liege und mir Sorgen mache, auch wenn dazu nicht der geringste Anlaß besteht.«

Diese Frau vermochte sich nicht von ihrer grenzenlosen Angst zu befreien und konnte keine tiefe vertrauensvolle Verbindung zu einem anderen Menschen eingehen. Wenn jemand, der behauptet, daß er dich liebt, dir so etwas antut, wem kannst du da noch trauen?

Söhne und andere Verpflichtungen

Ein schlimmes Kind im Haus zu haben, ist
unerträglicher als der schlimmste Krieg.

DER TALMUD

Warum haben so viele starke Frauen nörgelnde, unkonzentrierte, abhängige und zerstörerische Söhne? Viele von ihnen sind richtige junge Taugenichtse. Nichts ist so schlimm wie eine verzogene, nörgelnde Rotznase. Ein Sohn, den beide Eltern nicht wollen, wenn ihr Kampf um die elterliche Gewalt oder ihre Forderungen nach absoluter Loyalität einmal ausgetragen sind, wird schon im zarten Alter zum Außenseiter gemacht. Seine Mutter übersieht sein Benehmen, weil sie hofft, daß auch andere sich von seinem Charme blenden lassen, der bei ihr ja so gut ankommt. Mädchen verhalten sich im allgemeinen nicht so unflätig und zügellos, wenn sie verwöhnt oder vernachlässigt werden. Sie schauen sich um, erkennen, was sozial akzeptabel ist, und passen sich an.

Ein Paar, sie leben immer noch zusammen, hat einen schwierigen Sohn, ein Einzelkind. Ihre Erziehungsmethoden sind derart unberechenbar und inkonsequent, daß das Kind zu einem Spiegel der Probleme der Familie geworden ist. Die Frau bemuttert ihren Mann so sehr, daß sie ihn sogar ermahnt, seine Frühstücksflocken aufzuessen. Wie kann ein unreifer Mensch, der so gerne als Mann gesehen würde, eine Frau begehren, die sich wie seine Mutter aufführt? Als die

Familie zum Erntedank eingeladen wurde, brachte der Sohn das Haus der Gastgeberin durcheinander und zerbrach eine wertvolle Vase. Er weinte, schrie und störte bei jedem Essen, jedem Gespräch und Ausflug. Seine Eltern waren ratlos. Als überbesorgte Eltern hatten sie beschlossen, nie »nein« zu ihrem Kind zu sagen, weil sie glaubten, das würde seinen Willen brechen. Jetzt hatte diese Praxis viel mehr angerichtet: Mit sechs Jahren kennt er keine Selbstbeherrschung, hat keine Ahnung von Konsequenz und weiß nicht, warum die Leute ihn meiden.

Sind so viele Eltern unwillens oder unfähig, Verhaltensregeln für ihre männlichen Kinder aufzustellen, weil sie die Liebe dieses Kindes so sehr brauchen? Ein anderes Ehepaar, deren Jungen so weit gut erzogen sind, erlaubt ihnen, sie dauernd zu unterbrechen, wenn Besuch da ist. Zu Gast bei anderen Leuten unterbrechen die Jungen niemanden. Sie richten keinen Schaden an und sind höflich.

In den Geschichten von verwöhnten oder abgewiesenen Söhnen gibt es in den meisten Fällen einen gemeinsamen Nenner: Die Eltern haben sich – wenn auch nicht physisch, so doch emotionell – getrennt, bevor der Junge vier Jahre alt war. Die nachstehenden Fälle sind die üblichen Szenarien für übermäßig angebetete Söhne.

Der ältere Junge hatte einen anderen Vater als sein viel jüngerer Bruder. Er benahm sich wie ein egoistischer, lauter, intelligenter, eingebildeter kleiner Tyrann. Seine Mutter, die an seinem Benehmen nichts zu ändern vermochte, übersah es und gab seinen Forderungen nach. In ihrer Verzweiflung schickte sie ihn zu seinem Vater, den sie für das asoziale Verhalten ihres Sohnes verantwortlich machte. In einer anderen Familie waren die beiden jüngeren Kinder ausgewogen, kreativ, neugierig und angenehm, während ihr älterer Bruder ein verwöhnter, respektloser Maulheld war. Jetzt, wo er erwachsen ist, kann er seine Finanzen nicht zusammenhalten, auch wenn er ein hingebungsvoller Ehemann und Vater ist.

Die Ursachen für die Probleme mancher Söhne liegen bei ihrer intelligenten und begabten Mutter und dem vagen, unsicheren Vater, die beide den momentanen Launen des Kindes nachgeben um des oberflächlichen Friedens willen. Die erwähnten Mütter haben alle das Gefühl, sie seien ihrem Sohn etwas schuldig. Sie geben trotz besseren Wissens nach oder aber sie wissen es wirklich nicht besser. Das Resultat ist, daß diese Problemfälle, wenn sie erwachsen sind, ständig Hilfe von ihren Eltern brauchen, um überleben zu können.

Als junge Erwachsene sind diese Söhne weder selbständig noch motiviert oder reif. Wenn sie Glück haben, haben sie wenigstens ein Herz. Andere sind freche und vorlaute Schmarotzer, die ihre Familie und Freunde bestehlen, drogensüchtig werden, in Schlägereien geraten oder kriminell werden. Der gute Name der Eltern kann einem solchen Unmenschen nur so lange aus der Klemme helfen, bis er außerhalb des Einflußbereichs der Familie in Schwierigkeiten gerät.

Wenn Eltern ihre Führungsaufgabe nicht wahrnehmen, wenn sie keine Grenzen setzen und immer nur nachgeben, muß das Kind selbst die Führung übernehmen. Glücklich, wer im Alter von sieben bis zehn Jahren außer Haus lernt, was als gutes Benehmen gilt. Andere schließen sich ihren Freunden und deren Familien an und lernen als Teenager, wie man sich benimmt.

Leider wird den ganz wilden Jungen kaum von toleranten und geduldigen Eltern von Freunden geholfen. Ohne Bezugspersonen werden sie zu verlorenen Seelen, selbstzerstörerisch und gesellschaftsfeindlich, oder zu heimatlosen, einsamen Menschen, die umherirren und nach menschlichem Zuspruch hungern. Es sind die Männer, die keine Frau will und mit denen es keine lange aushält. Aus unbezähmbaren Jungen werden unbrauchbare Männer. Im Talmud heißt es: »Wenn ein Vater seinen Sohn keinen Beruf lehrt, erzieht er ihn zum Dieb.«

Trennung und Scheidung

Ein Kind, das aus gegenseitiger Liebe geboren wird, ist ein echtes Liebeskind, da es nur zu dem Zweck gezeugt wurde, das Band zwischen den Eltern zu stärken. Stirbt die Liebe, die einer oder beide Eltern füreinander empfinden, kann das Kind als Sinnbild dieser Liebe dieselbe Ablehnung erfahren wie die Verbindung. Das ist weniger offensichtlich, wenn die Mutter den Vater immer noch liebt, da sie ihre Liebe vielleicht auf das Kind überträgt. Bis die totale Ablehnung ihres früheren Mannes sie es schließlich hassen läßt, ist das Kind in relativer Sicherheit. Es ist am besten geschützt, wenn seine Eltern sich freundschaftlich trennen, denn in diesem Fall kann die Liebe, die sie füreinander hatten, leichter zu einer schönen Erinnerung, frei von Bitterkeit, werden. So kann das Kind zu einem Menschen werden, der um seiner selbst willen geliebt wird.

Erwachsene können sich darüber ärgern, daß sie nicht so waren, wie es sich der Partner wünschte, oder bedauern, daß auch diese Liebesbeziehung gescheitert ist.

Im Scheidungsfall müssen Eltern ihre Kinder schützen, indem sie ihnen die Zeit lassen, die sie brauchen, um ihr Verhältnis zu den Eltern neu zu gestalten. Der erziehende und der besuchende Elternteil können es so einrichten, daß beide gleich viel Zeit mit dem Kind verbringen. Wenn du dich gut verstehst mit deinem geschiedenen Partner, können Familienpicknicks und andere Anlässe zu gemeinsamen Erlebnissen werden. Problematisch wird es allerdings, wenn dein früherer Gefährte eine neue Flamme hat und du nicht, oder wenn diese neue Beziehung mit eurer Trennung zu tun hatte. Bei all diesen Prüfungen des modernen Familienlebens mußt du dir selber treu bleiben und darfst die Achtung vor dir und den anderen nicht verlieren.

Reparenting*

Häufig trifft man Menschen, die von Begebenheiten ihrer frühen Kindheit derart angeschlagen sind, daß sie zur Erziehung ihrer Kinder unfähig sind. Die Gesellschaft bemüht

---

* Reparenting ist ein amerikanischer Begriff: Neue Werte setzen und seine Elternrolle neu definieren.

sich, sie wieder einzugliedern, aber leider sind diese Eltern dann Mitte Dreißig oder Vierzig. Nicht allzu viele junge Eltern besuchen Selbsthilfegruppen oder Seminare, deshalb neigen sie dazu, die Fehler ihrer eigenen Eltern zu wiederholen.

Das Überdenken althergebrachter Ansichten hilft der heutigen Generation, für ihre Kinder und die Erde Sorge zu tragen. Reife und Alte Seelen werden, trotz früherer Mißhandlung, zu guten Hütern der Erde, ihrer Umwelt, ihrer Kinder und ihrer Freunde.

Einem Guru zu folgen, kann eine Methode sein, um sich neue Werte und Verhaltensmuster anzueignen. Anhänger suchen eine allmächtige, gütige Autorität, in die sie ihr ganzes Vertrauen setzen. Sie hoffen, dieser neue »Elternteil« werde sich ihrer annehmen, und beneiden alle, denen er seine Aufmerksamkeit schenkt. Nur allzuoft ist dieser Guru ein berechnender Despot.

Das Wort Guru beschwört wahrscheinlich das Bild einer mystischen östlichen Sekte herauf, die davon lebt, westlichen Gläubigen große Geldsummen aus der Tasche zu ziehen. Doch die religiösen Universitäten und Bewegungen, Fernsehprediger sowie große Gemeinden, die von Demagogen geführt werden, die von sich behaupten, sie seien von irgendeiner christlichen Kirche geweiht, katholische Seminare und Klöster, Irrenhäuser, Erziehungsanstalten für jugendliche Straffällige und Gefängnisse operieren alle nach demselben Prinzip.

Wie die Eltern stellen auch Gurus Regeln auf, die der Anhänger befolgen muß. Die meisten beschränken den Zutritt zum inneren Kreis, was dem Verhalten der Erwachsenen in deiner Geburtsfamilie entspricht, die ebenfalls die Kinder von ihren Aktivitäten ausschlossen. Zu einer »neuen Familie« gehören, heißt, seine Autonomie aufgeben und die Diktate des Gurus befolgen. Was du ißt, wann du schläfst und mit wem du – unabhängig von Heirats- und Familienbanden – das Zimmer teilst, wird von den Regeln der jeweiligen Sekte bestimmt. Wo du zu arbeiten hast, wieviel von deinem Geld du behalten und mit wem du verkehren darfst, wird ebenfalls vorgeschrieben. Anstatt zu deinen eigenen Verwandten zu halten, bist du jetzt den Anhängern und Mitgliedern deiner auserwählten Gruppe verpflichtet. Langjährige Freunde, die du nicht für deinen Guru gewinnen kannst, wirst du aufgeben, während du dich immer mehr diesem spirituellen Weg, der als deine Rettung dargestellt wird, verschreibst.

Der Guru hat die ganze Macht, und du duldest es. Andere, die auf der Leiter ein paar Stufen weiter oben sind als du, sorgen eisern dafür, daß die Regeln eingehalten werden. Einer – meistens nicht der Guru selbst – spielt den Polizisten. Wenn du es gut hast, während andere leiden, kommt das wahrscheinlich daher, daß der Guru es auf dein Geld, deinen Körper oder dein Können abgesehen hat.

Gurus, Unterhaltungskünstler oder Publikumslieblinge können ihrer Gefolgschaft Energie abziehen, indem sie sich in deren drittes Chakra einklinken. Wenn bei einem Konzert viele einschlafen oder die Anhänger des Gurus in seiner Gegenwart zu meditieren scheinen, hat der charismatische Führer seinen Fans zu viel Energie abgezapft. Die Menschen fühlen sich müde und dösen, um sich wieder aufzuladen. Ein guter Unterhalter leiht sich die Energie des Publikums nur vorübergehend aus und gibt sie am Ende der Show so an das Publikum zurück, daß es beglückt ist.

Seine Anhänger zu versklaven ist eine unerfreuliche Form der Bindung, die mit der Zeit nicht nur den geliebten Meister, sondern auch seine Gefolgsleute zerstört. Dies gilt sowohl für Familien als auch für religiöse Organisationen. Respekt für die Göttlichkeit und die irdische Aufgabe eines jeden Menschen ist die Regel des Universums.

Du wirst nur dann erfolgreich umprogrammiert, wenn du es auch willst, und die Fähigkeiten, die du bereits hast, müssen anerkannt und unterstützt werden. Gute Therapeuten, Selbsthilfegruppen wie die Anonymen Alkoholiker und gegenseitige Beratung (Co-Counseling) lassen dir deine volle Freiheit, während du stärker wirst und die Fähigkeit erlangst, deinen Teil an Verantwortung und Macht zu übernehmen, ohne zu beherrschen oder zu manipulieren.

9

Intime Beziehungen

Die Liebe ist ein endloses Geheimnis,
denn nichts anderes kann sie erklären.

RABINDRANATH TAGORE

Einen Geliebten wirklich tief zu lieben ist der spirituellste Akt, den es gibt, denn er bildet die Brücke und das Tor zwischen Himmel und Erde.

Der Schöpfer setzt uns alle in diese Welt, um voneinander zu lernen. Welchen Namen du Ihm auch geben magst, erinnere dich daran, daß Er uns alle gleich liebt. Auch wenn du noch so leidest, bemühe dich, niemand anderem Schaden zuzufügen. Selbstrespekt bedeutet, sich nicht alle Anfeindungen gefallen zu lassen. Liebe dich so, wie dein Schöpfer dich liebt, und es wird dir leichtfallen, einen anderen Menschen zu lieben: Deine Unfähigkeit, dich selbst zu lieben hält dich davon ab, dich auf gesunde Art mit jemand anderem zu verbinden und dich diesem Menschen wirklich hinzugeben.

Beziehungen, die du freiwillig knüpfst, sind, vom Reich der Schöpfung aus gesehen, eine Wiedervereinigung von Seelen, die sich aus zahllosen früheren Leben gekannt haben, oder auch von Wesen, die sich vorher noch nicht kannten, aber dieselben Lektionen lernen müssen. Wenn du das einmal weißt, wirst du deine Freunde, Kollegen, Liebhaber und Ehepartner mit ganz anderen Augen sehen. Selbstverständlich gibt es ein enges Beziehungsnetz zwischen der materiellen und der Schöpfungsebene. In Anbetracht der

Wiedergeburt bist du bereits (oder wirst es früher oder später einmal) mit allen Menschen auf diesem Planeten verwandt. Diese Einsicht sollte es dir leichter machen, deinen Nachbarn wie dich selbst zu lieben und so zu behandeln, wie du selbst behandelt werden willst.

Der Hüter der Ehe

Die Ehe ist eine Prüfung und ein Opfer. Es ist eine mystische Verbindung zweier Seelen, die im Fleisch eins geworden sind. Eine liebevolle Bindung ist während eines ganzen Lebens und darüber hinaus gültig, wobei sich die Partner allerdings in einem späteren Leben nicht wieder ehelichen müssen. In einer archetypischen Ehe wissen die Beteiligten von Anfang an, daß sie zusammengehören. Nicht in einem sinnlichen oder romantischen, sondern in einem spirituellen Sinn. Ihre Liebe ist so stark, daß das Paar trotz politischer, gesellschaftlicher oder wirtschaftlicher Hindernisse zusammenhält. Beide Partner lieben und respektieren einander und sind einander leidenschaftlich treu. Keine weltlichen oder religiösen Zwänge, keine noch so große Anzahl sich einmischender Verwandter können ein Paar auseinanderbringen, deren Partnerschaft spirituell begründet ist. Eine Verbindung dieser Tragweite steht unter dem Schutz eines Ehehüters.

An einer Ehe sind drei Wesen beteiligt: die beiden Partner und der Beschützer ihrer Verbindung. Der Ehehüter hält sich in der Nähe seines Paares auf, um den Partnern bei den Aufgaben zu helfen, die sie erfüllen müssen, um ihr Wachstum zu fördern. Wenn einer der beiden Partner sich weigert, am Aufbau der Beziehung zu arbeiten, kann sich der unzufriedene Ehehüter zu einem anderen Paar gesellen, das willens ist, an seinen Verhaltensmustern zu arbeiten. Ein Hüter, der daran interessiert ist, zwei Menschen zur Harmonie zu verhelfen, wird sich sehr anstrengen, sein Paar bei der Bewältigung seiner gemeinsamen Lebensaufgabe zu unterstützen.

Je nach der Art der Beziehung und der Ernsthaftigkeit der

Aufgabe, die beide Partner miteinander verbindet, wendet der Ehehüter, der immer ein Botschafter des Schöpfers ist, unterschiedliche Methoden an. Können spätere Beziehungen mit anderen Partnern den beiden etwas über den Umgang mit Macht und Beherrschung vermitteln, so ist es sinnlos, an einer Bindung festzuhalten, in der die beiden Eheleute vor lauter Streitereien ihre Probleme nicht bewältigen können. Treffen jedoch zwei starke Menschen aufeinander, die ihre Macht in gleichem Maß nutzen oder mißbrauchen, so kann diese Verbindung zu kostbar sein für das Wachstum beider Partner, um sie durch Zwistigkeiten zu gefährden. In diesem Fall wird der Ehehüter sich auf sämtlichen geistigen, psychologischen, gesellschaftlichen und familiären Ebenen einsetzen, um den Erfolg der Beziehung zu sichern. Die Eigenschaften, die die beiden gemeinsam erarbeiten müssen, sind meistens diejenigen, die jedem von ihnen Schwierigkeiten bereiten.

Der Hüter der Ehe erscheint als elliptisches, leuchtendes, farbiges Licht. Geisthelfer zeigen sich als runde Lichter in verschiedenen Farben. Ein Urselbst, das hofft, dein Baby zu werden, sieht aus wie ein Geisthelfer. Ein unwissender Mann, der ein elliptisches Lichtwesen auf sich zukommen sah, schickte dieses weit weg, da er glaubte, es sei eine Seele, die sich als sein Kind inkarnieren wollte; es war aber der Hüter seiner Ehe. Seine ehedem harmonische Beziehung verschlechterte sich zusehends, bis er seinen Irrtum erkannte.

Die vier Arten von Verbindungen

Es gibt vier Haupttypen von Ehen oder Verbindungen. Es sind: die unbewußte Beziehung, die karmische Verbindung, die Kameradschaftsehe und die Lebens-Verbindung. Eine bewußte Seele wird an der Seite eines weniger entwickelten Partners kaum glücklich. Ehen, in denen die Partner dazu neigen, sich immer tiefer in ihr Unglück zu verstricken, fallen in zwei Hauptgruppen: die unbewußte Beziehung und die karmische Verbindung. Lebens-Verbindungen haben gute Chancen für eine glückliche Ehe. All diese Ehen werden im Himmel – im Reich der Schöpfung – vorherbestimmt.

Die unbewußte Beziehung

Mit einigen Varianten liest sich dieses Drehbuch ungefähr so: »Ich bin ein Junge, du bist ein Mädchen. Laß uns heiraten und als Familie zusammenleben; wenn wir heiraten, können wir Kosten sparen; oder: wenn wir heiraten, kann ich auf deine Kosten leben.« Die unbewußte Verbindung ist etwas für Leute, für die die Ehe ein Ausweg aus ihrer eigenen Unzulänglichkeit darstellt, oder die ihre Wahrheitssuche einschränken wollen. Der übereilte Entschluß zur Eheschließung nimmt dir die Möglichkeit, später eine gute Wahl zu treffen: Es ist eine Methode, um sich um seinen spirituellen Weg zu bringen. Die meisten dieser Ehen scheitern nach ein paar Jahren: Sie brechen aus Mangel an Substanz und mangels Grundlagen auseinander, auch wenn das Paar sich bemüht, zusammenzubleiben. Falls die Ehe weiterbesteht, bleibt diese Partnerschaft eine leere spirituelle Reise, bei der nur wenig erreicht wird.

Gewiß, wenn die Anzahl solcher Verbindungen sehr groß ist, ist es wahrscheinlich, daß sich darunter auch Paare befinden, die nach ein paar Jahren entdecken, daß sie tatsächlich die für sie bestmögliche Wahl getroffen haben.

Die karmische Verbindung

Der zweite Ehetyp ist die karmische Verbindung. Diese Paare tun sich zusammen, um Schaden aus früheren Leben wiedergutzumachen. In konservativen Gesellschaften werden solche Ehen arrangiert, um zwei wichtige Familien zu verbinden. Immer hat das Paar eine besondere Aufgabe, die in ein paar Monaten oder in mehreren Jahren zu bewältigen ist. Es kann sich dabei um die Geburt von Kindern oder die

Gründung einer Organisation handeln; ist diese Aufgabe einmal erfüllt, bleiben karmisch verbundene Paare meistens aus Bequemlichkeit zusammen. Ihre Beziehung zeichnet sich durch viel Streit aus, wobei der bewußtere Partner wegen der fehlenden spirituellen Entwicklung völlig frustriert ist. Oft weiß er um die tiefere Verbindung zwischen ihnen beiden und um die Verpflichtung, die sie eingegangen sind, in ihrem gegenwärtigen Leben vergangene Ungerechtigkeiten wiedergutzumachen.

Die Kameradschaftsehe

Kameradschaftsehen beruhen auf gemeinsamen spirituellen Aufgaben, die auf eng verbundenen oder parallelen Wegen zu erfüllen sind. Menschen, die sich so zusammenfinden, haben sich für einen Pfad entschieden, den sie zusammen beschreiten, ohne deswegen die eigene Lebensaufgabe zu vernachlässigen. Instinktiv wissen sie, daß ihre Mission eine gemeinsame ist. Ob eine solche Verbindung nun sieben, zwölf oder achtundzwanzig Jahre dauert, oder bis einer der Partner stirbt, sie gibt beiden das Gefühl, auf des Messers Schneide zu leben. Die Kameradschaftsehe verspricht großes Wachstum und reiche Belohnung, wenn die Prüfungen gemeinsam angegangen und gemeistert werden.

Die Lebensverbindung

Die vierte Art von Verbindung wird oft mißverstanden, weil man sie im Westen nur selten antrifft. Bevor du dieses Leben wähltest, hast du deinen Lebensgefährten bereits kontaktiert, um Geburtsfamilien und frühe Lebensumstände auszusuchen, die zu der Lebensgemeinschaft führen werden, von der du weißt, daß sie eure gemeinsame Bestimmung ist. Diese Art Beziehung verlangt ungezählte Opfer, die aber nicht als Entbehrung empfunden werden. Sie beinhaltet auch viel Humor und tiefe Befriedigung in der gewählten Berufslaufbahn oder in den Aufgaben, welche sich das Paar gestellt hat. Kinder aus dieser Art von Verbindung erwarten in ihren eigenen Partnerschaften denselben guten Willen vorzufinden und erleben böse Überraschungen, da ihnen dort längst nicht so viel Wärme und Offenheit begegnet, wie in der Ehe ihrer Eltern.

Ehe und Überzeugungen

Was sorgt dafür, daß eine Ehe funktioniert? Unsere Weltanschauung: Deine Ansichten können eine langfristige Partnerschaft begünstigen oder verhindern. Früher war in unserer Gesellschaft die Überzeugung, daß die Ehe lediglich dazu da sei, um Kinder zu zeugen, so weit verbreitet, daß Frauen kaum heirateten, wenn sie die Wechseljahre hinter sich hatten. Es gab so viele junge Witwen, daß in der Bibel steht, ein Mann solle die kinderlose Witwe seines Bruders heiraten, weil diese Frau sonst möglicherweise nie Kinder haben könnte und niemanden hätte, der sich um sie kümmert, wenn sie alt ist.

Heute finden wir es nicht mehr erstaunlich, daß Menschen allen Alters einander finden und heiraten. Wir halten die Ehe für lebensverlängernd und glauben, daß sie zu unserem persönlichen Glück beiträgt.

Innerste Überzeugungen können einer gelungenen Beziehung im Wege stehen. Wenn du tief in deinem Herzen weißt, daß du keine Kinder mehr haben willst, fallen dir allerlei Ausreden ein, damit du keinen Partner findest. Dann wirst du bis zum Tod alleinstehend bleiben; oder du könntest einen Menschen heiraten, der sich auch keine Nachkommen wünscht. Du mußt dir deiner tiefsten Einstellungen bewußt werden, bevor du andere Wege einschlagen kannst.

Auch mit den Erwartungen, die dein potentieller Partner an die Ehe stellt, mußt du dich auseinandersetzen. Du kannst sie weitgehend erkennen, wenn du genau darauf achtest, mit welchen Worten er die Beziehung beschreibt. George Lakoff, der an der Universität von Kalifornien in Berkeley doziert, hat eine Reihe von Untersuchungen über die Verwendung der Metapher gemacht. Hier ein ausgezeichnetes Beispiel aus einem Interview mit dem Titel »Food for Thought«, das er am 27. Januar 1989 der Zeitung *The Express* gab:

> »Nehmen wir zum Beispiel ein Paar, bei dem die Frau die Ehe als ein Mittel zum *Wachstum* sieht, das auf keinen Fall *stagnieren* darf. Der Ehemann sieht in ihrer Beziehung hingegen ein dauerhaftes Bauwerk, an dem beide Partner *arbeiten* und *bauen* müssen, damit es *fest, stabil* und *sicher* wird und *nicht zusammenbricht*, wenn es *belastet* wird. Was er für eine gelungene Ehe hält, wäre für sie eine Katastrophe.«

Unsere Sprache kennt viele Metaphern, die die Liebe als eine Reise beschreiben: »den Weg gemeinsam gehen«, »durch Dick und Dünn«, »in eine Sackgasse geraten«, »sich trennen« oder »scheiden«. Weitere Bilder beschreiben die Liebe als einen Irrsinn: »völlig weg«, »verrückt nach«, »ganz wild auf«; als eine Krankheit: »hitzig«, »fiebrig«, »überdreht«; als etwas Magisches: »magnetische Anziehungskraft«, »verhext«, »gefangen sein«; oder als Kontrollverlust: »ver-lieben«, »völlig weg sein«, »Hals über Kopf«. Wenn du und dein Partner nicht dieselbe Art Metaphern verwendet, um eure Beziehung zu beschreiben, kann das ein Hinweis darauf sein, daß ihr nicht auf demselben Weg seid und die Beziehung nicht von Dauer sein wird, weil eure innersten Ansichten sich nicht decken.

Unsere Sprache ist nicht fähig, die vielen Beziehungsschattierungen zwischen Menschen angemessen zu beschreiben; doch die gewählten Ausdrücke spiegeln unmißverständlich, ob eine solche Verbindung akzeptiert oder nur geduldet wird. Werden Beziehungen in unserer kreativen Kultur so wenig geschätzt und beachtet, daß wir keine Worte finden, um den verschiedenen Stufen von Verpflichtung und Bindung außerhalb der gesetzlichen Ehe, die Männer, Frauen und gleichgeschlechtliche Paare eingehen, gerecht zu werden? Diese Einstellung ist dauerhaften Beziehungen wohl kaum zuträglich.

Sexuelle Beziehungen, die nicht unter der Schirmherrschaft der Ehe stehen, werden meist herabwürdigend oder zweideutig beschrieben. Wie bezeichnen wir heute, da dies seit zwanzig Jahren gang und gäbe ist, die Person, mit der wir in einer verbindlichen Zweierbeziehung leben, wenn die Kirche unwillens oder auch nicht dazu aufgefordert ist, außereheliches Zusammenleben zu segnen? Decken Ausdrücke wie »mein/e Alte/r«, »mein/e Freund/in«, »mein/e Lebensgefährte/in«, »mein/e Partner/in« die Situation befriedigend ab? Sie beinhalten nur wenig Respekt für das Wesen der Beziehung. Wenn es nicht länger tabu ist, ohne Trauschein zusammenzuleben, wo bleiben denn die neuen Worte, um die verbindliche unverheiratete Verbindung zu beschreiben? Es braucht lange Erklärungen, um auszudrücken, was die Gesellschaft eigentlich als annehmbares, aber doch nicht ganz unterstützenswertes Paarverhalten betrachtet. Wie lange werden wir es der Sprache noch erlauben, nicht auszusprechen, was die Kultur schon längst billigt?

Ein Paar sein heißt für zwei Menschen, daß sie ihren inneren und ihren äußeren Weg vereinen. Dieses Zusammenlegen der inneren Pfade und der äußeren Lebensumstände ist eine Herausforderung. Kompromisse muß jeder Partner schließen, doch um das Zusammenleben im Gleichgewicht zu halten, darf keiner seine Autonomie, seine persönliche Freiheit oder seinen rechtmäßigen Weg aufgeben. In gelungenen Ehen stimmen die persönlichen, praktischen, öffentlichen und privaten Bedürfnisse beider Partner überein.

Das erste Bild der Ehe, das meistens früh im Leben erfahren wird, ist von den Ehen deiner Eltern, naher Familienfreunde oder Verwandten geprägt; der eigentliche Ehe-Zustand wird meistens mißverstanden. Joseph Campbell faßt ihn in einem Interview mit Bill Moyers recht gut zusammen:

Bill Moyers: *Also ist die Ehe völlig unvereinbar mit der Idee, seinen eigenen Weg zu gehen?*

Joseph Campbell: *Es ist nicht einfach dein eigener Weg, verstehst du? In gewisser Weise geht man schon seinen eigenen Weg, aber man geht ihn nicht allein, sondern gemeinsam, zu zweit vereint. Dieses ganz mythologische Bild bedeutet, daß man das vordergründige zugunsten eines transzendenten Wohls opfert.*

Das ist etwas, das in der zweiten Phase der Ehe wunderbar zum Ausdruck kommt, die ich die alchemistische Stufe nenne, jene Erfahrung nämlich, daß man zu zweit eins ist. Aber wenn man immer noch so lebt wie in der ersten Phase der Ehe, wird man sich trennen, sobald die Kinder das Haus verlassen.

Die Erziehung der Kinder in den ersten neun Jahren erfordert eine anspruchsvolle Zusammenarbeit; sonst muß einer der Partner, und das ist meistens die Frau, seine Interessen opfern. Diese Unterbrechung der spirituellen Entwicklung kann zu Unstimmigkeiten führen und ist der wichtigste Grund für Trennung und Scheidung, solange die Kinder noch klein sind.

Es ist möglich, daß du schon einmal oder sogar mehrmals verheiratet warst, ohne dabei eine wirkliche Ehe eingegangen zu sein. Diese Art Verbindung ist meistens unbefriedigend und oft von kurzer Dauer. Wenn deine Situation dir nicht paßt, bitte deine Geisthelfer um eine Änderung in deinem Lebensskript. Es kann sein, daß deine Bitte erhört wird. Sollte dies nicht der Fall sein, hast du dabei nichts verloren.

Falls in deiner Ehe unvereinbare Überzeugungen aufeinanderprallen, können diese Schwierigkeiten auch ihren Nutzen haben, besonders wenn du dadurch erkennst, daß du dich vor der Verkörperung für ein eheloses Leben entschieden hattest. Vielleicht erfährst du sogar, welche Lektionen des Alleinlebens du meistern solltest. Wenigstens wirst du danach besser mit deinem Alleinsein umgehen können, anstatt deine Zeit damit zu verbringen, einem unpassenden Partner nachzulaufen.

Bevor Scheidungen zur Routinesache geworden waren, wußten die Frauen, daß die Ehe erst nach der silbernen Hochzeit beginnt. Erst dann hatte das Paar gemeinsam soviel durchgemacht, daß Mitgefühl und echte Annahme in der Beziehung möglich wurden. Zu diesem Zeitpunkt hatte jeder Partner seine persönlichen Leidenschaften und seine Frustrationen soweit gemildert, daß er dem anderen mit Liebe begegnen konnte. Leider waren auch damals bedingungslose Liebe und spirituelle Übereinstimmung nicht jedem Paar vergönnt. Viele lebten in Haß und Verachtung, duldeten einander notgedrungen und ignorierten den Partner, um offene Feindseligkeiten zu vermeiden, weil man sich aus gesellschaftlichen und religiösen Gründen nicht scheiden lassen oder trennen wollte.

Meistens ist man von einer Beziehung enttäuscht, weil sie den eigenen Erwartungen in keiner Weise entspricht. In einer Gesellschaft im Umbruch, wie der unseren, gibt es nicht viele allgemeingültige Regeln für die Suche nach einem passenden Lebensgefährten oder auch nur einem vorübergehenden Partner. Hört man je einen Menschen sagen, daß er einen gewalttätigen, fluchenden Partner suche, um ihn zu zähmen oder sich von ihm tyrannisieren zu lassen? Dennoch kann deine Unerfahrenheit in Liebesbeziehungen dich gerade diesen Gefahren aussetzen.

Meine Tante sagte oft zu mir: »Ein Mann ist der Mensch, den er aus sich macht, eine Frau der, den sie heiratet.« Und: »Es ist genauso leicht, einen reichen Mann zu lieben wie einen armen.« Sie gab mir auch Ratschläge, wie eine gute Frau ihren Mann ermutigen und ihm bei seiner Entwicklung helfen kann, so daß er weiterkommt, als er ohne sie hätte kommen können. Eine Frau ohne Geld oder Verstand konnte ihren Mann auch schlechter werden lassen, als er ohne sie gewesen wäre; oder sie konnte ihre eigenen Lebensbedingungen nicht verbessern, wenn es ihr nicht gelang, ihn zum Besseren zu beeinflussen. In jedem Fall lag es an der Frau, den Mann zu fördern. Sie war verantwortlich für das Eheglück. Wenn er sie grausam behandelte, kam das eben daher, weil sie dumm war und keinen Verstand hatte. Ihre Güte, Weisheit und Reinheit konnte alles verändern. Vor allem war es wichtig, seinen Mann gut auszuwählen, denn, sagte meine Tante, »aus dem Ohr einer Sau kannst du keinen Seidenbeutel machen«.

In den meisten Ehen gelten auch heute noch ähnliche Vorurteile. Die Erlösung ist die Aufgabe der Frau, ihre Beharrlichkeit und ihre hohe Moral halten den Mann auf seinem Kurs. Sein Versagen ist das ihre – ihr Versagen ist es auch.

Frauen, die eine lange Ehe hinter sich haben, sind oft verbittert, weil sie nicht die Belohnungen erhalten, die dieser Dienst zu versprechen schien. Die mangelnde materielle und gesellschaftliche Anerkennung, über die sie sich beklagen, hat jedoch eine tiefere Ursache. Theoretisch ist ein Paar dazu da, sich gegenseitig – und zwar nicht nur um Nachkommen zu produzieren – zu befruchten. Die Inspiration seiner Frau verwandelt den Mann in einen *Menschen*. Er wiederum soll ihr fruchtbare Ideen, Resonanz und Ermutigung geben, damit sie auf ihrem spirituellen Weg vorankommt. Frauen wissen, daß ihre Intuition, ihre Heilkräfte und ihre Verbindung mit dem Göttlichen in einer positiven Beziehung verstärkt werden.

Guter Sex ist ein Weg zum Göttlichen, den die Liebenden gemeinsam beschreiten. Im Augenblick der Ekstase, wenn ihre Körper so verschmelzen, daß sie nicht wissen, welcher wem gehört, werden beide eins mit dem Reich der Schöpfung und/oder dem Ursprung. In einer destruktiven oder gleichgültigen Paarung kommt Ekstase, wenn überhaupt, nur selten vor.

Gewisse Stammeskulturen berücksichtigen die Tatsache, daß es in einer Ehe schwierig ist, diese gegenseitige Befruchtung zu erreichen. Sie paaren einen Jungen und ein Mädchen, die nicht miteinander verwandt sind, als platonisches Paar, das Bruder und Schwester im Geist bleiben wird. Diese beiden heiraten andere Partner für Nachkommenschaft, Liebe und materielle Unterstützung. Während ihres ganzen Lebens verfolgen die spirituellen Geschwister gemeinsam ihre geistige Entwicklung, wobei sie Einsichten, Visionssuchen, Träume, Gespräche und andere Aktivitäten teilen.

Gerade in den schönen Künsten gibt es viele Beispiele von Paaren, die einander oder den Partner inspiriert haben: Robert und Klara Schumann, Gertrude Stein und Alice B. Toklas oder Simone de Beauvoir und Jean-Paul Sartre.

Eine Beziehung eingehen

Gute Anfänge sind mehr wert als alle späteren Reparaturversuche.

Die Regel lautet: Je länger die ursprüngliche Verliebtheit anhält, desto stärker ist das spirituelle Band zwischen den beiden Partnern.

Sich verlieben, ist etwas weitgehend Unbewußtes. Eine Beziehung einzugehen und sich dann wieder zu trennen, kann zu einem Lebensstil werden: Da ist keine Zeit, um zu entdecken, wer der andere ist, oder warum man sich zueinander hingezogen fühlte. In einer Kultur, in der die alten Regeln nicht mehr gelten und es noch keine neuen gibt, ist es schwer zu entscheiden, worin man seine sexuelle Energie investieren soll. Unverbindliche Liebhaber, eine feste Beziehung, Monogamie oder Seitensprünge haben alle ihre eigene, alles bestimmende Energie. Man muß entscheiden, ob man den konstanten Antrieb einer neuen Liebe braucht, oder ob man das stete Wachstum vorzieht, das mit einer festen Beziehung einhergeht. Engagierte Beziehungen kennen verschiedene Phasen: sexuelle Leidenschaft, emotionale Nähe, intellektuelle Faszination und Raum schaffen für jeden Partner.

Wenn du wirklich verliebt bist, spielt der gesunde Menschenverstand keine Rolle. Die Zeit der Verzückung ist eine Vorbereitungsphase, die das Band zwischen einem Paar stärkt, sei es nun hetero- oder homosexuell. Dieses Glück sollte etwa achtzehn Monate dauern mit zeitweiligen Einblendungen der Wirklichkeit, in denen man die Schwächen und Stärken des Liebsten klar erkennt. Ein abruptes Erwachen zu einem früheren Zeitpunkt in der Beziehung beweist, daß dieses Paar es sich noch einmal gründlich überlegen sollte, ehe Kinder gezeugt oder ernsthafte Verpflichtungen eingegangen werden.

Du lernst jemand Besonderen kennen, doch nach sechs Wochen, oder fünf Monaten, merkst du, daß eure Rhythmen nicht übereinstimmen. Versuche nicht, diesen Zustand zu verbessern oder dich selbst diesem Menschen zuliebe zu ändern: Dies ist ein klares Signal, daß ihr besser Freunde wäret als Liebende. Laß los. Wenn es niemanden gibt, auf den du dich konzentrierst, wird sich bald ein passenderer Partner finden. Es ist schwierig, den Richtigen oder die Richtige kennenzulernen, solange man in einer unbefriedigenden Beziehung verstrickt ist, die alle Zeit in Anspruch nimmt.

Um festzustellen, welche Art Beziehung du dir wünschst, oder wie du deinen Lebensgefährten finden kannst, mußt du vielleicht zuerst an deinen Widerständen arbeiten. Affirmationen können dir helfen, deine eigenen Widerstände zu erkennen, die dich von einer festen Beziehung abhalten. Eine Affirmation gibt dir Zeit, dich an das anzupassen, was du zu wollen behauptest, oder deine Zielrichtung zu korrigieren.

Die folgende Affirmation steckte ich an meine Schranktür, bis ich bereit war, der größten Liebe meines Lebens zu begegnen. Unter Umständen, die man nur als schicksalhaft bezeichnen kann, war es Liebe auf den ersten Blick – eigentlich eine Fehlbezeichnung, da solche Begegnungen »augenblickliches Erkennen« genannt werden müßten.

> *Ich bin bereit für die Ehe meiner reifen Jahre,*
> *die nun gekommen sind; für eine Verbindung*
> *zwischen zwei starken Menschen.*
> *Ich will eine liebevolle, sexuell aktive, geistig*
> *anregende Verbindung mit einem spirituell*
> *orientierten Mann. Ich verdiene eine monogame*
> *Beziehung, in der wir einander respektieren*
> *und vertrauen.*
> *Ich bin fähig, in einer kreativen Liebesbeziehung*
> *zu leben, in der die traditionellen Rollen von*
> *uns beiden zu gleichen Teilen wahrgenommen*
> *werden.*
> *Ich will einen kreativen Mann heiraten,*
> *dessen offene, positive Energie sich in der*
> *Welt manifestiert.*

Wenn du erkennst, was dich davon abhält, dich wirklich festzulegen, kannst du eine zweite Affirmation entwickeln. Bitte übernimm keine Affirmation von jemand anderem, denn das nützt dir nichts: Deine eigenen Worte funktionieren am besten. Du kannst eine passende Affirmation aussuchen, sie umformulieren, indem du deine eigenen Ideen und Wünsche einfügst und das ausläßt, was auf dich nicht zutrifft. Doch Affirmationen allein genügen nicht, um Schranken niederzureißen und die Umstände für eine sinnvolle Beziehung zu schaffen. Die höchsten Kräfte des Kosmos unterstützen dich in deiner Suche. Wenn du eine bewußte Verbindung wünschst, bitte um Führung. Ein Beispiel:

> *Ich brauche einen Mann/eine Frau, der/die zu mir hält und mich durch meine Widerstände der Liebe gegenüber hindurchführt. Ich will eine Frau/einen Mann, die/der mich dazu anspornt, mich ihr/ihm gegenüber zu tieferen Verpflichtungen hinzugeben, während ich ich selbst bleibe. Ich wünsche einen Mann/eine Frau, der/die mein Leben teilt, ohne zu versuchen, meine Karriere oder meine Interessen zu beschneiden; einen Partner, der mich in der Welt unterstützt und mich dazu herausfordert, zusammen mit ihm zu wachsen.*

Um eine Beziehung einzugehen, die es sich lohnt aufrechtzuerhalten, wenn Schwierigkeiten auftauchen, mußt du dich erst einmal selbst annehmen. Liebe anderen vorzuenthalten, weil man sich selbst nicht liebenswert fühlt, schadet den Beziehungen, sei es als Partner oder als Elternteil. Es ist eine üble, destruktive Angewohnheit. Es wäre besser, du würdest deine Gefühle in Zeichnungen oder in deinem Tagebuch ausdrücken, damit du sie mit Abstand – auf eine weniger bedrohliche Art – sehen kannst. Wenn du sie aufschreibst oder auf ein Tonband sprichst und das Band später laufen läßt, kann dir das Klarheit über anstehende Probleme verschaffen.

Heiraten ist eine riskante Angelegenheit, das Leben ein Glücksspiel. Wenn du nichts wagst, kannst du auch nichts gewinnen. Die Ehe ist immer ein mehr oder weniger offenes Rätsel, und eine Herausforderung.

Männer, die Frauen ausnutzen

Männer, die Frauen ausnutzen, tun dies nicht immer auf eine offensichtlich sexuelle Weise. Die Frau, deren Mann gerne flirtet und leicht den Kontakt zu anderen Frauen findet, trifft keine Schuld. Daß sie für seine Seitensprünge verantwortlich wäre, ist eine überholte Auffassung aus der Zeit, als die Frau nichts anderes zu tun hatte, als ihren Mann zu unterstützen, um dafür mit wirtschaftlicher Sicherheit und vielen Kindern belohnt zu werden. Niemand kann einen anderen Menschen daran hindern, sich auffallend oder kopflos zu benehmen. Du kannst versuchen, ihn zu belehren oder dich um seine wirklichen oder eingebildeten Bedürfnisse kümmern, es ändert an seinem Suchtverhalten nichts, ob es sich dabei um Alkohol, Arbeit, Drogen oder Frauen handelt.

Männer gehen oft fremd, wenn sie die geistige, spirituelle und emotionale Entwicklung nicht zulassen können, die die Beziehung zur langjährigen Partnerin von ihnen verlangt. Sie neigen zu Seitensprüngen, wenn sie sich erfolglos oder unzufrieden fühlen mit ihrer Stellung in der Welt. Der Auftrieb, den eine neue Liebschaft gibt, ist gut für das Ego.

Die Midlife Crisis oder das Älterwerden veranlassen bekanntlich ältere Herren, hinter jungen Damen herzusein. »Ich bin immer noch ein Satyr«, scheint der Mann sich zu sagen, während sein Liebesleben sich um immer jüngere Frauen dreht. Nicht wenige Männer verlassen ihre Frauen und gründen auf der vergeblichen Suche nach einer neuen Jugend eine zweite oder dritte Familie.

Platonische Beziehungen zwischen Männern und Frauen, die darauf basieren, daß die Frau ihn begehrt, während er sich ihr entzieht, verleihen dem Mann eine starke Position. Männer, die diese Kunst beherrschen, brauchen nicht mit dem ungeheuren Bindungssog umzugehen, der mit dem Geschlechtsakt einhergeht und die Beziehung unberechenbar werden läßt. Ein echter Frauenheld gibt die Beziehung auf, wenn die Frau ihm ebenbürtig geworden ist, weil er nicht länger ihre Shakti nehmen kann, ohne etwas dafür herzugeben. Politiker setzen dieselbe Art Energie ein, um ihre Wahlhelfer dazu zu bringen,

produktiver für sie zu arbeiten. Sie werden zu einer Art Vater-
oder Mutterfigur. Fanatiker und charismatische religiöse Führer haben einen ähnlichen Einfluß auf ihre Anhänger.

Männer, die eine Herzensbeziehung mit einer Mitarbeite-
rin eingehen, ernten große Loyalität, die später in Zorn übergeht, wenn die erhofften Resultate nicht eintreten. Wenn du
dich in deine Jugend zurückversetzt, als die Sexualität etwas
Neues und Verbotenes war und du dich nach einem gewissen
unerreichbaren Jemand sehntest, wirst du dich an dieses
quälende Gefühl erinnern. Auf solche Gefühle stützt sich
auch ein Mann, der Frauen ausnutzt. Er vertraut ihnen Geheimnisse an, denn das verschafft ihm Macht. Frauen am Arbeitsplatz sind schon seit Jahren wütend über all die gestoh-
lenen Ideen, für die sie keine Anerkennung ernteten. Leider
ist die Büro-Frau dazu da, ausgenutzt zu werden, und sie be-
gibt sich auch in diese Position, da sie ihre Einsichten mitteilt, anstatt ihre Kreativität zum eigenen Nutzen einzusetzen.

Wie jede Biene, die den Stock ernähren möchte, saugt
auch der Frauenheld Saft aus jeder Blume, die ihm begegnet.
Selten ist die Frau die Bienenkönigin, die sie zu sein glaubt.
Wie bei den richtigen Bienen dauert ihre Herrschaft auch
etwa ein Jahr. Danach gibt es nur noch Arbeit für die Frau,
die ihre Einsicht, Weisheit, Fantasie und Arbeitskraft einsetzt, um es ihm zu ermöglichen, sich den Dingen zu widmen, die ihm Spaß machen.

Untreue

Marianna Leppman, eine ehemalige Kinderärztin, teilte mir
einmal ihre Philosophie über die Ehe mit: »Die Affären kann
man überleben!« meinte sie. Das ist eine sehr europäische
Einstellung, die aus einem anderen Jahrhundert stammt,
dachte ich. Dennoch ist daran viel Wahres. In Herzensange-
legenheiten kann die Frau des Hauses nicht verdrängt werden, außer sie ist verunsichert oder wird so sehr geplagt, daß
sie den Mann zwingt, sich zwischen ihr und seiner Geliebten
zu entscheiden.

Eine weise Ehefrau muß sich nur innerlich sagen, daß sie ihn immer noch liebt, ihn begehrt und die besseren Angebote, die er ihr macht, annehmen will. Sie beurteilt die Lage, stellt fest, daß es nicht sie ist, die er ablehnt, sondern seine eigenen Ängste und Gespenster. Die weise Frau durchschaut ihn und wird ihn zur richtigen Zeit darauf ansprechen. Dann kann sie weiterleben ohne inneren Schmerz oder die Angst vor Verlust und Verlassenheit.

Die Frau, für die er seine Partnerin verläßt, ist selten die, bei der er bleiben wird. Die Beziehung hält vielleicht eine Weile, aber er wird seinen Pfad sicher zu einem späteren Zeitpunkt fortsetzen, was ihn unpassend für sie macht oder umgekehrt. Alle Kurse, spezielle Wochenendausflüge, die gepflegteste Wohnung und die erlesensten Mahlzeiten werden die Liebenden nicht zusammenhalten, wenn ihre Wege nicht zueinander passen. Genau die Dinge, die sie am Anfang am meisten fasziniert haben, führen vielleicht zum Untergang.

Wenn du dir wirklich eine gesegnete Ehe wünschst, fange sie nicht in der Rolle »der anderen« an. Es ist viel sicherer, und es besteht eine größere Chance auf Treue, wenn du eine Beziehung mit einem Mann eingehst, dessen frühere Partnerschaft bereits ohne dein Dazutun auseinandergegangen ist. Freiheit ist der Schlüssel zu einer gesunden, langfristigen Verbindung.

Lebenskraft

Männer müssen lernen, frische Lebenskraft und Shakti selbst aufzunehmen. Wenn sie diese Kunst nicht beherrschen, sind sie dazu verdammt, eine Frau nach der anderen auszusaugen. Wenn die Frau enttäuscht ist vom Mangel an Intimität, die diese Beziehung ihr bietet, beendet sie sie. Manche Männer versuchen sich zu schützen, indem sie mehrere Geliebte gleichzeitig haben. Oder wenn es sich um die inaktive Art sexueller Verbindung handelt, in der das Shakti zurückgehalten werden kann, wechseln sie von einer Frau zur anderen.

Es liegt in der Natur des Frauenhelden, daß er seine Energie von Frauen bezieht. Frauen erhalten automatisch frische Energie vom Kosmos und verwandeln sie in persönliche Liebe oder in eine spirituelle Dynamik, die zu Kraft wird. Die meisten Frauen verschenken diese Kraft an ihren Mann oder ihre Kinder und fühlen sich dann abgekämpft oder ausgenutzt.

Ein Mann kann sein Bedürfnis, Energie über Frauen aufzunehmen, überwinden: Er kann lernen, diese Energie direkt von der Quelle zu empfangen. Das macht er, indem er sein Herzchakra im Rücken öffnet und es dem Fluß der universellen Liebe erlaubt einzudringen. Bei jedem Einatmen zieht er etwas göttliches Licht ein, das mit universaler Liebe aufgeladen ist. Automatisch wird es im Herzchakra zu persönlicher Schwingung umgewandelt. Diese sendet er dann durch die Vorderseite des Herzchakras an andere aus. Es ist besser, sich mit universeller Liebe aus dem Kosmos aufzuladen, als die Liebesenergie anderer Menschen anzuzapfen, da der Vorrat des Kosmos unbegrenzt ist und man so über eine unabhängige Liebesquelle verfügt. Jeder Mensch nimmt die bedingungslose Liebe der Quelle auf und verwandelt sie in seine persönliche Schwingung. Wenn die Liebe einen Energieaustausch einschließt, gibt es keine Schwierigkeiten; doch wird sie ohne Gegenleistung aufgesaugt, können die Verwirrung und possessiven Wünsche des anderen gleichzeitig auf dich übertragen werden.

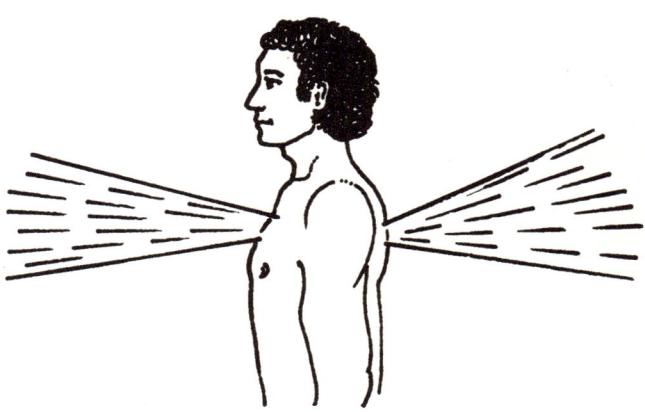

Frauen, die Männer ausnutzen

Frauen können Männer durch ständige Ausgaben finanziell ausnehmen, wobei sie die Rolle eines fordernden und verwöhnten Kindes spielen. Der Mann gibt Geld, weil er auf Liebe, Geborgenheit und emotionale Unterstützung hofft, oder um sich seine Freiheit zu erkaufen. Manchmal kriegen Frauen nach einer Scheidung Geld, Haus, Auto, Schmuck und Kinder, während ihr Mann alles verliert, was er je besessen hat, und wieder von vorne anfangen muß. Wenn eine Beziehung zu Ende ist, hat jedoch in den meisten Fällen die Frau das Nachsehen, kann den Lebensstandard, den sie gewohnt war, nicht aufrechterhalten und hat keine Möglichkeit, ihn wiederzuerlangen. Es ist wie bei jedem Höhenflug: Wenn die Basis fehlt, kommt es früher oder später zum Fall.

Frauen betrügen ihre Männer meistens dann, wenn sie in einer Beziehung tief unglücklich sind und die Hoffnung auf Veränderung aufgegeben haben. Sich nach einem Ersatz umzuschauen, ehe die gegenwärtige Beziehung zu Ende ist, ist eine beliebte Masche. Oft geht es auch darum, sich Befriedigung oder aber eine Abwechslung von der Last einer unglücklichen Ehe oder Partnerschaft zu verschaffen. Manchmal gehen Frauen auch fremd, um sich an ihren untreuen Gefährten zu rächen.

Relativ wenige langjährige Paare bleiben absolut monogam.

Machtkämpfe

In jeder intimen Beziehung kämpfen die Partner um die Vorherrschaft. Derjenige, der sich, passiv oder aktiv, durchsetzen kann, muß sich später mit der geistigen oder körperlichen Krankheit auseinandersetzen, die der unterdrückte Partner entwickelt. Wenn du deinen Gefährten, der geistig oder gefühlsmäßig weiter entwickelt ist als du, beherrschen willst, gelingt das nur, wenn du ihn/sie so lange unter Druck setzt, bis er/sie krank wird. Dann mußt du dich um ihn/sie kümmern.

Manchmal hält ein Mann seine Frau dadurch in Schach, daß er ihr nie widerspricht, um dann doch das zu machen, was er will. Wenn er bereit ist nachzugeben, inszeniert er einen Scheinkampf, der ganz echt aussehen kann. Dann denkt sie, sie habe die Oberhand und weiß nichts von dem, was er hinter ihrem Rücken macht, ob es sich nun um Geldgeschäfte oder um andere Frauen handelt. Sie fühlt sich irgendwie unausgeglichen und verraten, aber sie glaubt, es käme vom letzten Streit, als er ihr in einer nichtigen Haushaltsangelegenheit nachgegeben hat. Der Mann, der den Kampf ebenso vehement ausgetragen hat, als wäre es ihm ernst, hält sie ständig auf ihn konzentriert. Diese Sorte Mann ist sehr stark, denn er weiß genau, was er will. Auf Außenstehende macht sie als Ehefrau einen starken Eindruck, doch in Wirklichkeit ist sie nicht in der Lage, ihre Macht zu entfalten. Mit den Jahren entwickelt sie möglicherweise allerlei Beschwerden. Wenn sie dem Druck nachgibt und ihren Selbsterhaltungswillen verliert, kann es auch zu einer schweren unheilbaren Erkrankung kommen, durch die sie die Oberhand gewinnt. Das gibt ihm alle Freiheit außerhalb des Hauses, und keinerlei daheim.

In Joan Hodgsons prägnantem Buch *Why on Earth* (White Eagle Publishing Trust, England 1979) heißt es:

> *Wenn in einem früheren Leben ein Partner eine beachtliche Macht über den anderen erlangt hat, entsteht manchmal eine eigenartige, magnetische Gefühlsbindung, in welcher er oder sie sich völlig dominiert fühlt und gezwungen ist, sich allerlei geistige oder körperliche Schikanen gefallen zu lassen. In solchen Fällen kann es sehr wohl sein, daß der erniedrigte Partner, sei es wegen der Kinder oder um seines Selbstrespekts willen, die Kraft und den Mut zur Trennung aufbringen muß.«*

Die Trennung

Wenn jemand nicht mit deinen Unsicherheiten
umgehen kann, und du lediglich die seinen
aufzufangen hast, so ist das keine lohnende
Beziehung.

LIANNE WOLF

Bei vielen Menschen herrscht eine große Unzufriedenheit
mit Liebesbeziehungen. Einundvierzig Prozent der amerikanischen Bevölkerung im heiratsfähigen Alter leben allein.
Diese Zahl schließt die Ledigen wie auch die Geschiedenen
ein. Für die Mehrheit beinhaltet die Genesung von einer ge-
scheiterten Beziehung, jemand anderen zu finden, den man
lieben kann. Die magnetische Kraft der Sexualität wirkt so
stark, daß man bereit ist, in einer anderen Beziehung alles
aufs Spiel zu setzen. Der gesunde Menschenverstand rät zu
einer möglichst friedlichen und taktvollen Trennung, im
Wissen, daß beide eigenständige, unterschiedliche Individuen sind. Die Art, wie du eine Beziehung abbrichst, bestimmt den Anfang der nächsten. Eine explosive Trennung in
Groll und Hader wird keinen begeisterungsfähigen, liebevollen und unterstützenden Partner anziehen.

Wut, Trauer und andere schwer zu akzeptierende Gefühle
spielen bei jeder Trennung mit. Es gibt andere Arten, damit
umzugehen, als den/die ehemalige/n Geliebte/n um drei
Uhr nachts anzurufen.

Vor ein paar Jahren, als eine besonders schmerzvolle Beziehung in den letzten Zügen lag, erfand ich die Methode
der Aussprache auf Tonband. Sie vermeidet Streitigkeiten
und unproduktive, heftige Kämpfe, die sowieso nichts bewirken würden.

Böse Gedanken, endlose Wiederholungen von unglücklichen Begebenheiten, deine Unzufriedenheit, Trauer, Hoffnungslosigkeit und Verzweiflung, laufen wie ein inneres
Tonband immer wieder in dir ab. Das ist ein normaler Teil
des Verlust- und Trennungsschmerzes. Wenn du im Bett

liegst oder mit alltäglichen Aufgaben beschäftigt bist, steigen diese Gedanken unwillkürlich in dir hoch und führen dich in einen ausweglosen, dunklen Tunnel.

Besorge dir eine 90-Minuten-Kassette und lege sie in dein Tonbandgerät. Wenn die Gedanken hochkommen, drückst du auf den Aufnahmeknopf und sprichst dich aus. In drei bis acht Minuten ist alles vorbei, und du wirst dich mit besserer Laune wieder deinem Alltag zuwenden, bis dich die nächste Krise überkommt. Zu Beginn scheint das Tonband fast ständig in Betrieb zu sein, doch nach ein paar Wochen wirst du nicht einmal mehr auf Erinnerungen reagieren, die für dich äußerst negativ besetzt waren.

Manche Leute verzichten darauf, sich zu wiederholen, weil sie sich erinnern, daß sie das, was sie gerade sagen wollten, bereits aufgenommen haben. Andere sagen es lieber jedes Mal, bis sie es nicht mehr auf dem Herzen haben. Eine Frau spielte sich ihr Band so lange vor, bis sie darüber lachen mußte. Wenn das Band voll ist, kannst du entweder ein neues Band einlegen, oder auch das alte neu überspielen. Wenn du dich für ein neues Band entschließt, bedeutet das, daß du das alte los werden mußt. Wickle es fest in ein Tuch ein, gehe mit einem Hammer hinaus, such dir eine harte Unterlage und schlage es in tausend Stücke. Wirf alle Scherbenteilchen weg. So wirst du große Brocken deines Leides mit den Kassettenstücken los.

Trennungsmeditationen

Affirmationen und Gestalttherapie können die verlorene Liebe nicht zurückbringen, wenn der geliebte Mensch einmal gegangen ist. Beide Methoden funktionieren, wenn dein/e Verflossene/r wieder mit dir zusammen sein möchte: Die gegenseitige Sehnsucht führt euch wieder zueinander. Doch wenn deine frühere Liebe alle gefühlsmäßigen und geistigen Kontakte zu dir abgebrochen hat, wirst du sie nicht zurückgewinnen. Männer haben meistens mehr Erfolg mit Affirmationen als Frauen, weil Frauen oft länger leiden und trauern als sie, obwohl Männer ihre Gefühle oft ignorieren und eine Show abziehen.

Ein Beschwörungszauber kann nützen, aber er verliert nach einer Weile seine Wirkung, und es wären immer neue Beschwörungen nötig, um die Bindung aufrechtzuerhalten. Die wäre jedoch keine echte Beziehung, sondern nur ein Schein, der keinerlei Substanz hat.

Wenn du in deiner Beziehung aufhören möchtest zu streiten oder willst, daß dein früherer Geliebter zu dir zurückkehrt, schickst du ihm drei Tage lang nichts als reine Herzensenergie. Gib acht, daß du keine Einschränkungen oder Bedingungen mit deiner Herzensenergie sendest. Mache eine der folgenden Meditationen täglich während dreißig Tagen. Du kannst sie auch abändern, um sie deiner persönlichen Situation anzupassen.

Stell dir deinen Partner in der Gestalt eines Maiskorns vor. Der innere Teil stellt die Ebene der Seele dar, in der Liebe immer sicher und zuverlässig fließt. Stell dir diesen Kern in Rosa vor, und sieh deine/n Geliebte/n glücklicher als je seit langer Zeit. Sieh, wie er/sie sich freut. Stelle dich neben deine/n Geliebte/n und empfinde die Liebe, die euch beide verbindet. Erlebe, wie eure Seelen und Persönlichkeiten verschmelzen, und fühle den Segen des Schöpfers auf eurer Verbindung. Dann schickst du ihm/ihr im Geist ein Bild von deiner Vision.

Eine weitere Methode ist, sich den geliebten Menschen vorzustellen, oder ein Lieblingsbild von euch beiden in der Hand zu halten. Sag ihm laut, was du bedauerst und wie sehr es dir leid tut. Sag ihm, wie du es wiedergutmachen möchtest, und formuliere, was du deinerseits brauchst. Schicke diese Energie telepathisch dem betreffenden Menschen zu.

Solltest du deinen Partner wirklich nicht mehr wollen, trage für dich besondere Sorge. Sobald dir etwas einfällt, das du an ihm vermißt, überlegst du dir, wodurch du diesen Teil der Beziehung ersetzen kannst. Wenn ihr gern und oft zusammen gereist seid, schaust du dich unter deinen Freunden nach einem Reisegefährten um. Auch wenn du wahrscheinlich eines Tages eine neue Liebe finden wirst, wird sie nicht dieselben Dinge mögen wie du und dein Ex-Partner damals. Stell dir vor, wie du deinem entfremdeten Partner Lebewohl sagst, und daß er die Trennung akzeptiert.

Seelenstufen und Unvereinbarkeit

In Kapitel 4 haben wir die Stufen der seelischen Entwicklung erörtert. Einen Partner aus dem gleichen Seelen-Haus zu wählen, führt zu einer einfacheren und erfüllenderen Beziehung, als wenn man jemand wählt, der in einem tieferen oder höheren Haus wohnt. Der Partner aus dem höheren Haus leidet, während der weniger entwickelte Partner ihn bremst und stört. Jeder Mensch, der nicht auf derselben Seelenstufe ist wie du, hat Ansichten, die den deinen widersprechen und die sich euren Gemeinsamkeiten in den Weg stellen.

Eine der schlimmsten Ehen, die ich je gesehen habe, war die einer Kleinkind-Seele, die auf der fünften Stufe der Leiter stand, und seiner Frau, einer Alten Seele, die im fünften Stock ihres Hauses weilte. Er war ein freundlicher, ruhiger und gutmütiger Gentleman, dessen mangelnde Risikobereitschaft sie zum Wahnsinn trieb. Sie teilten eine große Liebe zur Musik. Er war ein außergewöhnlich talentierter Sänger, sie hatte keine Singstimme, aber sie verstand die innere Komplexität und die heilenden Energien des Klangs. Er lebte nach strikten Regeln: Alles war entweder richtig oder falsch, weil es immer schon so gewesen war. Im stillen war er ein gläubiger Mann. Sie, als Alte Seele, empfand sehr viel Mitgefühl und sah in jeder Situation die Gelegenheit für Wachstum und Entwicklung. Solange niemand zu Schaden kam, und mit der nötigen Vorsicht, war es in Ordnung, sich auf Experimente einzulassen. Sie war immer flexibel und machte sich mehr aus Menschen als aus Konventionen. Man stelle sich vor, welche Wirkung diese Gegensätzlichkeiten auf ihre Kinder hatten!

Eine solche Verbindung ist nicht ungewöhnlich, denn bekanntlich fühlen Menschen sich von anderen Menschen angezogen, die dieselben Interessen haben. Ein Naturfotograf und ein Ökologe teilen die Liebe zur natürlichen Welt und ihrer Schönheit. Doch erkennen sie die gegenseitige Natur ihrer Seelen? Ist einer eine Teenager-Seele, die zu Machtwahn neigt, und Dinge nur um des Besitzes willen begehrt? Ist der andere eine Reife Seele, die das Leben genießt, aber sich nicht wegen Kleinigkeiten streiten mag? Wie werden sie auf die Dauer miteinander auskommen? Acht Monate, die durchschnittliche Zeit, die zwei Menschen einander kennen, ehe sie heiraten oder zusammenziehen, reichen kaum aus, um die Tragfähigkeit einer langfristigen Verbindung einzuschätzen.

Ob sich nun einer im dritten und der andere im sechsten Stock befindet, Liebende aus demselben Haus haben eine gesündere und glücklichere Beziehung als Menschen, deren Seelenstufen weniger übereinstimmen.

Transformative Sexualität

Die sexuelle Vereinigung ist etwas sehr Mächtiges, denn sie ist das Tor zu höherem Bewußtsein. Dazu braucht es Hingabe und vorbehaltlose körperliche Nähe in einem gewaltlosen Geschlechtsakt, in dem berührt, geschmeckt, gerochen, gesehen, gehört und empfunden wird. Deine gesamten psychischen, emotionalen, geistigen und körperlichen Sinne bilden eine einzige energetische Dynamik, die nicht auf irgendein Ziel ausgerichtet ist, sondern hier und jetzt die Harmonie und völlige Übereinstimmung mit dem geliebten Menschen erlebt.

Es gibt drei Arten von Orgasmen beim Liebesspiel: Leichte körperliche Empfindungen und eine Befriedigung der Gefühle, die »Tal-Orgasmus« genannt werden; der wilde körperliche Orgasmus, gefolgt von sofortiger Erschöpfung; und der ansteigende Typus, bei dem die Partner ihr Bewußtsein mit dem Schöpfer verschmelzen. Wenn du und dein Partner euer individuelles Ego zurücklassen, erreicht ihr diese dritte

Stufe. In diesem Augenblick kannst du seinen Arm nicht von deinem unterscheiden, eure Körper sind eins. Bei Frauen kann die Steigerung in einem Geschlechtsakt vom milden zum intensiven Orgasmus reichen und zur Gipfelerfahrung gelangen, die sie zu einem höheren Bewußtsein führt. Männer erfahren die Energie des Crescendo-Orgasmus nicht, weil sie sich nicht völlig hingeben können. Vielleicht gelingt es ihnen, diese Energie während 30 Sekunden vor dem Erguß bewußt zu erleben.

Tantra ist eine Methode, um durch das Tor der Ekstase zu höheren Bewußtseinsebenen zu gelangen. Es fehlt ihr aber die Spontaneität, das wirksamste Mittel, um in die anderen Welten einzudringen; doch kann diese Erfahrung den Zugang zu Glückseligkeit, Wissen und den Ebenen der Quelle, der Schöpfung und der Formen und Gestalten öffnen.

Transformativer Sex, hervorgerufen durch Tantra, ist ein Weg zu universellem Bewußtsein. Leider wurde das transzendentale Liebesspiel von religiösen Dogmen überlagert, so daß dabei vor allem die männlichen Bedürfnisse berücksichtigt werden.

Richard Alan Miller in seinem außergewöhnlichen Buch *The Magical and Ritual Use of Aphrodisiacs* (Destiny Books, 1985) zeigt viele Wege auf, um das transformative Tor im Liebesspiel zu durchschreiten:

> »*Auch wenn das alte China eine patriarchale Gesellschaft war, glaubte man, daß Frauen den Urkräften der unsterblichen Natur näher seien als Männer. Taoistische Magier erklärten demzufolge, daß der sexuelle Kontakt mit möglichst vielen Frauen (Jungfrauen wurden bevorzugt) dem Weisen erhöhte Lebenskraft, geistige Gesundheit und Langlebigkeit sicherten.*«

Nicht jeder weiß, daß es dieses Tor zu höherem Bewußtsein gibt. Diejenigen, die glauben, es gehöre sich nicht, sich des sexuellen Zugangs zu bedienen, oder meinen, es gäbe dafür fortgeschrittenere Methoden, geben ihren Anteil am göttlichen Plan preis. Jene, die wissen, daß transzendentale Zustände durch die Sexualität erreicht werden können, die aber gehemmt sind oder die eine Abkürzung nehmen wollen, wenden sich perversen Spielarten der Liebe, Gewalt, Sado-Masochismus oder ständigen neuen Eroberungen, Nymphomanie, Priapus-Syndrom und Gruppensex zu, um ans Ziel zu kommen. Sie erreichen allerdings nur selten den Zustand der Seligkeit oder der Transzendenz, da der beste und sicherste Weg zum kosmischen Tor über eine feste, liebevolle, nicht ausbeuterische Beziehung führt.

Tantra geht oft auf Kosten der Frau. Dennoch mögen Frauen tantrischen Sex, da ihr Partner zweieinhalb Stunden mit ihnen verbringt, statt sie nur schnell zu bumsen und dann einzuschlafen. Das tantrische Ritual verbietet dem Mann zu ejakulieren, obwohl er ein »Samenopfer« erbringen darf, wenn ein Kind erwünscht ist. Traditionsgemäß findet Tantra nur einmal im Monat statt, doch wiederholen es moderne freidenkende Paare um der Einheit willen mehrmals im Monat.

Es gibt eine Methode, um in einer chaotischen Beziehung die Harmonie wieder herzustellen. Vielmehr als sich bis zum Höhepunkt zu lieben, gibt sich das Paar einem langsamen und zärtlichen Vorspiel hin. Wenn beide Partner genügend erregt sind, führen sie folgende tantrische Übung durch: Mann und Frau liegen auf ihrer Seite und umarmen sich, ihr oberes Bein über seinem oberen Bein. Sie pressen die Nasen so zusammen, daß das rechte Nasenloch zugedrückt wird und beide durch das linke Nasenloch atmen. Jetzt führt der Mann ein Drittel seines Penis in die Scheide seiner Partnerin ein. Beide bleiben so liegen und atmen ruhig; nach etwa einer halben Stunde sind ihre Energien im Einklang. Nun zieht der Partner seinen Penis zurück, und sie bleiben umschlungen liegen, bis sie einschlafen. Das kann sogar schwierige und bedrückende Beziehungen heilen und dem Paar die Gelegenheit geben, wieder zueinander zu finden.

Das Atmen ist unbedingt notwendig, da Mann und Frau so durch den weiblichen Kanal (Ida) atmen, was bewirkt, daß die kreative Energie (shaktipat) in ihre Verbindung zurückkehrt.

Mit einer kleinen anatomisch bedingten Variante können lesbische Paare diese Technik ebenfalls praktizieren. Eine Partnerin liegt oben, während die schwerere von beiden die untere Position einnimmt. Wichtig sind der genitale Kontakt, und daß beide durch das linke Nasenloch atmen.

Andrew Ramer, der behauptet, als halber Einsiedler in Brooklyn, New York, zu leben, hat über das tantrische Liebesspiel zweier Männer ein vernünftiges, warmherziges Buch geschrieben: *Two Flutes Playing*. Andrew selbst ist charmant, intelligent, empfindsam, geistreich und ein guter Schriftsteller. Dieses Buch bekommt man nur über *The Body Electric*, Oakland, Kalifornien. Viel von dem, was der Autor zu sagen hat, trifft auf Liebende beider Geschlechter zu:

> »Die Integration der Schaltkreise zweier Individuen ist ein langsamer und feiner Prozeß. Es kann sechs oder acht Monate dauern, bis zwei Menschen ihre Fasern durch ihre sexuellen Systeme verbinden, und ebenso lange, bis sie sich wieder trennen. Wenn der Sex dazu dient, Informationen auf der Seelenebene auszutauschen, werden sexuelle Verbindungen mit anderen Partnern die Fasern blockieren. Das ist kein Werturteil: Es hängt mit der menschlichen Bio-Elektrizität zusammen, die nicht viel anders funktioniert als die Elektrizitätsübertragung in Kabeln und Leitungsdrähten. Ein Elektriker läßt sich nicht von der Moral leiten, sondern von seinem Verständnis der elektrischen Energie. Dies gilt auch für die Elektriker der Seelenebene.
>
> Zweck der sexuellen Verbindung ist der Austausch von Informationen. Je tiefer der Austausch, desto tiefer die dabei empfundene Liebe. Das Ziel einer sexuellen Vereinigung ist nicht in erster Linie die Fortpflanzung. Tatsächlich gibt es Planeten, auf denen für Fortpflanzung und Liebesspiel nicht die gleichen Organe eingesetzt werden wie bei uns. Gewisse Gattungen können eine Art Organe haben, mit denen sie sich lieben, und andere Organe zur Fortpflanzung. Wenn du bewußter wirst und deiner feinstofflichen Energie zunehmend gewahr bist, wirst du dieses Wissen verstehen und Sinn und Zweck von Liebe und Sex in deinem Leben und im Universum immer besser begreifen. Liebe und Sex verbinden Menschen und schließen alle fühlenden Lebewesen in einem

großen nichtmateriellen Gewebe ein, das die Körperlichkeit durchdringt und die Fähigkeit hat, dein Wesen mit der totalen Freude des Seins zu überfluten. Leidenschaft ist nicht notwendigerweise Liebe – Sex ist nicht notwendigerweise Liebe. Die Liebe ist jene geteilte Resonanz zwischen zwei Menschen, die einen Informationsaustausch auf der Seelenebene erlaubt. Bitte erinnere dich daran, wenn du dich auf die Suche nach einem Liebespartner machst. Bitte denke daran, wenn du mit deinem Liebespartner zusammen bist. Frag dich, ob dies jemand ist, mit dem du Seelenwissen austauschen willst; ob dies jemand ist, dessen Seelenwissen du mittragen möchtest. Sex verbindet, doch ist es nicht immer eine passende Verbindung. Während du dich entwickelst, wirst du nicht mehr ständig daran denken. Du wirst auf allen Ebenen reibungslos funktionieren können. Und dann werden Sex und Liebe sich harmonisch ergeben.«

In dem ganzen Buch wird die Freude der Liebe zelebriert. Es werden Übungen beschrieben, um die Chakren zu reinigen, und Meditationen, die auf das nicht-orgastische Liebesspiel vorbereiten. Die zweite Klangmeditation in diesem Buch hat eine sehr tiefe Wirkung:

»Nun setzt euch wieder. Zu dieser, der zweiten Klangmeditation. Sitzt beide auf dieselbe Art; einander gegenüber, entspannt. Jetzt macht ihr den Mund auf, mit offener Kehle laßt ihr den Klang in einem einzigen breiten, dicken, himmelhohen Pfeiler aus euch hervorströmen. Macht das mit dem Laut AAH. Ein AAH, das den Körper erschüttert. Ein lautes AAH. Spürt, wie der Ton zwischen euch aufsteigt und euch als großer Klangpfeiler umgibt. Dann, wenn aller Atem erloschen ist, hört auf die Stille, die darauf folgt. Die Stille, die wie fallendes Wasser klingt, nach dem AAH. Abschwellend, fallend, bewegt sie sich durch den Körper bis zu einem Punkt der stillen Tiefe. Laßt den Ton erneut durch den Körper aufsteigen. Vom Becken bis zum Scheitel – und darüber hinaus. Der Laut OOH. Er steigt, steigt höher. Zwei Flöten klingen. Zwei Männer. OOH. Steigt zum höchsten Punkt auf. Dann fällt er, abklingendes OOH, in die Stille zurück. Jetzt fangt ihr wieder an, mit dem Laut IIH. Aus dem Kopf. Aufstrebend, dann in die Stille zurückfallend. Langsam. Mit großer Stille zwischen

den Klängen. AAH, OOH, IIH. Anschwellend und abfallend. Mit eurem ganzen Atem, eurem ganzen Körper. Dies ist die zweite Klangmeditation. Die Laute singt ihr immer und immer wieder. Bis die elektrischen Wände des Fleisches erzittern in dem Gefühl der Verbundenheit, der göttlichen körperlichen Einheit von Mann zu Mann.«

Sexuelle Zyklen

Von der Menarche bis zur Menopause ist der weibliche sexuelle Zyklus an den Mond und seine Umlaufbahn von 28 oder 29 Tagen gebunden. Eine Frau weiß, wann sie sich im ruhigen Teil ihres Zyklus befindet, wann sie ihren Eisprung hat und wann sie am anziehendsten ist. Sie spürt in den Tagen vor ihrer Periode Depressionen, Reizbarkeit und Launenhaftigkeit und merkt, wann sie anfängt zu menstruieren. Dieser Zyklus hört mit den Wechseljahren nicht völlig auf.

Die Schwangerschaft ist ein weiterer sexueller Zyklus. Eine Frau ist am anziehendsten, wenn sie ein Kind austrägt. Ihr hormoneller Haushalt verändert sich von Monat zu Monat, und es verändert sich damit auch ihre Lust. Wenn ihr während der ersten Schwangerschaftsmonate oft schlecht ist und sie sich nicht wohl fühlt in ihrer Haut, hat sie vielleicht keine Lust auf Sex. Eine werdende Mutter, die sich gesund fühlt und in Hochstimmung ist, ist oft verliebter als sonst. Die meisten Frauen fühlen sich am besten während des zweiten Trimesters der Schwangerschaft und wünschen dann oft Sex. Viele bleiben bis kurz vor der Geburt sexuell aktiv, während andere sich beim Geschlechtsverkehr in den letzten drei Monaten unbehaglich fühlen. Während der Stillzeit werden die Hormone, die sexuelle Erregung auslösen, zugunsten der Milchbildung unterdrückt. Die Monatsblutung und ihr hormoneller Einfluß bleiben aus. Es ist hart für eine Ehe, wenn die Frau keine Lust auf Sex hat, weil ihre Hormone noch nicht bereit sind. Ihr Partner fühlt sich abgelehnt und noch dazu an den Rand gedrängt, da das Baby sie während sechsundneunzig Stunden pro Woche beansprucht. Statistiken haben erwiesen, daß dies genau die Zeit ist, die jeder Säugling an Pflege und Zuwendung braucht.

Manche Frauen gehen mit unzulänglichem oder unbefriedigendem Sex um, indem sie ständig schwanger sind oder stillen. Etwa 99 Prozent aller sexuell aktiven Frauen werden nach fünfundvierzig nicht mehr schwanger, auch wenn sie keine Geburtenkontrolle üben. Bis dahin können Frauen, die in unbefriedigenden Ehen leben, immer noch die sexuelle Erfüllung durch das Austragen eines Kindes erfahren. Frauen, die Kinder austragen als Ersatz für das, was in ihnen selbst oder in ihrer Beziehung fehlt, werden kaum die Kraft aufbringen, die es braucht, um diese Kinder zu erziehen, wenn sie einmal entwöhnt sind.

Obwohl die meisten Männer es nicht wissen, haben sie einen Zyklus von sechsundfünfzig Tagen, mit sexuellen und schöpferischen Höhepunkten und Tiefen und den entsprechenden Gefühlssymptomen. Sie erkennen ihn nicht, weil sie nicht bluten. Der Mann einer Freundin ging pünktlich alle zwei Monate auf eine Sauftour. Sie nannte es spaßeshalber sein prämenstruelles Syndrom. Doch als sie einmal von dem männlichen Hormonzyklus hörte, begriff sie, daß es kein Scherz war; mit der Zeit gab er den Alkohol auf und wurde mit seinen Anfällen von Depression und Selbsterniedrigung fertig.

Alle kreativen Kräfte sind sexuellen Usprungs. In Zeiten des spirituellen Wachstums wird die sexuelle Energie in das Gehirn geleitet, was zu einer schwachen Libido führt. Der Partner fühlt sich entsetzlich. Frauen ohne feste Beziehung fragen sich: »Werde ich jemals jemanden finden?« und realisieren nicht, daß ihr Hormonausstoß nicht genügt, um einen neuen Liebhaber anzuziehen. Partner fühlen sich ungeliebt und begreifen nicht, daß diese Veränderung nur vorübergehend ist.

Totale Sexualität

Sex beinhaltet dieselbe Energie und dieselbe orgasmische Ekstase, die es braucht, um Gott zu erreichen. Es ist also die Ekstase des Orgasmus, die uns erlaubt, Gott zu erkennen und eins mit Ihm zu werden. Also wurde die Sexualität von den institutionalisierten Religionen gezügelt oder verboten, um zu verhindern, daß die Menschen diese Energie mit und füreinander einsetzen und dabei vergessen, die Kirchen zu unterhalten. Die Religionen werten die Geschlechtlichkeit im allgemeinen ab (Tantra, das den sexuellen Ausdruck bewußt kanalisiert, bildet hier eine Ausnahme). Außer zur Zeugung war die Sexualität in den westlichen Kulturen jahrhundertelang buchstäblich verboten.

In diesem Jahrhundert hat sich das Bewußtsein der Massen verändert. Wir sind durch eine sexuelle Revolution gegangen, die es uns erlaubt, unsere Herzen zu öffnen und unsere Liebe, unsere Anteilnahme sowie unsere Spiritualität dem Partner gegenüber zu zeigen und auch sexuell auszudrücken. Das Resultat dieser neuen Körperlichkeit ist, daß wir jetzt in der Öffentlichkeit zärtlicher mit unseren Kindern und Freunden umgehen dürfen und unsere Wertschätzung und Freude in Worten und Gesten ausdrücken können.

In dieser Kultur herrschte das Vorurteil, daß man Kindern keine Komplimente machen sollte, weil man der Meinung war, es würde zu Überheblichkeit führen. Noch glaubte man, daß eine angenehme Tätigkeit auch »gut« sein könnte. »Müßiggang ist aller Laster Anfang« hieß es. Die Einsicht, daß Sexualität mehr bedeutet als Geschlechtsverkehr und den Weg zur Entfaltung der eigenen Freiheit und Kreativität öffnet, ist relativ neu.

Dazu gehört auch die Wertschätzung des weiblichen Zyklus. Heute dürfen Frauen über ihre Menstruation schreiben und sprechen. Wir heißen die Menarche unserer Töchter willkommen und freuen uns auf die Wechseljahre, denen wir den Respekt und die Ehrfurcht erweisen, die sie verdienen. Daß wir heute den Frauen, die den Fruchtbarkeitszyklus hinter sich lassen, Achtung und Zuwendung schenken dürfen und diese Tatsache anerkennen, ist ein besonders eindrucksvolles Beispiel unserer veränderten Einstellung der Sexualität gegenüber.

Ebenso erblüht in unserer Gesellschaft wieder der Respekt für die Weisheit der alten Männer und Frauen.

Ein weiteres Beispiel für die Anerkennung der Sexualität als Ganzes ist, daß es Männern heute gestattet ist, ihre zärtlichen Gefühle auszudrücken und daß es von der Gesellschaft begrüßt wird, wenn sie sich aktiv an der Pflege ihrer Kinder beteiligen.

Diese Einstellung steht besser im Einklang mit dem kosmischen Plan des menschlichen Zusammenwirkens als die steife Zurückhaltung und Scheu vor Intimität, die vermutlich eingeführt wurde, um die Leidenschaften der zwischenmenschlichen Liebe zu dämpfen.

Die Sexualität umfaßt weit mehr als nur das Liebesspiel und die Paarung. Sie verbindet die Menschen und schafft ein emotionales Kraftfeld. In der Freundschaft drückt die Sexualität sich durch Umarmungen, Küsse, ausgetauschte Blicke und private Witze aus.

10

Freundschaft

*Versuche, anstatt deine Feinde zu lieben, deine
Freunde ein bißchen besser zu behandeln.*

EDGAR WATSON HOWE

Freundschaft

Wie eine Liebe beginnt auch die Freundschaft als freiwillige
Beziehung zwischen zwei Menschen, die mit der Zeit an Ver-
bindlichkeit und Tiefe gewinnt. Die Ehe ist das natürliche Ergebnis einer blühenden Romanze, doch Freundschaften
können verblassen oder Früchte tragen und zur Grundlage
deiner zwischenmenschlichen Kontakte werden. Freundschaften mit einer offensichtlichen Anziehungskraft setzen
sich auch angesichts großer Schwierigkeiten durch. Immer
ist der Kosmos im Hintergrund: Er führt Freunde in einer
höheren Absicht als zu ihrer bloßen individuellen Entwicklung zusammen. Freundschaften können dir auch helfen,
deine Lebensaufgaben zu erkennen und zu entwickeln.

Jeder Mensch möchte so, wie er ist, geliebt und akzeptiert
werden. Wir sind gesellige Wesen und ziehen nur dann in
die Einsamkeit, wenn unser spiritueller Weg es verlangt oder
wenn unser Wunsch nach Dazugehörigkeit schroff abgewiesen wurde.

Auch seine Freunde kann man lieben. Liebevolle Freundschaften sind sehr wichtig für ein reiches und erfülltes
Leben. Manche Menschen kennen keine tiefen Freundschaf-

ten und müssen sich deshalb mit oberflächlichen Kontakten begnügen. Doch jedermann kann lernen, ein guter Freund zu sein, aber auch, wie er Leute loswerden kann, die einen hintergehen oder nicht unterstützen.

Eine Freundschaft ist ein frei gewählter zwischenmenschlicher Austausch. Anders als in einer Familie, mit der man durch Blutsbande verbunden ist, ob man sie nun mag oder nicht, steht es Freunden frei, sich zu sehen oder nicht. Aus unserem Sprachgebrauch zu schließen, waren Familienbande von jeher wichtiger als Freundschaften: Bezeichnungen wie Halbschwester, Schwester, Schwägerin, Stiefschwester, Ziehbruder, Tante, Großtante, Urgroßtante, Vater, Großvater, Urgroßvater, Vetter und Kusine, Nichte und Neffe drücken sowohl die Beziehung wie das Geschlecht des Menschen aus, auf den wir uns beziehen.

Die deutsche Sprache kennt keinen Begriff, der die Tiefe einer Freundschaft beschreibt. Der/die Busenfreund/in, gute Freunde, Bekannte, Freunde von Freunden, Ex-Geliebte oder lebenslange Freundschaften werden undifferenziert mit dem Wort »Freund« bedacht. Wir brauchen immer irgendwelche Zusätze, um die Tiefe oder deren Fehlen in einer nicht blutsverwandten Beziehung auszudrücken. Der australische Ausdruck »me mate« meint einen engen Kumpel, meistens jemanden, den ein Mann mit seinen Fäusten verteidigen würde. Ein Kumpel kann ein Kamerad, ein Kollege oder ein kleiner Junge sein, mit dem dich eine Freundschaft verbindet. Ein Gefährte könnte jemand sein, den du bezahlst, damit er bei dir wohnt und dich begleitet, es könnte aber auch dein Freund oder dein Geliebter sein, der mit dir lebt. Zu Shakespeares Zeiten war »meine Freundin« eine Beschönigung für Mätresse. »Vertraute« meint heute, daß die Beziehung auf bloßem Austausch von Klatsch beruht.

Vergleiche die Arten, wie beiläufige und auch unfreiwillige Beziehungen deklariert werden können: Bekannter, Klassenkamerad, Kollege, Mitarbeiter, Nachbar, Schulkamerad. Ein Schulkamerad kann jemand sein, den du in der Schule gut gekannt hast, Kameraden sind oberflächliche Bekanntschaften: Fischen, Kino, Aerobicstunden – es ist die gemeinsame Tätigkeit, die zählt, und nicht die Person. Freundschaften sind anders. Wichtig ist nicht, was man tut in der Zeit, die man zusammen verbringt, sondern die Tatsache, daß man zusammen ist. Freunde teilen ihre Gedanken und Gefühle und haben gemeinsame Ansichten, die tiefer gehen als einzelne Fragen, über die sie vielleicht geteilter Meinung sind.

Scheinbar enge Freundschaften werden geknüpft, um Gemeinschaftsprojekte voranzutreiben, oder weil man nahe beieinander wohnt, für dieselbe Firma arbeitet oder weil die Kinder befreundet sind. Sie halten oder vergehen, wenn deine Kinder erwachsen werden, wenn du umziehst, eine neue Arbeit annimmst, eine Therapie machst, deine Eßgewohnheiten änderst, oder reicher oder ärmer wirst.

Langjährige Freunde verändern sich genau so wie du. Vielleicht entscheidet sich dein Freund oder deine Freundin für einen streng religiösen Weg, der verlangt, daß alle, die ihm nicht folgen, gemieden werden müssen. Manchmal heiraten deine Freunde auch Leute, die du verabscheust, und gleichen mit den Jahren immer mehr ihrem Partner. Auch wenn du um den Verlust dieser Freundschaft trauerst, schließ deine Tür nie ganz. Vielleicht nehmen sie es mit ihrer religiösen Zugehörigkeit etwas leichter oder geben sie irgendwann überhaupt auf. Es soll ja auch vorkommen, daß eheliche und professionelle Partnerschaften auseinanderbrechen.

Es ist in unserer postindustriellen Gesellschaft ziemlich offensichtlich, daß die Familie kein umfassendes sozioökonomisches System mehr ist und unsere emotionalen, geistigen und gesellschaftlichen Bedürfnisse nicht mehr befriedigt. Deine Freizeit wirst du höchstwahrscheinlich mit deinen Freunden verbringen.

Auch Ehen oder Partnerschaften sind heutzutage oft vorübergehende Zustände. Unsere Kultur hat sofort Begriffe erfunden, um diese Tatsache zu beschreiben: »Ex«, »ehemaliger Partner«, »die Mutter meines Sohnes«. Wenn du deinen Partner oder Geliebten aufgibst, wirst du oft auch seine Verwandte los, es sei denn, du beschließt, deine Freundschaft mit den »Schwiegereltern« weiterzuführen. Deine Freunde stehen dir oft näher als die Familie. Sie haben dich durch gute und durch schlechte Zeiten begleitet.

Letty Cottin Pogrobkin sagt, es sei schwieriger, seine Freunde zu behalten, wenn man Erfolg hat, als wenn es einem schlechtgeht. Ich habe beobachtet, daß das nicht nur daran liegt, daß deine Freunde sich zurückziehen, auch du läßt sie fallen. Im allgemeinen verurteilt die Gesellschaft Trennungen oder böses Blut in einer Familie, doch nimmt sie es kaum zur Kenntnis, wenn eine alte Freundschaft zu Ende geht. Die Freundschaft wird als eine Annehmlichkeit betrachtet, ohne festgelegte, formelle Verpflichtungen. Im Reich der Schöpfung jedoch stellt sie die tiefste Art einer Bindung dar, die sogar den Tod und die Wiedergeburt überdauert.

Kosmische Freunde

Verwandte Seelen, die in diesem Leben deine besten Freunde sind, waren früher einmal dein Geliebter, dein Kind, deine Schwester, dein Feind oder deine engste Vertrauensperson, sei es im Kindergarten oder als neue Nachbarn im Altersheim. Die erste Begegnung führt zu sofortigem Wiedererkennen, zum intuitiven Gefühl, man hätte diesen Menschen immer schon gekannt. Es gibt kein Zögern – die Intimität ist sofort da und verleiht der Freundschaft augenblicklich Tiefe. Freunde, die sich früh im Leben wiedergefunden haben und deren Ehen und Karrieren einem engen Kontakt im Wege stehen, haben das Gefühl, als hätten sie sich erst gestern gesehen, wenn sie sich wieder treffen. Das sind deine kosmischen Freunde. Diese Freundschaften durchbrechen Alters-, Rassen- und wirtschaftliche Schranken. Kosmische Freundschaften halten trotz politischer Meinungsunterschiede oder dem Mißfallen des Ehepartners. Sie verbinden oft ganz unterschiedliche Lebenswege durch ihre fortwährende Liebe und die gegenseitige Anziehung. Kosmische Freundschaft ist tiefe Liebe.

Einsamkeit

Einsamkeit ist ein großes Problem. Der falsche Ausweg wäre zu heiraten: Die Einsamkeit in einer schlechten Ehe ist schlimmer als die Einsamkeit, die man erlebt, wenn man allein ist. Wenn du versuchst, deiner Einsamkeit aus dem Weg zu gehen, indem du mit Leuten verkehrst, die du nicht wirklich magst oder deren Verhalten du als unangemessen betrachtest, bist du dir selbst untreu. Junge Leute tun das, weil sie noch keine Erfahrung haben und die Menschen erst kennenlernen müssen. Wenn du älter wirst und spürst, wer dir gut tut oder dir schadet, ist es am besten, du wartest auf die Menschen, die du wirklich magst und die dich schätzen.

Du meinst, deine Einsamkeit würde verschwinden, wenn du einen Partner hast, doch sie hängt über dir und wartet darauf einzuziehen und ihre kalte Hand um dein Herz zu legen. Ob du nun berauscht bist oder nüchtern, sie folgt dir. Sie überwältigt dich beim Lesen und ist überall um dich herum, sobald du ihr erlaubst, dich von anderen Menschen abzuspalten.

Dieselbe Einsamkeit, die in Menschenmengen an dir nagt, verschwindet rasch, wenn du sie in freiwilliges Alleinsein verwandelst. Durch Einkehr und Meditation, in ständiger Verbindung mit dem Göttlichen, gelangst du zur Glückseligkeit. Einsamkeit wird gewöhnlich nicht durch Geschäftigkeit oder Freundschaften behoben. Bestimmt wird sie nicht gelindert durch oberflächliche Gespräche mit Bekannten und zahllose Parties. Sie zieht sich vorübergehend zurück, ist aber in stillen Augenblicken wieder ganz da. Eins mit ihr zu werden und sie ganz in sich aufzunehmen, heißt, das Göttliche zu erfahren. Die Einsamkeit läßt sich nicht bezwingen: Nur die Suche nach der Einheit mit dem Schöpfer wird sie auflösen. Einsamkeit bedeutet Getrenntsein vom Schöpfer. Eine spirituelle Suche durch das Gebet und das Befolgen deiner wahren Lebensaufgabe wird sie lindern.

Ausgrenzung

Offizielle Schranken wie die Rassentrennung oder informelle wie der Ausschluß aus Klubs und Organisationen von unerwünschten Frauen, Minderheiten oder Gesellschaftsschichten gibt es überall. Der inoffizielle Ausschluß ist gefährlich, weil er die wirtschaftlichen und gesellschaftlichen Ungerechtigkeiten verstärkt, die Außenseiter ertragen müssen. Dennoch bilden die Ausgeschlossenen eigene Gesellschaftsgruppen, die wiederum eigene Anforderungen an ihre Mitglieder stellen.

Als Außenseiter, der gerne einer bestimmten Gruppe angehören möchte, wirst du dich mit ihr beschäftigen. Gleichzeitig hält sie dich davon ab, als Mitglied zu sehr darin aufzugehen und deine eigenen Werte zu verlieren. Es ist die Rolle des Beobachters (oder des Anthropologen), der verachtet wird, sobald die Gruppe erkennt, daß er sich nicht an ihre Regeln und Bräuche anpassen wird. Auch Beobachter, die sich anpassen, müssen lange darauf warten, von der Gruppe akzeptiert zu werden.

Der Ausschluß hat auch seine Vorzüge. Er befreit dich von den Verwicklungen der Gruppe und belastet dich nicht mit deren Werten und Moralvorstellungen. Als Ausgeschlossene/r hältst du dich an dich selbst und an deine eigenen Angelegenheiten, solange du nicht zu der Gesellschaft gehören willst, die dich abgewiesen hat. Es kann sein, daß du mit der Zeit wieder zu einer zentralen oder einer Randfigur dieser Gruppe wirst, doch dieses Mal zu deinen eigenen Bedingungen.

Jedes Ausgeschlossensein ist selbstverursacht, auch von denen, die gemieden werden, weil sie andere beleidigt haben. Die meisten Leute werden Außenseiter, weil sie in den gesellschaftlichen Gruppen, zu denen sie Zugang haben, unglücklich sind.

Künstlerisch veranlagte Menschen und Exzentriker leben oft am Rand der »normalen« Gesellschaft. Wenn du zu diesen Menschen gehörst, du nicht viel sagst und dein Unbehagen für dich behältst, wirst du von allen akzeptiert. Wenn deine Kommentare ignoriert werden, oder wenn du sie auf nicht bedrohende Weise vorbringst, kann die Gruppe dich immer noch aufnehmen. Doch wenn deine Kritik oder dein auffallender Lebenswandel den Vorstellungen und dem gewohnten Verhalten der Gruppe zu sehr widerspricht, wirst du vorübergehend ausgeschlossen, bis du dich verändert hast oder die Gruppe toleranter geworden ist.

Diese Ausgrenzung kann einen vollständigen Ausschluß bedeuten, so daß »anständige« Leute nicht mehr mit dir sprechen; oder es kann sich um ein gesellschaftliches Übergangenwerden handeln, wenn du nicht mehr zu Parties oder zum Kaffeeklatsch eingeladen wirst. Der Ausschluß kann die Form einer Prüfung annehmen, wie im Fall eines Neuankömmlings in einer Gemeinde, der die Schranken der Akzeptanz langsam überwinden muß. Man kann die Achtung der Gemeinschaft auch dadurch erreichen, daß man eine andere, gesellschaftlich interessante Gruppe bildet, die auf die Alteingesessenen anziehend wirkt, oder geschlossene Türen öffnen, indem man sich als freiwillige/r Helfer im Krankenhaus meldet oder sich in der Feuerwehr oder anderen Einrichtungen einsetzt.

Ausgeschlossen sein, kann auch bedeuten, daß du nicht zu einer bestimmten Bevölkerungsschicht gehörst und deine wirklichen Freunde sich in einer anderen Organisation oder Gemeinde befinden.

Der Niedergang einer jeden Kultur liegt in ihren Vorurteilen und ihrer Selbstgefälligkeit. Wenn die Unterdrückten legale und friedliche Mittel einsetzen, um sich zu wehren, und gewinnen, profitiert die ganze Gemeinschaft davon. Willst du die Fehler dieser Welt heilen, singe aus voller Kraft! Eine Hymne kann schließlich Frieden bringen. Revolutionen führen zu immer weiteren Revolutionen. Wenn du bedenkst, daß du immer wieder als Frau, Italiener, Grieche, Pakistani, Jude und Farbiger geboren wirst, ist es letztlich zu deinem Vorteil, niemanden von der Mehrheit auszuschließen. Nehmen wir an, eine Frau oder ein Farbiger wäre heute fähig, unsere wirtschaftlichen und ökologischen Probleme zu lösen. Sie oder er kann aber die Information nicht weitergeben, weil sie oder er nicht den richtigen Clubs oder Großunternehmen angehört. Wer ist da der Verlierer?

Mitgefühl

Mitgefühl ist eines der höchsten spirituellen Ziele, denn damit kann man die Leiden eines anderen verstehen und würdigen. Mitgefühl mildert verurteilendes und kritisches Verhalten. Wenn du lernst, dich nicht in das Drama eines anderen hineinziehen zu lassen, sondern diesem Menschen beizustehen, ihn zu unterstützen und zu beraten, hast du den ersten Schritt zu aktivem Mitgefühl getan. Wenn du in einem Streit zwischen zwei Personen, die dir nahestehen, beide Seiten verstehen kannst, ohne aufzuspringen, um den einen zu verteidigen oder den anderen zu verurteilen, hast du wahres Mitgefühl entwickelt. Wenn du jedem von ihnen beistehst und beiden hilfst, einen gemeinsamen Boden zu finden, oder wenn du deinen Freunden auch nur aufmerksam zuhörst und sie ihre eigenen Schlüsse ziehen läßt, bist du ein wirklich guter Freund.

Vertrauen

Vertrauen ist sowohl bei Freundschaften als auch bei allen anderen menschlichen Beziehungen eine sehr wichtige Komponente. Hast du wenig oder gar kein Vertrauen, ist das Leben immer von Hoffnungslosigkeit geprägt. Es ist schwierig, so zu tun, als sei die Welt ein freundlicher und liebevoller Ort, wenn es so wenig Vertrauen gibt und die Ungerechtigkeiten unübersehbar sind. Wie können andere dir vertrauen, wenn du kein Vertrauen hast?

Vertrauen ist eine merkwürdige Eigenschaft. Du kannst erst vertrauen, wenn du genug Vertrauen hast, um es anderen zu schenken. Und dann mußt du immer noch dir selbst und deinem eigenen Urteil glauben, sogar wenn dein Vertrauen vielleicht mißbraucht wird. Vertrauen zu haben, bedeutet zuerst sich selbst vertrauen, an die eigene Integrität zu glauben und zu wissen, daß man aus seinen Fehlern und Erfolgen lernen wird. Vertrauen ist mehr als Zuversicht, obwohl es diese einschließt. Es gibt wenig Menschen, deren Vertrauen in sich selbst nie erschüttert worden ist. Bei jeder Lektion, die du lernen mußt, wird dein Vertrauen erneut auf die Probe gestellt, sei es in neuen Situationen, oder auch auf bekanntem Terrain.

Sogar Freunde, denen du Geheimnisse anvertraust oder denen du deine Seele zeigst, verraten dich aus Unwissenheit, oder weil sie Schwierigkeiten mit ihren eigenen Gefühlen haben. Verrat ist einfacher zu definieren als Vertrauen. Wem kannst du immer trauen? Dir selbst und dem Schöpfer. Doch dein Vertrauen in den Schöpfer ist bestenfalls dürftig, wenn dein Gebet keine Kraft hat und du den meditativen Zugang zu ihm nicht findest. Am leichtesten ist es, der Quelle zu vertrauen, wenn du glauben kannst.

Es gibt immer Menschen, die keinem anderen trauen und sich vor jeder Art Beziehung hüten. Es gibt aber auch solche, die anderen mißtrauen, und sich dennoch frei in ihrem Gesellschaftskreis bewegen. Unbewußte Botschaften schicken Menschen voller Vertrauen in die Welt hinaus. Diese Leute sind jedes Mal schockiert, wenn ihr Vertrauen verraten wird, denn es ist eine seltene Erfahrung. Wer das Vertrauen in sich trägt, verbreitet diese Schwingung. Wenn du mit solchen Menschen zusammen bist, wirst du mit der Zeit den Mut aufbringen, selbst zu vertrauen.

Gelingt es dir, darauf zu vertrauen, daß das Universum deinen Bedürfnissen entgegenkommt und dich in die richtige Richtung weist, so hast du einen großen Schritt nach vorne getan. Das ist die Voraussetzung dafür, daß du deinen Weg findest und deine Lebensaufgabe erfüllst. Vertrauen ist etwas Heiliges. Die Zerstörung des Vertrauens eines Menschen in das Leben und in einen liebenden, wohlwollenden Gott ist ein ruchloser Akt.

Frühere Leben und heutige Beziehungen

Vorbehaltlos an ein früheres Leben zu glauben, kann dazu führen, daß du im jetzigen falsch reagierst. Es besteht kein Zwang, damalige Freundschaften in einem neuen Leben wieder aufzunehmen. Die Leute, die für deinen Niedergang verantwortlich waren, oder die im Mittelpunkt deines früheren Lebens standen, werden diese Rolle in diesem nicht unbedingt beibehalten.

Zwei Personen, die das Spiel von Märtyrer und Herrscher spielen, können sich in einer Reihe von Inkarnationen wieder finden und sich abwechslungsweise finanziell ausnutzen, um es sich gegenseitig heimzuzahlen. Vielleicht waren sie in einem früheren Leben Brüder und wiederholen das Spiel der Gewinner und Verlierer von damals. Führt es wirklich zur Versöhnung und werden Wunden geheilt, wenn sie sich einfach nur in der gegenseitigen Zerstörung abwechseln? Manche unglückliche Paare finden den Ausweg nie. Manchmal erholt sich keiner von beiden. Diejenigen, die ihre Lektion gelernt haben, werden mit der Behebung des Schadens und der Wiedergutmachung beginnen, sobald sie das nötige Wissen haben. Sie sind jetzt bereit für ihre Abschlußprüfung.

Eines der bestgehüteten Geheimnisse im Universum lautet: »Wenn du dich selbst verfeinerst, veränderst du auch andere. Denn wenn du dich änderst, reagiert dein Gegenüber anders auf dich. Hat er sich einmal geändert, wird auch er eine neue Art finden, um mit anderen Menschen umzugehen.«

Bestehe nicht darauf, daß der andere zuerst lernt. Was du eigentlich erreichen willst, wird am besten in der tibetisch-buddhistischen Lehre ausgedrückt: »Wenn einer erleuchtet wird, sind alle Wesen, die zu ihm in Beziehung stehen, sei sie positiv oder negativ, an der Verwandlung beteiligt.«

DRITTER TEIL

WEGE ZUR ERLEUCHTUNG

11

Die Elemente

Die wichtigste Zutat des Lebens ist Mut.

HAHM SOK HAN, 1965

Mystisch veranlagte Menschen und Gruppen, deren religiöse Praxis die Anbetung oder Anrufung der vier Elemente beinhaltet, haben Namen für alle Winde und die vier Windrichtungen. In Gesellschaften, in denen eine Beziehung zwischen diesen Kräften und dem geistigen Brauchtum besteht, gibt es einen Laut, ein Lied oder einen Namen zur Beschwörung eines jeden Elements. Die nordische, griechische, römische und ägyptische Mythologie bezeichneten ihre Gottheiten als Herrscher über die Elemente. Bei den Römern herrschte Jupiter über den fruchtbaren Nordwind, bei den Griechen war Aphrodite die Meeresgöttin, wohingegen das Gespann von Mutter und Tochter, Demeter und Persephone, über die Erde regierte. Poseidon war der Gott der Meere, Kephisos, der griechische Flußgott, versinnbildlichte das männliche Prinzip fließenden Wassers. Für die Chinesen ist Kuan Yin Flußgöttin und Regenbringerin. Bei den Hindus herrscht Agni über das Feuer, wohingegen in den nordischen Epen diese Rolle in der männlichen Form Tyr und in der weiblichen Hertha zukommt. Im tibetischen Buddhismus heißt die Feuergöttin Tara. Wenn du die Elemente benutzen willst, um spirituelle Weisheit zu erlangen, bittest du das Reich der Formen und Gestalten, dich die universellen Wahrheiten zu lehren.

Alles im Universum hängt mit den Elementen zusammen, die aufeinander einwirken. Jedes Element hat seine besondere Eigenschaft: Erde ist schwer, Wasser kühl, Feuer heiß, Luft aktiv und der Raum ist gemischt.

Im Zyklus der Jahreszeiten sehen wir die Kräfte der Elemente vorbeiziehen. Der Winter gehört dem Feuer, der Sommer dem Wind, der Frühling dem Wasser und der Herbst der Erde. Die Übergangszeiten zwischen den Hauptjahreszeiten (Winter, Sommer, Herbst und Frühjahr) gehören dem Element Raum. (Diese Zwischenperioden, die fünfte Jahreszeit, sind am schwersten zu ertragen, es häufen sich Erkrankungen mit flüssigem Auswurf: Erkältungen, Grippe, Heuschnupfen.)

Im Laufe des Tages ändert sich alle zwei Stunden das Element, das im Mittelpunkt steht. Dies ist vergleichbar mit der orientalischen Medizin, die lehrt, daß jedes Organ sich während zwei Stunden am Tag aktiv auflädt. Auch jede Stunde beinhaltet eine besondere Zeit für jedes Element. Die ersten acht Minuten gehören dem Wind, die zweiten zwölf dem Feuer, der dritte Zeitabschnitt von zwanzig Minuten dem Wasser und die letzte Viertelstunde dem Erdelement. Von den verbleibenden fünf Minuten werden vier dem Raum und eine dem Übergang zu einem neuen Zyklus zugeschrieben.

Als Lernperioden lassen sich die Elemente in siebenjährige Abschnitte aufteilen: junge Luft (0–7 Jahre), junges Feuer (7–14 Jahre), junge Erde (14–21), junges Wasser (21–28), reife Luft (28–35), reifes Feuer (35–42), reife Erde (42–49), reifes Wasser (49–56), alte Luft (56–63), altes Feuer (63–70), alte Erde (70–77), altes Wasser (77–84), junger Raum (84–91), reifer Raum (91–98) und alter Raum (98+).

Jedes Element hat eine Farbe. Erde ist gelb, Wasser milchig, Feuer gold-orange, Luft hellgrün oder bläulich und der Raum himmelblau.

Wasser schenkt Wissen über Hydrotherapie, Entspannung, einen gesunden Gefühlsausdruck und Mitgefühl. Es löst ebenfalls Ängste auf und setzt den Fluß deines Innenlebens frei. Feuer führt dich durch die erste Spirale der Erleuchtung, indem es deine Gedanken klärt. Es befreit den Verstand von Sorgen und Verwirrung. Feuer zeigt Macht, Selbstrespekt, die Kunst, ein Schwert in eine Rose oder einen Streit in Liebe zu verwandeln, Verständnis, menschliche Beziehungen, und enthüllt falschen Stolz. Das Erdelement lehrt dich zu überleben und mit deinem Körper umzugehen. Es verleiht dir den Mut, die Tore zu Wachstum und Weisheit nacheinander zu durchschreiten. Die Erde zeigt dir Heilpflanzen, Mineralien und was du an Nahrung brauchst. Sie ermöglicht die telepathische Kommunikation mit anderen Lebensformen und läßt dich ihre eigenen magnetischen Heilkräfte erfahren. Luft entfaltet die Psyche, die innere Weisheit und erschließt die Quelle sowie Prana. Wage dich erst an den Wind, wenn du auf der Mondspirale schon fortgeschritten bist und mindestens ein anderes Element bereits beherrschst. Der Raum lehrt dich alles, was du wissen kannst. Er soll erst angegangen werden, nachdem wenigstens zwei Elemente beherrscht und die meisten Kindheitstraumata aufgelöst sind.

Die Beherrschung eines Elements beginnt in der Mondspirale. Durch Heilen kommst du hinein. Heiler heilen sich selbst, indem sie andere heilen, und umgekehrt. Je mehr du heilst, desto besser kannst du es. Mißbrauchst du deine Heilkraft, schwindet sie dahin. Wenn du deine emotionalen und seelischen Wunden säuberst, werden alle in deiner Umgebung davon profitieren. Auf jeder der drei Spiralen (Mond, Sonne, Sterne) brauchst du mindestens dreieinhalb Jahre, um ein Element zu meistern.

Weil sie die elementaren Gegebenheiten unseres Planeten nicht berücksichtigen, bringen wissenschaftliche Errungenschaften meist nur kurzfristige Vorteile, die zu einer Katastrophe führen. Ein weitverbreitetes Beispiel ist das der Holzwirtschaft. In einem Wald kann man nicht nur eine Art Bäume anpflanzen – die Natur hat Mischwälder geschaffen, damit der Boden sich erneuert und um Krankheiten in Schach zu halten. Die Holzindustrie und die Regierungen ignorieren die Natur, weil sie auf schnelle Profite hoffen; sie pflanzen bei Aufforstungen nur eine einzige, schnell wachsende Baumsorte. Um Pilzbefall und Insekten abzuwehren, sprühen sie Unkraut- und Insektenvertilger; damit verschmutzen sie die Gewässer und schaden der Fauna, nur weil sie Tausende Hektar mit einer einzigen Gattung bepflanzt haben, ohne auf das natürliche Muster des Waldes zu achten.

Es gibt Hunderte anderer Beispiele, in denen die Natur zum Nachteil des Ökosystems verpfuscht wurde; sie werden von Stadtbewohnern bagatellisiert, weil diese die Natur selten wahrnehmen.

ERDE

Erde ist der Name, den wir sowohl unserem Planeten geben als auch dem Boden, auf dem wir stehen, der aus Steinen, Sand und Humus besteht. Wir täten gut daran, sie als ein lebendes Wesen zu betrachten, wie es die amerikanischen Indianer, die tibetischen Buddhisten und andere traditionelle Kulturen tun. Im Hinblick auf die Katastrophen, die wir mit unserer Umweltverschmutzung verursachen, wäre es vernünftig, wenn wir das Öl der Erde als das Schmiermittel, das es ihr erlaubt, sich bequem zu bewegen, betrachteten. Das Wasser ist das Blut und das Erdreich das Fleisch unserer Mutter Erde. Sie wird uns überleben, sie war schon vor uns da. Undankbar gegenüber unserer Gastgeberin plündern wir ihren Körper auf die schamloseste Weise. Du würdest jeden Gast hinauswerfen, der sich bei dir zu Hause so aufführt. Seit den Anfängen der Industrialisierung haben wir die Erde verletzt und bringen uns dabei selbst um. Das Eindringen in ihr Inneres verlangt einen Preis, ob es sich dabei nun um Bohrinseln oder Kohlenminen handelt. Auch eine noch so fortgeschrittene Technologie verringert die Gefahr nicht. Wir können sie verwunden, doch wenn es in diesem Krieg gegen die Natur einen Überlebenden gibt, wird es sicher Mutter Erde sein.

Außer bei Vulkanausbrüchen, Erdrutschen oder Erdbeben ist die Erde das berechenbarste Element. Die Elementarkräfte formen sie mehr, als sie selbst es tut. Sand wird vom Wind weggeblasen, Wasser lockert die Erde und führt zu Felsstürzen, Lawinen und Sturzbächen. Blitze können ganze Wälder abbrennen oder die Erde versengen. Wasser und Wind tragen gemeinsam Berge ab und schwemmen kostbares Kulturland weg.

Die Meisterschaft im Erdelement beinhaltet ein tiefes Verständnis der geologischen Formationen, der Mineralwelt und aller Lebewesen.

Das Reich der Formen und Gestalten steht hauptsächlich durch das Erdelement mit dem Menschen in Verbindung. Dieser Bereich ist in Findhorn, von der Anthroposophischen Gesellschaft und von vielen bekannten und unbekannten Gärtnern erforscht worden. Luther Burbank und andere, die mit Pflanzen arbeiteten, hörten aufmerksam auf sie und befolgten die Anregungen ihrer Pflanzen. Es ist eine bekannte Tatsache, daß gewisse Gemüsesorten gesünder, größer und schneller wachsen, wenn man sie in Gesellschaft anderer Arten zieht. Kartoffeln vertragen sich nicht mit Tomaten, doch Erbsen neben Kartoffeln bringen eine reiche Ernte. Pflanzen, die den Boden verbessern und für ihre Nachbarn gut riechen, gedeihen besser und reifen früher.

Kartoffeln, die bei abnehmendem Mond oder Neumond gesetzt werden, tragen größere Knollen als solche, die ausgesät werden, wenn der Mond zunimmt. Letztere machen ebenso viele Knollen, aber es sind kleine Kartoffeln, die keine gute Ernte ergeben. Wurzelgemüse, die gesetzt werden, ehe der Mond voll ist, kriegen bloß große Blumen und buschige Blätter. Solch zeitraubende Fehler können vermieden werden, wenn der Gärtner sich von den Energien der Pflanze leiten läßt. Ehe er einen Farn aus dem Wald holt, um ihn in seinem Garten einzupflanzen, fühlt oder hört er ihn sagen: »Ich gedeihe nur an dunklen und feuchten Orten.«

Tiere und Pflanzen kommunizieren mit uns. Du kannst viel lernen, wenn du auf Tiere hörst. Ein Mensch, der sie wirklich versteht, erlebt, wie allerlei wilde Tiere sich ihm friedlich nähern. Die Tiere haben dem Menschen beigebracht, wie er sie zähmen kann. Doch wenn die Tiere den Hirten sagten, wie sie ihre Herden beschränken konnten, um das Gleichgewicht der Natur zu bewahren, wurden sie nicht gehört. Abgegraster Boden ohne passende Vegetationsdecke wird vom Regen weggeschwemmt, von der Sonne verbrannt und vom Winde verweht. Wußten die Tiere das nicht? Vermehrten sie sich leichtfertig, sobald sie vor Raubtieren geschützt waren? Wohl kaum. Es könnte sein, daß Haustiere sich um nichts mehr sorgen, was nicht unmittelbar mit dem Menschen zu tun hat, seit sie unter dessen Herrschaft leben. Haustiere reagieren auf die Wünsche ihrer Besitzer.

Am Beispiel der Rehe, Waschbären, Eichhörnchen und anderen Gattungen, die an der Grenze zur Zivilisation leben, erkennen wir unsere Einstellung gegenüber den vielen Tieren, die einst auf Erden lebten. In Europa hat die Überbevölkerung dazu geführt, daß man selten Rehe in der Nähe von Bauernhöfen sieht, wenn diese sich nicht weit abseits befinden. Waschbären und Biber findet man hauptsächlich in einem Nationalpark an der russisch-polnischen Grenze.

Auf den inneren Klang der Erde zu hören, ist ein wichtiger Teil der Meisterschaft in diesem Element. Der Herzschlag der Erde ist der Schlüssel zu dieser Meisterschaft.*

Es gibt noch einen weiteren Klang der Erde, den Ton des Wachsens. Er schließt sich dem allgemeinen Summen, dem Om des Universums an. Am besten hört man ihn am Morgen, ehe der Tag erwacht. Man findet ihn tief im Wald und auf hochgelegenen Wiesen, wo die Natur wenig gestört wurde. Schwärme von Insekten ahmen diesen Ton nach, jedoch auf einer anderen Frequenz.

Die Ley-Linien der Erde

Ley-Linien sind Kraftlinien, die die Erde umspannen. Wo sie sich kreuzen, findet man Megalithen oder andere Monumente, die die mysteriösen Kräfte dieser Orte verstärken. Die

---

* Eine vollständige Erdmeditation, die den Zugang zu diesem Element eröffnet, befindet sich in *Der heilende Klang* von Laeh Maggie Garfield (München 1989).

Pyramiden, die Ebene von Glastonbury und die Osterinseln sind solche Orte.

Die Natur benutzt auch eigene Zeichen, um uns zu zeigen, wo diese Kraftorte liegen. Jede dieser Formationen hat ihre besondere Kraft. Diese Orte stehen alleine und überragen das tieferliegende Land. Ayer's Rock (Uluru) in Zentral-Australien, Mount Shasta in Nord-Kalifornien, der Fujiyama in Japan, der Kailash in Tibet und Mount Rainier im Staate Washington sind nur ein paar Beispiele. Die Four Corners im amerikanischen Südwesten, eine Fläche von etwa 350 Meilen Durchmesser, ist eine Kraftfeldkreuzung, die die Erde zusammenhält.

Enchanted Rock in der Nähe von Fredericksburg in Texas ist ebenfalls ein magischer Ort: Es ist eine natürliche Erhebung, wo Schutzgeister die entblößt liegenden Felsen mit ihren rosa und grau gestreiften Hügeln bewachen. Starke Winde wehen über sie, so daß sich keine Erde ansammeln kann. Die Vegetation ist kärglich; außer in ein paar kleinen Mulden und Felsnischen, die durch überhängende Felsen geschützt sind, wächst nichts. Der Aufstieg ist anstrengend und gelingt nur gesunden, leichtfüßigen und sehr vorsichtigen Kletterern. Wenn du, glücklich über deine Leistung, den Gipfel erreicht hast, schaust du über eine ehrfurchterweckende Landschaft; du stehst an einem Platz, der durch unsichtbare Energielinien mit Kraftorten auf der ganzen Welt verbunden ist.

Die dort herrschende Dynamik lädt deine Energien wieder auf. An einem solchen Ort kann großartige Magie gewirkt werden.

Besuche die nahen und fernen heiligen Orte, die dich anziehen: die Großen Seen, Mount Tamalpais, Lake Champlain, Machu Picchu, die Jungfrau. Bleibe ein paar Tage an diesen Orten, weit weg von der Stadt, und sie werden deine Lehrmeister sein. Du brauchst nicht dort zu leben. Tatsächlich verschwanden Gemeinschaften, die in der Nähe einer Ley-Linie lebten, oft ohne irgendeine Spur zu hinterlassen außer ihren Bauten.

Iß kein Fleisch, Fisch, Geflügel oder andere tierische Produkte, bevor du deine Wallfahrt antrittst. Rauche nicht, trinke keinen Alkohol und tu nichts, was deine Erfahrung entweihen könnte. Schau dir den Ort von fern und nah an, ehe du ihn betrittst. Wähle keinen Platz, von dem dir jemand gesagt hat, dieser sei »der magische«: Überlaß es deiner inneren Führung, dich zu einem *sitio* (einem kleinen persönlichen Kraftort) zu leiten, der für dich richtig ist. Setz dich hin, ohne auf etwas zu warten. Laß deine Hoffnungen beiseite, und vergiß das, was andere, die vor dir dort waren, über ihre Erfahrungen geschrieben haben; tauche ein in die Energien des heiligen Bodens und begegne ihm mit Respekt. Du kannst dich auch hinlegen und mit dem Ort verschmelzen, solange du dabei nicht einschläfst.

WASSER

Wasser ist ein höchst wandelbares Element, doch nicht so veränderlich wie der Wind. Der Wind bläst über das Wasser, peitscht die Flut an und beschleunigt den Regenguß oder die Schneeschmelze. Wasser kann langsam tropfen oder Kraft ansammeln und zum wilden Sturm anwachsen. Von Erde in Form eines Erdrutsches zurückgedämmt, gewinnt es an Kraft, bis es den Wall durchbricht. Felsen, Steine, entwurzelte Bäume und Büsche können es nicht aufhalten; es strömt um so schneller um diese Hindernisse herum. Das Wasser kann den Rhythmus seines inneren Klangs verändern und dadurch auch seine Schwingung. Der Grundton des Wassers bewegt sich immer stromabwärts. Jeder Ort, wo du hingehst, um dich auf Wasser zu konzentrieren, wird etwas Neues über seine wesentliche Natur und über deine eigenen Lebensgewohnheiten aufdecken.

Wasser herrscht über die Gefühle. Logik und Gefühle sind unvereinbar, doch das eine löscht das andere nicht aus. Beides sind menschliche Fähigkeiten, und beide haben in unserem Leben eine Rolle zu spielen. Die westliche Logik verdrängt die Gefühle und verweist sie ins Innere, leugnet sie und verhindert damit, daß du an deinen störenden Verhaltensmustern arbeitest. Die Angst vor unseren Gefühlen lähmt unsere Fähigkeit, sie rational zu betrachten und verhindert, daß aufsteigende Empfindungen zur Kenntnis genommen und ausgelotet werden. Jede Übung mit Wasser wird deine Gefühle befreien und dich weinen oder lachen lassen. Hast du Nieren- oder Blasenprobleme, die Wassermeditationen werden sie auflösen. Das Wasser wird es dem Wasser erlauben, sich mit ihm zu vereinen, damit du deine spontane Gefühlswelt entdecken kannst.

Auf den Ozean hören

Wind und Wasser zeigen sich als Gottes Atem im Rauschen des Ozeans. Gehe an einem klaren oder auch an einem bewölkten Tag, bei Nebel oder Sonnenschein ans Wasser. Achte auf das Wetter, du kannst diese Meditation nicht im Regen machen. Verbringe als Anfänger nur zwanzig Minuten damit, auf die Wellen zu schauen und auf ihren Klang zu hören. Steigere diese Zeit über einen Abstand von Monaten, bis du anderthalb Stunden am Ufer sitzen kannst, ohne die Erdung zu verlieren. Stelle erst fest, ob gerade Ebbe oder Flut ist. Setz dich entsprechend weit weg, wenn das Wasser steigt, oder näher dran, wenn es gerade verebbt. Du kannst dich auf einen Felsen oder in den Sand setzen.

Die Wellen folgen einem Muster, und innerhalb dieses Gesamtmusters gibt es einen zweiten Rhythmus. Du kannst lange Zeit zuhören und zuschauen, es kann sogar mehrere Jahre dauern, ehe du das Offensichtliche hörst und siehst. Ein kleiner Hinweis: Du mußt die längste Welle suchen. Wenn du sie hast, ist das erst der Anfang. Zähle das Muster, während du aufmerksam lauschst. Bemerke, wenn das Wellenmuster sich nicht wiederholt, und laß dich vor allem nicht von deinen Augen täuschen. Die Transformation verlangt vom Sucher Ausdauer und daß er die Arbeit des Suchens nicht aufgibt. Wenn du voreilige Schlüsse ziehst, wird dich das vom eigentlichen Muster ablenken. Beobachte weiter, auch wenn du meinst, du hättest es herausgefunden.

Der Wellenrhythmus eines Meeres ist immer derselbe, doch keine zwei Meere sind identisch. Auch wenn ein Ozean und einige Meere sich wiederholende Rhythmen von sieben Wellen aufweisen, sind diese nicht genau gleich. Auch die Pausen zwischen den Wellenserien werden nicht gleich lang sein: die Pausenlänge und die Anzahl der Wellen per Zyklus sind für diesen Ozean oder dieses Meer bezeichnend. Die Wellen müssen sich nicht unbedingt in Siebenerzyklen bewegen, es gibt auch andere Zyklen. In einem Fall bilden die Wellen eine Neunerserie, die sich nach drei verschiedenen Rhythmen wiederholt, so daß du siebenundzwanzig zählst.

Das Muster eines anderen Meeres beginnt mit einer ganz kurzen Welle, gefolgt von zwei kurzen; dann kommt eine mittlere Welle. Die sechste Welle ist wie die vierte, die siebte kurz, und die achte ist sehr lang. Dieses Acht-Wellen-Muster kann man sowohl am Ostufer als auch im Norden oder Westen beobachten – es bleibt konstant. Beim letzten Achterzyklus tritt eine besonders lange Welle (länger als die »normale« achte Welle) genau vor der Pause auf. Wenn du mit geschlossenen Augen auf diesen Ozean hörst, entdeckst du seinen Grundrhythmus, der sich unterscheidet von dem des Pazifiks.

Du wirst ebenfalls Energiespiralen sehen, die vom Himmel hinabsteigen, um das Wasser anzutreiben. Laß dich dennoch nicht davon abhalten, weiter auf die Wellen zu hören und auf ihr Muster zu achten. Wenn du über dem Ozean auf einem Felsen stehst, wirst du das Wellenmuster, das du gehört hast, vielleicht auch sehen können.

Ozeanographen sprechen vom Weltmeer, auch wenn die Menschen es aus praktischen Gründen aufgeteilt haben in Atlantik, Pazifik, Indischen, Antarktischen und Arktischen Ozean. Auf Reisen kannst du selbst prüfen, ob die Muster, die du bei dieser Meditation entdeckt hast, von einem Meer zum anderen dieselben sind. Die Karibik, die Ostsee, das Mittelmeer und die Nordsee haben alle ihr eigenes, charakteristisches Wellenmuster und ihre Grundtöne.

Wenn es hunderte von Meilen entfernt einen großen Sturm, einen Orkan oder einen Wirbelsturm gibt, ist das

Wasser auf der anderen Seite dieses Wasserbeckens spiegelglatt wie ein See. An den Stränden von Miami gibt es nur winzige, kleine Wellen, während Orkane über die karibischen Inseln hinwegfegen, die den entgegengesetzten magnetischen Sog aufweisen. Dies gilt für jeden Teil des Ozeans.

Wo sich zwei Meere treffen – wie zum Beispiel die Nord- und die Ostsee bei Skagen in Dänemark, oder der Stille Ozean und der Atlantik an der Südspitze Feuerlands in Südamerika – gefährden die unruhigen Gewässer die Schiffahrt. Die Wellen brechen gegeneinander wie gegen eine unsichtbare Schranke, und rollen zurück, ohne sich zu vermischen. Welcher magische Prozeß hält die Weltmeere davon ab, sich zu mischen? Die Wellen bewegen sich kreisförmig und nicht linear; das Phänomen basiert auf den verschiedenen Wellenmustern und ihren Grundtönen.

Es steckt eine Weisheit hinter diesen Mustern und Klängen. Eskimos, die an einem unbekannten Gestade stehen und dem Klang der Wellen lauschen, können eine genaue Karte der Küstenlinie zeichnen, die sich 150 Meilen nördlich ihres Standortes erstreckt. Eine Luftaufnahme wird die Genauigkeit der Karte bestätigen, die nur durch das Hören auf die Wellen entstanden ist.

Großmutter Ozean

Ozeane und Meere haben alle ihre eigenen Großmütter, Hüterinnen, die die Energien überwachen. Dieser Klang ist es, der die Wellen antreibt; er kann auch die Gegenwart von Großmutter Ozean, die in der Gischt wohnt, anzeigen. Wiederhole den Ton, singe oder summe ihn, und du kannst das Wasser von Pestiziden und anderem Schmutz befreien.

Wenn du die Bekanntschaft einer Großmutter Ozean gemacht hast, wird sie dir sagen, wie du die Großmütter der anderen Ozeane und Meere erreichen kannst. Die Farben und das Aussehen der Großmütter sind in jedem Meer verschieden. Großmutter Ozean hat nicht nur einen Namen, denn sie ist kein Einzelwesen. Jede von den Großmüttern wird dir ihren besonderen Namen nennen, mit dem du sie rufen kannst. Die älteste Großmutter ist die des Pazifik, die jüngste behütet die Ostsee. Letztere nenne ich »Oma Ozean«. Das Mittelmeer, der Atlantik, die Nordsee und die Karibik haben auch ihre eigenen Hüterinnen und ihre Farbmischung, die nur ihnen gehört.

Aufrichtige Sucher – und nicht bloß Neugierige – werden mit der einzigartigen Weisheit, die Großmutter Ozean anzubieten hat, belohnt. Es braucht viel Übung und Hingabe, um den Wellenrhythmus und die unterschwelligen Klänge zu ergründen, die den Ozean antreiben.

Arbeite mit dem Wasser, bis du dieses Element gemeistert hast und seinen ureigenen Klang kennst. Wasser ist der Schlüssel allen Lebens; du mußt eine Verbindung dazu haben, ehe du dich dem Wind zuwendest, sonst wird er dich verwirren.

Stürme beherrschen

Die einfachste Art, einen Sturm wegzuschicken, besteht darin, die vorherrschenden Windströme auszunutzen. Wenn es ein gefährlicher tropischer Sturm ist, bete zu seinem Geist, damit er sich schnell weiter bewegt, oder nutze deine sich entfaltenden Kräfte, um ihn über eine größere Gegend auszubreiten und seine Energie auf diese Weise zu zerstreuen. Es gibt keine Wellen ohne Wind, keinen Regen in stiller Luft, wenn auch vor dem Sturm Stille herrschen kann.

In manchen Gegenden ändern sich die vorherrschenden Winde mit den Jahreszeiten. Infolge der Erdrotation bewegen sich alle Stürme von Westen nach Osten. Zu bestimmten Zeiten dringen Regenstürme aus dem Süden bis in den Norden der Vereinigten Staaten über die Atlantikküste oder den Golf von Mexiko.

Eine weitere Technik ist, zu singen und dabei den Geistern, die über das Wasser wachen, Anweisungen zu geben, damit sie den dringend benötigten Regen an den richtigen

Ort lenken. Wenn eine neue Sturmfront kommt, schickst du sie mit der notwendigen Geschwindigkeit weiter, damit sie genügend Regen dorthin bringt, wo das Wasser gebraucht wird. Schickst du einen Sturm in stetigem, regelmäßigem Tempo weiter, so beugt dies der Überschwemmungsgefahr vor. Zügle ihn, damit seine schrecklichen Fluten nicht Felder und Städte wegschwemmen.

Vielleicht regnet es auch zu oft. In diesem Fall stell dir eine Öffnung in den Wolken vor und zerstreue sie in alle Richtungen. Paß auf, daß du sie nicht bloß in den nächsten Bezirk schickst, der genauso gesättigt ist wie dein Wohnort. Konzentriere dich auf den Ort, an dem der Mangel am größten ist, und schicke den Regen dorthin.

Die Kunst des Regenmachens muß warten, bis du das Wasserelement vollkommen verstehst. Wenn du die Meisterschaft über das Wasser erlangt hast, kannst du die kleinen Tröpfchen am Himmel zusammenziehen und eine Wolke bilden, die einen kurzen Regenguß erzeugt. Später wirst du auch in der Lage sein, eine Sintflut heraufzubeschwören. Diese Fähigkeiten müssen mit größter Vorsicht gehandhabt werden; wenn du sie aus Rachsucht oder um mit deinem Können zu prahlen, einsetzt, werden die Wassergeister dich verlassen. Schlimmer noch: Vielleicht bestrafen sie dich mit einer Flut, die dich wegschwemmt. Respektiere die Elemente zu allen Zeiten!

FEUER

Feuer ist eine alchimistische, ätherische, lebendige Substanz. Kein Wunder, daß die Alten auf der ganzen Welt behaupteten, es stehe stellvertretend für Gott, und daß sie in ihren Tempeln ein ewiges Feuer unterhielten. Auch heute praktizieren Hindus »Arthi«, Juden lassen eine ewige Flamme brennen, Katholiken kennen das Ewige Licht und zünden Weihkerzen an, um die Gottheit in der Nähe zu fühlen.

Unter den Elementen, die sich in ständiger, sichtbarer Bewegung befinden, ist Feuer dasjenige, in dem du am leichtesten aufgehen kannst. Feuer zieht magnetisch an. Es reagiert auf deine Gedanken. Deine Energie, dein Atem können sich im Rhythmus der Flammen verlangsamen oder beschleunigen.

Andere Elemente sind im Feuer ebenfalls zugegen. Das Knistern ist das Feuer im Feuer, Explosionen der chemischen Bestandteile, die in der Kraft des Feuers aufgehen. Das Zischen kommt vom Wasser, das im brennenden Holz enthalten ist. Die Peitschentöne sind der Wind des Feuers. Dumpfe Geräusche haben nichts mit dem eigentlichen Feuer zu tun, es sind Stücke Brennmaterial (Erde), die zusammenfallen. Wenn der Brennstoff aufgebraucht ist, erlischt auch das Feuer. Lausche den Klängen der anderen Elemente im Feuer. Sprühende Funken, glühende Schauer und lautes Knallen unterstreichen einen Gedanken, den du gerade hattest, bringen deine Aufmerksamkeit zurück oder bedeuten eine energetische Veränderung innerhalb des Feuers. (Jeder Knall und jedes Krachen hat seine Bedeutung, und der grundlegende Klang des Feuers führt dich, während du die Meisterschaft des Feuers anstrebst, in deine Mitte.) Das Ziel ist, eins mit dem Klang des Feuers zu werden und es ihm zu erlauben, dein Lehrer zu sein. Der Laut des Windes im Feuer kann deine Kundalini-Energie erwecken und den Tumo, die Kunst, sich ohne Heizquelle zu erwärmen, in Gang bringen. Auf mich sprang die Technik des Tumo mitten in einer Feuermeditation über.

Das Feuer spiegelt die Gewohnheiten wider, die Verhaltensmuster und das Gefühlsleben desjenigen, der es aufgebaut hat; ein erfahrener Beobachter kann darin lesen wie in einem Buch. Oft befolgt die zum Feuerwart bestimmte Person die Anweisungen des Lehrers am Anfang ganz genau; nach einer halben Stunde fällt sie aber zurück in ihre Gewohnheiten, vergißt das Feuer zu beobachten und schätzt den Holzbedarf falsch ein. Wenn du genau auf dich achtest, während du das Feuer hütest, kannst du mehr über dich selbst erfahren als durch viele Jahre psychologischer Beratung. Es wird dir zeigen, wie du dich unnötig bemühst oder deine Konzentration verlierst, deinen Geist wandern läßt, unkonzentriert bist und überreagierst. Solange du die innere Dynamik des Feuers nicht verinnerlicht hast, bist du noch kein vollendeter Feuerwart.*

Ein noch unerfahrener Lehrling benutzte den Singsang-Laut, den er während einer früheren Feuermeditation empfangen hatte, um das Feuer zu rufen. Das Feuermantra oder der Feuer-Laut wird nur dann benutzt, wenn das Feuer nicht richtig brennen will oder auszugehen droht. Jemand, der das Feuer wartet und die Kräfte, die er heraufbeschwört, falsch einschätzt, kann die geistige und körperliche Gesundheit der Anwesenden beeinträchtigen, wenn nicht wenigstens sieben Leute zusammen meditieren. Ein schlecht gewartetes Feuer kann Kopfschmerzen oder allgemeines Unwohlsein verursachen. Kommt das beim gleichen Feuerwart mehr als einmal vor, verträgt sich die Energie der Meditierenden nicht mit der des Feuerwarts. Wähle jemand anderen, der sich um das Feuer kümmern soll. Meditieren mehr als sieben Leute zusammen um das Feuer, so verringert sich der Einfluß des Feuerwarts.

Jeder, der an einer Feuermeditation teilnimmt, muß seiner eigenen inneren Uhr folgen. Sei kein Schaf, das sich dann umdreht, wenn die anderen es tun. Vermeide es, während der kurzen Feuermeditation Tee oder andere Flüssigkeiten zu trinken.

Es ist wichtig, deinen Kamin gut zu kennen, denn jeder Kamin hat seine Eigenheiten. Vielleicht beginnt er zu rauchen, wenn man das Holz zu weit vorne aufschichtet oder es ganz nach hinten oder zur Seite schiebt. Ein Kamin zieht vielleicht ganz gut, während du bei einem anderen auf den Blasebalg angewiesen bist.

Sofern keine giftigen Zusätze verwendet werden, um es anzufachen, kannst du die magische Interaktion zwischen den Meditierenden und dem Feuer beobachten. Aus Holzspänen gepreßtes Brennmaterial aus dem Supermarkt ist nicht ge-

---

* Siehe die Beschreibung der Feuermeditation und der Rolle des Feuerwarts, Kapitel 11, *Der heilende Klang*, von Laeh Maggie Garfield.

sund, weil es giftige Dämpfe absondert. Dasselbe gilt für bemaltes, mit Konservierungsmitteln behandeltes oder lackiertes Abfallholz. Künstlich getrocknetes Holz ist in Ordnung, sowie natürliches Holz oder Kohle, wenn du einen Kohleofen hast, den du offenlassen kannst. Ein gesprächiges Feuer hilft dir, das Feuerelement im Feuer kennenzulernen, und klärt deine Gedanken. Wenn du dazu neigst, zu viel nachzudenken oder deine Probleme gerne beim Meditieren löst, sorgst du am besten für ein gesprächiges Feuer. Das machst du, indem du die Holzstücke in ungewohntem Winkel übereinander schichtest und verschiedene Hölzer verwendest. Wenn man gemischte Hölzer verbrennt, sieht man auch mehr Farben im Feuer. Amerikanisches Redwood-Holz brennt gelb, Madrone lodert violett. Es macht Spaß herauszufinden, in welchen Farben die verschiedenen Hölzer brennen.

Feuer können bläulich, purpur, violett, rot, orange brennen, oder grünliche, hellgelbe oder blasse Farben aufweisen, je nach Hitze und der vorhandenen Menge an Luft, Wasser oder Erde, die sich darin befinden. Die Hauptfarben in den Flammen zeigen das Hauptelement dieses Feuers an. Ein erdiges Feuer brennt in den Farben Gelb, Goldorange und Grün. Ein feuriges Feuer ist orange oder rot. Ein wäßriges Feuer ist magentarot und grün. Luft-Feuer sind in erster Linie blau und grün. Ein spirituelles Feuer brennt blau, rosa und violett.

Tumo

Tumo ist die Kunst, sich ohne Feuer aufzuwärmen. Teenager und kleine Kinder besitzen diese Fähigkeit ganz natürlich. Während ihre Eltern ihnen nachrufen, sie sollen sich wärmer anziehen, laufen sie in der größten Kälte aus dem Haus ohne Mütze und Handschuhe oder warme Kleider und frieren nicht. Tumo ist als asketische Aufgabe in der Ausbildung junger tibetischer Mönche bekannt. Es kann sowohl eine religiöse als auch eine mystische Übung sein, die sehr einfach auszuführen ist. Wenige wissen, daß sie Tumo beherrschen können, ohne sich dafür in eisige Gebirgsgegenden zurückzuziehen. Natürlich praktiziert man es nur bei kaltem Wetter oder durchdringendem Regen. Stell dir ein Feuer mit orangefarbenen und gold-orangen Flammen vor – ohne Rauch. Laß es richtig auflodern. Wenn das Feuer vor deinem inneren Auge richtig brennt, atmest du die Flammen mit jedem Atemzug ein. Atme die feurigen orangefarbenen Flammen ein und fühle, wie sie dich wärmen. Atme aus und schnell wieder ein. Halte die Wärme jedes Mal in deinem dritten Chakra fest. Wenn du konzentriert bleibst, wirst du nach kurzer Zeit, vielleicht schon nach zwanzig Minuten, glühend rote Backen und einen warmen Körper haben.

WIND

Energien und Gedanken werden vom Wind getragen. Sie bleiben ständig in der Luft und regnen gelegentlich etwas Glück oder Pech auf eine Gemeinde oder eine Einzelperson. Asthma und Lungenemphyseme sind Störungen des inneren Windes. Wenn du den äußeren Wind kennenlernst, hilft dir das, das Potential deines inneren Windes zu verstehen, der Prana oder Atem genannt wird. Luft ernährt uns. Sie ist das wichtigste Lebenselement. Wenn du reine, unverschmutzte Luft einatmest, hinterläßt das mehrere Eindrücke pro Sekunde in deinem Gehirn. Ohne diese Eindrücke hört es auf zu funktionieren.

Die Lunge ist dein Pranakanal. Gib keinen Rauch hinein. Der Rauch der Zigaretten oder anderer Substanzen sowie schmutzige Luft behindern deine Lebenskraft. Diese drei Hauptkomponenten des Feinkörpers bringen dir Prana: Tigle = Energie, Tsa = Körper, Lung = Sprache und innere Luft.* Yoga-Atem-Übungen und Asanas reinigen alle drei. Chants-Gesänge reinigen die innere Luft ebenfalls.

---

* Im tibetischen Buddhismus ist Tigle das materielle Reich und Lung das Reich der Gestalten und Formen.

Der Wind ist das veränderlichste der Elemente. Wenn du eins mit ihm werden willst, mußt du das Wesen der vier Hauptwinde kennen, die einzeln oder in allen möglichen Kombinationen vorkommen können. Stille Luft hält nicht lange an. Wenn du dich mit dem Wind vereinst, bedeutet das, durch ihn hindurch bis zum Ursprung zu gehen, bis zur Quelle. Der Nordwind ist der stärkste, dann kommt der Ostwind. Der Westwind weist ein regelmäßigeres, bestimmteres, freundlicheres Tempo auf. Der Südwind ist sanft oder kann, wie der Föhn oder die Santa-Ana-Winde, schweren Schaden anrichten. Da der Südwind der schwächste ist, kann er sehr *yin* sein. Jeder Wind kann wild und bedrohlich werden, wenn auch der Nordwind den schlechtesten Ruf hat.

Des Schöpfers Kraft treibt den Wind an. Der Ton hinter dem inneren Laut des Windes ist der Atem Gottes, des Großen Geistes. Die Quelle kennenlernen heißt, die Meisterung des Windes auf sich zu nehmen. Um den Wind zu kennen, mußt du die Quelle suchen. Die Kraft der ganzen Schöpfung liegt im Wind. Mach jeden Tag, eine ganze Woche lang, deine Windmeditation* auf einem hohen Berg, in der Wüste oder auf einer offenen Ebene. Kein Ort ist heiliger als ein anderer: nur Wind und Abgeschiedenheit zählen.

Holland verfügt über Wind und einen weiten Himmel. Die Landschaft gibt nicht sehr viel her, aber der Wind bläst ausgelassen. Es ist ein guter Ort um anzufangen, mit dem Wind zu arbeiten. Prärien und Wüsten ohne Erhebungen, die den Wind aufhalten, erlauben ihm, er selbst zu sein. Hier kannst du deinen Atem auf den Wind abstimmen und mit seinem Tempo experimentieren.

Der Wind bewegt sich in engen oder weiten Spiralen. Temperaturveränderungen werden von ihm verursacht. Ob er als senkrechte, in Wolken gehüllte Säule oder in horizontalen Schwaden auftritt, seine Strömungsmuster bestimmen Richtung und Geschwindigkeit. Die Winde auf dem

* Zur Windmeditation siehe S. 226, *Der heilende Klang*, von Laeh Maggie Garfield.

40. nördlichen und südlichen Breitengrad werden die »tosenden Vierziger« genannt. Über dem Äquator steigt die warme Luft auf, fließt auf die Pole zu und kühlt sich ab. Kältere Luft ist schwerer und sinkt ab; gleichzeitig wird sie durch die Erdrotation mitgerissen. Beim vierzigsten Breitengrad stürzen die Luftmassen auf die Erde hinab und verursachen die stürmischen Winde der Roßbreiten.

Für die Völker des Altertums waren die Winde und ihre Eigenschaften sehr wichtig. Der Stammesangehörige und vor allem der Schamane kannte die Namen aller vier Winde. Weise sangen Lieder oder Töne, um jeden Wind herbeizurufen, wenn sie seine Hilfe brauchten. Bei Stürmen verstanden sie es, durch das Aussprechen seines Namens den entsprechenden Wind fortzuschicken. Oft boten sie den gefährlichen Winden Opfer dar.

In ihrem Buch *Prayers of Smoke* (Celestial Arts) erwähnt Barbara Means Adams, eine Oglala-Sioux, die Namen ihres Stammes für jeden der vier Winde und die entsprechenden Legenden. In jeder alten Kultur hat der Wind einen eigenen, geheimen Namen. Benachbarte Stämme, auch solche, deren Sprachen verwandt sind, gebrauchen oft für denselben Wind ein anderes heiliges Wort. Meine Pomo-Lehrerin lehrte mich besondere Laute, mit denen ich jeden Wind rufen und auch zurückschicken kann.

Der Nordwind kann nicht rückwärts blasen. Das erklärt vielleicht, warum traditionelle Kulturen auf der ganzen Welt vom Nordwind so fasziniert sind. Andere Winde rollen vorwärts und wieder zurück, gleich wie heftig sie blasen. Zieht der Wind sich zurück, fühlt sich das wie eine Flaute oder Windstille an. Die Winde ändern ihre Richtung schnell und rufen ihre Schwestern im Osten, Süden, Westen und Norden auf, sich ihnen anzuschließen. Der Nordwind wird von den Stammesvölkern als der wichtigste Wind bezeichnet. Der Südwind gehört zum Sommer, der Ostwind zum Frühjahr, der Westwind zum Herbst und der Nordwind zum Winter.

Genaugenommen bedeutet »Spiritus sanctus« Atem. Daraus können wir ableiten, daß die Richtung des Heiligen Geists der Norden ist. Der Sanskritname der Windgöttin lautet Anantvayu. Sie steht während der Schwangerschaft als das Raumelement im Vordergrund. Die Totemtiere, die dem Nordwind zugeordnet werden, sind der Falke, die Sau und die Ziege.

Der walisische Volksmund will, daß man in Trance gerät, wenn man in einem heiligen Hain auf den Wind hört. Cardea ist die alte römische Göttin der vier Hauptwinde. Sie herrscht über dem himmlischen Angelpunkt hinter dem Nordwind, um den sich der Mahlstein des Universums dreht. In der griechischen Mythologie wird der Nordwind Boreas genannt. Der Wind kommt von einem Stern hinter dem Sternbild der Corona borealis. Hier wohnt auch der Tod. Die Hyperboräer, die »Menschen hinter dem Nordwind«, bildeten eine Priesterkaste, die sich mit dem nördlichen Jenseits beschäftigte.

Die alten Mythen über den Ursprung des Windes, die besagen, daß die Sterne und Galaxien Wind enthalten, sind heute glaubwürdiger geworden durch die wissenschaftlichen Instrumente, die wir zur Verfügung haben. »Wissenschaftler haben Beweise für einen Wind gefunden, der durch eine M82 genannte Galaxie fegt, die sich 60 Trillionen Meilen von unserem fröhlichen kleinen Planeten befindet. Der Wind, der aus Wasserstoff besteht, wird von Supernova-Sternexplosionen angetrieben.« Diese Analyse zweier Forscher am Institut für Astronomie in Honolulu war in der britischen Zeitschrift *Nature* (7. Juli 1988) zu lesen.

Wissenschaftler meinen, daß die chemischen Grundstoffe, die das Universum ausmachen, die Winde hervorbringen, die sich durch den Raum bewegen. Obwohl wir glauben, der Raum sei ein Vakuum, weist er in Wirklichkeit Neutronen, Atome und andere Energiepartikel auf, die darin umhertanzen. Vielleicht gibt es sogar eine Intelligenz, die ihre Bewegungen in relativ geordnete Bahnen lenkt.

Der Test

Es braucht lange, um den Wind zu meistern. Du mußt dich immer wieder dazu anhalten, auch wenn du meinst, du würdest keine Fortschritte machen. Wenn dein Können mit der Zeit größer wird, wirst du kleine Prüfungen zu bestehen haben. Als ich etwa 4 Jahre lang mit dem Wind gearbeitet hatte, wehte an einem windigen Sonntagabend im März bei meiner Freundin die Türe auf. Becky und ihr halbwüchsiger Sohn, Eric, saßen zusammen auf dem Sofa mir gegenüber, den Rücken zur Tür. John war in der Küche.

»Laeh, mach doch bitte die Tür zu«, rief jemand. Zu meiner Überraschung gelang es mir, sie zu zwei Dritteln zu schließen, indem ich meine Willenskraft mit dem Wind verschmelzen ließ. John schritt jetzt auf die Tür zu und neckte mich: »Mach sie schon zu, Laeh!« Der Wind wich mir aus, auch wenn ich es versuchte. Da besann ich mich auf etwas, das ich bereits kannte, und benutzte Johns Körperenergie als Transformator, um die Tür vor seiner Nase zuschlagen zu lassen. Becky, Eric und ich kicherten vor Freude und Überraschung. John öffnete die Tür als wäre nichts geschehen und ging hinaus. Ich war zufrieden mit meiner wachsenden Beherrschung des Windes. Die Tür hatte mir deutlich gezeigt, daß ich zwei Drittel des Weges hinter mir hatte.

Der Wind wird dich viele seiner Geheimnisse lehren, wenn du dir Zeit nimmst, mit ihm zu spielen. Die kleinen Funken farblosen Lichts, die du siehst, wenn du in einen starken Wind schaust, sind Prana, das in der Luft umherschwirrt. Atme das frische Prana ein, und du wirst einen sofortigen Energieanstieg spüren. Stelle dich in einer windigen Nacht draußen hin und erlaube dem Druck des Windes, deine Psyche zu reinigen. Nimm eine Fähre, stell dich allein auf Deck und laß den Wind für dich singen. Solltest du frieren, gehst du hinein, um dich aufzuwärmen, und kommst dann wieder hinaus, um mehr vom Wind zu erfahren. Im Gegenwind mußt du beim Gehen deine Beine kreuzen, um dem Wind möglichst wenig Angriffsfläche zu bieten. Das stärkt dein Gleichgewicht und schiebt dich bei starkem

Wind vorwärts. So machen es die Matrosen auf hoher See. Horch auf die alten Lieder, die immer noch im Wind mitschwingen.

Der innere Wind

Eine der geläufigsten und praktischsten Meditationen besteht darin, sich auf seinen Atem zu konzentrieren, den Wind, der durch den Körper fließt. Du kannst auf deinen eigenen Atem meditieren, unabhängig davon, ob du dich um die Beherrschung eines Elementes bemühst. Setz dich ruhig hin, ohne deinen natürlichen Atemfluß zu verändern. Beobachte, wo er lang und wo er kurz ist und welchem inneren Zyklus er folgt. Ein Atemzug geht vielleicht in deinen Rücken, der nächste konzentriert sich im Becken, ein dritter geht in deinen Nacken und deine Schultern. Beobachte dein Atemmuster und die Gefühle und Gedanken, die während eines Atemzyklus in dir aufsteigen, ohne zu urteilen. Merke, was du wahrnimmst, ohne darüber nachzudenken; konzentriere dich mindestens zwanzig Minuten lang auf deinen Atem.

Du kannst Prana nicht mit deinem bloßen Geist kontrollieren; dazu mußt du Atmung und Konzentration kombinieren. Doch wenn du eine besonders tiefe Atmung in einer ungünstigen Stellung praktizierst, erreichst du gar nichts.

Es gibt sieben verschiedene Atemphasen in jedem Atemzyklus. Du kannst diese sieben Stufen üben, indem du die korrekte Yogapose für jede einzelne einnimmst. Es braucht Konzentration, damit das Prana zirkulieren kann. Eine Serie von Posen regelt und entwickelt jede Art Atem. Das Yantra-Yoga enthält die Bewegungen und Zahlen, die allen sieben Stellungen entsprechen. Du wirst einen Lehrer brauchen, um diese Technik richtig zu lernen: Aus Büchern kannst du das richtige Ein- und Ausatmen und die Begleitbewegungen nicht entnehmen. Ein Buch, das zu diesem Thema lesenswert ist, ist von Namkai Norbu Rinpoche und heißt: *Der Zyklus von Tag und Nacht. Die praktischen Übungen des Ati-Yoga.*

Es gibt ein tibetisches Mantra, das sich bei starkem Wind eignet, um den Geist zu reinigen und seine Klarheit wieder herzustellen: Wiederhole es 108 mal:

Om Eho Shuddhe Shuddhe
Yanho Shuddhe Shuddhe
Bamho Shuddhe Shuddhe
Ramho Shuddhe Shuddhe
Lamho Shuddhe Shuddhe
E Yam Bam Ram Lam Shuddhe Shuddhe Svaha

Ich gebe hier ebenfalls eine Übung an, die Atem und Mantra integriert und dir hilft, das Wesen des Klangs und der Elemente zu verstehen. Du mußt sie mehrere Monate lang täglich üben, ehe du mehr als nur oberflächliche Resultate erzielst:

OM	AH	HUM
einatmen	Atem kurz anhalten	ausatmen

DER RAUM: DIE STERNENEBENE

Der Raum, ein riesiges unerforschtes Mysterium, das seine Geheimnisse der Wissenschaft nur langsam preisgibt, ist Mystikern gut bekannt, die ihn intuitiv und telepathisch erkundet haben. Die Uranusringe, die erst in den späten Achtzigern durch Fotos eines Satelliten entdeckt wurden, waren den Mystikern nie verborgen. Würden die Wissenschaftler sich an Mystiker, die sich auskennen, wenden, so könnten diese die astronomische, physikalische und chemische Forschung anleiten und irrige Theorien und Voraussagen vermeiden.

Wenn du dich mit dem Raum auseinandersetzt, begibst du dich ins Gebiet des Vakuums, der Schwerkraft, des Elektromagnetismus, der Raumreisen und des Lebens auf anderen Planeten. Elektromagnetische Felder wachen über die Bewegungen und Bahnen der Galaxien, der Sterne, der Planeten und deren Monde.

Über den Kontakt mit UFOs und den Lichtwesen, die nach ihrer Landung mühelos über unsere Landschaft huschen, kannst du einen Weg aufdecken, um in die Sternenebene der Erleuchtung zu gelangen. Die Lichtwesen sind atemberaubende, leuchtende, fließende farbige Gestalten, die in der Luft flattern oder schweben, oder sich mit großer Geschwindigkeit fortbewegen und sich durch hohe Pfeiftöne verständigen. Ob sie dir erlauben, dich ihnen zu nähern, hängt von deinem Vertrauen und deiner Furchtlosigkeit ab und ob sie meinen, du seist bereit, sie zu sehen. Sollte ihr Licht verblassen oder ganz auslöschen, wenn du sie gesehen hast, ist das ein Zeichen dafür, daß sie deine Gegenwart nicht willkommen heißen. Wenn ihr Licht sich nicht merklich verändert, trauen sie dir, daß du ihnen nicht schadest und werden sich dir vielleicht nähern.

»Wo ist der Himmel?« ist eine Frage, die jedes Kind irgendwann stellt. Meistens kann man ihm keine befriedigende Antwort geben. Aber es gibt sie. Hinter unserer dreidimensionalen Welt, hinter der Biegung in den schwarzen Löchern des Raums, ist der Ort, den wir im allgemeinen als Himmel bezeichnen. Durch einen Bumerang-Effekt reflektiert Licht von dort zu uns. Wenn eines dieser schwarzen Löcher auftaucht, läuft die Zeit rückwärts, und der Raum kann sich nicht mehr ausbreiten.

Der Himmel ist die Verbindung des Reichs der Schöpfung und des Reichs der Quelle. Dort kommen wir hin, wenn wir unseren Körper verlassen.

Wenn wir uns der Erde als Element wieder zuwenden, können wir viel Wissen über die Sternenspirale gewinnen. Die Elemente, die auf der Erde vorkommen, gibt es in jeder Galaxie. Im Feuer, das heißer ist, als jeder eiserne Topf aushalten kann, finden alchimistische Verwandlungen statt. Eisen wird zu Gold, und wenn das Gold zu heiß ist, wird es zu Blei. Im Verbrennen der Sterne vermischen sich die Elemente Silizium, Sauerstoff, Neon, Kohlenstoff und Helium mit interstellaren Gasen.

In seinem Artikel »Supernova Death of a Star« (*National Geographic,* Jg. 173 Nr. 5, Mai 1988) liefert Robert P. Kirschner wissenschaftliche Beweise für mystische Traditionen: »Ebenso hinterließen Generationen von Sternen, die in unserer Galaxie lebten und starben, ehe die Sonne sich bildete, uns als Erbe die schweren Elemente. Die Kohlenstoffatome der Druckfarbe dieser Seite, der Sauerstoff, den Sie atmen ... das Kalzium in Ihren Knochen und das Eisen in Ihrem Blut stammen von den Sternen.«

Das Sterben der Sterne ermöglichte die Geburt des Lebens.

Raummeditation

Für den Raum gibt es eine eigene Meditation. Ihr Ziel ist, den Klang des Raumes zu hören und dein Bewußtsein mit ihm verschmelzen zu lassen. Die Raummeditation ist ein weiterer Zugang zur Quelle.

Das Wetter muß warm und trocken sein. Wichtig ist, daß es ganz in der Nähe von dem Ort, den du für deine Meditation gewählt hast, eine Hütte gibt. Faste vier Tage lang und trinke nur reines Wasser. Am vierten Tag legst du dich an einen freien Ort wie eine Bergkuppe oder eine weite Ebene und starrst von Sonnenaufgang bis zum Sonnenuntergang in den Himmel. Von Zeit zu Zeit trinkst du etwas von dem mitgebrachten Wasser. Geh dann zu Fuß zu deiner Schlafstätte und sprich mit niemandem. Ruh dich aus, bleib still und denk möglichst wenig. Im Morgengrauen des fünften Tages gehst du an deinen Meditationsplatz zurück und nimmst genügend Wasser für den ganzen Tag mit. Bleib ruhig und still, faste weiter. Am sechsten Tag wiederholst du die Meditation. Bist du nicht übergeschnappt, wirst du am Morgen des siebten Tages Wissen über den Raum erlangt haben.

Sollte es irgendwann anfangen zu regnen, während du am Meditieren bist, kehrst du sofort in die Hütte zurück. Feuchte Kleider erweisen sich bei dieser Meditation als tödliche Kombination. Ja, diese Meditation ist wirklich gefährlich und nichts für Ängstliche oder für spirituelle Touristen.

WARNUNG: Du darfst die Raummeditation niemals unternehmen, wenn du dich nicht in einem ausgeglichenen geistigen Zustand befindest, wenn du kürzlich eine Beziehung abgebrochen hast oder gerade jemanden verloren hast, der dir nahestand.

Manchmal fragen mich die Leute, ob es besser sei, sich dadurch auf die Elemente einzustimmen, daß man in einer einsamen, abgelegenen Gegend lebt. Die Antwort lautet ja, aber nur, wenn du auf die Natur achtest. In einem gut isolierten Haus im Wald mit Wasch- und Geschirrspülmaschine wohnt man nicht anders als in irgendeinem Vorort. Schneemobile, Traktoren und Mountain-bikes werden dir nicht dabei helfen, die Elemente kennenzulernen. Geh in der Natur spazieren, setz dich an den Bachrand, hör auf den Wind, sing für die Bäume und ernte die Pflanzen der Jahreszeit, und du wirst viel über die Elemente lernen.

Die Beziehung zwischen Elementen und Chakren

In jedem Seelenhaus kann ein Mensch das Element wählen, das seine Lebensgeschichte ausdrückt. Seelen erlangen während ihres Aufstiegs von Haus zu Haus Einsicht in ihre Eigenarten und Stärken. Sie suchen sich das Element aus, das ihren Bedürfnissen entspricht oder das bereits Gelernte auf die Probe stellt.

Die Häuser und die entsprechenden Elemente sind: Haus des Überlebens = Erde; Haus der Gefühle = Wasser; Haus der Macht = Feuer; Haus der Liebe = Luft; Haus des Klangs = Raum.

Für Leben, die im ersten Stock eines Hauses stattfinden, ist Erde das zugänglichste Element. Wasser ist ziemlich schwierig mit dem Wurzelchakra zu kombinieren. Das Element Luft verbindet sich am schlechtesten mit dieser Energie. Feuer dagegen kombiniert sich gut mit dem ersten Chakra, es eignet sich dazu, Energie aufsteigen zu lassen und in Fluß zu halten. Wenn dein Urselbst sich auf der ersten Stufe für das Feuerelement entschieden hat, brauchst du nur dafür zu sorgen, daß du nicht zu schnell ausbrennst.

In einem Leben, das sich im zweiten Chakra bewegt, kann das Feuerelement Unfruchtbarkeit oder auch eine reiche Fruchtbarkeit auf allen Ebenen bewirken. Es kann auch die Kommunikation aller Facetten des Gefühlslebens begünstigen. Luft als begleitendes Element für den Lebensweg im zweiten Chakra könnte einen zu weit öffnen, so daß man mehr Eindrücke bekommt, als man verkraften kann. Dennoch ist Luft wegen seiner geistigen Natur perfekt dazu geeignet, einen ausgeglichenen Gemütszustand herbeizuführen. Sie ist verwandt mit dem Astralkörper, da er sich, als Quelle der Gemütszustände, von Luft ernährt. Erde verleiht einem Aufenthalt im zweiten Chakra immer Ausgeglichenheit. Wasser kann die Persönlichkeit zu emotional werden lassen, was nach einer Beherrschung der Gefühle verlangt.

Ein Leben im 2. Stock des Erwachsenen-Hauses, das sich also mit den Aufgaben des zweiten Chakras auseinandersetzt, wählt vielleicht die Luft im Wasser. Dies bewirkt möglicherweise Turbulenzen oder die Unterdrückung des Gefühlslebens, verbunden mit intensivem Lernen. Luft ist dem Haus der Liebe zugeordnet, und Wasser entspricht dem zweiten Stock eines jeden Hauses; Luft enthält auch Wassermoleküle. Würde dagegen das Erdelement gewählt, könnte die Aufgabe eines Lebens im zweiten Chakra des Erwachsenen-Hauses völlig verhüllt werden. Wenn das Urselbst jedoch weiß, daß dieser Mensch wahrscheinlich vom Zeitgeist mitgerissen wird, ist Erde vielleicht genau das, was er braucht, um sich zu stabilisieren.

Feuer ist als Lebensaufgabe für den dritten Stock eines jeden Hauses ganz natürlich, außer im Teenager-Haus, in dem es zu explosiven Situationen führt. Wasser kann einem Leben im dritten Chakra Dynamik, aber auch Trägheit verleihen. Luft fördert Denker und Philosophen mehr als Praktiker, während Erde der Lebensaufgabe dieses Menschen Kraft und Stetigkeit schenkt.

Die Leben im vierten Stockwerk oder im Erwachsenen-Haus verlaufen am besten mit Luft oder Feuer als Hauptelement. Hier bereitet Erde die meisten Probleme, wohingegen Wasser sich förderlich auswirkt. Im Haus der Reife macht

Wasser die größten Schwierigkeiten, alle anderen Elemente begünstigen die Entwicklung.

In den Chakren, die nicht an unsere Körperfunktionen gebunden sind, bilden die Elemente eine ausgewogene Basis: Im Haus des Wissens, oder dem sechsten Stock jedes Hauses, führt das Feuerelement zu ausgezeichneter Intuition und Einsicht. Die Inkarnation im sechsten Chakra bringt schnelle Gedanken und kraftvolle Visionen. Wasser macht empfindsam, Luft fördert Intellekt und Fantasie, um die geschauten Bilder zu interpretieren.

Erde ist das schwierigste Element im sechsten Stock oder im Haus der Alten Seelen; doch ein Urselbst, das sich nicht konzentrieren kann oder geistesabwesend ist, kann dieses Element wählen, um während seiner Reise durch das dritte Auge geerdet zu bleiben.

Im Scheitel-Chakra oder dem siebten Stock eines jeden Hauses wirken die Elemente folgendermaßen: Wasser fließt abwärts, oft in das zweite Chakra. Menschen, die auf diese weise sublimieren, sind oft suchtgefährdet. Häufig blockiert das Wasserelement das Hals-Chakra. Feuer und Luft passen besser zu Inkarnationen im siebten Chakra, während denen man am schwierigsten Stockwerk jedes Hauses arbeitet. Freiwillige Seelen werden keine ernsthafte Beeinträchtigung erleben, gleich welches Element sie für eine Lebenszeit wählen. Wenn du einmal geboren worden bist, hast du keine Wahl bezüglich des Elements, das dir zugewiesen ist; du mußt mit ihm leben und das Beste daraus machen.

Dein persönliches Element

Um Krankheiten zu überwinden, die dich schwächen, mußt du die Arbeit und die Meditation über dasjenige Element aufnehmen, das alle Aufgaben deines gegenwärtigen Lebens zusammenfaßt. Wenn du lernst, das Element zu meistern, erfüllst du deine Lebensaufgabe. Es gibt viele Ebenen der Meisterschaft, von den praktischen Fertigkeiten bis hin zu großer mystischer Tiefe.

Um dein Element kennenzulernen, brauchst du nur dein Verhalten zu beobachten. Gehst du in anderen Menschen auf, um dann wütend zu werden oder dich zurückzuziehen? Solches Extremverhalten steht unter dem emotionalen Zeichen des Wassers. Denkst du von allen Seiten über eine Sache nach und intellektualisierst du alles? Dann ist Luft das vorherrschende Element in dir, das nach Aufmerksamkeit verlangt. Läßt dein feuriges oder deprimiertes Wesen dich voreilig handeln oder über längere Zeit wie gelähmt dasitzen? Wenn dies auf dich zutrifft, solltest du dich dem Feuerelement zuwenden.

Stürzt du dich in körperliche Tätigkeiten und sportliche Wettkämpfe? Bist du eine Superfrau oder ein Supermann, oder opponierst du gegen alles? Dann solltest du dich mit Bergbau, Landwirtschaft, dem Bauwesen oder dem Holzschnitzen befassen und so deine Erfahrungen mit der Erde vertiefen. Um dein Gleichgewicht zu erlangen, ist Yoga, Tai Chi, Gartenarbeit und eine körperlich anspruchsvolle Tätigkeit ein geeigneter Anfang.

Erde kann Selbstzweifel, viel Pessimismus und Selbstvertrauen bedeuten, begleitet von einem ausgeprägten Verantwortungssinn. Wasser reagiert aus dem Bauch, ist medial, telepathisch begabt und flippt leicht aus; es kann auch zu Überschwenglichkeit, verschiedenen Formen von Hysterie und ständigen emotionalen Krisen neigen. Feuer steht für Kommunikation und Gedanken. Es klärt und reinigt. Feuer entspricht auch der Vorstellungskraft; lieber würdest du im Reich der Fantasie leben, als dich um die praktischen Aspekte des Geldverdienens zu kümmern. Luft verleiht Abstand von Gefühlen, so daß man sein Leben mit Vernunft oder Logik meistert. Luft-Menschen müssen darauf achten, daß sie genug Flüssigkeit zu sich nehmen.

Manche Menschen haben drei Hauptelemente im Geburtshoroskop. Ihre Aufgabe ist es, die betreffenden Elemente in ihr jetziges Leben zu integrieren. Wenn diese Elemente *Luft, Erde* und *Feuer* sind, erfolgt die Integration durch die Beherrschung des *Feuers*.

Sind die drei Elemente *Wasser, Feuer* und *Luft*, kann Wasser nicht zum vermittelnden Element werden, weil es sich nicht gut mit Feuer vermischt. Man muß sich auf *Luft* konzentrieren, denn diese ist im Wasser enthalten, und Feuer kann ohne Luft nicht brennen.

Vielleicht besteht deine Kombination aus *Feuer, Erde* und *Wasser,* in welchem Fall das vereinende Element *Erde* ist, das Wasser aufnehmen kann. Mutter Erde nährt das Feuer, sie läßt Holz wachsen und birgt in ihrem Körper Kohle, Gas und fossile Brennstoffe.

Die Verbindung von *Luft, Erde* und *Wasser* stellst du dadurch her, daß du dich mit dem Element *Wasser* befaßt. Wasser ist in der Luft und in der Erde enthalten.

Die Ganzheit erreichst du über die Beherrschung deines Elements auf jeder der drei Erleuchtungsebenen, auf der du dich gerade befindest.

12

Farbe und Klang

Wunder, Wunder!
Wie groß ist die Lehre ohne Worte,
die durch das Ohr nicht aufgenommen werden kann:
Diese Stimme wird vom Auge gehört.

ZEN MEISTER TOZAN ROSHI

Farbe und Klang sind seit Menschengedenken eingesetzt
worden, um Körper und Geist zu heilen und jung zu halten.
Farben erscheinen in Meditationen, in Visionen nimmst du
Töne und Farben wahr. Heiler und spirituelle Lehrer sind sich
der Macht von Farben und Klang bewußt, die Verstand und
Gefühle beeinflussen. Meistens werden die beiden Energien
nicht zusammen, als Verschmelzung von Klang und Farbe,
angewandt, weil die Medizin- oder Heilperson den spontanen
oder erlernten Zugang nur zur einen oder anderen Energie
hat. Farbheiler lassen zwar oft beruhigende Musik laufen,
doch eine wirkliche Integration beider Faktoren findet nur
selten statt; Musiktherapeuten singen und spielen, ohne den
Klang durch eine verwandte Farbe zu verstärken.

Das Zusammenspiel von Farbe und Klang fasziniert den
Menschen seit Jahrhunderten. Es hat Zen-Schüler gegeben,
die den Tod in Kauf genommen haben, um die Farbe der
Töne zu erkennen: Sie versuchten Farbe zu hören und Klang
zu sehen. Das ist ein zu großes Unterfangen, es sei denn,
man ist willens, sich alle drei Stufen der Erleuchtung hintereinander zu erarbeiten.

Die Sinnesüberschneidung von Farbe und Klang gehört in die Sternenspirale der Erleuchtung. Was Wissenschaft und Literatur anbelangt, befindet sich dieses Gebiet noch in den Kinderschuhen. Viele Menschen erfahren Synästhesie, doch gibt es zu wenig Untersuchungen, welche das allgegenwärtige Wesen von Farbe und Ton erforschen und die beiden Phänomene zueinander in Beziehung setzen. Außerdem wird die Wahrnehmung von Tönen, Musik und Farben von einem anderen spirituellen Faktor beeinflußt, dem Klan, dem du angehörst. Jeder Klan hat sein eigenes System der Verbindung von Farben und Klängen.

FARBE

Die Farbe selbst gehört zur Mondspirale der Erleuchtung. Je mehr du Farben liebst und schätzt, um so klarer werden sie in deiner Meditation. Die Farbe, die du siehst, ist ein Hinweis auf deine Seelenebene und auf den Klan, dem du angehörst. Im Verlauf deiner Suche entlang der Mondspirale wirst du die Funktion der Farbe besser verstehen und dieses Wissen auch anwenden lernen.

Die Colorologie untersucht den Einfluß der unsichtbaren und sichtbaren Farben auf Menschen, andere Lebewesen und den Kosmos. Die meisten Kulturen sehen die Farben als unausweichliche, durchdringende Kräfte, die das menschliche Verhalten beeinflussen. Farbe besteht aus Licht in bestimmten Wellenlängen (Schwingungen) und Materie (Photonen) und ruft als Reaktion auf die mentale und emotionale Interpretation dessen, was das Auge sieht, Empfindungen hervor. Farben wecken destruktive und konstruktive Gemütsbewegungen: Violett ist eine spirituelle Farbe, doch im Übermaß führt sie zu Angstzuständen. Farben verursachen chemische Reaktionen. Nahrungsmittel, die wegen ihrer Farbe gewählt und genossen werden, dienen zur Heilung des Körpers. Die von dir getragenen Farben, Töne und Schattierungen nehmen deine elektrischen und magnetischen Modalitäten an und ziehen je nach Ausprägung der Farbe andere Menschen an.

Die Farben, die du wählst, werden in einem gewissen Maß von der Mode diktiert. Hast du genügend Selbstvertrauen entwickelt, um vergessen zu können, was als schick gilt, wirst du Farben bevorzugen, die zu dir passen, gleich was gerade Mode ist.

In Amerika ist die Farbheilung seit dem ausgehenden 19. Jahrhundert bekannt. Mit dem Aufkommen der Elektrizität wurde sie in Form von farbigem Licht allgemein zugänglich. Vor dieser Zeit setzten kundige Priester in den Kirchen Europas die Leute unter das farbige Kirchenfenster des »Heiligen«, der sie von ihren Leiden heilen konnte. So wurden Menschen, die an Appetitlosigkeit, Arthritis, Kreislaufstörungen, Depressionen, Problemen mit der Bauchspeicheldrüse oder Hautkrankheiten litten, unter das vorwiegend gelbe Fenster, das Daniel in der Löwengrube darstellt, plaziert.

Wer weder viel Zeit noch die notwendigen elektrischen Apparaturen hat, erreicht ähnliche Ergebnisse, indem er Wasser trinkt, das farbiges Sonnenlicht aufgenommen hat. Farbheilung kann auch durch Lebensmittel, Blumen, Kleider oder neue Tapeten erfolgen. Farben beeinflussen jeden Aspekt unseres Lebens. Gut belegte Studien weisen nach, daß die Autobahnpolizei immer zuerst auf rote, dann auf gelbe, und kaum auf blaue Autos, die zu schnell fahren, reagiert.

Menschen, die sonst für intuitive Erfahrungen unempfänglich sind, berichten von Farbtönen, die ihr Herz höher schlagen lassen und in ihnen ein Gefühl von Wohlbefinden hervorrufen. Gewisse Farben können körperliche Erschöpfung oder Übelkeit bewirken. Sicher kennst du jemanden, der einer Farbe verfallen ist und ihrer nie überdrüssig wird. Liegt es bloß an der Farbe, oder am Ton, der jenseits unseres Wachbewußtseins wahrgenommen wird? Wird die Reaktion auf die Farbe verblassen oder sich verstärken, wenn sie von angenehmer Musik begleitet wird? Unsere Sprache kennt Begriffe wie schreiende Farbe oder sanfter Ton, um den Eindruck zu definieren, der von einer Farbe ausgeht. Diese Ausdrücke beziehen sich tatsächlich auf den inneren Klang der Farbe.

Die Sprache kann aber auch zur Verwirrung beitragen. Bis ins 20. Jahrhundert machte die deutsche Sprache keinen Unterschied zwischen rot-violett und blau-violett. Beide wurden *purpur* genannt. Rot-violette Schattierungen unterscheiden sich tatsächlich von blau-violetten in ihrem Einfluß auf die Psyche. Gewisse mexikanische Stämme kennen nur wenige Worte zur Farbunterscheidung und teilen sie bloß in allgemeine Kategorien ein: Grün und Blau gehören zur Familie der Grüntöne, Rot und Orange gelten als Rot, gelbe und goldene Töne sind Gelb, Schwarz, Grau und Braun werden als Schwarz bezeichnet, und alle hellen Farben fallen in die Kategorie weiß.

Während einer Heilung kann es vorkommen, daß dir zuerst eine Farbe erscheint, die dann von verschiedenen Schattierungen abgelöst wird, bis sie in eine andere Farbe überwechselt. Wenn du für jemanden singst oder trommelst, wirst du vielleicht auch feststellen, daß die heilenden Farben etwa denen des Regenbogens entsprechen und von Rot zu Rotorange, von Orange zu Goldgelb und von Hellgelb zu Limonengrün und zu Grasgrün überwechseln, um zuletzt in Himmelblau und Lila auszuklingen. Die Farbe, die am Ende einer Heilung bleibt, ist diejenige, die dieser Mensch für seine Gesundheit braucht. Silbertöne und hell leuchtendes Weiß können ebenfalls auftreten. Wenn du mitten in einer Heilung bei deinem Klienten abwechselnd weiß und schwarz siehst, bedeutet das, daß dieser Mensch sich der Realität stellen muß. Seine innere Sicht stimmt wahrscheinlich überhaupt nicht mit seinen Lebensumständen überein. Es ist ein gutes Zeichen, wenn die Lieblingsfarbe des Klienten erscheint.

Wenn du beim Aussenden von Botschaften oder anläßlich einer Fernheilung versuchst, jemanden durch die Schwingung einer Farbe zu erreichen, die er nicht mag, ist es, als würdest du zur Herstellung der Verbindung die falsche Wellenlänge wählen. Deine Energie kann diesen Menschen so nicht erreichen. Andererseits kann man jemand anderem niemals Negatives schicken, wenn man genau seine Farben einsetzt. Farbtöne, die mit den Lieblingsfarben einer Person harmonieren, schützen denjenigen, der sie trägt oder benützt.

Jede Farbe hat ihre spezifische Funktion für Körper und Psyche. Wenn jemand zu unreif ist für sein chronologisches Alter, erscheinen in seiner Aura gelblich-grüne Töne. Diese können von Gallenfarben über Apfelgrün bis Grüngelb reichen. Die Aurafarbe paßt sich dem geistigen Zustand ihres Trägers an und entfaltet sich zu ihrer vollen Pracht, wenn dessen Geist im Einklang ist.

Braun-, Grün- und Blautöne stehen für den denkenden, schöpferischen Geist, der primär oder sekundär empfangene Einsichten interpretiert und diesen auf der materiellen Ebene Gestalt und Bedeutung verleiht.

Braun ordnet, klassifiziert und neutralisiert Gefühle. Es beruhigt, kann aber im Übermaß auch zur Stagnation führen.

Violett steht für sich, zwischen den Polen Rot und Blau. Es schließt den Kreis von Klang und Farbe. Diese Gruppe reicht von Himbeer bis Flieder; es gibt für sie Hunderte von Bezeichnungen, weil sie in unserer Kultur eine so wichtige Rolle spielt. Violett steht für die wahre Integration unseres männlichen und weiblichen Selbst, die erst im späteren Stadium unseres Lebens erreicht wird, nach dem dreiundfünfzigsten Lebensjahr.

Rot-violett beruhigt die Gefühle.

Blau-violett leitet Informationen vom Verstand zum Gedächtnis, das sie speichert. Es ist eine kreative Farbe, die dem Menschen Botschaften oder Bilder aus dem Kosmos vermittelt, die er als Kunst, Musik, Tanz, geistige Offenbarungen, wissenschaftliche Theorien oder andere Formen der Weisheit interpretiert.

Türkis ist die Farbe der Verbindung zwischen Gehirn und Geist. Der Geist benutzt das Gehirn als Speicher und ruft die Informationen später wieder ab. Alice Walker, deren Buch *The Color Purple* sehr gelobt wurde, erlitt nach diesem Erfolg eine derartige Schreibblockade, daß sie sich gezwungen sah, einen ungewöhnlichen Lösungsversuch zu wagen. Sie sehnte sich nach den Farben Türkis und Korallenrot, die, wie sie glaubte, ihren kreativen Block auflösen würden, und malte deshalb ihr ganzes Haus in diesen Farben aus. Daraufhin verfaßte sie einen weiteren außergewöhnlichen Roman.

Leuchtendes Rot-orange deutet auf Widerstände hin. HUM ist der Laut, der sie beseitigt. Welche Töne können wir einsetzen, um diesem Menschen wieder eine ausgeglichene Sicht der Dinge zu vermitteln? Widerstände sind nur ein Symptom. Man kann sie unterdrücken, doch wenn man sich nicht der Ursache annimmt, wird das Problem anderswo zum Vorschein kommen und Schwierigkeiten oder Erkrankungen verursachen.

Blasses Gelb weist auf Probleme von Überfluß oder Mangel.

Die Farbtherapie

Zum Thema Farbtherapie sind ausgedehnte Studien unternommen worden; verschiedene wirksame Systeme sind bekannt. Doch scheinen die Systeme nicht übereinzustimmen. Eine Schule behauptet zum Beispiel, bei Verbrennungen wunderbare Resultate mit der Farbe Grün zu erzielen, während eine andere sagt, das gelinge nur mit Orange. Bei diesem Beispiel stimmt beides: Orange beseitigt Schwellungen, Grün beschleunigt das Nachwachsen von Haut und anderen Geweben. Eine dritte Schule empfiehlt Rot bei Verbrennungen, weil Feuer Feuer bekämpft. Ich habe jedoch die Erfahrung gemacht, daß die Einnahme von blaubestrahltem Wasser bei chemischen Verbrennungen besser lindert und heilt, als rotbestrahltes Wasser.

Um solches Wasser herzustellen, beschaffst du dir farbige Glasgefäße mit ca. 1 l Fassungsvermögen. Du kannst auch farblose Flaschen verwenden, vor denen du farbige Glasscheiben aufstellst. Die Farben sollen klar sein und nach dem unten aufgeführten Schema ausgewählt werden. Gieße reines Quellwasser in das Gefäß und laß es mindestens acht Stunden auf dem Fensterbrett stehen. Es spielt keine Rolle, ob es draußen bewölkt ist oder ob die Sonne scheint. Bedecke es mit einem Stück Papier oder einem losen Deckel, damit keine Insekten und kein Schmutz hineingeraten.

Das Wasser wird keine Farbe annehmen und wird wie gewöhnliches Wasser aussehen; dennoch wird violett bestrahltes Wasser nach Schimmel schmecken und zitronengelb bestrahltes Wasser nach Zitrusfrüchten. Trink ein Glas Wasser, das mit der Farbe aufgeladen wurde, die du benötigst. Du kannst auch so viel davon trinken, wie du vorrätig hast. Es ist nicht nötig, das Wasser in seinem farbigen Behälter aufzubewahren, wenn es das farbige Licht einmal aufgenommen hat. Leere es in eine saubere Thermosflasche, die nicht für Kaffee oder Tee verwendet worden ist. Fülle das farbige Behältnis erneut mit Quellwasser für eine weitere Tagesration, oder um es nach Bedarf einzusetzen.

An einem Novembertag kam der Hund zu mir in die Küche, als ich mit dem Abwasch beschäftigt war. Ich gab ihm einen Knochen, über den er sich trotz meiner Bitten genüßlich auf dem Teppich hermachte. Ich packte ihn am Halsband und führte ihn mitsamt dem Knochen nach draußen. Auf dem Weg zurück zur Küche muß ich mein Auge berührt haben, ehe ich mir die Hände wusch. Mein Hund hatte sich zuvor im Giftsumach herumgetrieben, und am nächsten Tag hatte ich am Auge einen Ausschlag, der sich rasch über mein Gesicht ausbreitete, bis ich aussah wie ein Streifenhörnchen. Es juckte, brannte und schmerzte sehr. Jeden Abend, als ich von der Arbeit heimkam, trank ich eine Tasse Wasser, das mit Kobaltblau aufgeladen worden war. Innerhalb von drei Tagen war mein Gesicht zwar noch geschwollen, aber meine Haut schmerzte und juckte nicht mehr. Dank dem blauen Wasser beschränkte sich der Ausschlag auf mein Gesicht. Giftsumach verursacht eine chemische Verbrennung, die sich von einem Körperteil zum anderen ausbreiten und wochenlang juckende Ausschläge herbeiführen kann.

Die spektrochromatische Farbtherapie wurde mir vor vielen Jahren von Arthur Whitcomb aus Portland in Oregon vermittelt, der damals siebenundachtzig Jahre alt war. Er praktizierte seit mehr als fünfzig Jahren Farbtherapie und hatte dabei eine besondere Ausrüstung mit rotierenden Farbfiltern benutzt, die von der amerikanischen Regierung 1948 auf Betreiben der American Medical Association verboten wurde. Dieses Verbot behinderte die seriöse Anwendung der Farbtherapie (heute sind diese Apparaturen wieder zugelassen). Whitcomb und andere entwickelten jedoch eine andere Methode der Farbbestrahlung; er schrieb sie nieder und verteilte sie überall.

> »Bau eine Holzkiste, die groß genug ist, um eine schwere und helle 500-W-Lampe zu beherbergen. Unten an der Kiste bringst du eine Schiene oder andere Aufhängevorrichtung an, um die Farbscheiben befestigen zu können. Verwende nur Scheiben der reinsten Farben – das ist sehr wichtig. Jetzt hängst du die Lampe an die Decke und wählst die richtige Farbscheibe.«

Das auf die Größe deiner Kiste zugeschnittene farbige Glas zerbricht vielleicht mit der Zeit infolge der Hitze und des langen Gebrauchs, doch farbiges Glas ist in den meisten Fällen das geeignetste Material, weil Plastikscheiben sich mit der Zeit wölben und angemaltes Glas nicht dauerhaft ist. Das Magentarot, das auf Angstzustände und Aufregung wirkt, wird übrigens von Kodak hergestellt und findet in Dunkelkammern seine Anwendung.

Die Farbwahl ist von äußerster Wichtigkeit. Wähle einen klaren Farbton und keinen dunklen, zum Beispiel lieber Orange als Ocker. Einfaches Glas ohne Muster, Körner oder Rillen eignet sich am besten. Wenn du keine glatte Scheibe in der richtigen Farbe finden kannst, kaufst du das nächstbeste für den sofortigen Gebrauch und schaust dich weiter nach dem richtigen Glas um. Bewahre die Scheiben in luftgepolsterten Umschlägen auf, wenn du sie nicht brauchst. Das ist die beste und billigste Art, Schäden zu vermeiden.

In meiner Praxis konnte ich die Wirksamkeit von Arthur Whitcombs spektrochromatischem Farbsystem bestätigen, wenn genau nach seinen Angaben vorgegangen wird. Die behandelte Person wird für eine Stunde unter die Lampe gesetzt, keinesfalls länger. Bei Verbrennungen oder Knochenbrüchen kann die Behandlung alle vier Stunden eine Stunde lang wiederholt werden. Emotionale Probleme lösen sich innerhalb von einer Stunde auf, was auch für Atmungserkrankungen gilt.

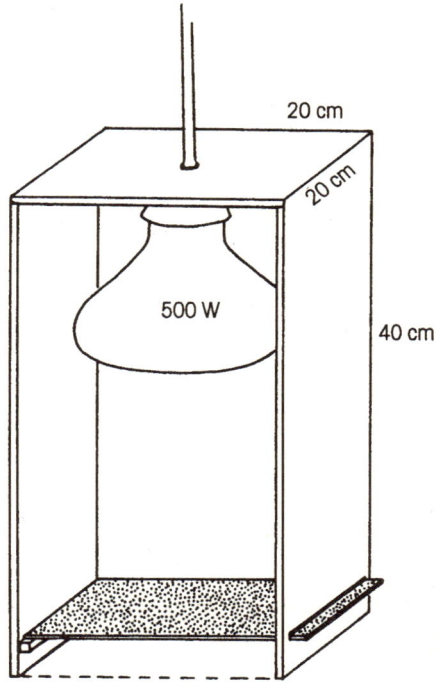

Hier ist die Liste der Farben und ihrer Anwendungen, wie sie mir übergeben wurde:

SPEKTROCHROMATISCHES FARBSYSTEM

ROT: Regt die Sinne und die Leber an, Reizmittel, Zugmittel, blasenziehend, hautrötend, ätzend; fördert die Hämoglobinbildung.

ORANGE: Regt die Atmung an, beruhigt die Nebenschilddrüse, stimuliert die Schilddrüse, krampflösend, milchbildend, antirachitisch, Brechmittel, regt die Darmtätigkeit an, beseitigt Blähungen, regt den Appetit an, Aromatikum; baut die Lungen auf.

LEUCHTGELB: Motorisches Stimulans, regt Darmtätigkeit und Lymphsystem an, beruhigt die Milz, verdauungsfördernd, abführend, gallentreibend, Wurmmittel; baut die Nerven auf.

ZITRONENGELB: Regt Gehirn und Thymusdrüse an, bindet Magensäure, wirkt auf chronische Zustände, beugt Skorbut vor, abführend, schleimlösend, knochenbildend.

GRÜN: Regt die Hirnanhangdrüse an, desinfizierend, antiseptisch, keimtötend, antibakteriell, reinigend; baut Muskeln und Gewebe auf.

BLAU: Reiz- und Schmerzlindernd, behebt Juckreiz, schweißtreibend, fiebersenkend; baut Lebenskraft auf.

INDIGO: Regt die Nebenschilddrüse an und beruhigt die Schilddrüse sowie die Atemwege, Astringens, beruhigend, schmerzlindernd, blutstillend, verdickend; bildet Phagozyten.

BLAU-VIOLETT: Regt die Milz an, beruhigt das Herz, das Lymphsystem und die Motorik; fördert die Leukozytenbildung.

ROT-VIOLETT: Regt die Venentätigkeit an, beruhigt die Nieren, hilft gegen Malaria, erweitert die Gefäße, hemmt den Geschlechtstrieb, betäubend, Schlafmittel, Antipyretikum (hohes Fieber, Wallungen), schmerzbetäubend; reguliert sexuelle Überaktivität.

MAGENTAROT: Regt die Nebennieren an, kräftigt das Herz, harntreibend, führt zu emotionaler Ausgeglichenheit und baut die Aura auf.

SCHARLACHROT: Arterienstimulierend, kräftigt die Nieren, sexuelles Reizmittel, Aphrodisiakum, fördert den Menstruationsfluß, gefäßverengend, zieht die Gebärmutter zusammen, fördert Wehen; reguliert sexuelle Unteraktivität.

Die Häuser und ihre Farben

Meistens kennen wir weder das Haus noch das Farb- und Klangsystem, dem eine Seele angehört. Doch Menschen aus verschiedenen Häusern fühlen sich oft magnetisch von der Farbe ihrer Seelenstufe angezogen. Manche haben diese Farbe sogar in ihrem Strahl. Wenn du zum Beispiel als Erwachsene Seele auf der siebten Etage dieses Hauses stehst und mit Kobalt- oder Azurblau mitschwingst, so ist das die Farbe deines Strahls.

Säuglings-Haus bzw. 1. Stock jedes Hauses:	Gelbtöne von hell bis dunkel, Gold- bis Zitronengelb
Kleinkind-Haus bzw. 2 Stock:	alle Orangetöne
Teenager-Haus bzw. 3 Stock:	alle Rotschattierungen von Scharlach und Karmesinrot bis Rosa
Erwachsenen-Haus bzw. 4 Stock:	
1.–4. Stock des Erwachsenen-Hauses:	Rosa bis Magenta, Blaß- bis Dunkelrosa
4.–7. Stock des Erwachsenen-Hauses:	alle Grüntöne, von Frühjahrs- bis Smaragdgrün
Haus der Reife bzw. 5 Stock:	
1.–3. Stock des Reifen Hauses:	Rot-violett, Magenta
4.–7. Stock des Reifen Hauses:	Türkis bis Himmelblau
Haus der Alten Seelen bzw. 6 Stock:	Violett-Töne, Lavendel, Flieder
Haus der Freiwilligen Seelen bzw. 7. Stock:	Indigo, von Marineblau bis zu strahlendem Enzianblau, von Taubenblau und Kobalt bis Azurblau

Der Strahl

Die Leute möchten oft ihren Strahl sehen, doch sie wissen nicht, wo sie ihn suchen sollen. Die Farbe deines Strahls ist die Farbe, die dich immer begleitet. Im Gegensatz zur Aura verändert er seine Farbe nicht. Seine Tonqualität bleibt immer gleich, unabhängig von Krankheiten, Traumata, Alter oder Fortschritten in deiner geistigen Entwicklung. Farbton oder Intensität geben einen Hinweis auf deine Seelenstufe. Diese Farbe entspricht dem Chakra, an dem du in diesem Leben arbeitest. Der Strahl kommt aus dem All und trifft als Energiekegel auf deine Zirbeldrüse, welche die Energie auf den ganzen Körper verteilt.

Natürlich hat die Farbe des Strahls nichts zu tun mit deiner Rasse oder Herkunft, denn diese verändern sich jedes Mal, wenn du auf die Welt kommst. Der Strahl eines Mannes kann weibliche Farben aufweisen, der einer Frau männliche, da die Strahl-Farbe nicht geschlechtsgebunden ist.

Ist der Strahl mehrfarbig, z. B. rot-weiß-blau, so besteht deine Lebensaufgabe darin, diese drei Komponenten zu integrieren, bevor du zum nächsten Stockwerk deines Hauses übergehst. Ist dein Strahl gelb, nimmst du vielleicht an, du seist eine Säuglings-Seele. Doch du könntest auch einen gelben oder gelbgrünen Strahl haben, wenn du eine wichtige Aufgabe im ersten Stockwerk des Teenager-, des Erwachsenen- oder eines weiteren Hauses übernimmst.

So findest du deinen Strahl

Bitte sieben Nächte hintereinander darum, am nächsten Morgen beim Aufwachen deinen Strahl zu sehen. Merk dir die erste Farbe, die du beim Aufwachen siehst oder die dir durch den Kopf geht. Es werden dir wahrscheinlich nicht mehr als zwei oder drei Farbtöne einfallen. Die Farbe, die am häufigsten auftritt, gehört zu dir. Es können auch zwei Farben sein. In diesem Fall wirst du in den sieben Tagen wenigstens dreimal gleich nach dem Aufwachen, oder kurz zuvor, jede dieser Farben sehen, hören oder an sie denken.

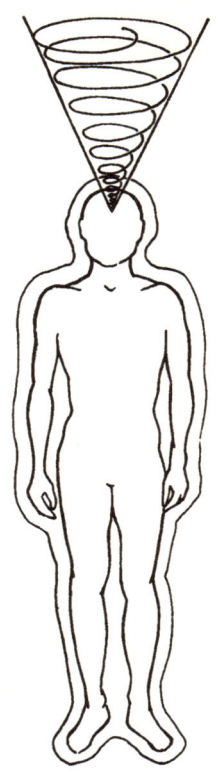

Dein Strahl schwingt mit anderen, die einen ähnlichen oder passenden Strahl haben, auf Grund der Farbenverträglichkeit und wegen seines inneren Klangs mit. Ein grüngelber Strahl fühlt sich sehr unbehaglich unter Leuten mit einem violetten, himbeerfarbenen, magentaroten oder lavendelfarbenen Strahl, doch wird er sich gerne zu den grünen, blauen, gelben und goldenen gesellen. Eine Seele mit einem goldenen Strahl kommt mit allen anderen gut aus, auch mit leuchtenden Rot- und Orangetönen. Ein goldener Strahl kann mit einem zarten Azurblau oder einer Pastellfarbe kombiniert sein, ohne den Träger zu überwältigen. Strahlen, die nicht harmonieren, deuten auf eine zweifache Lebensaufgabe hin, wie in nachstehendem Fallbeispiel.

Bettina, eine Klientin um die fünfunddreißig mit einem magentaroten Strahl, analysierte ihre unglücklichen Beziehungen und sprach davon, wie ihr Strahl und der ihrer früheren Partner überhaupt nicht zusammengepaßt hätten: »Zwischen mir und den Männern klappt es nicht, weil ich fasziniert bin vom rot-weiß-blauen Strahl, der einen großen Machteinsatz und dämonische Eigenschaften anzeigt. Ich rief meine Geisthelfer und bat sie, mir beizustehen. Ich beschloß, Menschen mit weißem, rotem und blauem Strahl gut zu beobachten und zu studieren, um zu sehen, wie sie funktionierten und auf diesem Weg das zu lernen, was ich lernen muß. Dafür brauche ich sie nicht mit nach Hause und ins Bett zu nehmen.

Ich scheue die Beziehung mit einem Mann, weil ich immer den Strahl wähle, der nicht zu meinem paßt. Mein früherer Mann hat einen violetten Strahl, und er langweilte mich, weil diese Farbe sich zu leicht mit der meinen vermischt. Vielleicht würden orange oder grüngelb mir die richtige Anregung und Wärme geben. Orange versteht Spaß, und Spaß ist etwas, das mein Strahl zum Ausdruck bringen muß.«

Bettina hatte ihre Lage ziemlich genau erkannt und brauchte nur wenig Hilfe, um weiterzukommen. Ich schlug vor, daß sie bei tibetischen Lehrern Unterricht nehme, weil diese Rot, Weiß und Blau in ihren Meditationen benutzen. Vielleicht war ihr Verlangen nach diesen Farben kein persönliches, sondern vielmehr ein spirituelles. Ich riet ihr ebenfalls, auf die Worte zu achten, die sie gewählt hatte, um ihre Beziehungen zu beschreiben. Sie sehnte sich nicht wirklich nach Gemeinsamkeit und schränkte damit das Potential ihrer sich entwickelnden Beziehungen ein.

Klanfarben

Die Farbe deines Strahls ist dieselbe wie die deines Klans, wohingegen der Strahl deiner Überseele einen Hinweis auf deine Klanzugehörigkeit liefert. Wenn dein Klan einen blauweißen Strahl aufweist, wird dieser nur selten über dir erscheinen. Dennoch wirst du dich danach sehnen, diese Farben zu sehen, denn deren innerer Klang weckt ein Gefühl von Einheit und Dazugehörigkeit in dir.

Der Klan, dem du angehörst, wird oft durch eine besondere Farbe oder einen Farbton dargestellt. Farben, die die Menschen immer wieder zu definieren suchen, oder denen sie Töne und andere Symbole zuschreiben, sind ein abstrakter Ausdruck der großen Stämme, von denen wir abstammen. In Meditationen kannst du manchmal einen flüchtigen Einblick in deinen Klan erhaschen. Ob du die Farben Lila, Pfirsich und Silber, Violett, starkes Orange und Gold, oder grünblaue und gelbe Töne mit Weiß siehst, die Farbkombinationen und deren Intensität verraten dir, zu welchem Klan du gehörst.

Klans werden manchmal auch Länder genannt, wobei die Farbe als Bezeichnung dient. Ein kleiner Junge wollte seine Mutter ermutigen, die sich weiteren Nachwuchs wünschte: »Ich wünschte, du würdest dich beeilen, damit meine Schwester vom Türkisland hierher kommen kann. Und dann kann mein Bruder aus dem violett-blauen Land kommen.« Etwa zehn Monate später wurde seine Schwester geboren. Als sie ein paar Monate alt war, sagte er zu seiner Mutter: »Mein kleiner Bruder kommt vielleicht gar nicht bis hierher. Es dauert so lange, vielleicht schafft er es nicht.«

Innerhalb eines Klans gibt es Untergruppen, die man daran erkennt, daß ihre Farbe abgewandelt ist, von Mittelblau zu Kobalt oder bis zum hellsten Blau. Vertreter eines rosa und blauen Klans lassen ihre Farbe von einem Ende des Spektrums zum anderen schimmern, während sie mit dir aus der geistigen Welt kommunizieren.

Von hochangesehenen Mystikern wurde jedem Heiligen und Erzengel eine Farbe zugeschrieben. Im Christentum sind die traditionellen Farben Gelb für Daniel, Blau für Gabriel, Rot für Raphael, Grün für Michael und Violett für Uriel. Der Evangelist Johannes ist weiß und steht für den Klan des Weißen Adlers. Nicht alle in der Bibel genannten Erzengel sind Klanoberhäupter, und nicht alle Erzengel werden in der Bibel genannt.

KLANG

Die Arbeit mit Klängen gehört zur Sonnenspirale der Erleuchtung. Hörst du im Kopf das Rauschen eines Bachs da, wo keiner ist, Sphärenmusik oder dein Lieblingslied, so ist das ein Zeichen dafür, daß du den Augenblick beachten sollst. Diese Erfahrungen sind Menschen, die auf der Sonnenebene der Erleuchtung stehen, wohlbekannt. Dein Klan benutzt eigene Akkorde und Ton-Schwingungen, um deine Aufmerksamkeit zu erlangen. Diese Klänge rufen bei jedem Mitglied dieses Klans ein Echo hervor.

1988 veröffentlichte Goldmann mein Buch *Der heilende Klang*. Es behandelt alles, was du über den heilenden und prophetischen Einsatz von Tönen wissen möchtest.

Verschiedene Heiler schwören, daß Kammermusik Herzkrankheiten heilt. Doch wenn sie dir nicht gefällt, könnte statt dessen dein Blutdruck steigen. Eine ausgezeichnete Methode mit Tonschwingungen zu heilen ist das Toning, bei dem du die Töne aus dir herausströmen läßt. Das Toning ist dynamisch und individuell; es wirkt augenblicklich. Toning harmonisiert den Körper, indem es die Moleküle neu ausrichtet und den inneren Ton des Heilungsuchenden wiederherstellt.*

Welche Art Musik wir mögen, ist kulturell bedingt. Chinesische Musik ist anders als westliche. Afrikanische Rhythmen sind recht verschieden von dem Trommeln amerikanischer Stämme. Im heutigen Satellitenzeitalter haben wir jedoch

* Siehe Kapitel 5, *Der heilende Klang*, von Laeh Maggie Garfield.

vermutlich mit jeder Art Musik, die aufgezeichnet worden ist, Bekanntschaft gemacht.

Es kann sein, daß du von Klängen beeinflußt wirst, die jenseits deiner Bewußtseinsschwelle schwingen. Wenn ein elfjähriger Junge den Tag mit einem laut plärrenden Radio beginnt, glaubt seine Mutter vielleicht, es belästige sie nur im Augenblick; doch ihr ganzer Organismus kann so durcheinandergeraten, daß sie am späteren Nachmittag Kopfschmerzen bekommt, für die sie ihrer Arbeit die Schuld gibt.

Wenn du in einem Kaffeehaus bist, in dem du brüllen mußt, um gehört zu werden, wirkt das erschöpfend auf dich und bringt dich aus deinem natürlichen Rhythmus. Ist das Kaffeehaus zudem in einem schreienden Grünton gestrichen, der dir unangenehm ist, hast du es mit zwei negativen Faktoren zu tun, deren kombinierte Wirkung sich mehr als doppelt auf deine Energie auswirkt.

Unharmonische Beziehungen zwischen Menschen können durch den richtigen Klang-Einsatz geheilt werden. Der in einer Beziehung zwischen zwei Menschen anwesende Geist schwingt in einem Ton, der zu beiden Partnern paßt. Finde diesen Ton, so findest du Eintracht. Was du nicht mit Worten erreichen kannst, schaffst du mit Klängen.

Musik und DNS

Dr. Ono, ein Genetiker der Universität von Kalifornien in Los Angeles, hat den Molekülen der DNS Noten zugeordnet. Dabei fand er Notensequenzen, die dem genetischen Code vieler Krankheiten entsprechen. In den Werken von Bach, Schubert und Chopin fand er ein Echo des DNS-Codes, der das Leben des Komponisten bestimmte. Chopins späte Konzerte enthalten den genetischen Code des Krebses und nicht den der Schwindsucht, die allgemein als Todesursache angenommen wird.

Ein Schüler fragte mich: »Werde ich nun Krebs kriegen oder ihn heilen, wenn ich Chopin höre?« Das würde ich nicht als einzige Methode empfehlen, um den Krebs zu heilen. Du brauchst allerdings nicht zu befürchten, daß die Musik Krebs in dir auslöst: Der Komponist schrieb »homöopathische« Musik, gemäß dem Gesetz, wonach Gleiches mit Gleichem geheilt wird. Beethovens Musik wirkt sich heilend auf die Nieren aus. Menschen, die zu diesen Erkrankungen neigen, fühlen sich zu seinen Kompositionen auf dieselbe Weise hingezogen, wie der Körper, der, um sich zu heilen, nach einer Speise verlangt, die nur selten auf dem Speisezettel steht.

Farbe und Klang

Du kannst lernen, mit diesen beiden elementaren, magischen Formen der kreativen Energie zu heilen. In gewissen Fällen werden beide angewandt. Viele Farb- und Klangheilungen stammen von alten Zeremonien und Methoden ab, die innerhalb einer bestimmten geistigen Überlieferung vom Lehrer an die eingeweihten Schüler weitergegeben wurden. Es gibt Zeremonien, bei denen Lieder gesungen werden, die zu anderen Zeiten nicht verwendet werden, und die Priester und Tänzer tragen Farben, die die angestrebte Transformation symbolisieren.

Aufwendige Rituale haben sich um die Sonnenwende und die Tag- und Nachtgleiche entwickelt. Das bekannteste dieser Feste ist Weihnachten, das die heidnische Symbolik der Wiedergeburt der Sonne mit der Geburt des Christuskinds verbindet. Die leuchtenden Rot- und Grüntöne, die an Weihnachten vorherrschen, sieht man sonst nur selten zusammen.

In Fernheilungs- oder Reinigungsritualen wird eine Farbvisualisierung in Form eines Bildsymbols vorgenommen. Solche Meditationen werden von Chants (Gesängen) begleitet. Am Ende des Rituals wird die Farbe zu der Person, an den Ort oder in das Reich geschickt, die du beeinflussen möchtest oder deren Verdienst du mehren willst. Solltest du eine bestimmte Visualisation nicht aufrechthalten können, kannst du ein vorgeschriebenes Mantra verwenden. Wenn du versuchst, einem Ablauf zu folgen, etwa einer transfor-

mativen Göttinnenmeditation, und die Farbe (die du normalerweise mühelos sehen kannst) tritt nur für ein paar Sekunden auf, so laß es sein. Es genügt, sie für einen Augenblick
gesehen zu haben.

Die inneren Kräfte spezifischer Klänge und Farben scheinen zu verschmelzen; sie können so Lebewesen heilen oder
zerstören. Die Anwendung der richtigen Kombination kann
dein Leben zum Positiven wenden, und die daraus hervor-
gehende Harmonie kann Freunde und Familie freundlich
stimmen.

Synästhesie

Synästhesie ist die Vermischung von Farbe, Klang, Form, Erinnerung, Tastsinn, Geschmack, Riechen und/oder Sehen
bei denjenigen, die sich die Gabe der Sinnesüberschneidung
bewahrt haben. Meistens werden zwei unzusammenhän-
gende Eindrücke zu einer einzigen Wahrnehmung gepaart,
z. B. Geschmack und Tastsinn, oder Riechen und Sehen.
Auch du kannst manchmal unter optimalen Bedingungen
synästhetische Wahrnehmungen erleben. Solche ungewöhnlichen Erfahrungen treten meistens beim Anhören eines
Ostinatos auf, eines kurzen melodischen Satzes, der von derselben Stimme oder demselben Instrument in immer derselben Tonlage wiederholt wird. Das Ostinato ist eine hypnoti-
sche, eindringliche Musikform, die man zum Beispiel in der
Musik von Johann Sebastian Bach oder der Pop-Sängerin
Tracy Chapman findet. Durch ein Ostinato werden vergangene Ereignisse viel eindrücklicher ins Gedächtnis gerufen,
als es die gewöhnliche Erinnerung vermag. Es kann auch
eine Zeitverschiebung auslösen, in der dir deine Zukunft offenbart wird.

Menschen, die Synästhesie erleben, berichten oft, sie hätten beim Hören von symphonischen Werken dieselben
Farben gesehen. Zu Ravels Bolero werden verschiedene
leuchtende Rottöne gesehen, Brahms Vierte Symphonie
bringt ein starkes Mittelblau hervor, das wellenförmig da-

hinströmt. Popmusik, Jazz, Rock & Roll senden Farben und Muster aus, die mit den Tönen des Stücks zusammenhängen. Die Leute sehen oft ähnliche Farben und Formen in demselben Lied.

Natürliche Klänge senden ebenfalls dynamische Farbenergien aus. Ein beinah unbeschreiblicher Laut ist das »Schrecken« des Rehs, das einen Warnlaut ausstößt. Manche Synästhetiker, die diesen Ruf des Rehbocks gehört haben, behaupten, Schwingungswellen in Rotbraun und vielerlei Brauntönen gesehen zu haben. Andere sahen konzentrische Kreise, die sich silbrig-weiß ausbreiteten.

Da ich zu diesem Gebiet nur wenige Untersuchungen vorfand, begann ich, Künstler zu befragen, da viele von ihnen die Sinnesüberschneidung, die ich am besten kenne – Farbe und Ton – erleben. Künstler, mit denen ich sprach, erklärten, sie hörten Töne, während sie die Farbe aufs Papier auftragen. Eine Aquarellistin sprach von musikalischen Tönen und Kreischlauten, die sich von einer Farbe zur anderen unterscheiden. Eine andere Künstlerin erzählte mir, daß sie die Namen von Ortschaften in Farbe sieht, wenn sie sie hört. Verschiedene Weber und Maler sagten mir unabhängig voneinander, Donnerstag sei violett und Dienstag braun: Sie hätten die Wochentage und Monate seit ihrer frühesten Kindheit farbig gesehen. Die Verschmelzung von Farbe und Klang vollständig zu untersuchen und festzustellen, wie viele Menschen dieselben Eindrücke erhalten, wird Jahre brauchen.

Ich bin weder Wissenschaftlerin, noch Mathematikerin, noch Musikerin, sondern interessiere mich aus eigener Erfahrung für dieses Gebiet. Ich erlebe eine weitere Form von Synästhesie, die Überlagerung von Geruch und Gedächtnis, die nichts zu tun hat mit Farbe und Klang. Töne oder Farben lösen für mich keine Gerüche aus. Klänge jedoch führen mich in andere Welten des Wissens.

Als Nichtmusikerin habe ich die Systeme des Tarot-Experten Paul Foster Case, des Arztes und Theoretikers Dr. Peter Guy Manners vom Britform Trust und des mystischen Mathematikers Hans Cousto wie auch die Koppelung von Farben und Klängen in der Kabbala studiert. Deine Seelenebene liefert den besten Hinweis darauf, welches System für dich gilt – vielleicht ist es auch keines der nachstehenden Systeme.

Das erste System stammt von Paul Foster Case und entstammt dem Tarot, einer mystischen Wahrsagemethode. Es ist unvollständig, da es die Schwingungszahlen der Farben nicht angibt.

DAS SYSTEM VON CASE

C	Rot
C#	Rotorange
D	Orange
D#	Gelborange
E	Gelb
F	Gelbgrün
F#	Grün
G	Grünblau
G#	Blau
A# (oder B)	Violett
A	Blauviolett
H	Rotviolett

Die Systeme von Cousto und Manners findest du nachfolgend. Beide gehen von den Frequenzen aus und geben die entsprechenden Farben dazu an.

Diese beiden Systeme stimmen nicht überein. Doch sind beide in sich geschlossen und wirksam. Die Coustosche wie die Mannerssche Klangtherapie arbeitet mit Stimmgabeln. Die physiologische Wirkung der vibrierenden Gabeln ist unterschiedlich, je nachdem, ob man die Schwingungen über das Ohr aufnimmt oder sie auf der Haut spürt. Unbewußt nimmst du Farbe und Klang der schwingenden Stimmgabel wahr.

DAS SYSTEM VON MANNERS

Note	Frequenz-cps*		Farbe	Organ
	Oktave			
D+	584,2	23"	Blaugrün	Kreislauf
		46"	Grünblau	
Prim-C	256	53"	Grün	Persönlichkeit
H	493	28"	Gelb	Nebennieren
F	349,2	39"	Indigo	Blase
E	329	41"	Violett	Nieren
F	174,6	78"	Indigo	Dickdarm
E	164,6	82"	Violett	Gallenblase
G	196	69"	Magenta	Leber
A	220	61"	Orange	Lunge
H	123,25	110"	Gelb	Milz-Bauch-speicheldrüse
A	110	123"	Rot-orange	Magen

* cps = Zyklen pro Sekunde

Das von Peter Guy Manners formulierte System ist sehr wirksam. Die Farben sind dieselben, die ich mit der Farblampe, dem farbig aufgeladenen Wasser und in der Ernährung bei denselben Beschwerden oder Störungen verwende. Während eines Kurses in München brachte mir eine Frau, die seit einigen Tagen eine Grippe hatte, eine A 220er Gabel, die Wunder bei ihrem Husten wirkte. Sie heilte auch jemanden, der den ganzen Winter unter Bronchitis gelitten hatte. Wenn du nur ein chronisches Leiden oder ein bestimmtes sich wiederholendes Symptom hast, kaufe die entsprechende Stimmgabel. Schlage sie einmal an und höre gut zu. Wiederhole den Klang, bis du ihn nicht mehr hören magst. Du kannst die Gabel auch kurz auf den Meridian des kranken Organs legen.

Ein weiterer Forscher, der Klang und Farbe verbindet und mit Stimmgabeln arbeitet, ist Hans Cousto, Verfasser des höchst lesenswerten Buches *Die kosmische Oktave* (Synthesis Verlag).

Er paart die Frequenzen der Farben innerhalb einer bestimmten Oktave mit ihren Schwingungsraten. Außerdem hat Cousto die Wellenlänge der Noten den Farben sowie den Planeten des Sonnensystems mathematisch zugeordnet. Seine Methode funktioniert, aber Vorsicht! Die Stimmgabeln wirken so subtil, daß man Lust haben könnte, sie immer wieder anzuschlagen und, wie von ihm beschrieben, an den Körper zu halten. Doch einmal anschlagen reicht für zwei Tage, mehr kann schädlich sein. Das wiederholte Hören auf den Klang der Gabel hingegen ist heilsam.

DAS SYSTEM VON HANS COUSTO

Note	Frequenz-cps*		Farbe	Planet
D	423,34	72"	Blau	Merkur
A	442,46		Orange	Venus
C#	432,10		Blaugrün	Erde
D	433,67		Blau	Mars
F#	436,62		Rot	Jupiter
D	443,04		Blau	Saturn
G#	439,37		Orangerot	Uranus
A	422,87		Orangerot	Neptun
C#	445,26		Blau	Pluto
G#	445,86		Rotorange	Mond

cps* = Zyklen pro Sekunde

Sowohl die Wahrnehmung der Farbe als auch das Hören des Klangs hängen von der Fähigkeit der Augen und Ohren ab, die verschiedenen Frequenzen zu trennen.

Die Farbe Orangerot hat zum Beispiel eine Frequenz, die deutlich niedriger ist als die von Blau, während ein G von 194,18 Hertz (oder Schwingungen pro Sekunde) niedriger ist als ein D von 290,94 Hertz. Im Gegensatz zum Ohr, das Töne über etwa zehn Oktaven unterscheiden kann, kann das menschliche Auge nur eine Bandbreite von etwa einer Oktave erkennen. Die niedrigsten Frequenzen, auf die das Auge reagiert, liegen im Bereich von 375 Billionen Hertz (375.000.000.000.000 hz), was der Farbe Rot entspricht, während die höchsten noch sichtbaren Frequenzen im Bereich von 750 Billionen Hertz liegen, wo die Blautöne anzutreffen sind. Die Frequenzen aller anderen Farben liegen zwischen diesen beiden Werten. Wendet man das Gesetz der Oktave an, kann jede Farbe mit einem entsprechenden Ton verbunden werden:

Purpurrot	F
Gelbgrün	H-
Rot	F#
Grün	C
Orangerot	G
Türkis	C#
Orange	G#
Dunkelblau	D
Gelborange	A
Preußischblau	D
Grellgelb	H
Violett	E

(Aus: *Die kosmische Oktave*)

Erstaunlich ist, daß alle drei Systeme funktionieren, um Körper/Geist/Seele ganzheitlich zu heilen. Sie scheinen sich nicht gut kombinieren zu lassen, deshalb würde ich einem Anfänger raten, sie einzeln auszuprobieren. Es gibt noch weitere Farb-/Ton-Systeme, die seit dem Altertum bekannt sind. Dasjenige der Kabbala zählt zweiundzwanzig Farben mit den entsprechenden Tönen, die sich seit Tausenden von Jahren bewährt haben. Viele Okkultisten aus dem letzten Jahrhundert behaupteten, das System zu kennen, doch ihre Schriften beinhalten nicht alle Farben und Töne. Ich nehme an, daß es daran liegt, daß sie den hebräischen Text nicht lesen konnten. Das Ton-Farb-System der Kabbala lernt man am besten von einem jüdischen Mystiker. Diese Töne beheben und heilen Energieblockaden recht gut und bringen in schwierigen Situationen Erleichterung.

13

Tod und Leben

...der Tod ist ein ewiger Gefährte an unserer Linken, immer auf Armeslänge, immer bei uns...

Don Juan
in Carlos Castanedas *Reise nach Ixtlan*

Sie steht an der Schwelle des Todes
und bittet, nein kämpft, um eine letzte Gnadenfrist.
Der Tod gewährt ihr die Bitte.
Der Tod hat Zeit, der Tod kann warten.
Der Tod gewinnt immer.
Er ist der letzte, unbesiegbare Besucher im Leben.

Wenn man durch eine schwere Krankheit oder einen schlimmen Unfall mit dem Tod konfrontiert worden ist, heißt das noch lange nicht, daß man seine Geheimnisse ergründet hat. Um den Tod wirklich kennenzulernen, muß man ihn zu seinem Verbündeten machen. Das Mysterium des Todes zu erfahren und dieses Wissen in das Leben zu integrieren, ist eine der wichtigsten Aufgaben der Sonnenspirale der Erleuchtung. Tod und Leben gehören zur Einweihung in den zweiten Mysterienring. Um sie zu kennen, mußt du dem Tod ins Auge sehen.

Du wärst schlecht beraten, wenn du die geheimen Praktiken der Kontaktaufnahme mit dem Tod unternehmen würdest, ehe du nicht wenigstens zwei der vier Elemente gemeistert hast und über mehrere Jahre von zuverlässigen Geisthelfern Unterweisung erhalten und bestätigt gefunden hast. Du mußt dich auch gut auf die spirituelle Natur des Klanges eingestimmt haben; andernfalls setzt du dich der Gefahr eines frühen Todes aus.

Du kannst dieses Kapitel ungeachtet deiner Entwicklungsstufe lesen. Alle Übungen sind ungefährlich, doch können sie dich auf Wissensebenen führen, auf die du nicht vorbereitet bist. Beachte diese Warnung! Versuche nicht, die zweite Erleuchtungsebene zu meistern, bevor du die Lehren der Mondebene beherrschst.

Jede Religion hat ihren eigenen Namen für den Todesengel. Im Alten Testament und in den rabbinischen Schriften hat er viele Namen, und er steht immer im Dienste des Herrn. Der geläufigste hebräische Name für den Todesengel ist Malachha-Mavet. Weitere sind Adriel, Apollyon, Azrael, Hemah, Kafziel, Metratron und Gabriel, der Hüter des Hades. Leviathan wird mit Shakti assoziiert, Yama ist der Sanskrit-Name des Todesengels, und in Tibet heißt der Todesgott Yamanthanka.

Hayagriva ist der zornvolle tibetische Gott des Mitgefühls, der auch über den Tod wacht. Um den Tod zu deinem Verbündeten zu machen, kannst du Hayagriva anrufen; er arbeitet mit frustriertem Zorn, den er in nützliche Arbeit verwandelt. Wut ist gestaute Energie. Der Zorn hilft dir, Hindernisse auszuräumen, die dir in deinem Leben im Weg stehen. Hayagriva wird von tibetischen Ärzten angerufen, wenn sie Arzneien für die Heilung eines Patienten mischen. Es gibt ein Mantra für Hayagriva, mit dem du arbeiten kannst, wenn ein Rinpoche es dir erlaubt und dir die Hayagriva-Einweihung gibt.

Yama und Hayagriva sind beide magnetische Wesen. Das Wissen um sie wird in Mysterien und Einweihungsriten gehüllt. In den Kulturen, aus denen sie stammen, wird beiden Respekt und Ehrfurcht entgegengebracht.

Selket, die ägyptische Gottheit, hat zwei Funktionen: Als

göttliche Hebamme hilft sie der menschlichen Seele auf die Welt zu kommen, und sie geleitet sie auch in den Tod. Selket, die den Skorpion in der Krone trägt, ist die Wächterin des Tores zwischen Leben und Tod. Die Pharaonengräber wie das von Tutenchamun enthielten ihre goldene Statue, die über die Gefäße mit den Eingeweiden der Mumie wachte. Da eine von Selkets Pflichten darin besteht, die Toten ins Jenseits zu geleiten, belehrt sie sie auch über die Bräuche jenes Reiches. In dieser Funktion verkörpert sie die Wiedergeburt, die dem Tode folgt. Daher sah man in ihr auch die göttliche Hebamme.

Noch heute wirkt das Bildnis dieser Göttin, indem es Trost, Hilfe und Erleuchtung bei diesen großen Transformationen spendet. In Fällen von Unfruchtbarkeit bringt ihre im Schlafzimmer aufgestellte Figur oft den Lebensfunken; sie erlaubt es einer Seele auf der Suche nach Wiedergeburt, Eltern zu finden, die sonst nicht wüßten, wie sie ein Kind herabrufen sollten, und die ohne Selkets Hilfe kinderlos bleiben würden.

Anders als der gefürchtete Todesengel ist Selket (Selkit, Selkhet, Selk, Selquet, Serk) als Skorpiongottheit auch für ihre heilenden Kräfte bekannt, vor allem bei giftigen Bissen oder anderen Vergiftungen. Selkets Bild ist benutzt worden, um die spirituelle Ehe zwischen einem Paar und seinem Schöpfer darzustellen. Zudem ist sie die Beschützerin der Schilddrüse, die einen großen Einfluß auf die Fortpflanzung hat. In der altägyptischen Mythologie ist sie die Hüterin des Hals-Chakras und demnach auch der Stimme.*

Nach dem Tod eines Menschen bleibt seine Stimme dieselbe.

Der physische Tod

Das Leben ist eine Lernerfahrung, die Tod und Sterben einschließt. Auch wie du stirbst, ist ein Lernprozeß. Jede Anhaftung an Leben oder Tod ist negativ und äußert sich als Leiden. Was für einen Menschen Sieg bedeutet, ist für einen

* Siehe Kapitel 2, *Der heilende Klang,* von Laeh Maggie Garfield.

anderen Niederlage. So kann jemand eine lebensbedrohliche Krankheit überwinden, doch sein Leben ist langweilig, leer und reizlos. Ein anderer wird vielleicht jede Nuance des Lebens bereichernd finden, wenn die Krankheit einmal eingedämmt oder besiegt ist, und ein dritter, der daran stirbt, wird die Zeit von der Diagnose bis zu seinem Tod als die sinnvollste und heilsamste seines ganzen Lebens betrachten.

Ein bekannter Heiler um die Dreißig lag im Sterben. In den letzten zehn Tagen seines Lebens hatte er einen äußerst wichtigen Dienst versehen, indem er alle spiegelte, die um ihn waren. Durch seine Krankheit sah ich meine eigene selbstzerstörerische Ader. Seine Angewohnheit, sich selbst zu vernachlässigen, seine sporadischen Heilungsversuche, seine Notbehelfe und seine Aufschiebungstaktik führten zu seinem Tod. Wie er starb, sagte mir mehr über ihn aus, als seine vereinzelten Bemühungen, gegen den Krebs anzukämpfen.

An einem Freitag im Winter bat er mich, eine Meditation mit ihm zu machen, die es ihm erlaubte, sich selbst und anderen, mit denen er Schwierigkeiten gehabt hatte, zu verzeihen. Am Montag wachte er auf und sagte zu seiner Mutter: »Heute ist ein guter Tag zum Sterben.« Gegen Abend hatte er seine Reise auf dieser Erde hinter sich gebracht. Körperlich war er weder so krank noch so abgezehrt wie viele Menschen mit dieser Krankheit: Er hatte genug gelitten und war zu einem festen und unwiderruflichen Entschluß gekommen.

Um den Tod zu verstehen, muß man gewillt sein, Menschen sowohl sterben zu lassen als auch sie zu retten. Die wirkliche Gabe besteht darin, zu wissen, wann ein Mensch aufgegeben hat, und nicht darauf zu bestehen, daß er sich umbesinnen und weiterleben soll. Beide Hilfeleistungen sind gut, jemandem zu helfen, auf seinem Lebensweg weiterzukommen, oder loszulassen, um zu anderer Zeit wiedergeboren zu werden. Sogar junge Menschen und solche, die sich in ihren Dreißigern und Vierzigern befinden, machen einen deutlichen Alterungsprozeß durch, wenn sie an Krebs oder AIDS sterben. Schon am Anfang zeigt sich ihr Entschluß ganz klar an ihrem körperlichen Zustand. Je jugendlicher sie aussehen, desto wahrscheinlicher ist es, daß sie sich erholen werden. Verwechsle die Frische jener, die bald sterben werden und ihre täglichen Sorgen und langjährigen Probleme abgelegt haben, nicht mit diesem jugendlichen Leuchten. Es sind zwei völlig verschiedene Geschehnisse.

Lebensschnur und Lebensklang

Erst kommt der Tod, dann das Leben. Es gibt einen Punkt im Anus, unter dem ersten Chakra und mit diesem verbunden, der die Lebensschnur (ein dreifarbiger Zopf in den Farben Rot, Blau und Gelb) und den Klang enthält, der dich mit der Erde verbindet. Schmerzt das erste Chakra, ist es zu klein und verkrampft. Wenn der betreffende Mensch nicht einwilligt, kann der Punkt unter dem Anus nicht abgeschaltet werden. Bei Störungen in der Schnur oder im Klang können, wenn deine Zeit noch nicht gekommen ist, Unfälle und Krankheiten auftreten, die dir Gelegenheit geben, dein Leben noch einmal zu überdenken.

Wenn dieser Punkt aus dem Gleichgewicht ist, ist die Erdverbundenheit dieses Menschen ungenügend. Anzeichen für diesen Zustand sind ewige Unreife, Mangel an Vernunft und Taktgefühl, Unfähigkeit, für sich selbst zu sorgen, Ängste und Phobien oder blockierte Erinnerungen.

Die Schlußphase beginnt, wenn der Todesengel und seine Helfer die Verbindung zum Einatmungsmechanismus unterbrechen. Dann drücken sie das Herz zusammen, als wenn zwei Hände es umschließen und zusammenpressen würden, um die Seele freizusetzen. Verläßt die Seele den Körper durch das sechste Chakra, kann ein Heiler, ein Notfallarzt, eine Krankenschwester oder derjenige, der eine geeignete Methode kennt, die Seele des Sterbenden in den Körper zurückbringen; ist sie jedoch durch das siebte Chakra ausgetreten, heißt das, daß dieser Mensch einen perfekten Übergang vollzogen hat und nicht ohne geistige Vermittlung wiederbelebt werden kann. Der Engel des Todes und dein Urselbst sind die einzigen Wesen außer dem Schöpfer, die dir dein Leben zurückgeben können. Egal, was zu deinem Tod geführt hat, sie können dich ohne Erholungsphase ins Leben zurückschicken und dir deine volle Lebenskraft zurückgeben.

Leider verursachen die unausgegorenen Rettungsversuche von Amateuren auf spirituellem und medizinischem Gebiet viel Schaden. Faß niemanden an, wenn du nicht weißt, daß du ihn von einem Schlaganfall oder einem schweren Unfall vollkommen wiederherstellen kannst!

Organtransplantation

Nur ein Mensch, der seinen Körper durch das sechste Chakra verlassen hat, kann ein guter Herzspender sein. Wenn jemand durch das siebte Chakra austritt, hat er jegliche Verbindung zu seinem früheren Leben abgelegt; sein Herz wird in einem neuen Körper nicht funktionieren. Die Organe, das Blut, die Haut und alle anderen Gewebe bewahren die Eigenschaften des Menschen, zu dem sie gehört haben. Der Empfänger und das Organ leben nur dann weiter, wenn dessen früherer Besitzer über sie wacht.

In allen Organen ist auch der Klang ihres Besitzers enthalten. Wenn der Klang eines gespendeten Organs nicht mit dem inneren Klang des Empfängers übereinstimmt, wird es abgestoßen. Dissonante Töne oder Akkorde können im neuen Körper keine gesunde Harmonie hervorbringen. Patienten, deren Körper das fremde Organ nicht abstößt, haben einen inneren Klang, der dem des gespendeten Organs ähnlich ist. Empfänger, die das sorgfältig ausgewählte Organ dennoch abstoßen, werden medikamentös behandelt, damit sie das Organ annehmen, doch keine Medikamente können den inneren Klang eines Gewebes verändern. Diese Disharmonie wird mit der Zeit zur Ablehnung des Transplantats oder zum Tod des Patienten führen.

Lebenswichtige Organe wie Leber, Herz und Nieren nehmen die Schwingungsrate des Empfängers nie an, doch das gilt nicht für Knochenmark und andere Gewebe, deren Zellen sich schnell vermehren: Eine Bluttransfusion, die dem Verpflanzen eines flüssigen Organs gleichkommt, braucht dreißig Tage, um sich dem neuen Körper anzupassen, doch andere innere Körperteile, wie Blutgefäße, brauchen sieben Jahre, um vollständig dir zu gehören. Wenn ein Stück eines gesunden, sich regenerierenden Organs von einem lebenden Großelternteil auf einen Enkel übertragen wird und der innere Klang gut paßt, wird das Kind so lange leben, wie sein Opa oder seine Oma es lieben.

Schlecht zusammenpassende Klänge führen im Organempfänger zu Persönlichkeitsveränderungen, die mit der Energie und Persönlichkeit des Spenders zusammenhängen. Krankenschwestern, Physiotherapeuten und Angehörige bemerken diese Veränderungen, die bei größeren Organtransplantationen andauern, bei Bluttransfusionen und beim Knochenmark jedoch schnell verschwinden.

Wenn einmal diese Phänomene erforscht werden, wird man höchstwahrscheinlich feststellen, daß Menschen mit der inneren Note A-231 sich als Universalspender für jedes Organ eignen.

Der Todeston

Der Tod hat auch einen Ton, den man nirgendwo anders hört. Es ist ein schwirrendes Pfeifen, ähnlich einem Lasso, mit einem sirenenhaften Oberton. Der Klang ist betörend, ein eintöniges Summen, das dich an einer wirbelnden, dreifarbigen Nabelschnur aus deinem Körper hinausführt. Die Schnur zieht dich weg von der Erde in den Kosmos zurück. Folgst du diesem Ton, wirst du deinen physischen Körper wahrscheinlich nie wieder bewohnen. Wenn du ihn erzeugen oder nachahmen kannst, kannst du den Tod auf jemanden herabrufen. Kennst du diesen Klang, so darfst du ihn niemandem weitergeben, da seine hypnotisch verführerischen Töne die geflochtene, dreifarbige Erdungsschnur lösen, die das erste Chakra auf Überlebenskurs hält.

Dieser Ton ist nicht zu verwechseln mit dem Ohrensummen, das so viele Menschen hören. Dies ist der Laut der Schöpfung, der dich drängt weiterzumachen, deiner Kreativität freien Lauf zu lassen und dich heißt aufzuhören, deinem persönlichen und emotionalen Wachstum im Wege zu stehen. Er eröffnet dir unbeschränkte Horizonte. Nutzt du den Laut der Schöpfung, um deinen Weg von ganzem Herzen zu gehen und deinem Potential gerecht zu werden, so hört das Summen auf.

Kurz vor dem Tod wirst du einen hellen, blendenden Lichtblitz sehen. Ich erblickte ihn vor seiner Explosion in noch undefinierter Form, worauf das Licht sich, immer noch im halbfesten Zustand, zurückzog. Dieselbe Energie tritt auch als Feuer auf, das ohne Brennstoff brennt, rauch-, geruch- und geräuschlos.

Die Farben der geflochtenen Todesschnur sind gedämpftes Silbergrau, Weiß und ein Goldorange, das dem 23karätigen altägyptischen Goldschmuck gleicht. Dieses leuchtende Orange ist oft von Menschen mit Todesahnungen beschrieben worden, die sich entschließen mußten, ob sie weiterleben wollten oder nicht. Weiß steht für die Quelle. Silbergrau ist seit dem Altertum als Farbe des Todes bekannt. Mystiker aller Kulturen haben sie im Augenblick des Todes gesehen.

Älter werden

Keine Abhandlung über den Tod oder das Leben ist vollständig ohne Auseinandersetzung mit dem Alter. Hohes Alter ist Vorbereitung auf den Tod. Weil sie früh sterben, erreichen viele dieses Lebensstadium gar nicht. Westliche Menschen, die auf immer der Jugend nachrennen, berücksichtigen die Veränderungen nicht, die die Zeit ihnen abverlangt. Da es ihnen an spiritueller Erfahrung und an Weihen für fast alle Lebensübergänge fehlt und sie auch nicht die nötige Bewußtheit haben, um mit anderen Seinsebenen zu kommunizieren, fürchten sie den Tod und wehren sich dagegen.

Betagte Menschen geben ihre weltliche Stellung und die Dinge, die ihnen einst lieb waren, oft auf und machen sich frei für den letzten Übergang. Andere finden ihre Befreiung, indem sie sich großen Ideen oder einem Projekt widmen, das sie der Nachwelt hinterlassen wollen. Solche Menschen sind vielleicht gerade dabei, die Arbeit an den von ihnen zu vervollkommnenden Eigenschaften (s. Kapitel 5) abzuschließen. Bei vielen Menschen ist das Alter die Zeit, in der verpaßten Chancen nachgetrauert wird und körperliche sowie geistige Fähigkeiten verfallen. Dem muß aber nicht so sein. Rentner können nach Abschluß ihrer beruflichen Tätigkeit auf zehn bis achtzehn Jahre eines gesunden und aktiven Alters hoffen, denn nicht jeder Mensch verliert seine Kräfte, bevor er stirbt. Manche sind bis zu ihrer letzten Stunde kerngesund. Spirituelle Praktiken, die von Herzen kommen und nicht von außen auferlegt sind, helfen dem Körper/Geist, länger wach und beweglich zu bleiben.

Bereite dich auf dein Alter vor, indem du beizeiten die Dinge tust, von denen du immer behauptest, du hättest keine Zeit für sie. Nimm den Pinsel oder das Ruder in die Hand, fertige die Patchwork-Decke, leg einen Garten an, wandere in deiner Umgebung oder schließ dich einer Laienbühne an. Unternimm, was immer nötig ist, um dir glückliche Erinnerungen und bleibende Freude zu bereiten.

Suche jedes Jahr einen Ort auf, den du immer schon sehen wolltest, wie die Pyramiden oder den hohen Norden. Gönn dir Karten für dein Lieblingskonzert. Mach viele Pläne und füge neue hinzu, wenn du die alten erfüllt hast. Das wichtigste ist, das Leben zu genießen. Freu dich an alltäglichen Dingen – an einem Sonnenuntergang, am Wind, der über das Gras weht, oder auch an deinem Lieblingsessen: Das ist die beste Vorbereitung auf das Alter.

Senilität ist das Schlimmste, was einem im Alter zustoßen kann, vor allem dann, wenn man merkt, daß man das Gedächtnis verliert. Es fängt oft schon früh im Leben mit einem vorübergehenden Gedächtnisschwund an, der einen mitten im Satz vergessen läßt, was man gerade sagen wollte; das ist eine Form von Legasthenie, die der Senilität gleicht, doch man erholt sich schnell und geht zum nächsten Thema über, um später auf das Vergessene zurückzukommen. Die Gedanken werden durch die Bewegung unterbrochen, aber wenn man dieselben Bewegungen in umgekehrter Reihenfolge wiederholt, kehrt die Erinnerung oft zurück. Wenn du Schwierigkeiten damit hast, ist viel Bewegung zweckmäßig, da die Bewegung deine Gehirntätigkeit anregt.

Der Atem

Der Atempunkt, jene Stelle, an der der Atemimpuls seinen Anfang nimmt, befindet sich direkt unter dem Schulterblatt. Wenn du aufhörst zu atmen, wird es dort anfangen zu jucken, um dem Atemmechanismus zu bedeuten, daß er sich einschalten soll. Das Einatmen geschieht automatisch. Die Ursache für unregelmäßiges Atmen und Atemstörungen ist das falsche Ausatmen. Paradoxerweise muß der Einatmungszyklus stimmen, damit das Ausatmen regelmäßig erfolgen kann. Gesunde Menschen, die sich nicht anstrengen oder unter emotionalen Schwierigkeiten leiden, atmen sieben bis acht Mal die Minute. Die Länge jedes Atemzugs variiert, aber der Rhythmus wiederholt sich.

Den geheimen Punkt unter dem Schulterblatt, den man mit der Hand nicht erreichen kann, schaltet der Todesengel aus, um dein Leben durch Herz- und Lungenstillstand zu beenden.

Eigentlich entscheidet dieser Punkt über Tod oder Leben. Ein kompetenter Schamane kann den Atempunkt wieder anregen, indem er in den richtigen Ort unter dem Schulterblatt »hineinbläst«. Diese indianische Technik nennt sich »Blow Doctoring.« Das setzt das Atemmuster wieder in Gang und kann alle Krankheiten heilen. Heilkundige können zwar Schaden beheben, doch einzig der Bote des Universums kann den Atemprozeß unterbinden.

Die Ausschaltung der Lebensfunktionen erfolgt in einer bestimmten Reihenfolge: 1. unter der untersten Rippe; 2. am Lungenpunkt auf der dritten Rippe, Brustseite des Körpers; 3. zwischen der fünften und sechsten Rippe, an der Stelle, die gewöhnlich unter dem Arm liegt. Jeder intuitive und fähige Heiler wird damit beginnen, die Punkte 1, 2 und 3 (siehe Abbildung) zu stimulieren. Diese werden wiederum den vierten Punkt dazu anregen mitzuschwingen.

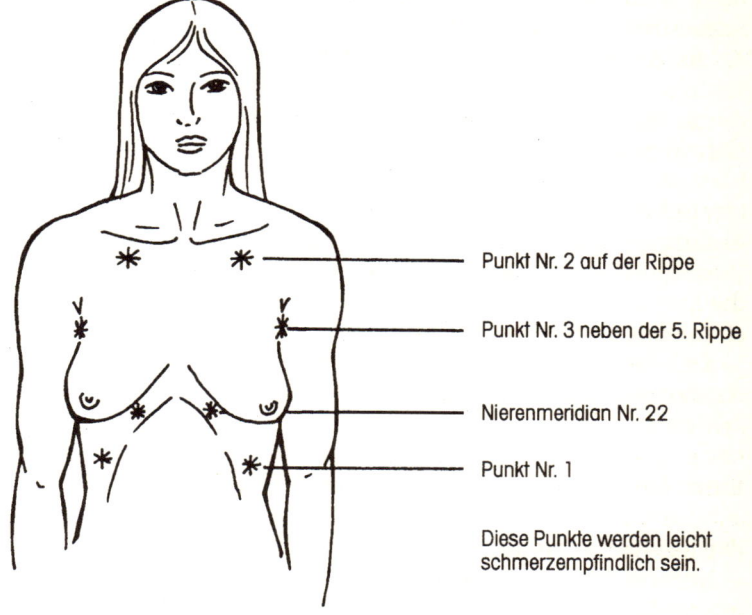

Punkt Nr. 2 auf der Rippe

Punkt Nr. 3 neben der 5. Rippe

Nierenmeridian Nr. 22

Punkt Nr. 1

Diese Punkte werden leicht schmerzempfindlich sein.

Übermäßiges Weinen und Schluchzen verschiebt den Prana-Punkt und versetzt ihn in die falsche Schwingungslage. Wenn ein Kleinkind nicht zu weinen aufhört, verspannt sich der Atempunkt und erholt sich nicht mehr ganz. So wird das Kind von da an nur noch unter Schwierigkeiten einatmen können, was auch der Grund dafür ist, warum Babys, die zu Koliken neigten, später oft asthmatisch werden.

In den vierziger Jahren herrschte eine kosmische (astrologische) Konstellation, die bei einer ganzen Generation Atembeschwerden begünstigte. Diese Voraussetzungen wurden durch die Ärzte gefördert, die erklärten, Säuglinge sollten nach einem starren Zeitplan gestillt werden. Würden sich die Kinder nicht umgewöhnen, müsse man sie eben schreien lassen. Die Mütter rannten mit zugehaltenen Ohren aus dem Kinderzimmer und litten, bis die Stillzeit gekommen war. Kein Wunder, daß diese ganze Generation die Ärzte nicht leiden konnte.

Um sicherzustellen, daß Neugeborene richtig atmeten, schlugen die Ärzte sie auf den Hintern und zwangen sie durch einen Schock zum ersten Atemzug. Dabei störten sie das Atemmuster, das vom Pranapunkt unter dem Schulterblatt sanft aktiviert wird. Auf diese Weise wurden Millionen Menschen gewaltsam aus ihrem Traumkörper in die kalte dreidimensionale Welt geworfen, die von der Mehrheit als irdische Wirklichkeit hingenommen wird. Diese Technik, die lange in Mode war, stört den Übergang von einer Lebensebene zur anderen.

Krampfhaftes Lachen kann die Pulsierungen des Pranamechanismus ebenfalls beschädigen.

Den Atemrhythmus wiederherstellen

Die Wiederherstellung des Atemrhythmus muß durch eine erfahrene Person geschehen, die über viele Jahre mit zunehmend kranken oder desorientierten Menschen gearbeitet hat. Das »Blow Doctoring« kann den Heiler das Leben kosten, wenn er sich nicht auskennt oder sich nicht richtig zu schützen weiß, während er den Atem und die Lebenskraft eines anderen Menschen ausgleicht. Wird sein Atemmuster harmonisiert, hat ein Patient die Möglichkeit, sich ganz zu erholen oder aber friedlich zu sterben, je nach seiner Abmachung mit dem Universum.

Der Atemrhythmus läßt sich beleben, indem man die goldenen oder silbernen Fäden, die Körper und Psyche zusammenhalten, entlangbläst. Diese Linien gehen durch die Aura und verbinden die vordere und die hintere Achse des Körpers. Du solltest die Blastechnik nur von jemandem erlernen, der diese Kunst wirklich beherrscht. Wenn du falsch instruiert wirst, kannst du dein eigenes Atemmuster gefährden und ernsthafte Krankheiten auf dich ziehen, die nur du selbst wieder heilen kannst. Ein Fehler in der Blastechnik kann dich auf der Stelle töten.

Die Entscheidung zu sterben

Der Tod ist der Stillstand der Winde der Wandlung innerhalb des Lebens, das gelebt wurde. Die Seele in ihrer Ganzheit kann nicht nur den Zeitpunkt des Todes wählen, sie verfügt auch über viel Spielraum, um diesen Moment neu festzusetzen.

Jedes Sterben ist Selbstmord, denn jeder Mensch scheidet aufgrund seiner eigenen Einschätzung aus dem Leben. Der Auferstehungsglaube leugnet den Tod, weil dieser als Niederlage empfunden wird, außer im Fall von älteren Menschen, die etwas erreicht haben und dafür geehrt werden. Menschen, die ihrem Stern folgen und ihre Lebensaufgabe erfüllt haben, gehen in Frieden heim.

Viele von uns wissen, daß ein plötzlicher Tod – bei Autounfällen, Schußwechseln oder anderen gewalttätigen Begebenheiten oder Herzattacken – das Ergebnis kurzfristiger Beschlüsse ist, das im Einverständnis mit den Beratern getroffen wurde, als Mittel, um dem Leben ein Ende zu setzen. Die Zauderer, die sich nicht entschließen können, kriegen auszehrende Krankheiten und haben etwa achtzehn Monate Zeit, um ihre endgültige Entscheidung zu treffen. Wenn ein Mensch den Kontakt zu seiner Gesundheitsquelle nicht aufnehmen kann, führt das zur Ausschaltung des kleinen Pranapunktes. Es folgt eine kürzere oder längere Periode des Komas, je nachdem ob der Patient mehr oder weniger an diesem Leben hängt und wie lange er das nächste verweigert. Er liegt da, weder tot noch lebendig, bis er friedlich sterben kann oder bis er den Mut aufbringt, sich wieder mit seinem Körper zu vereinigen, was wie ein Wunder erscheint.

Oft tritt der Tod ein, weil ein Mensch unwillens oder unfähig ist, das Tor zu einem neuen Lebensabschnitt zu durchschreiten. Sicher erinnern wir uns alle an den Trauergottesdienst für einen älteren Mitschüler – oft ein begabter, herausragender Student oder Sportler – der jäh durch einen Unfall oder an einer plötzlich aufgetretenen Krankheit starb. Der Mann, der im besten Alter ertrinkt, oder die frischgebackene Schwiegermutter mit ihrer lebensbedrohenden

Krankheit, sie wehren sich beide gegen das Älterwerden und verweigern die Auseinandersetzung mit der nächsten Phase ihres Lebens. Früher kam es häufig vor, daß Frauen, die zu viele Kinder hatten, und diejenigen, die unglücklich verheiratet waren, im Kindbett starben.

Es gibt Menschen, die den nächsten Zeitabschnitt nicht annehmen können, sei es nun ein alljährliches Ereignis oder ein persönlicher Meilenstein. Falls der Tod vor Weihnachten oder wenige Wochen vor dem Geburtstag erfolgt, wird dies um so deutlicher. Weitere Beispiele für dieses Phänomen sind die emeritierte Universitätsprofessorin, die kurz nach der Abschlußfeier stirbt; der kürzlich pensionierte Herr, der einen tödlichen Herzanfall erleidet oder der Mann, der mit einem lähmenden Schlaganfall zusammenbricht und dahinsiecht, nachdem das Organisationskomitee seinen genialen Plan abgelehnt hat, oder aber derjenige, der sich einen lebenslangen Traum erfüllt und stirbt, wenn er ihn voll ausgekostet hat.

Verluste

Ein Weiser wurde gefragt: »Was ist Glück?« Er antwortete: »Großvater stirbt, Vater stirbt, Sohn stirbt.« Möchtest du es anders haben? Wenn deine Eltern sterben, verlierst du die Vergangenheit, wenn deine Kinder sterben, geht die Zukunft verloren.

Auch eine Mutter, deren Kinder bereits erwachsene Nachkommen haben, erleidet einen Verlust an zukünftigem Trost, wenn ihr Kind stirbt, das im Alter nicht mehr für sie dasein wird. Doch sie verliert nicht ihre Zukunftsträume wie die Eltern eines sterbenden Säuglings oder Teenagers. Wenn eine Tochter stirbt, deren Kinder noch klein sind, ist das ein großer Verlust, da ihre Kinder höchstwahrscheinlich vom Vater erzogen werden, der möglicherweise keinen Platz im Leben seiner Kinder für die Großeltern einräumt.

Während der Verlust eines Ehepartners verheerend ist, führt er kaum je zu endloser Trauer. Gesunden Menschen gelingt es, ihr Leben innerhalb von ein paar Jahren neu aufzubauen. Witwer und Witwen, die glücklich verheiratet waren, werden vielleicht eine zweite oder dritte Ehe eingehen. Das gilt aber nicht für die Witwe eines Selbstmörders. Einen Partner durch Selbstmord zu verlieren hinterläßt den Eindruck, daß man nicht wirklich geliebt oder geschätzt wurde. Im Gegensatz zu Männern in der gleichen Lage erinnert und bereut eine Frau jede kleine Reiberei, die sich je ereignete. In gewissem Maße schiebt ihr die Gesellschaft die Schuld zu, und sie macht sich Vorwürfe.

Den Sterbenden beistehen

Hab Verständnis für die Trauer der Sterbenden. Bei einem langen Tod läßt der Mensch das Leben, das er gelebt hat, langsam los und verliert Fähigkeiten, auf die er einmal stolz war. Jeder Verlust an Unabhängigkeit kann ein Grund zum Kummer sein. Manche sind wütend auf sich selbst, weil sie ihrer Familie und ihren Freunden zur Last fallen. Andere wiederum hadern mit alten Freunden und Verwandten, weil sie von ihnen nicht die Aufmerksamkeit und Zuwendung kriegen, die sie erwarten.

Körperlich Behinderte müssen vieles erdulden und sich immer anpassen, doch wenn sie geistig rege sind und über der Sache stehen, werden sie häufig von jüngeren Freunden besucht, die sie als Vorbild für ihr eigenes Alter bewundern. Verbitterte Menschen werden oft im Stich gelassen.

Meistens übernehmen Frauen die Pflegerrolle, und ihre Geduld wird schwer geprüft, während sie sich zu Hause um alte und kranke Verwandte kümmern. Die Pflegeperson muß auf viele eigene Bedürfnisse verzichten und macht sich vielleicht Vorwürfe, weil sie es dem Sterbenden übelnimmt, daß sie sich für ihn aufopfert. Manchmal macht es sie auch wütend, daß der Patient sie so sehr beansprucht.

In beiden Fällen besteht das korrekte Vorgehen darin, sich mit Respekt und ohne Werturteil anzuhören, was der Patient sagen möchte. Vielleicht bist du die einzige Person, der er genug vertraut, um seine Zweifel und Sorgen mitzuteilen.

Wenn du Gerüchte hörst, die Pflegeperson oder der Sterbende würden sich dauernd beklagen, vergiß nicht, daß du in einer ähnlichen Situation vielleicht auch Grund zur Klage hättest. Es ist ja nicht verwunderlich, daß sie mit ihren gegenwärtigen Lebensumständen abschließen möchten. Hab Mitgefühl. Bring sie davon ab, ein vorzeitiges Ende herbeizuwünschen oder ihr Leiden unnötig zu verlängern. Es ist ebenso verwerflich, das Leben eines hoffnungslos kranken Menschen zu verlängern, wie eine unerbetene Euthanasie durchzuführen. Genau wie es eine rechte Zeit gibt, um geboren zu werden, gibt es eine rechte Zeit zu sterben. Weder das eine noch das andere sollte mechanisch beeinflußt werden, weil das die kosmische Ordnung beeinträchtigt.

Entspricht die Sterbehilfe, eine heutzutage vieldiskutierte Praxis, dem universellen Plan? Es geht hier nicht um Moral, denn die Moral wird von uns Menschen gemacht; es geht darum, ob die Vorverlegung des Todes für die wiedereintretende Seele genauso viele Probleme schafft wie die Beschleunigung der Geburt durch künstlich eingeleitete Wehen oder einen Kaiserschnitt. Das Hinauszögern des Todes durch medizinische Eingriffe bedeutet oft, daß ein Sterbender den Termin mit seinen Begleitern der anderen Seite, die immer wieder zu ihm geschickt werden, verpaßt.

Hör zu, und biete deine Hilfe an. Einfache Dinge sind am nützlichsten. Wenn du jemandem, der geschwächt ist, vorlesen kannst, während sich der Hauptpfleger ein paar Stunden frei nimmt, ist das eine echte Hilfeleistung. Du könntest eine Mahlzeit kochen, sie hinbringen und mit der Familie teilen. Wenn es sich um einen nahen Freund oder Verwandten handelt, ist es gut, wenn du die Verantwortung für gewisse Dinge übernimmst, vor allem, wenn es auf einer regelmäßigen Basis geschieht.

Wenn dein Freund es dir erlaubt (und falls seine Krankheit nicht ansteckend ist), breitest du ein Tuch auf dem Bett aus und legst dich neben ihn, während er ruht; dann kannst du deine Hände sanft an seinen Rücken halten. Die meisten ernsthaft kranken oder sterbenden Menschen leiden unter einem Mangel an liebevoller Berührung. Deine Hände können sie trösten und heilen.

Meditationen

Es gibt viele gute Meditationskassetten, die den Seelen helfen, die letzte Hürde zu nehmen. Die liebevollsten und schönsten sind die geführten Meditationen, die Freunde und Verwandte dem Sterbenden laut vorlesen, ob dieser nun bei Bewußtsein ist oder nicht. Hin und wieder sträubt sich jemand gegen eine Tonaufnahme, während das von einer bekannten Stimme gesprochene Wort gerne gehört wird. Sprich in moderatem bis langsamem Tempo und mit beruhigender Stimme.

Jeder Mensch braucht Besuche auf der anderen Seite, um seine Furcht vor dem Tod zu überwinden. Wir möchten alle lieber ruhig und friedlich sterben, anstatt über längere Zeit Schmerzen zu erleiden.

Die nachfolgende Meditation ist ein Beispiel. Benutze die Teile daraus, die dem geliebten Menschen am meisten zusagen. Wie das Gebet muß auch die Meditation neutral bleiben und weder auf Abschied noch auf Genesung drängen. Vielleicht hält die Familie nicht viel von einer Meditation, obschon der Kranke sie genießt. In diesem Fall mußt du sein Vertrauen gewinnen und mit ihm meditieren, wenn ihr alleine seid. Biete freiwillig an, deinen Verwandten oder Freund zu »hüten«, damit andere Pflegepersonen eine Stunde Freizeit haben. Es kann vorkommen, daß die Kräfte des Kranken seit langem nachlassen und daß er durch die Meditation neu auflebt: sie kann zum emotionalen oder psychischen Durchbruch führen, der seiner verbleibenden Zeit auf Erden mehr Sinn verleiht, ob es sich um sechs Tage, sechs Monate oder gar sechs Jahre handelt.

Durch die nachstehende Meditation kannst du einen Menschen führen, sie ist sehr wirkungsvoll. Dein Freund wird sich vielleicht eine Aufnahme davon wünschen, damit er sie auch alleine durchführen kann. Sprich langsam und bewußt, mit sanfter und klarer Stimme. Während der Meditation erfolgt die Einatmung immer automatisch.

Meditation zur Ganzwerdung des Selbst

Wähle eine bequeme Stellung. Du kannst dich auf den Rücken legen, im Lotus- oder im Schneidersitz sitzen. Dann beginnst du, tief einzuatmen. Laß Wellen von Luft in deinen Bauch einströmen und bis zur Brust und den Schultern aufsteigen, während du immer weiter einatmest. Erlaube jetzt diesen Luftwellen, deinen Körper zu verlassen, erst aus den Schultern, dann aus der Brust und zuletzt aus dem Unterleib. Dies ist die entspannte Atmung des Schlafs und der natürliche Rhythmus, wie er von Yogis und erleuchteten Menschen praktiziert wird.

Atme ein und spüre, wie die Luftwelle dich durchdringt. Atme aus und spüre, wie die Luftwelle dich verläßt und alle Emotionen mit sich nimmt, die du aufgeben möchtest. Wiederhole dies dreimal.

Stell dir nun vor, du wärst eine Welle am Strand. Jedes Wassermolekül des Ozeans reitet auf dieser Welle, während sie wieder in den Ozean zurückfließt und eins mit ihm wird. Daraufhin bilden alle kleinen Moleküle die nächste Welle, die an den Strand spühlt – und du bist diese neugebildete Welle.

(Kurze Pause.)

Mit jedem Ausatmen bist du eine Welle, die an Land spült; mit jedem Einatmen fließt du zurück in den Ozean.

Atme tief ein (Pause) und aus, und laß dabei völlig los.

(Zweimal wiederholen.)

Atme aus, und du bist eine Welle, die an Land spült. Atme ein, und du fließt in die Weite des Ozeans zurück. (20 Sekunden Pause)

Atme aus und du spülst an Land. Atme ein und du fließt wieder in den Ozean. (20 Sekunden Pause)

Atme aus. Du bist eine Welle im Ozean. (20 Sekunden Pause)

Nun laß aus deiner Welle eine Lichtwelle werden. Sei selbst diese Welle aus Licht, die bis in die entferntesten Bereiche des Universums fließt. (8 Sekunden)

Atme ein, und nimm die entferntesten Teile des Universums in dich auf, in dein innerstes Wesen. (15 Sekunden)

Atme ein und werde zum ganzen Universum, das in dir ist; atme aus und laß dich wieder zum äußeren Universum werden. Atme in deinem eigenen Rhythmus ein und aus. (15 Sekunden)

Atme, und werde zu deinem inneren Universum. Alles in der großen Weite des Raums kann zu dir kommen. Atme aus und werde zu den entfernten Bereichen des Raums. (20 Sekunden)

Von hier aus kannst du jeden Planeten im Universum kennenlernen. Du kannst jeden Stern aufsuchen: Mit jedem Ausatmen bist du dort. Und während du wieder einatmest, holst du diesen Stern in dich hinein.

Atme aus und schau dich in der entferntesten Galaxie um. Atme ein, und bring diese Galaxie in dich hinein. (Kurze Pause)

Genau, wie das Universum in ständiger Bewegung ist, gibt es auch Stille. Werde diese Stille ... denn in ihr weilt der Schöpfer. (Lange Pause) Diese Stille birgt bedingungslose Liebe und Annahme. (Kurze Pause)

Nun atmest du aus in den Ozean des Lichts. Du bist die Stille, die Ruhe, das Schweigen des Universums. (Mittlere Pause)

In diesem Schweigen erfährst du bedingungslose Liebe. Du nimmst dich an, wie der Schöpfer dich annimmt. Du siehst, daß deine Persönlichkeit lediglich ein Kleid ist, das du für dieses Leben angelegt hast. Du brauchst nicht mehr an ihr zu hängen. (Kurze Pause)

Wenn du diese Reise einmal unternommen hast, wenn du akzeptiert hast, daß deine Persönlichkeit nicht dein Selbst ist, sondern ein Kleid, das du zu diesem Zeitpunkt trägst, wirst du sie um so mehr lieben. (Pause) Du kannst dich selbst genau so annehmen, wie du bist. (Mittlere Pause)

Bewahre diese Stille in deinem Körper und ruhe mit geschlossenen Augen. (Ruhiger Moment) Kehre nun in deinen Körper zurück. (Pause) Durch deine geschlossenen Augen strahlst du das Licht aus, das du in der Gegenwart des Schöpfers erlebt hast. Dieses Licht, das durch deine Augen scheint, strahlt wie die Scheinwerfer eines Autos. (Kurze Pause)

Wenn du einatmest, wirst du mehr vom Schöpfer in dir aufnehmen. Und wenn du durch diese Scheinwerfer, die Augen deines Schöpfers, ausatmest, strahlst du mehr von der Quelle in deine Umwelt. Atme viermal ein und aus. (Zeit der Stille)

Während du einatmest, entsteht in deinem Scheitelchakra ein Springbrunnen von regenbogenfarbenem Licht. Atme ein und nimm das Licht in dir auf. Beim Ausatmen wird das Licht zu farbigen Scheinwerfern, die die Welt erhellen. Atme das Licht von deinem leuchtenden, schimmernden Lichtbrunnen durch dein Scheitelchakra ein. Das Licht wird deine Scheinwerfer füllen, deine Augen werden es in die Welt ausstrahlen.

Mit jedem Atemzug nimmt dein drittes Auge Licht vom Universum auf. Ein astrales Licht geht in dich ein und entzündet dein inneres Licht. (Ruhiger Augenblick)

Atme ein und nimm das hell leuchtende, farbige Licht des Universums in dir auf. Erlaube deinem dritten Auge, sich mit astralen Strahlen zu füllen, und laß das Licht, das du geworden bist, als göttliche Gabe die Welt erfüllen. (Pause) Erfülle die Welt mit Licht. (Lange Pause)

Mit diesem außergewöhnlichen Bewußtsein, das jetzt das deine ist, kannst du mit jemandem verschmelzen, den du liebst, und dieser Mensch werden! (Ruhiger Augenblick) Du kannst fühlen, was er spürt, und erfahren, was er erfährt. (Lange Pause) Du siehst ihn so, wie er sich selbst sieht. Du lernst ihn besser kennen, da du dich nun mit ihm verbunden hast. (Lange Pause) Von nun an kannst du alles sehen im Licht deiner Scheinwerfer und des erleuchteten Brunnens.

Jetzt darfst du deine Augen öffnen, aber laß das Alltagsleben nicht herein. Laß dein Scheitelchakra als Lichtquell weiter fließen, laß dein drittes Auge als astrales Licht scheinen, und deine Augen-Scheinwerfer das göttliche Bewußtsein in die Alltagswelt ausstrahlen. (Stille)

Während du langsam die Augen öffnest und die alltägliche Wirklichkeit einläßt, siehst du die Welt durch dein erleuchtetes fünftes, sechstes und siebtes Chakra; nun kannst du beginnen, die Blockade aufzulösen, die deinem Glück im Wege steht. Diese Blockade heißt Groll. Vielleicht rührt dein Groll von einem Unrecht her, das dir vor langer Zeit von einer Person zugefügt wurde, vielleicht war es die Art und Weise, wie eine Gruppe dich behandelte. Lege deinen Groll gegenüber den betreffenden Menschen beiseite. Verüble nur, was dir widerfahren ist. Nun, da du deinen Ärger aus der Perspektive der Verschmelzung mit dem Schöpfer betrachtest, siehst du, daß wir alle Teil der Quelle sind. Die Person, der du zürnst, ist ein Werkzeug des Schöpfers. Könntest du der Quelle selbst zürnen?

Sei ehrlich mit dir selbst und erlaube dir, diesen Groll zu spüren. Es ist wichtig, daß du zu deinen wahren Gefühlen stehst. (Pause)

Betrachte nun den Menschen, dem du grollst, durch seine eigenen Augen. Mach dich so frei, daß du ihn völlig unvoreingenommen erleben kannst. Sieh ihn so, wie er sich selbst sieht. (Lange Pause) Nun schau dich selbst durch seine Augen an. Es mag schmerzhaft sein, doch absolute Aufrichtigkeit ist der einzige Weg zur Klärung. Nur so kannst du gesunde Beziehungen aufbauen und zu tieferen spirituellen Erfahrungen gelangen, die dich als Mensch wachsen lassen, anstatt dich zu beeinträchtigen. (Lange Pause)

Verzeihung öffnet den Weg zu einem neuen Leben, zu gesunden Beziehungen und zu Klarheit auf den ätherischen Ebenen. Jetzt, da du deinen Groll erkannt hast, vergibst du diesem Menschen. Es ist sehr schwer, jemandem zu verzeihen, der sich vielleicht nicht groß verändert hat und dir gegenüber immer noch negative Gefühle hegt; erinnere dich daran, daß du ihm um deiner selbst willen verzeihst. Wenn dieser Mensch gestorben ist, fühlt er, daß du dich auf ihn konzentrierst und ihm die Versöhnung anbietest. (Längere Pause)

Es gibt ein weiteres Hindernis auf dem Weg zum Wachstum, die Schuld. (Mittlere Pause) Gib zu, wenn du einen Fehler gemacht hast. Es ist nicht zu ändern. Die Zeit ist vergangen. Du kannst nur noch eines tun: den anderen Menschen wissen lassen, daß es dir bewußt ist, und daß du Reue empfindest. Schreib ihm einen Brief, such ihn auf oder sag ihm am Telefon, daß es dir leid tut. Was du dir jetzt im innersten Wesen vornimmst, muß unternommen werden, damit du dich von der Schuld befreien kannst, die dich daran hindert, zu höherem Bewußtsein aufzusteigen und eine freie menschliche Seele zu sein.

(Lange Pause)

Wenn der Mensch, demgegenüber du dich schuldig fühlst, gestorben ist, wird er deine Gedanken die durch das Universum schweben, hören. (Stille) Hast du nun diese Sache erledigt, so vergib auch dir selbst. (Kurze Pause) Verzeihung ist der wichtigste Schlüssel zur Entwicklung. Der Eine verzeiht alles. Weil du eins geworden bist mit dem Schöpfer, weil auch du ein Teil des Schöpfers bist, kannst du auch alles verzeihen. (Pause)

Nun kannst du langsam zu deinem alltäglichen Bewußtsein zurückkehren. Öffne die Scheinwerfer deiner Augen. Deine sich entfaltende Bewußtheit wird sie fortan in all deinen Beziehungen strahlen lassen.

Benutze deinen Lichtbrunnen, und du wirst dich immer im Meditationszustand befinden, in Verbindung mit deinem Schöpfer, deinem Urselbst und mit den Kräften der Liebe und der Fürsorge. (Langes Schweigen)

Du kannst dich jetzt aufsetzen und dich ganz langsam bewegen. Gewöhn dich an deinen neuen Zustand. Daß du die Wirklichkeit im Licht deines Scheitelchakras, durch deine Scheinwerfer und durch den Astralstrahl in deinem dritten Auge siehst, beseitigt viel Schmerz und Leid für dich und für alle, mit denen du zu tun hast. Innerlich und äußerlich bist du jetzt in Frieden und bereit, das anzugehen, was du in deinem neu erwachten Bewußtsein unternehmen mußt.

Rituale, die von Herzen kommen

Laß einen Tag und eine Nacht lang eine Kerze brennen, wobei du immer die nächste an der vorhergehenden Kerze anzündest und so die Flamme am Leben erhältst. Weiße Kerzen oder solche in der Lieblingsfarbe des Sterbenden eignen sich am besten.

Bete, daß der geliebte Mensch in Frieden sterben kann. Das Gebet beginnt immer damit, daß du für die Liebe und Freundschaft dankst, die dich mit dem kranken oder sterbenden Menschen verbindet. War die Beziehung problematisch, so halte das fest, was sie dir gebracht hat. Empfindest du immer noch Bitterkeit gegenüber diesem Menschen, löst du sie anhand der Vorschläge im nächsten Abschnitt auf. Mach alles wieder gut. Bitte in deinen eigenen Worten, möglichst neutral, daß dein Freund die Kraft und den Mut erhalte, seinen wahren und rechtmäßigen Weg zu gehen und die Hürden zu nehmen, die er nehmen muß. Gib ihm und allen, die um ihn herum leben, deinen Segen. Du kannst mit einem »Ho!« schließen, was bei den nordamerikanischen Indianern einfach bedeutet: »Ich habe gesprochen«, oder mit einem traditionellen »Amen« oder »Halleluja«, was immer dir am liebsten ist.

Geschehenes wiedergutmachen

Um den Menschen, den du liebst, freizugeben, mußt du ihm verzeihen. Auch wenn er weit weg oder bewußtlos ist, wird er deine Gedanken hören. Sprich mit ihm von Herz zu Herz, und lege soviel Empfindsamkeit und Mitgefühl hinein, wie du nur kannst. Beginne damit, daß du ihm sagst, wie sehr du ihn gemocht, bewundert oder geliebt hast, und wie diese Gefühle einseitig blieben. Erkläre, wie sehr es dich enttäuschte, und welches die Folgen waren, etwa: Trennung, Klatsch, Entfremdung, oder vielleicht gegenseitige emotionale Abhängigkeit und Groll auf beiden Seiten. Hast du das Gefühl, du seist vom andern verraten worden, so sage ihm wodurch, und was das für dich bedeutete. Was die Ursache für deine Beschwerde auch sein mag, sprich sie aus und laß Zeit für eine Antwort. Vielleicht wirst du Dinge zu hören bekommen, die dein Herz wie Balsam heilen. Vielleicht kommt aber eine Antwort, die dich bis ins Innerste trifft.

Meistens funktioniert dieser geistig/spirituelle Austausch wie ein Fernsehbild, das von einem Privatstudio ins andere gesandt wird. Es gibt Menschen, die die Botschaft deutlich hören, während andere sie mehr spüren oder ahnen. Du wirst aber keine Antwort erhalten, wenn du sie abblockst und sie nicht zuläßt.

Sollte der angesprochene Mensch den Kontakt verweigern, kann es sein, daß er dich bereits hinter sich gelassen hat, um seine nächsten Schritte zu beflügeln. Die meisten Sterbenden schränken ihre Beziehungen ein und empfangen immer weniger Besucher. Dieser Prozeß kann, bei einem unerwarteten Tod, sehr schnell ablaufen, doch wenn man genau hinsieht, merkt man, daß dieser Mensch sich schon seit längerer Zeit von Freunden und Verwandten, die ihm nicht so viel bedeuteten, zurückgezogen hat. Gleichzeitig schließt sich der innere Kreis immer enger um die scheidende Person, so als wenn die Freunde unbewußt versuchen würden, noch soviel wie möglich von ihr zu bekommen, bis auch sie bereit sind loszulassen.

Die, die sterben, sind umgeben von bedingungsloser Liebe. Für die Hinterbliebenen gibt es andere Lektionen zu lernen, von denen manche bitter, manche einleuchtend sind.

Die Autorin Peggy Eastman, die nach einer langen, kinderlosen Ehe verwitwete, schreibt im *New Age Journal* (Juli/August 1987):

> *»Ich bin jetzt anders: Ich bin an einem fernen Ort gewesen und sehe durch andere Augen. An diesem fernen Ort lernte ich eine bittersüße Lektion. Ich lernte, daß Leiden einen nicht verkümmern läßt, sondern zu Wachstum anregt. Ich wäre nie bereit gewesen, einen so hohen Preis zu bezahlen, aber ich bin gewachsen.*

Ich habe gelernt, das Sterblichsein besser zu verstehen, und klarer zu sehen, daß wir diejenigen, die wir lieben, feiern müssen, während wir die Gelegenheit dazu haben. Denn sie gehören uns nicht für immer; sie werden uns lediglich für eine Weile ausgeliehen, um uns Gesellschaft zu leisten bei dem, was für jeden von uns anscheinend eine einsame Reise ist.«

Deine Überseele anrufen

Wenn du regelmäßigen, aktiven Kontakt mit deinem Geisthelfer hast, steht dir dieser Weg zu helfen offen. Ist das nicht der Fall, versuche nicht, etwas zu improvisieren, das dir höchstwahrscheinlich nur unvollkommen gelingt, und lies diesen Abschnitt einfach als Information für die Zukunft.

Der korrekte Verbindungsweg geht von deinem Lebensführer zu deiner Überseele, und von deiner Überseele zur Überseele des Menschen, dem du helfen willst.

Wann immer es darum geht, einem Menschen beim Gang durch den Korridor des Todes zum jenseitigen Leben behilflich zu sein, kannst du deine Überseele anrufen. Dafür mußt du aber deine eigene Überseele bereits kennen. Steht der Tod unmittelbar bevor, so ist es zu spät, um eine tragfähige Beziehung zu deiner Überseele aufzubauen. Wenn du hingegen über einige Wochen Zeit zur Vorbereitung verfügst, kann es dir gelingen, einen richtigen Kontakt mit deiner Überseele herzustellen. Die Beschreibung der Überseele und ihrer Bedeutung findest du im Kapitel WER IST WER dieses Buches. Eine vollständigere Darstellung unseres Verhältnisses zur Überseele ist in *Geisthelfer* erschienen.

Die Überseele des Sterbenden anrufen

Um die Überseele eines anderen Menschen anzurufen, fängst du mit einem Gebet an und bittest darum, daß dieser Kontakt seinem besten und höchsten Zweck dienen möge.

Wenn der andere dazu bereit ist und du sein Urselbst und seine Überseele herbeirufst, wird ihm das Gelegenheit geben, seine Überseele kennenzulernen, solange er noch am Leben ist. Das wird seine letzte Reise erleichtern. Gelingt es ihm, seinen Vertrag mit der Überseele neu auszuhandeln, wird er dadurch in der verbleibenden Zeit – sei sie kurz oder lang – sein Leben bewußter leben können. Hast du die Kommunikation mit der Überseele einmal hergestellt, kannst du sozusagen die Rolle eines fortgeschrittenen Lernenden, der dem Sterbenden Nachhilfeunterricht gibt, übernehmen.

Höre genau auf die Botschaften der Überseele. Menschen in Todesnähe haben die besondere Gabe, sich zwischen der lebenden und der geistigen Welt hin und her zu bewegen. Ein bewußt sterbender Mensch wird sein Gespräch mit seiner Überseele gerne selbst führen, wenn der erste Kontakt einmal hergestellt ist. Deine Aufgabe besteht darin, ihm beizustehen und ihm Sicherheit zu vermitteln.

Wenn der Sterbende nicht mehr bei Bewußtsein ist, stellst du die Fragen für ihn. Dabei nimmst du eine neutrale oder bejahende Haltung ein, und fixierst dich nicht auf ein bestimmtes Ergebnis. Die Überseele weiß bereits alles, sie kennt deine Gedanken sowie die Gedanken, die der Mensch, dem du hilfst, nie ausgesprochen hat. Wähle deine Worte dennoch sehr vorsichtig und vermeide Zweideutigkeiten. Wenn dir ein negativer Gedanke kommt, während du mit der Überseele arbeitest, sagst du einfach »Bitte löschen« und fährst fort, als seist du nie unterbrochen worden. Bitte darum, daß alles, was du für den Sterbenden tust und sagst, zu seinem Besten dienen möge.

Der Abholer

Es ist niemandem erlaubt, den Übergang vom Leben zum Tod unbegleitet zu machen. Deshalb wird dir ein Begleiter zugeteilt, der dir auf deiner Reise beisteht. Sogar Todkranke und Menschen im Koma hört man manchmal kurz vor dem Tod einen Namen rufen.

»Krankenschwestern in den verschiedensten Krankenhäusern wissen, daß Patienten, die bis dahin schwach oder sogar komatös gewesen sein mögen, im Augenblick des Todes plötzlich ganz laut und deutlich mit jemandem sprechen können, der gar nicht sichtbar anwesend ist. Auch Menschen, deren Lieben zu Hause sterben, beobachten oft das gleiche Phänomen, das übrigens auch bei Sterbenden auftritt, die senil oder aufgrund eines Unfalls oder einer Erkrankung nur halbbewußt sind. In den allermeisten Fällen spricht der Sterbende mit jemandem, der selbst schon verstorben ist und zu dem er einst eine enge Beziehung hatte: vielleicht mit seiner Mutter, mit Schwester oder Bruder oder einem Jugendfreund. Im Jahre 1842 starb Ralph Waldo Emersons Sohn Waldo im Alter von fünf Jahren am Scharlachfieber. Im Jahre 1882, als der Vater an der Reihe war, ins Jenseits einzutreten, hörte sein Freund Bronson Alcott ihn ausrufen: ›Ach, dieser schöne Junge!‹, genau wie er es vierzig Jahre zuvor am Totenbett des kleinen Waldo getan hatte.

Die Gespräche, die die Sterbenden mit den sie abholenden Personen führen, sind von tiefer Bedeutung. Der Abholer ist ein körperloses Wesen, dem der Sterbende vertraut, ein Wesen, das während der Übertrittsphase Mut spenden kann, wenn persönliche und anerzogene Ängste sich miteinander verbinden, um das natürliche Willkommenheißen des Übergangs zu verhindern; ein Wesen mit Gespür für die Feinheiten des Gefühls- und Geisteszustands und des Energieniveaus des Sterbenden. Beide gehen eine intime Vertrautheit miteinander ein. Der vor dem Übergang stehende Mensch erhält Informationen (beispielsweise wie man sich nach dem Übergang durch Wände bewegt und auf der Astralebene reist) sowie verschiedene Formen der Vorbereitung auf das Leben ohne Körper. Für jene, die einen schnellen Tod sterben, fungiert der Abholer als Anker inmitten der Verwirrung der anfänglichen Eingewöhnungsphase.«*

* *Geisthelfer* von Laeh Maggie Garfield und Jack Grant.

Am anderen Gestade

In dem Augenblick, da die Seele mit ihrer Reise durch den Tunnel zum »Empfangsraum« beginnt, werden die Ansichten über das Leben nach dem Tode aufgegeben, die von der Religion der jeweiligen Persönlichkeit stammen. Die Seele kommt, frei von den Ängsten und Phobien, die die irdische Gesellschaft ihr aufgebürdet hat, auf der anderen Seite an. Wer jedoch die spirituellen Erkenntnisse des eben vergangenen Lebens mißverstanden hat, wird von vertrauten Menschen, die vor ihm angekommen sind, begrüßt. Diese Freunde, nun in geistiger Form, sagen ihm die Wahrheit über das Reich der Schöpfung. Eine Seele, die diesen Prozeß vernachlässigt und es unterläßt, sich mit dem Urselbst und der Überseele abzustimmen, gehört weder zu den Lebenden, noch zu den Toten. Der wirkliche Zweck der Gebete, die die Lebenden für die Verstorbenen sprechen, besteht darin, etwaige Verzerrungen beim Übergang vom Leben zum Jenseits zu vermindern.

Deine Überseele, deine Berater, geistigen Helfer und andere, die für dich sorgen, werden dich in den ersten drei bis fünf Tagen des Übergangs vom irdischen zum geistigen Leben aufsuchen und deine Erdenzeit mit dir besprechen. Vielleicht wohnst du deinem eigenen Begräbnis bei – manche tun es im Geiste – und beobachtest Freunde, Verwandte und Bekannte, ihre Gespräche unbemerkt und ungesehen mithörend. Falls du deine Angelegenheiten nicht erledigen konntest, und daraus Familie, Freunden oder Mitarbeitern ein Nachteil erwächst, darfst du ihnen im Traum, in Visionen oder per Telepathie Botschaften schicken, die ihnen helfen werden, das Leben ohne dich zu meistern. Diese Art der liebevollen Führung der Hinterbliebenen kann jahrelang weiterbestehen. Die Lebenden sind in der Lage, dir in ihren Träumen, Gebeten und Meditationen, oder durch Gedankenwellen, Botschaften zu schicken oder von dir zu empfangen.

Nach dem Begräbnis wirst du dich in deinen neuen Zustand einleben, der jeden Tag mehrere Gespräche mit deinen Lehrern beinhaltet. Sie besprechen deinen Lebenslauf und helfen dir zu beurteilen, was du in bezug auf deine Mission und die dazugehörigen Aufgaben erreicht oder versäumt hast. Sie werden dir auch helfen, deine Handlungen und Beziehungen von der Warte des Universums aus zu sehen.

Botschaften aus dem Jenseits

Ein Verstorbener kann dich in sehr realistischen Tagträumen, Visionen und Rückblenden besuchen. Sie bringen Botschaften, die trösten oder mit Freunden, Mitarbeitern, Nachbarn und Verwandten abschließen. Jeder wird die Botschaft empfangen, die er braucht. Die äußere Erscheinung der Seele, die mit dir Kontakt aufnimmt, entspricht dem Menschen, den du lebend gekannt hast. Dein Verwandter oder Freund gibt oft Antworten auf Fragen, die du nie mit ihm besprochen hast, oder läßt dich einfach wissen, daß du ihm immer noch wichtig bist. Eure Verbindung ist nicht abgerissen durch sein Scheiden aus der materiellen Welt. Nimm Rücksicht auf den geliebten Menschen, der im Jenseits seine Verpflichtungen hat, genau wie du im Diesseits, und ruf nicht ständig nach ihm. Sei zurückhaltend, oder du wirst vielleicht keine vernünftigen Antworten kriegen, wenn du sein Eingreifen wirklich brauchst.

Ein religiöser Mann mittleren Alters namens Ted, der seit achtzehn Jahren mit derselben Frau verheiratet war, hatte sich mit ihren Auffassungen über die Ehe abgefunden, auch wenn offene Ehen schon längst aus der Mode gekommen waren. Sie hatte immer neue Liebhaber, als er schon lange seine Abenteuer aufgegeben hatte. Er traf sich nur deshalb mit anderen Frauen, damit er etwas zu tun hatte, während seine Frau schon wieder Hals über Kopf in einen anderen Mann verliebt war.

Ein älteres Mitglied seiner Kirche, eine Stütze der Gemeinde, den Ted schon seit seiner Kindheit kannte, war dabei, einen langsamen Tod zu sterben, der ihn mehr und mehr behinderte.

Dieser ältere Mann, ein langjähriger und naher Freund

seiner Familie, beeinflußte Ted sehr: Als Erwachsener war Ted ebenfalls zum Rückgrat der religiösen und weltlichen Gemeinschaft geworden. Der alte Mann starb. Innerhalb eines Monats hatte Ted einen Traum. Darin sagte sein Freund: »Ted, seit ich hier oben bin, habe ich herausgefunden, daß es Gott egal ist, mit wem man schläft.« Ted war schockiert, aber auch erleichtert durch diese Mitteilung des Verstorbenen.

Im Verlauf einer Meditation, die nach dem Tod einer alten Dame stattfand, sagte diese zu ihrer Tochter, die für solche Dinge offen war: »Ich habe meine Kontrolle hinter mir. Alles war in Ordnung, ich kann mit meiner Arbeit weitermachen.« Sie vertraute ihrer Tochter ebenfalls an, daß sie mit ihrem Mann und mit einer ihrer Schwestern vieles in Ordnung zu bringen hatte. Recht erfreut erzählte sie von verstorbenen Freunden, ihren Brüdern, Schwestern und Kusinen, die sie wieder getroffen hatte. »Es war wie eine Party«, berichtete sie. Dann, redselig, als wäre sie am Telefon: »Übrigens: Onkel Henry ist vor etwa zehn bis elf Jahren wiedergeboren worden.«

14

Zeit ist nicht gleich Zeit

*Wie jede andere Zeit ist auch diese eine gute Zeit,
wenn wir etwas mit ihr anzufangen wissen.*

RALPH WALDO EMERSON

Ewige Zeit und Welt-Zeit

Wir leben in zwei Zeitebenen, in der Ewigen Zeit, in die wir
im Traum eintauchen, und in der Welt-Zeit oder Irdischen
Zeit, einer linearen Folge von Begebenheiten, die sich unwi-
derruflich aneinander reihen. Ewige Zeit könnte man auch
Kosmische Zeit, Sternen-Zeit oder natürliche Zeit nennen.
Die alten Ägypter zählten die Jahre nach der Sternenzeit. Die
Ewige Zeit ist eine Spirale, die der Spiralbewegung des sich
ausdehnenden Universums folgt. Die Welt-Zeit basiert auf
der Umlaufbahn der Sonne. Sie bestimmt unseren Kalender
mit seinen Jahreszeiten und astrologischen Schnittpunkten,
und dem täglichen Zyklus von vierundzwanzig Stunden zwischen zwei Sonnenaufgängen. Die Irdische Zeit kann auch
nach dem Mond berechnet werden; dreizehn Monde entsprechen einem Sonnenjahr.

Die Ewige Zeit richtet sich nach den Fixsternen. Ihre Umlaufbahn wiederum wird von den anderen Sternen innerhalb ihrer Konstellation bestimmt. Wir Menschen können
nur von mathematischen Berechnungen ausgehen, um die
Bewegungen der Konstellationen untereinander aufzuzeigen.

Die Ewige Zeit oder Kosmische Zeit kennt keine festen Daten oder Stunden, die genau mit der Welt-Zeit übereinstimmen. Gelegentlich überschneiden sich beide. Wenn die Zeiten übereinstimmen, glauben wir an Phänomene wie Telepathie, Voraussicht und andere mehr. Hörst du zum Beispiel, eine Freundin hätte in der Nacht vor deinem unerwarteten Besuch von dir geträumt, wirst du dich vielleicht fragen, was es mit dem Senden und Empfangen von geistigen Botschaften auf sich hat. Entweder hältst du diese Art Traumkontakt für normal, oder du bezeichnest ihn als übersinnlich; doch wenn du deine Freundin eigentlich überraschen wolltest, wird sie wohl denken, sie hätte deine Gedanken telepathisch empfangen. Das ändert aber nichts an deiner linearen Vorstellung vom irdischen Zeitablauf. Wenn hingegen dein Flug wegen eines Schneesturms zum Wohnort deiner Freundin umgeleitet worden wäre und du hättest plötzlich sieben Stunden Aufenthalt bis zum Weiterflug gehabt, würdet ihr beide über dieses Zusammentreffen von Irdischer und Ewiger Zeit staunen.

Falls der Traum deiner Freundin auch voraussah, was du ihr erzählen würdest, oder wo ihr zusammen hingehen würdet, müßtet ihr beide die Tiefe der Beziehung anerkennen, die euch miteinander verbindet. Die Frage bleibt, ob du den Traum deiner Freundin als eine Verknüpfung von Irdischer und Ewiger Zeit betrachten würdest. Was wäre, wenn du selbst diesen Traum schon vor einem Monat gehabt und in deinem Traumtagebuch aufgeschrieben hättest? Wäre das ein Fall von *déjà vu* oder gar von etwas noch Außergewöhnlicherem?

Jedesmal, wenn du eine vollständige Heilung oder eine hellseherische Beratung für jemanden machst, begibst du dich in die Ewige Zeit. Dort werden Ereignisse, Situationen oder Bedingungen für Einzelpersonen oder Gruppen geschaffen und auch verändert.

Die Überschneidung von Irdischer und Ewiger Zeit wird nur selten beachtet und meistens geleugnet. Wenn zwei Ereignisse nicht in derselben Folge auftreten, wie in der Irdischen Zeit, wirst du den geistigen oder psychischen Kontakt, den du mit dem anderen Menschen aufgenommen hast, sofort in Frage stellen. Doch deine Haustiere kennen keine Trennung zwischen Welt-Zeit und Ewiger Zeit: Sie freuen sich genausosehr, wenn du nach ein paar Stunden wieder nach Hause kommst, als wenn du mehrere Wochen fortgewesen bist.

Kleine Kinder lernen nur deshalb auf die Welt-Zeit zu achten, weil ihre Eltern es sie lehren. Sie wissen nicht, wie viele Tage die Woche hat. Wenn du darüber nachdenkst, ist unsere Zeitaufteilung in Abschnitte von sieben Tagen und viereinhalbwöchigen Monaten recht willkürlich. Die Zahl der Wochentage ist vom Mondzyklus abgeleitet, und dreizehn Monde ergeben ein Jahr. Urvölker auf der ganzen Welt leben nach dieser Zeitrechnung.

Der Sonnenkalender teilt das Jahr in sechswöchige Abschnitte auf, von denen uns die Sonnenwenden (Sommer und Winter) und die Tagundnachtgleichen (Frühjahr und Herbst) am geläufigsten sind. Die vier anderen Sonnendaten sind der 1. Mai, wenn der Sommer seinen Anfang nimmt, der 1. August, der erste Tag des Herbstes, der 1. November, Einzug des Winters, und der 2. Februar, wenn der Frühling erwacht. Sonnenwenden sind eigentlich die Höhepunkte des Jahres, was zum Beispiel in Shakespeares *Mittsommernachtstraum* zum Ausdruck kommt. Es sind magische Daten, und manche werden in allen Teilen der Welt gefeiert: »Halloween«, der Abend vor Allerheiligen, heute noch in Amerika begangen, markiert den Winteranfang.

Ohne die Jahreszeiten und das tägliche Maß an Tageslicht wüßten wir ohne Kalender nur, daß eine Begebenheit kürzlich oder schon vor längerer Zeit stattgefunden hat. Deshalb stellen die beiden Freundinnen in unserem Beispiel vielleicht nichts Außergewöhnliches am zeitlichen Ablauf fest. In unserem Kalender vermischen sich Mond- und Sonnenzeit.

Der Prophet lebt ständig auf drei Zeitebenen: In der Mondzeit kann er die Gefühlszyklen von Menschen, Tieren, Pflanzen und der Erde spüren und die nahe Zukunft voraussagen, ebenso in der Sonnenzeit, in der die Veränderungen in sechswöchigen Abschnitten erfolgen. Diese beiden bilden die Irdische Zeit. Der Prophet lebt ebenfalls in der Ewigen Zeit der Sternenebene. In jedem Sonnensystem und auf jedem Planeten herrscht ein anderer Zeitbegriff. Wenn wir einmal in der Lage sein werden, von einem Planeten zum anderen zu reisen, werden wir uns mit Zeitrechnungsproblemen auseinandersetzen müssen, wie sie noch im letzten Jahrhundert auf unserer Erde gang und gäbe waren.

Bevor der Bedarf an Massenkommunikation einen einheitlichen Kalender für den ganzen Planeten zur Notwendigkeit machte, lebten viele Nationen und Religionen nach ihrer eigenen Zeitrechnung. Der Gregorianische und der Julianische Kalender sind bekannte historische Beispiele. So mußte ein russischer Auswanderer im 19. Jahrhundert bei Ankunft in den Vereinigten Staaten seinen Geburtstag auf den dort üblichen Julianischen Kalender umrechnen.

Die Zeitrechnung jeder Religion beginnt mit ihrem Gründungsdatum. Entsprechend dem christlichen Kalender ist es jetzt, da ich dies schreibe, 1991. Nach dem hebräischen Kalender, der in dreizehn Monde aufgeteilt ist, befinden wir uns im Jahr 5751. Das jüdische Neujahr wird immer zum Neumond des Tishri-Monats gefeiert. Gemäß dem chinesisch-buddhistischen Kalender, der ebenfalls auf den Mondphasen basiert, schreiben wir das Jahr 4688. Der volle Mondzyklus zählt zwölf Jahre, welche durch Tiere bezeichnet werden (Schlange, Hase, Schwein, Ratte, Hahn, Hund, Pferd, Büffel, Tiger, Ziege, Drache und Affe). Jeder Monat hat 29–30 Tage, und am fünfzehnten jedes Monats ist immer Vollmond. Alle drei Jahre muß ein Monat hinzugefügt werden, alle fünf Jahre deren zwei.

Sonnenauf- und Sonnenuntergang bezeichnen in der Natur den Anfang und das Ende des Tages. Mohammedaner und Juden beginnen den Tag bei Sonnenuntergang. Im westlichen Kalender beginnt jeder Tag zu einer künstlich festgelegten Zeit, nämlich um Mitternacht. Wenn es in Hawaii 7.00 Uhr ist, ist es in den westlichen Vereinigten Staaten 10.00 Uhr, 13.00 Uhr an der Ostküste und 18.00 Uhr in England. Die Zeitzone Englands heißt Greenwicher Zeit und dient als Maßstab für Seefahrer, Kurzwellensender und andere weltumspannende Aktivitäten.

Nur schon an diesen wenigen Beispielen sieht man, wie willkürlich die Messung der Welt-Zeit sein kann, auch wenn sie noch so wissenschaftlich exakt berechnet wird.

Es gibt eine weitere Zeitform, die unnatürlich ist. Sie wird außerhalb der Welt-Zeit und der Ewigen Zeit von einem Einzelnen oder einer Gruppe geschaffen. Diese falsche Zeit schiebt sich wie ein Keil zwischen die Irdische und die Ewige Zeit; in seiner Schwerfälligkeit behindert er das Zusammenwirken beider Zeiten.

Falsche Zeit entsteht, wenn du der Ewigen Zeit nicht ihren natürlichen Lauf läßt, und statt dessen zukünftige Ereignisse überstürzt in Gang setzt. Du siehst nicht mehr, daß jede Handlung für sich steht und im richtigen Zusammenhang geschieht, da die Zukunft nur aus der Gegenwart hervorgehen kann. Uns im Westen ist unsere Zielstrebigkeit derart wichtig, daß wir unsere Vorhaben nur allzuoft gegen besseres Wissen und Intuition durchsetzen. Viele sind auf diese Weise von ihrem richtigen Lebensweg abgekommen und führen trotz ihrer beachtlichen Leistungen ein unharmonisches Leben. Die angestrebten Ziele unserer Gesellschaft sind oft eng begrenzt, und Menschen, die nicht in das Raster passen, werden von ihr ausgeschlossen. Wer Glück hat, findet doch noch seine Bestimmung und wird zum Exzentriker oder zum Genie.

Die Zeit verläuft in Bändern. Menschen, die in die Vergangenheit oder in die Zukunft sehen können, sehen quer durch diese Bänder hindurch. Die Zeit kann mit einem Moebiusband verglichen werden. Um ein Moebiusband herzustellen, schneidest du von einem ganz normalen Stück Papier einen etwa 2 cm breiten Streifen ab, gibst dem Papier eine halbe Drehung und befestigst die beiden Enden aneinander. Wenn du jetzt mit dem Finger den Streifen entlangfährst, wirst du über beide Seiten gleiten, bevor du wieder an deinem Ausgangspunkt angelangt bist. So ungefähr funktioniert das Band der Zeit; dabei sind viele solche Bänder in wellenartigen Gebilden zusammengefaßt. Wenn du ein Moebiusband herstellst, wirst du es besser verstehen, weil du dann ein dreidimensionales Modell vor dir hast.

Sich überschneidende Zeit

Die Übereinstimmung von Irdischer und Ewiger Zeit läßt sich am besten anhand von Beispielen erklären. Diese können bei dir Erinnerungen an Augenblicke wecken, als die beiden Zeiten sich in deinem Leben überschnitten.

Eine meiner Schülerinnen, Angelika P., eine Naturwissenschaftlerin aus Norddeutschland, kam ganz ungläubig zu mir. Sie hatte am frühen Morgen einen Traum gehabt, in dem ich eine Schultafel in die Höhe hielt. Auf ihr hatte ich ihren zukünftigen Beruf aufgeschrieben, sowie das Datum, an dem ihre neue Karriere ihren Anfang nehmen würde, nämlich am 1. Mai. Ich hatte schon seit einigen Wochen versucht, ihr zu sagen, daß der gegenwärtige Übergang in ihrem Leben erst in etwa einem Jahr zu Ende gehen würde. Leider war sie in der falschen Zeit gefangen und wollte die Dinge vorantreiben, wo nur mit Geduld etwas erreicht werden konnte.

»Erinnerst du dich bewußt daran, daß du heute morgen in meinem Traum zu mir kamst, um mir das zu sagen?« fragte mich Angelika. Als hochintelligente und einsichtige Person brauchte sie eine bessere Antwort als ein vielsagendes Lächeln. Geduldig erklärte ich ihr die Begriffe von Welt-Zeit und Ewiger Zeit, und daß ich ihr über die letzten paar Wochen telepathische Botschaften geschickt hatte, um ihr zu helfen, sich zu entspannen und die falsche Zeit loszulassen.

»Aber wußtest du, daß du wirklich in meinem Traum erscheinst, um es mir zu sagen?« hakte sie nach.

Ich erwiderte: »Ich habe versucht, dich sehen zu lassen, daß die Änderung deiner Laufbahn, nach der du dich sehnst, kommt, doch kannst du dir nicht vorstellen, wie sie kommt. Du brauchst nur zu wissen, daß sie kommt. Diese Botschaft hat mein Urselbst an dein Höheres Selbst übermittelt. Du hast sie in der Traumzeit empfangen.«

»Doch wußtest du wirklich, daß du heute morgen in meinem Traum erschienen bist, um es mir zu sagen?« insistierte Angelika, die wissen wollte, ob ich mir als aktive Teilnehmerin ihres Traums bewußt war.

Diese Frage war am besten mit einer Anekdote zu beantworten, also erzählte ich ihr die Geschichte von Merrilee, einer meiner amerikanischen Schülerinnen. Im Herbst des Jahres 1981 arbeitete ich in der nordöstlichen Ecke von Kalifornien, wo dessen Grenzen auf die von Oregon und Nevada treffen. Spirituell gesehen, ist es eine sehr kraftvolle Gegend. Die weiten, kargen Hochebenen begünstigen Visionen, meditative Zustände, Heilungskräfte und andere Kunstfertigkeiten des schamanischen Pfades, wie das Übertragen und Empfangen von Träumen. Dort ist man dem Reich der Schöpfung und der Formen und Gestalten sehr nah. Während meiner ersten drei Wochen in der Gegend erlebte ich eine ausgedehnte Astralreise, wobei die Menschen, die ich besuchte, sich später in allen Einzelheiten an unsere Begegnung erinnerten, obwohl mein Körper das Zimmer während der ganzen Zeit nicht verlassen hatte.

Am Sonntag vor meiner Abreise begleitete ich eine Gruppe auf einen Ausflug zu einigen Höhlen und zu einem See mit magischen Kräften. Es war eine ziemlich lange Fahrt. Ich hatte ununterbrochen 15 Stunden pro Tag gearbeitet und war täglich vor fünf Uhr aufgestanden. Ich hatte in dieser Zeit Freundschaft mit den Frauen geschlossen, und wir vier zogen es vor, unser Picknick etwas weiter unten am Strand abseits von den Männern zu verzehren.

Ich hatte das Bedürfnis, mich hinzulegen und in den Himmel zu schauen. Die anderen dachten, ich würde dösen. Auch wenn ich jedes Wort ihres Gesprächs hören konnte, war ich doch weit weg. Alle zwanzig Minuten öffnete ich die Augen, gab irgendeine Antwort und driftete wieder ab. Gleichzeitig kontrollierte ich meinen Körper und sorgte dafür, daß niemand bemerkte, was in mir vorging.

Ich reiste durch Gegenden, die ich nur als chaotische Bilder von Dingen beschreiben kann, die meinem dritten Auge bekannt waren, doch die ich in diesem Leben nie gesehen hatte. Eine Szene nach der anderen zog an mir vorbei, und Wissen wurde mir offenbar.

Während einer Belehrung war ich erstaunt und dann entsetzt, Merrilee vorbeigleiten zu sehen. Ich wußte, daß sie dort nichts zu suchen hatte. Sie war noch nicht weit genug fortgeschritten für ein solches Unternehmen. Wie war sie hierher geraten? Ich unterbrach den astralen Unterricht und eilte zurück durch das Universum, mit Merri auf den Fersen, die mich um Hilfe bat. In einer früheren Szene war eine kobaltblaue Flasche über mir geschwebt. Ich jagte hinter ihr her, packte sie und leerte ihren Inhalt in Merrilees Kopf. Sie kehrte augenblicklich in die Irdische Zeit zurück, wo sie auch hingehörte. Ich ließ die Flasche los und nahm meine Astralreise ziemlich erschüttert wieder auf.

Am Schluß erinnerte ich mich an die Lehren, nicht aber an den Grund für die Unterbrechung. Ich vergaß das Ärgernis und behielt nur das Bild der blauen Flasche und mein Gefühl des Entsetzens. Am folgenden Dienstag war ich mit meiner Arbeit fertig und fuhr nach Hause. An jenem Nachmittag kam Merrilees Schwester Janis, die damals eng mit mir befreundet war, vorbei, um mir dabei zu helfen, mein eiskaltes Haus aufzuwärmen und um über einer Tasse Kaffee unsere Erfahrungen auszutauschen.

Ohne Vorwarnung fragte mich Janis: »Laeh, hast du Merrilee gesehen, als du weg warst?« »Nein«, antwortete ich abwehrend, wobei ich nur an ein körperliches Treffen dachte.

»Nun«, sagte meine Freundin, »Merri behauptet, sie hätte dich gesehen. Sie hatte letzten Donnerstag einen Körperaustritt und konnte nicht mehr zurück. Du kamst und leertest etwas aus einer blauen Flasche in ihren Kopf, worauf sie bei vollem Bewußtsein wieder in ihrem Körper landete.«

Ich schrie auf und sprang auf und ab: »Die blaue Flasche, natürlich, dafür habe ich sie benutzt, für Merri.« Dann fügte ich ruhiger hinzu: »Sie hätte nicht dort sein dürfen. Warum hat sie die Reise ohne Lehrer und ohne vertrauenswürdigen Geistführer unternommen?«

»Also hast du sie doch gesehen«, bemerkte Janis. »Wann war das?« »Am Sonntagnachmittag«, antwortete ich und sagte ihr die ungefähre Zeit.

Donnerstag und Sonntag, vor oder nach einem Ereignis, bedeutet wenig in der Ewigen Zeit, in der alle Dinge außerhalb von unserem weltlichen Zeitgeschehen stattfinden. Bedenke diese Weisheit! Frage dich, ob das Wissen um die Zeit in die Sonnenebene oder in die Sternenebene der Erleuchtung gehört. Kannst du die Erleuchtung begreifen, wenn du dir über die Zeit nicht im klaren bist?

Die innere Uhr

Die Ewige Zeit steht mit der Hypophyse in Verbindung; die Zirbeldrüse jedoch wird von der Sonne regiert und folgt deshalb der Irdischen Zeit, die sich von der Sonne ableitet (Kalenderzeit). Wenn du deine geistige Energie nur linear einsetzt, verkümmern die Fähigkeiten der Zirbeldrüse, die spiralförmige Energie aufnimmt. Das ist der Grund, warum diese Drüse in Kindern aktiv und gut entwickelt ist, und in Erwachsenen und alten Menschen meistens verkalkt, wie Röntgenaufnahmen beweisen.

Wissenschaftliche Untersuchungen haben gezeigt, daß Tiere auf Licht reagieren. In dunklen, winterlichen Zeiten verlangsamt die Zirbeldrüse, die hinter dem Scheitelchakra liegt, ihre Aktivität. Nach der Wintersonnenwende schickt sie einen Hormonschub an die Geschlechtsdrüsen. Wenn genügend Hormone ausgeschüttet worden sind, kommt die Paarungszeit. Welpen, Zicklein, Füllen, Rehe und Vögel werden im Frühjahr oder frühen Sommer geboren, wenn die Voraussetzungen für sie am günstigsten sind.

Über die Funktion der menschlichen Zirbeldrüse weiß man nur wenig, abgesehen von einigen lebenswichtigen Hormonen, die sie ausschüttet. Katholische Mönche pflegten das Kopfhaar über der Zirbeldrüse zu rasieren, um das Licht auf sie fallen zu lassen. Doch sollte sie dem Licht und den Elementen nur begrenzt ausgesetzt werden: Orthodoxe Juden bedecken diese Stelle, um sie zu schützen. Ein Arzt, der einen Teil seines Schädels über der Zirbeldrüse entfernen ließ, landete in der Irrenanstalt.

Wenn deine Seele nach Erleuchtung drängt, hört die Zirbeldrüse auf, sexuell stimulierende Hormone auszuschütten.

Die Schilddrüse steht in Verbindung mit dem Mond und wird vom Mondzyklus beeinflußt, der $28^{1}/_{2}$ Erdtage dauert. Wenn du die Gezeiten beobachtest, kannst du dir leicht vorstellen, welch tiefen Einfluß der Mond auf unsere geistige und emotionale Gesundheit hat.

Laut der chinesischen Medizin und anderer orientalischer Traditionen wird der menschliche Körper gemäß einem vierundzwanzigstündigen Turnus angeregt und belebt. Das abgebildete Rad zeigt, wie die Organe stimuliert werden. Um 3 Uhr morgens erreicht der Hormonspiegel seinen Tiefpunkt. Ab 4 Uhr werden stündlich Hormone ausgeschüttet, wobei der Hypothalamus den Anfang macht.

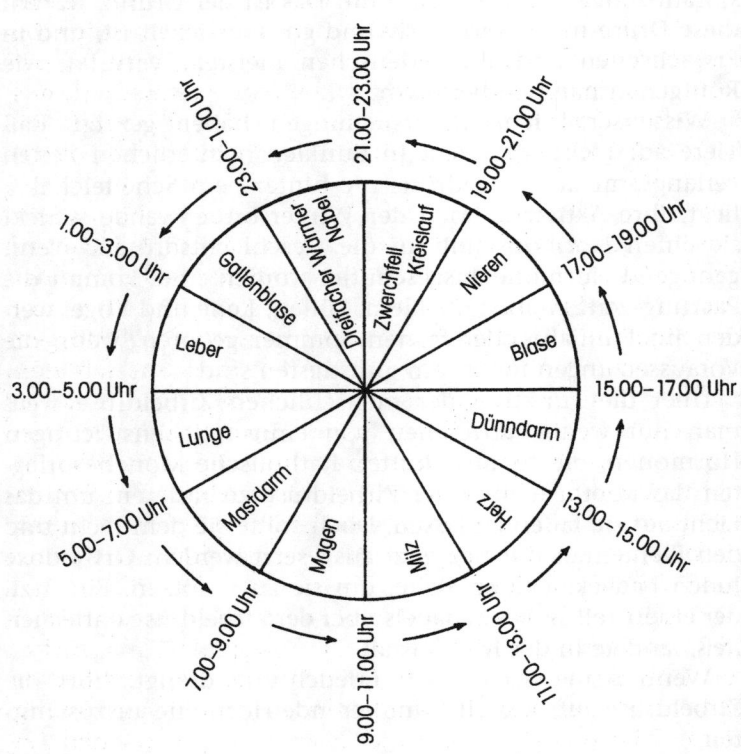

Tageszeiten

Menschen, Tiere und Pflanzen reagieren alle auf Licht. Ihre innere Uhr richtet sich nach dem Sonnenstand. Bei völliger Dunkelheit kann die Zirbeldrüse ihr Zeitgefühl nicht aufrechterhalten. Nach zwölf bis vierundzwanzig Stunden ohne Tageslicht arbeitet deine innere Uhr ohne äußere Signale. Auch längerfristiger Bewegungsmangel und die fehlenden visuellen Reize von Sonne, Mond und Sternen bringen die innere Uhr aus dem Gleichgewicht. Daher kommt es auch zum Jet Lag. Körperliche Betätigung bringt die innere Uhr wieder in Ordnung, weil sie sämtliche Organe und Drüsen stimuliert.

Das moderne Leben, das vom künstlichen Zeitplan der Industrie bestimmt wird, achtet nicht auf jahreszeitlich bedingte Veränderungen. Deshalb steht es auch nicht im Einklang mit einem gesunden, zyklischen Lebensrhythmus; fensterlose Räume, ständig geschlossene Rolläden und elektrisches Licht bringen den Körperrhythmus ebenfalls durcheinander.

Auch die Uhrzeit, nach der du dich richtest, ist künstlich. Unsere Tagesaufteilung verläuft so, als wären alle Tage und Nächte so lang wie zur Tagundnachtgleiche. Die Stunden auf der Uhr haben nichts mit der natürlichen Zeit zu tun: Die Menschen wachen nicht mehr in den ersten Morgenstunden auf und legen sich bei Sonnenuntergang schlafen. In den Städten ist 24 Stunden am Tag etwas los: Denk nur an New York, London oder Tokyo. Hochschulprofessoren, Forscher, Krankenschwestern, Studenten, Arbeiter, Telefonisten und technisches Wartungspersonal arbeiten in Schichten und können sich ihre Arbeitszeit weitgehend aussuchen. Wir haben heute alle die Wahl, wann wir wachen oder schlafen wollen.

In unseren isolierten Häusern spürt man von den subtilen Veränderungen des Tagesablaufs wenig bis gar nichts. Aus dem Morgengrauen wird kein frischer Tag; wir bemerken keinen strahlenden Morgen und keinen Vogelgesang. Dann folgt der Mittag und der Nachmittag; wir sehen keinen Sonnenuntergang und keine Dämmerung. In der Dämmerung und im Morgengrauen überschneiden sich Welt-Zeit und Ewige Zeit. Wenn man diese magischen Augenblicke kaum je erlebt, führt die Reise des Suchers nirgendwohin.

15

Traumzeit/Visionssuche

Für mich ist dieses Leben ein Trugbild und ein Traum. In meinem Herzen steigt großes Mitgefühl auf für alle, die von dieser Wahrheit nichts wissen.

MILAREPA

TRAUMZEIT

Traumzeit: das Eintauchen durch Träume und Visionen in eine mythologische Zeit, auf der eine ganze Kultur gründet. Dort begegnest du sowohl bekannten Bildern und Figuren aus der heutigen Kultur als auch aus der Antike. Heutzutage kann zum Beispiel, anstelle eines unterirdischen Tunnels oder einer Höhle, genausogut eine Tiefgarage als Symbol für das Labyrinth an Möglichkeiten stehen, zwischen denen eine Seele zu entscheiden hat. Warenhäuser versinnbildlichen magische Orte für einen Menschen, der von der Natur abgeschnitten ist, wohingegen jemand, der regelmäßig zelten geht oder sich mit der natürlichen Welt auskennt, sich eher in einer sonnigen Lichtung oder einem heiligen Hain wiederfindet.

Jeder Mensch hat Anteil am Universalbewußtsein, das manchmal auch kollektives Gedächtnis* genannt wird; er kann Visionen von Dingen haben, die über das hinausgehen,

---

* Das kollektive Gedächtnis bewahrt das Wissen, das alle inkarnierten Seelen in Millionen von Erdenleben zusammengetragen haben. Es ist jedermann zugänglich.

was er in diesem Leben gelernt oder gesehen hat. Heutige Menschen greifen gerne auf die Mythen und Legenden älterer Kulturen zurück, um die Gestalten ihrer Träume zu verstehen. Für die Waldbewohner der östlichen USA war der Waschbär ein Schlaumeier, der nicht zu überlisten war. Im Gegensatz zum Coyoten, der auch Pech haben konnte, kam der Waschbär trotz seiner Hinterhältigkeit immer ungeschoren davon. In den Erzählungen vieler Kulturen findet man Schildkröten, Schlangen, Hirsche, Bären und andere Tiere. Befasse dich mit den zentralen Themen deiner eigenen Vision, und übernimm nicht die Deutungen einer Kultur, deren Charakterisierung von Tieren und Traumzeitgestalten deiner Tradition nicht entspricht.

Wenn du dich zum Beispiel als schöne Frau oder als junges Mädchen siehst, das unter der Erde eingeschlossen ist, kann das bedeuten, daß du dir den griechischen Mythos der Persephone näher ansehen solltest. Darin streift Persephones Mutter, Demeter, die Hüterin der Ernte, ruhelos durch das Land. Von Hades, dem Herrn des Totenreichs entführt, landet Persephone in der Unterwelt, wo sie die Hälfte des Jahres verbringen muß, und wird so zur Beschützerin der Samen. Wenn in deiner Vision eine Frau auftritt, die ein Feuer anfacht oder trägt, könnte es Hertha oder Hestia sein, die Göttin von Heim und Herd. Visioniert man in der Traumzeit einen Kühlschrank, könnte das für einen modernen Menschen durchaus Nahrung, Überfluß und das Heim bedeuten. Farben und Formen können für dich persönlich von großer Bedeutung sein, doch sind sie für einen Traumexperten, der versucht, deinen Traum zu deuten, nur schwer einzuordnen.

In die Traumzeit gleiten wir während eines Trance-Traums, einer Vision oder eines plötzlichen Entschwebens aus der normalen Wirklichkeit mitten in einem ganz gewöhnlichen Tag. Es gibt eine besondere Art zu dösen, die eine bemerkenswerte Form der Traumzeit hervorbringt: Du weißt genau, wo du bist, befindest dich aber in einem erweiterten Bewußtseinszustand, in dem du genau weißt, daß du dich auf mehreren Bewußtseinsebenen gleichzeitig aufhältst. Sowohl im bewußten als auch im unbewußten Bereich fühlst, siehst und hörst du während der ganzen Reise mit all deinen geistigen, emotionalen und intuitiven Fähigkeiten. Träume oder Visionen sollten nicht in den Kosmos entlassen werden, bevor sie verdaut sind. Das gilt auch für deine nächtlichen Träume. Ein unaufgeklärter Traum haftet in deinem Bewußtsein, bis du ihn verstehst. Teile davon können völlig zusammenhanglos mitten in einem anderen Traum auftauchen. Das wird dir den Eindruck von *déjà vu* vermitteln, oder dich daran erinnern, diese Szene schon einmal geträumt zu haben. Eine sich im Traum wiederholende Szene kann dich dazu bringen, während des Träumens dein schlafendes und dein Wachbewußtsein für den Bruchteil einer Sekunde zu verschmelzen. Bis du dich an dieses Phänomen gewöhnt hast, wirst du wahrscheinlich ziemlich erstaunt aufwachen und dich an die außergewöhnliche Vermischung mehrerer Bewußtseinszustände erinnern.

Träume, die sich wiederholen, kommen am häufigsten bei Kindern im Alter von vier bis sieben Jahren vor. Diese Träume, die Informationen enthalten und dem Kind vom Urselbst und von den Geisthelfern gesandt werden, um es auf den richtigen Lebensweg zu führen, können zuerst Angst machen. Die beste Hilfe, die Eltern ihrem Kind geben können, ist, es dazu zu bringen, durch die angsterregende Situation hindurchzugehen, da es ja nur ein Traum ist.

Ein kleines Mädchen träumte immer wieder von einer Höhle voller Feuer. Jede Nacht erwachte sie schreiend vor Angst. Ihr Vater tröstete sie liebevoll und gab ihr ihre Zuversicht zurück, bis sie mit der Zeit zum Frühstück erscheinen und einfach sagen konnte: »Heute nacht habe ich wieder diesen Traum gehabt.« Schließlich riet ihr der Vater, der fand, der Traum müssen, doch irgendwie bewältigt werden, sie solle beim nächsten Mal durch das Feuer in die Höhle hineingehen. Das Mädchen hatte mittlerweile begriffen, daß es sich im Traum, wie ihr Vater sagte, nicht um die gewöhnliche Wirklichkeit handelte, und daß sie dort keinen körperlichen Schaden erleiden würde. Sie folgte seinem Rat und fand ihren »Lehrer« für dieses Leben, der ihr sagte, was ihre Lebensaufgabe sein würde.

Traumzeiterlebnisse

Manche Visionen können auch spontan auftreten. Einige der bekanntesten sind die Astralreisen, die Reise durch den Tunnel zur Akashachronik, eine klare Botschaft mitten in einer eintönigen Arbeit, ein Tagtraum, der in Erfüllung geht, oder die Zerstückelung. Trommeln, Singen und geführte Meditationen sind bekannte Methoden, um diese visionären, sensorischen und auditiv intuitiven Zustände herbeizuführen. Bitte deine vertrauten Geisthelfer, dich zu der Art von Traumzeit zu führen, die dir entspricht. Am besten ist es allerdings, dich einem erfahrenen Lehrer aus Fleisch und Blut anzuvertrauen.

Astralreisen

Der Weg aus der alltäglichen Wirklichkeit führt durch ein Farbenfeld, dessen Töne und Intensität einen Hinweis auf die Art der Reise liefern. Farben oder Farbtöne können sich im Verlauf der Reise ändern, was den Übergang zu einem anderen Modus oder zu einem neuen Thema ankündigt.

Eine Astralreise kann dich zu wirklichen Orten und Menschen auf der Erde oder auf andere Daseinsebenen führen, die sich nur schwer in Worte fassen lassen. Du wirst dich eins mit allen Lebewesen fühlen und eine Lebendigkeit erfahren, die über deine normale Sinneswahrnehmung hinausgeht. Es ist wie beim luziden Träumen, bei dem du weißt, daß du träumst, die Geschehnisse beobachtest und gleichzeitig in sie verwickelt bist.

Fliegen ist nicht die einzige Art, eine Astralreise zu machen. Du kannst auch die Gegenwart von jemandem spüren, der seinen schützenden Arm um deine Schultern legt, aber nicht wirklich da ist. Sollte das geschehen, öffnest du einen Moment die Augen und kehrst, wenn du niemanden siehst, zu deiner Reise zurück. Du könntest auch das Gefühl haben, daß du schwebst oder purzelst, bis du an deinem Bestimmungsort ankommst. Eine andere Möglichkeit ist, dich an einen Ort zu wünschen, und im Nu bist du dort. Auch wenn du nicht in deinem materiellen Körper an jenem Ort anwesend bist, werden die Menschen und Geistwesen deine Gegenwart bemerken und auf dich eingehen.

Der Tunnel

Eine meiner Schülerinnen, überglücklich, ihren eigenen Weg in den Tunnel gefunden zu haben, beschrieb ihn folgendermaßen: »Wir gelangten durch einen Tunnel zum Erdinnern, das ebenso belebt war wie die Erdoberfläche. Die Schäfte, in denen das Wissen aufbewahrt wird, sind bronzefarben und sehen ein bißchen wie Orgelpfeifen aus. Diese Schäfte stehen rund um einen offenen Raum, dessen Boden von einer leuchtenden schwarzen Flüssigkeit bedeckt ist. Wir betraten einen Schaft auf der oberen Etage, wo das Wissen in Bildform (die Akashachronik) aufbewahrt wird.«

Du kannst dich immer an diese Quelle wenden, wenn du Zugang zu prophetischem Wissen suchst. Deine inneren Bilder werden dich dorthin führen. Erst stellst du dir vor, du würdest den Tunnel betreten, was unbedenklich ist, da es schon Tausende vor dir getan haben. Wisse, daß du mit einer anderen Perspektive in deine alltägliche Wirklichkeit zurückkehren wirst, die es dir erlaubt, mehr zu »sehen« und dir Informationen gibt, die sich auf deine geistige Entwicklung beziehen. Wenn du dich tiefer in den Tunnel hineinbegibst, wirst du den Zugang zur Akashachronik bald finden.

Die Zerstückelung

Die Zerstückelung ist ein Weg, um sein Leben neu aufzubauen, bei dem man alles wegwirft und nur das wieder zurücknimmt, was man wirklich braucht. Sie tritt meistens spontan auf und wird dich, vor allem beim ersten Mal, erschrecken, entsetzen oder verwirren. Denke daran, daß es sich nicht um eine körperliche Notlage handelt, vielmehr ist es ein geistig-spiritueller Vorgang. Während einer Zerstückelung kann es sehr schwer sein zu erkennen, daß dieses erschütternde Ereignis außerhalb der gewöhnlichen Wirklichkeit stattfindet, weil es dir so real vorkommt. Viele Leute fühlen, sehen, hören, riechen und schmecken, was mit ihnen geschieht. Auch wenn du es nur mit einem oder zwei Sinnen wahrnimmst, kannst du dennoch ein vollständiges Erlebnis haben.

Die Zerstückelung kann Schichten festgefahrener Lebenseinstellungen und Verhaltensweisen, die dich eher belasten als befreien, ablösen. Du kannst überwältigt oder überglücklich aus der Erfahrung hervorgehen, doch dein Körper bleibt auf jeden Fall intakt. Im ersten Fall fühlst du dich vielleicht, als wären die Elektroden in deinem Körper falsch angeschlossen. Eine ausgiebige Dusche oder ein heißes Bad werden dich wieder ausgleichen und jedes unangenehme Körpergefühl beheben. Im Falle psychischer Erschöpfung und Zweifeln bei der nachträglichen Einordnung dieser Erlebnisse in die alltägliche Wirklichkeit hilft ein Nickerchen und »normales« Träumen.

Ein Mann, der während einer geführten Meditation die Zerstückelung erlebte, sah sich zunächst als Beobachter, doch allmählich wurde die Sache realer. Er sah sich in einem großen Bürogebäude in einen Lift steigen. Die Türen schlossen sich, dann gab es ein lautes zermalmendes Geräusch, und der Lift begann abzustürzen. Der Mann durchsuchte seine Taschen, um zu sehen, ob er alle seine Papiere bei sich hatte, damit die Rettungsmannschaft seinen Körper schnell identifizieren konnte. Angst hatte er nicht, er sorgte sich nur darum, anderen Menschen Schwierigkeiten zu bereiten. Der Lift tauchte in die Tiefe, und um ihn war nichts als Finsternis. Dann spürte er das Gewicht von anderen Körpern, die auf ihm lasteten. Er kroch durch sie hindurch nach oben, wobei er nicht wußte, ob sie bewußtlos oder tot waren, erreichte die Falltür und öffnete sie, genau als die Rettungsmannschaft eintraf. Dann wachte er abrupt aus seinem Trancezustand auf.

Als er später von dieser Erfahrung berichtete, erkannte er,

daß er eine sehr unglückliche Gewohnheit hatte, die darin bestand, zu seinem eigenen Nachteil anderen Menschen das Leben bequem zu machen. Nach ein paar Tagen sprach er davon, daß er seine Neigung, sich von anderen Menschen abzusondern, bekämpfen wolle. Er begann an seiner Angst vor Nähe zu arbeiten, da er sah, wie sie ihn daran hinderte, sich selbst und anderen Menschen zuzuwenden.

Eine Frau in den Fünfzigern sah in einer spontan aufgetretenen Zerstückelung, wie sie von hungrigen Hunden zerfleischt wurde, bis von ihr außer ein paar herumliegenden Knochen, die sie unter beachtlichen Schwierigkeiten wieder zusammensetzen mußte, nichts mehr übrig war. Ihr wurde klar, daß ihre Schwierigkeiten beim Einsammeln und Neugestalten ihres Körpers ihre Unfähigkeit spiegelten, ein Grundstück zu verkaufen, an das sie sich geklammert hatte. Dazu kam ein Berufswechsel, der schon lange bevorstand. Sie war eine gute Heilerin, aber sie hatte Angst, unter ihrem eigenen Namen bekannt zu werden. Deshalb blieb sie im Hintergrund und half den Familien der Schulkinder, die sie ein paar Stunden die Woche unterrichtete.

Die meisten spontanen Zerstückelungen erfahren Menschen, die sich auf dem Pfad befinden, sich aber auf irgendeine Art bremsen. Schamanen haben Zeremonien entwickelt, die den Eingeweihten helfen, mit diesen Problemen umzugehen. Die tibetischen Lamas praktizieren ein altes Zerstückelungsritual, das Chöd genannt wird. Durch das Singen von Machtsilben, die die Zerstückelungserfahrung hervorrufen, wird der Pilger von vielen emotionalen, karmischen und psychischen Lasten befreit, damit er sich spirituell weiterentwickeln kann.

Mondvisionen und Transformation

Um eine gewünschte Veränderung herbeizuführen, mußt du dich entscheiden, was du suchst. Die Wahl des richtigen Zeitpunkts ist jedoch genauso wichtig: Visionen, ob bescheiden oder groß angelegt, ergeben die besten und klarsten Resultate, wenn sie in der richtigen Mondphase abgehalten werden. Neumondrituale eignen sich zur Entwicklung deiner intuitiven Fähigkeiten, Rituale bei abnehmendem Mond begünstigen das Loslassen; bei Vollmond kannst du Wünsche und Gebete aussprechen und auf Visionssuche gehen.

Für Neuanfänge wählst du am besten den Vollmond in einem Kardinalzeichen: Widder, Waage, Steinbock oder Krebs unterstützen neue Projekte oder Aufgaben.

Meistens verfolgt der Sucher langfristige Ziele. Willst du magische oder transformative Visionen, mußt du wissen, welchen astrologischen Einfluß du brauchst. Für organisatorische Hilfe eignet sich Jungfrau, für augenblickliche Einsicht wählst du Fische, Schütze oder Zwillinge. Skorpion, Stier, Wassermann oder Löwe vermitteln Sicherheit und Ausdauer. Betest du für den Weltfrieden, so verleiht der Wassermann-Vollmond deiner Bitte die größte Kraft.

Der Mond ist voll, wenn er sich im Sternzeichen befindet, das der Sonne gegenübersteht. Das ergibt folgende Zeichenpaare: Widder–Waage, Stier–Skorpion, Zwilling–Schütze, Krebs–Steinbock, Löwe–Wassermann und Jungfrau–Fische.

Ein astrologischer Kalender wird dir dabei helfen, die genaue Zeit für den Vollmond in deiner Gegend zu bestimmen und festzustellen, in welchem Zeichen er jeweils ist. Der Vollmond ist die Zeit der größten magischen Kraft. Wünsche oder Gebete, die zu dieser Zeit ausgesprochen werden, haben die größte Chance, in Erfüllung zu gehen. Die Aufrichtigkeit deiner Hingabe bedeutet mehr als die Frage nach der Berechtigung deines Wunsches, sei er nun spirituell oder materiell. Ein Wunsch pro Vollmond lautet hier die Regel.

Vorbereitungen

Am Vollmondtag bereitest du dich vor, indem du ein Bad nimmst, dein Haar wäschst und saubere Kleidung anziehst. Wenn du auf das Fortschreiten des Mondes nicht geachtet hast und die Stunde naht, kannst du etwas Tabak, Salbei, Beifuß, Wacholderblätter oder Zeder verbrennen, um dich zu reinigen. Diese Kräuter eignen sich alle gleich gut.

Ist der Mond erst nach Tagesanbruch voll, so heißt das, daß du deine Vision während der Nacht durchführen mußt, solange er noch sichtbar ist. Wolken werden deine Vision behindern, Regen wird sie verunmöglichen, doch die Kraft des Mondes ist da, ob der Himmel nun klar ist oder bedeckt.

Wenn es dir gelingt, vor dem Vollmond und bis zur Zeit der Visionssuche einen ganzen Tag zu fasten, wirst du besser auf deine Reise vorbereitet sein. Was immer du dir ausdenkst, um deine Konzentration zu steigern, ehe du dich auf deine Mondvision begibst, wird deinen Geist von überflüssigen Details und Anhaftungen befreien. Für manche kann das eine gründliche Reinigung der ganzen Wohnung bedeuten, für andere die Erledigung einer längst fälligen Arbeit. Auf jeden Fall ist irgendeine Art Reisevorbereitung nötig.

Bei kaltem Wetter ist es besser, sich zu warm anzuziehen, als zu frieren oder so unterkühlt zu sein, daß das Erlebnis durch deinen zitternden und sich schüttelnden Körper verunmöglicht wird. Die richtige, der Jahreszeit und dem Wetter entsprechende Kleidung ist für den Erfolg deiner Mondvision ausschlaggebend.

Halte dich fern von Straßenlaternen, Häusern, Verkehrslärm und anderen lauten und beleuchteten Orten. Transformatoren, Pumpen und ähnliche Vorrichtungen lenken ab und sind ein störendes Element, das dich von deiner Reise abbringt. Plane, aufs Land zu gehen, oder an ein Gewässer, wo es keine Lichter gibt. Diese Art Visionssuche kann zusammen mit Freunden unternommen werden, wenn ihr im voraus ausmacht, zu schweigen und einander außer im Notfall nicht zu stören.

Männer scheinen sich mit der Mondvision schwerer zu tun als Frauen. Vielleicht kommt es daher, daß die Frau durch ihre Menstruation mit dem Mond enger verbunden ist. Männer, die wegen der Gezeiten oder der günstigsten Pflanzzeiten auf den Mond achten und als Fischer oder Gärtner naturnah leben, haben vielleicht dem Mond gegenüber dieselbe Offenheit.

Bernhard, der auf dem Land lebt, beschloß bei Vollmond eine Visionssuche zu unternehmen. Er suchte mich auf, um sein Vorhaben mit mir zu besprechen, für das er den Krebsmond im Januar gewählt hatte. Ich riet ihm, sich seinen Platz gut auszuwählen und sich unter keinen Umständen vom Fleck zu rühren. Er aber war so verzaubert vom Lauf des Mondes und der klaren Nacht, daß er immer wieder an einen anderen Ort zog, wenn die Erdumdrehung seinen Blick verdunkelte. Einmal kletterte er auf einen zwanzig Meter hohen Baum, um den Mond nicht aus den Augen zu verlieren. Diese Unstetigkeit machte das bißchen Konzentration zunichte, das er am Anfang gehabt hatte. Zudem hatte er keine klare Vorstellung von dem, wonach er suchte, und wählte daher einen Vollmond im falschen Zeichen.

Während einer Mondvision mußt du unbedingt an einem Ort bleiben, auch wenn deine Konzentration von einer anderen Gruppe, durch Singen oder Glockenläuten gestört wird. Du wirst darüber hinwegkommen. Verenge deine Augen zu Schlitzen, damit die Mondin in ihrem langen goldenen Kleid bis zu deinen Füßen herabsteigen kann. Wenn sich ihr Kleid spaltet, beobachte, wo die beiden Spitzen die Erde berühren. Du wirst das Gefühl haben, daß das Mondkleid sich entfernt oder sich dir nähert, je nach deiner Aufmerksamkeit und der Weise, wie du die Mitteilungen, die du empfängst, aufnehmen kannst. Wenn der Mond sich hinter den Wolken versteckt, wartest du, bis er sich irgendwann in dieser Nacht wieder zeigt. Vergiß nicht, daß er für Wechselhaftigkeit, Heimlichkeit sowie Offenbarung bekannt ist: Die Wolkendecke wird sich öffnen, und du wirst den Mond durch wundervolle Regenbogenfarben in einem violetten Dunst sehen. Sollte es anfangen zu regnen, mußt du vielleicht deinen Sitzplatz im Freien aufgeben, aber du kannst die Mondin durch ein geöffnetes Fenster sehen. Fensterglas und Fliegengitter verzerren ihr Gewand und behindern ihre Verbindung zu deinem sechsten und siebten Chakra.

Ein Traum wird wahr

Für den Einzelnen kann die Zeit, die zwischen der Vision und ihrer Verwirklichung liegt, eine Woche, achtzehn Monate oder ein halbes Leben betragen. Mit der Zeit erkennst du deinen Rhythmus. Der Geist lügt nie, die Vision wird sich genauso erfüllen, wie sie dir offenbart wurde, und zwar am besten, wenn du dich nicht mit einer Teilverwirklichung zufrieden gibst. Wenn du zum Beispiel ein von Bäumen umgebenes Haus auf einer Wiese gesehen hast, und das Haus, das dir angeboten wird, auf einem bewaldeten Hügel steht, ist es nicht das richtige.

Es braucht fünf Generationen, Stillstand und Rückfälle inbegriffen, um eine Veränderung in einer Gesellschaft durchzusetzen. Vier Generationen schaffen den Unterbau, der es einer Traumvorstellung ermöglicht, zur neuen Gesellschaftsnorm zu werden. Die fünfte Generation lebt den Traum und heimst meistens die Lorbeeren ein. Jede Generation setzt eine Teilveränderung durch, die in der nächsten Generation zu weiteren Entwicklungen führt, bis sich so viel verändert hat, daß die ganze Kultur einen Wandel vollzogen hat.

Ein gutes Beispiel einer solchen Entwicklung sind die kleineren Familien, für die die Suffragetten eintraten, um das Joch der Unterdrückung der Frauen abzuschütteln. Diese Idee setzte sich durch und wurde mit dem abnehmenden Nachwuchs der folgenden Generationen zur Norm. Heute hat die durchschnittliche westliche Familie zwei Kinder. Je mehr eine Ausländergruppe sich an unsere Gesellschaft anpaßt, desto schneller verringert sich die Anzahl der Kinder der nächsten Generation. Frauen aus nichteuropäischen Ländern, die in den Vereinigten Staaten aufgewachsen sind, tragen ebenso wenige Kinder aus, wie es innerhalb unserer Kultur üblich ist, meistens zwei oder drei.

Es war der Traum früher Frauenrechtlerinnen, sich von der Last einer zu großen Familie und von einschränkenden Haushaltsarbeiten zu befreien, um dadurch die Möglichkeit zu erhalten, andere Talente zu entwickeln. Während eine

Scheidung für diese erste Generation und zwischen den beiden Weltkriegen noch nicht in Frage kam, wies die wachsende Scheidungsrate nach dem Zweiten Weltkrieg den Weg aus so mancher unglücklichen Ehe. Die meisten Amerikanerinnen, die nach 1940 geboren wurden, zogen ihre Kinder, absichtlich oder auch umständehalber, alleine groß, da die Scheidung gesellschaftsfähig geworden war. In dieser Generation setzte eine weitere, dramatische Entwicklung ein: Frauen, die nach dem Zweiten Weltkrieg geboren wurden, haben die Wahl, ohne Trauschein Mutter zu werden.

Obschon du in deiner Jugend nie an eine solche Zukunft gedacht hast, mußtest du als Erwachsene feststellen, daß immer noch keine Infrastruktur vorhanden ist, um dieser neuen Situation gerecht zu werden, es ist also noch ein echtes Problem. Die Gesellschaft kommt dem Traum immer erst viel später nach. Es kann sein, daß wir ihn erst verwirklichen, wenn die Kinder, die in den Achtzigern geboren wurden, selbst Kinder haben. Bis dahin sind bezahlte Vater- oder Mutterschaftsurlaube, Job-Sharing und genügend Tagesschulen in der Nachbarschaft oder direkt am Arbeitsplatz vielleicht eine Selbstverständlichkeit.

Solche Lösungen könnten die Frauen vor dem Schicksal derjenigen bewahren, die vor einhundertzwanzig Jahren lebten. Ein weiteres Ziel wäre, auf Wunsch und nach Möglichkeit, die ganze Familie, samt Vater, zusammenzuhalten. Das setzt voraus, daß die Männer das Ziel der Gleichberechtigung unterstützen: Denn nur wenn auf der Traumebene Übereinstimmung herrscht, kann sich eine Vision durchsetzen. Da der Begriff des Mannes als gleichberechtigter Erzieher noch ziemlich diffus ist, und solange Hausmänner einen entsprechenden Beruf brauchen, um zu Hause bleiben zu können, während ihre Frauen den Großteil der Brötchen verdienen, sind wir noch nicht so weit.

DIE VISIONSSUCHE

Wenn du nicht weißt, welche Hindernisse vor dir liegen oder
dein Leben belasten, kommt das von mangelnder Klarheit.
Festgefahrene Ideologien oder starre Ansichten stehen dem
spirituellen Wachstum im Wege. Überholte Glaubensin-
halte, die wie ein Andenken oder als Bezugspunkt beibehalten werden, müssen neu überdacht oder ausgeräumt werden.

Es gibt zwei Arten der Visionssuche: die innere, von der
man im allgemeinen als »Reise« spricht, und die äußere, bei
welcher der Körper durch Fasten, Schlafmangel und die Begegnung mit den Elementen bis an seine äußersten Belastungsgrenzen getrieben wird. Vor allem die innere Suche ist
sehr beliebt. Beide führen in eine Traumzeit-Wirklichkeit
und in Bereiche jenseits unserer normalen körperlichen Beschränkungen; das heißt, sie führen zu inneren Beobach-
tungsprozessen, was für Menschen, die nach außen orien-
tiert sind, besonders schwierig ist. Dabei nutzen Logik und
rationales Denken wenig, doch können sie dir in den darauffolgenden Wochen helfen, deine Erlebnisse einzuordnen.
Laß dich aber nicht dazu verleiten, die gemachten Erfahrungen zurechtzustutzen, bis sie in den Rahmen der alten Ansichten und Lebensgewohnheiten passen. Intellektuelle Arbeit ist nur ein kleiner Teil deines Lebens, doch leider hat
man uns beigebracht, uns fast ausschließlich darauf zu verlassen. Was bei deiner Visionssuche an die Oberfläche
kommt, ist Liebe, die universelle, immerwährende Liebe, aus
der du jederzeit schöpfen kannst: die Liebe, ein verfügbares,
erneuerbares Gut.

Die meisten unter euch haben ihre Lebensvision noch
nicht gehabt; vielleicht hattet ihr eine Vision, die einer momentanen Situation entsprach oder Wachstumsmöglichkei-
ten aufzeigte. Bei einer Visionssuche mußt du unbedingt
dafür sorgen, daß jemand über dich wacht oder über dein
Vorhaben informiert ist. Diese Person wird für dich fasten
oder für deinen Erfolg beten, um dich bei deiner Reise zwischen Kosmos und Erde auf Kurs zu halten.

Ein weiser Älterer, der dich anleitet, ist sowohl für den wahren Sucher als auch für den tapferen Anfänger eine große Hilfe. Die Vorbereitung beginnt, sobald dir dein Bedürfnis nach einer äußeren Visionssuche bewußt wird. Eine natürliche, dir nicht bekannte Umgebung trennt dich von deinem bequemen Alltagsleben.

Jeder, der eine Visionssuche unternimmt, wird als Teil dieses Übergangsritus körperliche Unannehmlichkeiten auf sich nehmen müssen. Selbstzweifel tauchen auf, und du stellst deine Ernsthaftigkeit und deinen Verstand in Frage, daß du dich auf dieses Abenteuer eingelassen hast. Du wirst all deinen Mut zusammennehmen müssen, denn bei jeder Visionssuche spielt die Angst vor dem Unbekannten eine große Rolle. Es werden sich intuitive Erkenntnisse einstellen über frühere Lebenssituationen, Beziehungen oder Ereignisse aus deinem Leben und dem deiner Bekannten. Instinktiv wirst du über Dinge, die dich damals erschütterten, Klarheit gewinnen. Alleine in der Wildnis wirst du dein innerstes Wesen entdecken. Du wirst die Gaben erkennen, die du für dieses Leben erhalten hast. Nach deiner Rückkehr in die Gesellschaft wirst du diese Gaben einsetzen können als dein Geschenk und deinen Beitrag an die positiven Kräfte und das Gute, das die Welt zusammenhält.

Deine erste erfolgreiche Visionssuche wird bestimmt nicht deine letzte sein. Jeder hat einen besonderen Ort oder bestimmte Umstände, die zu produktiven Visionen führen. Weise Lehrer wissen, was für dich am besten ist, ob eine Höhle, ein Hügel über dem Wald, ein Platz auf einem Baum oder neben einem Wasserfall, oder ob du die ganze Nacht bis zum Morgengrauen durchwandern sollst. Sie werden ebenfalls wissen, ob du bereit bist, vier ganze Tage und Nächte, vierundzwanzig Stunden oder bloß von Sonnenauf- bis Sonnenuntergang draußen zu bleiben. Ein kompetenter Lehrer wird im Astralkörper zu dir kommen, dich wecken, falls du einschläfst, und darüber wachen, daß du deine Aufgabe erfüllst. Gelegentlich hat man auch beim Zelten oder während einsamer Waldspaziergänge spontane Visionen und kann dabei viele Dinge erfahren.

Vor mehr als zwölf Jahren wurde mir während eines Nachmittagspaziergangs mit meinem Freund, dem Hund Kyote, eine einmalige Begegnung zuteil.

Weil ich allein sein wollte, wählte ich den steileren, steinigen Pfad an der Rückseite des heiligen Bergs, der sich am Rand der Stadt befindet, in der ich damals lebte. Dem Hund machte es keine Mühe, den rauhen, felsigen Hang hochzusteigen. Ich kletterte hinter ihm her. Um nicht auszurutschen, benutzte ich auch die Hände, um hinaufzukommen. Plötzlich stand Kyote still und rührte sich nicht mehr vom Fleck.

Da ich eine Rast brauchen konnte, setzte ich mich und wartete, bis der Hund weitergehen würde. Sobald ich ruhig dasaß, erschienen meine Geisthelfer mit einer langen und komplizierten Botschaft voller Bilder und Wissen. Es muß eine Stunde gedauert haben, aber da ich keine Uhr trug und der Tag bewölkt war, konnte ich die Zeit nur schätzen. Andererseits kam es mir vor, als seien nur Minuten verstrichen. Sobald die Geisthelfer fertig waren, stand mein Hund auf und begann hastig weiterzuklettern.

Es gibt Menschen, die von spontanen Visionen berichten, die sie während einer Reise, beim Fischen in unbekannten Gewässern oder einfach bei sich zu Hause erlebten: Die Szene verändert sich plötzlich, und du trittst ein in die Ewige Zeit. Das kann ein paar Augenblicke, mehrere Stunden oder aber auch Tage dauern. Wenn die Vision über Tage dauert, ist sie oft von einem Delirium begleitet, das eine schwere Krankheit vortäuscht oder durch eine solche verursacht wird. Jugendliche und junge Erwachsene, die ihre Lebensaufgabe auf diese Art erfahren, teilen selten die gängige Lebenseinstellung von Gleichaltrigen. Wenn sie den Lebensstil suchen, der ihnen im Geist auf mitfühlende und ehrerbietende Weise gezeigt wurde, sind sie auf dem besten Weg zum Erfolg.

Absichtliches Reisen

Beinahe jeder Mensch möchte die Geheimnisse des Universums aus erster Hand kennenlernen. Spontane, unerwartete Visionen können dich unverhofft überraschen und sind oft zu kurz. Es kann auch sein, daß du so erschrocken, verängstigt und unvorbereitet bist, daß du das Wissen, das dir geboten wird, nicht verdauen kannst. Meistens ist das Ganze so aufwühlend, daß du, wenn du wieder in der gewöhnlichen Wirklichkeit landest, mehr Fragen hast als zuvor. Das Erlebnis, unvorbereitet in ein anderes Reich überzuwechseln, kann dich verwirren. Die folgende Meditation fördert deine psychische Beweglichkeit und bereitet dich auf eine positive und erfüllende Reise vor.

Kristallmeditation

Halte deinen Lieblingskristall in deiner linken Hand; lege seine beste Seite auf dein drittes Auge. Deine Hand umschließt den Kristall sanft.

Laß all deinen Selbsthaß los und übergib ihn dem Kristall, damit er ihn in Wertschätzung verwandelt. Atme ein und laß die Liebe aus dem Universum in dein Herz fließen. Atme deine Selbstverachtung aus und atme Selbstannahme und Selbstwertgefühl ein. Jeder Atemzug bringt Liebe, Annahme und Anerkennung deiner Selbst. Beim Ausatmen läßt du die Selbstverachtung, den Selbsthaß und die Kritik los. Gib diese Eigenschaften an den Kristall ab, damit er sie verwandeln kann. Atme weiter, bis du dich entspannt und geliebt fühlst.

Werde eins mit dem Kristall. In ihm wirst du einen Tunnel mit kristallenen Wänden finden. Gehe durch diesen Tunnel. Du wirst feststellen, daß du dich schneller und schneller bewegst, bis du einen riesigen Raum erreichst, dessen Tür mit gleißendem Licht gefüllt ist. Du kannst gefahrlos in dieses Licht hineinschauen, denn du siehst es mit deinen inneren Augen. Schau fest in dieses Licht und tritt hindurch in einen gewaltigen Saal. Dort steht deine Begrüßungsperson, um dich zu einem geistigen Abenteuer mitzunehmen. Spüre, wie universelle Liebe, die nicht wertet, von deinem Begrüßer auf dich zufließt. Er wird dir für den Rest der Reise als Helfer dienen. Du kannst ihm alle Fragen stellen, die du möchtest. Es wird einzig und allein dein Abenteuer sein, und du wirst dich an jede Einzelheit erinnern.

Wenn deine Reise zu Ende geht, wird dein Begrüßer dich zum Kristalltunnel zurückbringen, und du reist durch ihn hindurch, zurück in deinen geliebten Kristall. Jetzt springst du aus dem Kristall in dein drittes Auge. Du öffnest langsam die Augen und kehrst voll neuer Information und Wissen in die Wirklichkeit zurück, die du nur für kurze Zeit verlassen hast. Bleibe ruhig liegen und atme die universelle Liebe ein, die du während deiner Reise empfangen hast. Wenn du dazu vollkommen bereit bist, setz dich auf und nimm den Kristall von deiner Stirn.

16

Wahrheit

*Was nützt ein waches Auge, wenn das Herz
blind ist?*

SALOMON IBN-GABIROL

Es gibt verschiedene Arten von Wahrheit: die Ehrlichkeit
sich selbst gegenüber und die Wahrheit echter Weisheit oder
gültigen Wissens. Die erste Art Wahrheit bereitet dem Menschen große Schwierigkeiten. Die zweite Form kennt zwei
Arten, die ursprüngliche oder endgültige Wahrheit, die sich
nie verändert, und die vergängliche Wahrheit unserer Konventionen. Die konventionelle Wahrheit wandelt sich mit
der Zeit, die endgültige Wahrheit betrifft das Wesen der
Wirklichkeit auf allen Existenzebenen.

Alle spirituellen Lehren enthalten Wahrheiten, und jede
Lehre schreibt bestimmte Methoden vor, um die Wahrheit
zu erreichen, aber sie wird dich nie eine Wahrheit finden
lassen, die ihre Glaubenssätze untergräbt. Um herauszufinden, was wirklich stimmt, mußt du mit der Zeit auch die
einfachsten Wahrheiten deiner eigenen Religion in Frage
stellen, denn überall stößt man irgendwann auf verschlos-
sene Türen. Wenn es deine Lebensaufgabe ist, durch diese
Türen zu gehen, gib nicht auf, bloß weil die Kirche behauptet, der von dir gefundene Schlüssel existiere nicht. Die Kabbala, die christliche Mystik, Yoga oder der tibetische Buddhismus können dir bei deiner Wahrheitssuche behilflich
sein.

Über die wahre Weisheit sagt der Dalai Lama: »In jedem Standpunkt, auch in einer falschen Ansicht, steckt etwas Wahres. Indem du der Wahrheit nachgehst, lösen sich falsche Ideen auf, und die Schlußfolgerung wird zum direkten Erlebnis. Wahres Wissen entsteht aus unablässiger Suche, wobei du immer wieder deinen Standpunkt wechseln mußt.«

Der Schlüssel heißt Achtsamkeit. Zweifel und Bedenken helfen zu unterscheiden, ob es sich bei einer Idee oder einer Botschaft um Illusion oder wahres Wissen handelt. Wahres Wissen wird nicht von Zweifeln begleitet: Die Zweifel führen den Sucher zur Wahrheit.

Du kannst dir vormachen, daß du auf dein höheres Selbst hörst, während du in Wirklichkeit deiner Selbstsucht nachgehst. Selbstlosigkeit, Mitgefühl und seinem Herzen folgen bedeuten, sich dem Dienst am Nächsten zu verpflichten, was den meisten Leuten Mühe macht. In einer individualistischen Gesellschaft wie der unseren ist es leicht, einen Befehl des Herzens mit einem egoistischen Wunsch zu verwechseln.

Baba Hari Dass vom Mount Madonna Center in Kalifornien ist ein Weiser, der sich in knappen Worten ausdrückt, da er nie spricht, sondern seine Mitteilungen auf eine Schreibtafel aufschreibt. Hier ist ein Aphorismus aus seinem Buch *Fire without Fuel*:

> *Das Herz ist ein emotionales Bewußtsein, und Emotionen werden durch Verlangen ausgelöst. Wenn wir sagen »Ich muß auf mein Herz hören und tun, was es mir sagt«, können wir uns leicht täuschen, denn die Sprache des Herzens, auf die wir hören, ist vom Verlangen verseucht. Doch wenn der Geist rein ist und Hingabe und Leidenschaftslosigkeit erreicht worden sind, spricht das Herz die Wahrheit.*
>
> *Der Verstand wünscht sich keine Disziplin, er macht immer Ausflüchte, um sie zu vermeiden. Deshalb sagen die Leute: »Ich muß auf mein Herz hören« und setzen die Aufgabe der geistigen Reinigung nicht länger fort. So betrügen sie sich selbst und kommen auf ihrem spirituellen Weg nicht voran.*

Heiligkeit

Die christliche Heiligkeit ist ein Begriff, der oft mißverstanden wird. Die wirklichen Heiligen waren menschlich und setzten alle menschlichen Emotionen, auch Wut, ein, um ihre Ziele zu erreichen. Der heilige Franziskus brauchte Kraft und einen starken Willen, um den Kirchenvätern zu trotzen, die den religiösen Orden, den er aufbaute, bekämpften.

Ahimsa ist ein Yogaprinzip, das oft mit unserer unrealistischen Auffassung der Heiligkeit verwechselt wird. Die beste Erläuterung des Ahimsa findet sich in einem Zitat von Mahatma Gandhi, der den zivilen Ungehorsam als Methode zur politischen Veränderung einführte:

»Ohne die Religion des Dienens kann ich kein Ahimsa praktizieren, wie ich auch die Wahrheit nicht finden kann, ohne die Religion des Ahimsa zu praktizieren. Ich strebe nach dem Himmlischen Königreich, das die geistige Befreiung bringt. Für mich liegt der Weg zur Erlösung in der unablässigen Arbeit des Dienens.

Das Yoga von Ahimsa besteht in dem Ausdenken von Mitteln und dem Ausführen von Handlungen ... die den üblen Auswirkungen ... der Taten der menschlichen Gesellschaft entgegenwirken.«

Ahimsa als Tarnung zu benutzen, um Konflikten auszuweichen und spiritueller zu erscheinen, ist der falsche Weg. Die Quäker, Martin Luther King, Gandhi und Jesus bekämpften, und bekämpfen noch heute, Vorurteile und das verübte Unrecht. Wenn du jemandem erlaubst, deinen guten Willen oder deine Liebe auszunutzen, ist das nicht Ahimsa.

Vor ein paar Jahren kam eine Frau, die ich damals recht gut kannte, mit ihrem neuen Mann zu mir, bei dem eine ansteckende tödliche Krankheit festgestellt worden war. Vor ihrer Ehe hatte er ausweichend geantwortet, als sie ihn fragte, ob er deswegen beim Arzt gewesen sei. Er hatte sein Leiden verschwiegen, bis er ein paar Monate nach der Hochzeit einen schweren Anfall erlitt.

In der Tat konnte er seine Hälfte der finanziellen Verpflichtungen nicht mehr leisten, und er behauptete, wegen seiner Krankheit keine Energie für Zärtlichkeit oder Liebe zu haben. Sie fühlte sich für seine Pflege verantwortlich und bestritt, was ihre Freunde deutlich sahen: Er hatte sie nur wegen der umfassenden Krankenversicherung, die in ihrem Arbeitsvertrag enthalten war, geheiratet.

Es gibt Illusionen in jeder Ehe. Um die ihren zu retten, hatte sie die Augen vor wichtigen Tatsachen verschlossen: Ihr Mann hatte seine Krankheit vor ihr verborgen, sie durch sein Verheimlichen einer Ansteckung ausgesetzt und ihr Leben gefährdet. Die erhoffte Sicherheit und die Kinder, die sie sich wünschte, konnte sie abschreiben. Meine Freundin gehörte einer religiösen Gruppe an, die die Entwicklung des Mitgefühls als heilige Pflicht betrachtete. Sie war überzeugt, daß ihre Erlösung von der aufopferungsvollen Pflege seiner Krankheit abhing. Das war eine Art geistiger Selbsttäuschung.

Selbsttäuschung

Viele Menschen sind in spirituellen Dingen bloße Mitläufer. Sie gehen in eine Richtung und dann in die andere, auf der Suche nach dem, was für sie richtig ist. Allzu oft finden sie nur das, was in diesem Jahr oder Jahrzehnt gerade Mode ist.

In Australien werden Yuppies Trendies genannt. Wenn du dich selbst nicht kennst, folgst du jedem Trend, in der Mode wie im Privatleben, den vorherrschenden Meinungen und vielen anderen Dingen und behauptest, es seien deine eigenen Ideen. Wenn hinduistische Gurus »in« sind, bist du die Ashram-Prinzessin. Doch die Enthaltsamkeit, die vom Guru gepredigt wird, irritiert dich, da sie deiner Grundeinstellung zu Heirat und Sexualität widerspricht. Wenn du immer noch religionsabhängig bist – oder wenn eine religiöse Zugehörigkeit in der Gesellschaft dir hohes Ansehen verschafft – wirst du eine andere Glaubensgemeinschaft finden, die große Familien und eheliche Treue anpreist, eine Gemeinde also, in der du diese Tugenden ausleben kannst. Im Gegensatz zu

Autos, Möbeln oder Ehemännern kann man Kinder allerdings nicht so leicht wieder loswerden. Falls du die Kirche wieder wechseln solltest, kannst du, bei gemeinsamem Erziehungsrecht oder wenn der Vater das Sorgerecht hat, ihm die überzähligen Kinder aufhalsen, und nur die gewünschte Anzahl bei dir behalten.

Dabei fällt es dir nicht einmal auf, daß du dasselbe Muster wiederholst und schon wieder etwas aufgibst, dem du dich verschrieben hattest, um dich dem nächsten Kult anzuschließen. Natürlich geht das nicht ganz so extrem vor sich; das macht es um so schwieriger für dich zu merken, was du eigentlich tust. Vielleicht kannst du das Yoga, das du beim Guru so gut gelernt hast, den Mormonen oder der Mun-Sekte, zu der du kürzlich übergetreten bist, beibringen!

Channeling

Es gibt drei Typen von Medien oder Kanälen. Die erste Art ist das schlafende Medium, das sich an nichts erinnert. Jede hergelaufene Wesenheit kann ihm irgend etwas erzählen, und das Medium wird das Gesagte ohne Unterscheidung wie ein abgerichteter Papagei wiederholen. Solche Medien können ein erleuchtetes Wesen nicht von einem närrischen Geist im Pyjama unterscheiden. Ein schlafendes Medium zu sein, erlaubt dem Empfänger der Botschaften, jeder Verantwortung für die von ihm gemachten Aussagen auszuweichen.*

Der zweite Mediumtyp erinnert sich an das, was er gesagt hat, wenn er aus der Trance erwacht, doch er kann das erhaltene Wissen nicht auf Klarheit prüfen. Dieses Medium ist schon etwas zuverlässiger, weil es vielleicht das nächste Mal klärende Fragen stellen wird und auch den Unterschied zwischen einem echten geistigen Lehrer und einem minderen

---

* Der verstorbene Edgar Cayce war eine bemerkenswerte Ausnahme, da seine erfolgreichen Mittel und Heilungen den Beweis für seinen Kontakt mit einem mächtigen spirituellen Helfer erbrachten.

Geist kennt, der sich nur wichtig machen will. Medien, die in Trance sprechen und nicht wissen, was sie sagen, können die von ihnen empfangenen Informationen in dem Augenblick, da sie sie erhalten, nicht hinterfragen.

Der erste Mediumtyp kann nur etwa zweieinhalb Jahre lang Mitteilungen empfangen; dann ziehen sich die Wesenheiten gelangweilt zurück. Will er dann seine Karriere fortsetzen, muß er die Eingebung vortäuschen. Wenn das Medium des zweiten Typs nicht habgierig ist oder egoistisch mit dem erhaltenen Wissen umgeht, kann es sieben oder acht Jahre lang von seinen geistigen Helfern wertvolles und wahres Material empfangen. Danach läßt die Gesundheit des Mediums meistens nach. Die geistigen Wesenheiten nehmen keine Rücksicht auf den Herz- oder Atemrhythmus des Mediums. Ist das Wesen, das in deinen Körper eingeht, 700 Jahre lang nicht inkarniert gewesen, steht deine Verdauung völlig still, und du hast auch andere Belastungen auszuhalten. Wenn diese Medien lernen, in einer aktiven Trance mit ihrem Helfer zusammenzuarbeiten, werden sie zu Kanälen der dritten Art.

Die Medien des dritten Typs arbeiten zwanzig Jahre oder ein ganzes Leben lang mit ihren geistigen Lehrern zusammen. In ihrer leichten oder tieferen Trance schlafen sie nicht, sondern empfangen die Botschaften bei vollem Bewußtsein und wissen genau, was sie durchgeben. Begabte Wahrsager, Medien oder Propheten – wie immer deine Kultur diese Botschafter nennt – sind von Natur aus intelligent und neugierig. Sie stellen detaillierte Fragen und verlangen Erläuterungen. Körperlose Seelen ziehen Menschen ihres eigenen Klans vor, deren Lebensaufgaben die Projekte der Klans unterstützen.

Diese Menschen sind in der Lage, ihre Helfer zu bitten, ihnen bei der Deutung ihrer Botschaften klärend beizustehen. Sie wissen, daß sie sich vielleicht lange mit einer Vision befassen müssen, bis die Zeit kommt, da sie in die Tat umgesetzt werden kann. Solche Propheten sagen nicht immer gleich alles, was sie wissen, sondern sie warten, bis die Menschen, die ihnen zuhören, dazu bereit sind.

Wie Murry Hope in ihrem Buch *Practical Techniques of Psychic Self-Defense* schreibt:

>*Wenn wir in die materielle Welt hineingeboren werden, wird jedem von uns eine eigene Frequenz zugeteilt, auf der wir uns in das kosmische Unbewußte einstimmen können. Nach Einschalten unseres Empfängers suchen wir auf der Senderskala eine Station, die uns gefällt, und vielleicht entschließen wir uns, keinen anderen Sender mehr zu hören. Doch ein Radiosender sendet nicht immer dasselbe, sondern bietet eine Auswahl an Unterhaltung an. Manchmal hören wir Nachrichten, oder es stehen eine Symphonie, ein Hörspiel oder ein sportliches Ereignis auf dem Programm. Diese können alle auf derselben Frequenz oder Station laufen, aber jedes zu seiner eigenen Sendezeit. Man könnte den Menschen mit diesem Radioempfänger vergleichen, der die kosmischen Programme und Nachrichten empfängt, die ihn besonders ansprechen oder die auf seiner Wellenlänge liegen. Doch leider sind die meisten von unseren Radioempfängern nicht richtig eingestellt, und wir hören bloß eine vernehmbare Stimme, die kurz durch das Rauschen dringt, das die meisten unserer Programme übertönt. Schlechter geht es aber denen, deren Empfänger überhaupt nicht angestellt ist, denn sie treiben in völliger Stille durch ihr Leben und wundern sich ...*«

Mitteilungen aus der geistigen Welt zu empfangen und weiterzugeben ist nur ein Aspekt unserer Anteilnahme an dieser Welt. Man darf stolz darauf sein, seine Arbeit als Vermittler gut zu machen; das ist jedoch kein Grund, sich überlegen oder besser als die anderen Menschen vorzukommen: Man ist ja schließlich nicht den ganzen Tag als Medium tätig.

Damit ich den richtigen Maßstab nicht verlieren würde, sagte mir meine Lehrerin, die Schamanin Essie Parrish: »Auch wenn du all das weißt und machen kannst, mußt du immer noch deine Kinder aufziehen und hast weiter Meinungsverschiedenheiten mit deinem Mann ...« Mit anderen Worten kommst du nicht um deine eigenen Probleme herum und bist immer noch Teil der menschlichen Familie.

Wahrsager oder Medien, die Klienten beraten, bringen ihnen eine schmerzliche Wahrheit schonend bei: Sie wählen keinen vorwurfsvollen, sondern einen einfühlsamen Ton, um mitzuteilen, was sie sehen. Wenn du als Hellseher eine Beratung gibst (was die englischen Medien Channeling nennen), wirst du hin und wieder Botschaften über Dinge durchgeben, die dir nicht geläufig sind. Es ist wichtig, daß du diese Mitteilungen nicht zensierst, da sie für den Klienten einen Sinn ergeben. Viele Medien empfangen einige Informationen, aber sie können dir keinen zuverlässigen Rat geben, da sie nicht in der Lage sind, mit deinem Urselbst in Kontakt zu treten. Sie bringen ohne Rücksicht auf ihr Gegenüber ihre eigenen Ansichten ein. Doch persönliche Überzeugungen oder moralische Grundsätze haben in einem Channeling, das vom Geist herrührt, nichts zu suchen.

Es gibt beim Channeling ein paar gängige, unbeweisbare Behauptungen, die tröstende Auswege bieten und die Verantwortung umgehen. Jemand, der dir erzählt, du seist in deinem früheren Leben mit deiner Schwester verheiratet gewesen, weshalb sie auf deine Frau sehr eifersüchtig sei, drückt sich; außerdem stimmt es vielleicht gar nicht und ist bloß eine passende, beruhigende Antwort. Einen Bruch in einer Familie leichthin als Überbleibsel aus einem früheren Leben abzutun, macht alles nur noch schlimmer, besonders wenn andere Familienmitglieder diesen Glauben nicht teilen. Wenn der Ehemann seine Frau und seine Schwester weiterhin liebt und dem Streit aus dem Weg geht, werden die unzufriedenen Schwägerinnen ihre Probleme selbst lösen. Es muß ihnen nur an einer liebevollen und friedlichen Lösung gelegen sein. Ein gutes Medium oder ein erfahrener spiritueller Heiler wird mit Hilfe seiner Geisthelfer den Weg dazu aufzeigen.

Vor einigen Jahren wurde ich eingeladen, einem Treffen bekannter Medien beizuwohnen, deren geistige Helfer sich an das Publikum wenden wollten. Ich fand die sich hier abspielenden Nebenerscheinungen äußerst merkwürdig. Einer versetzte sich mittels Rülpsen, Spucken und Körperverrenkungen in Trance, doch keine von diesen zuckenden Bewegungen war den unbeherrschbaren Nervenreflexen, die in spontanen außerkörperlichen Erfahrungen auftreten, zuzuschreiben. Ein anderes Medium rollte dauernd etwas auf dem Tisch hin und her, während ein Assistent ihren Ellbogen bewegte. Ein Hausfrau-Medium mittleren Alters wiegte sich unablässig hin und her, während sie alle Personen im Saal als höhere Wesen ansprach. Dieses Gehabe könnte ein naives Publikum oder eines, dem eingetrichtert wurde, daß dies die Kennzeichen des wahren Channeling sind, überzeugen, doch das stimmt nicht. Keiner traute sich, seine helfenden Geister mit den anderen Teilnehmern sprechen zu lassen. Jedes Medium kommunizierte einzig mit seinen eigenen Geistführern, auch wenn diese geistigen Wesenheiten nicht nur untereinander, sondern auch durch ihre menschlichen Gastgeber sehr gut miteinander reden können.

Warnung: Der ausschließliche Kontakt mit dem spirituellen Teil deiner Natur macht dich im Alltagsleben sehr unausgeglichen. Ausgewogenheit ist aber der Schlüssel zu einem erfolgreichen Leben.

Rituale

Jeder Mensch braucht Rituale, um seinen spirituellen Lebensstrom zu erhalten. Es können einfache Dinge sein, wie der gewohnte Tagesablauf, oder aufwendigere Rituale, wie diejenigen, die du für eine besondere Gelegenheit zusammenstellst. Jede Gesellschaft hat ihre jährlichen Feiern. In Amerika sind es: Unabhängigkeitstag (viel Feuerwerk), Erntedankfest (großes Essen mit Truthahn und Preiselbeersoße) und Neujahr, um nur einige zu nennen. Außerdem gibt es Einweihungsparties, Beerdigungen, Kindstaufen und Hochzeiten mit den dazugehörigen rituellen Bräuchen. Dann gibt es Momente, in denen jemand einen persönlichen Übergang durchmacht und Hilfe braucht. Eine Möglichkeit, diesen Augenblick zu würdigen, besteht im Ritual. Der Anlaß dafür kann irgend etwas sein, das nach spirituellem Ausdruck verlangt, die Grundsteinlegung für ein neues Heim, ein fünfzigster Geburtstag, eine Scheidung oder ein Berufswechsel. Vertraue auf dich und das Reich der Schöpfung, daß du ein wirkungsvolles Ritual erfinden wirst.

Rituale sind wirksam, egal ob sie durch eine Einzelperson oder eine Gruppe abgehalten werden. Sie können von einem Laien, einem Geistlichen, einer erfahrenen Medizinperson oder von dir selber ausgeführt werden.

In Ritualen und Zeremonien spielt die Symbolik eine große Rolle, sie ist Ausdruck der Frömmigkeit. Die gewählten Sinnbilder stehen meist für Feuer, Luft, Wasser und Erde. Kräuter und Essenzen können das Element, mit dem sie verbunden sind, darstellen: Für Wasser Jasmin, Engelwurz und Rose; für Feuer Tabak und Pfefferminz; für Luft Sandelholz, Thymian und Beifuß; für Erde Salbei, Geißblatt und Kiefer. Kerzen können anstelle eines offenen Feuers angezündet werden, Federn können Luft darstellen, Kristalle oder Sand die Erde, eine Schale Wasser steht für sich selbst. Im Freien kann eine Gruppe von Bäumen eine grüne Kathedrale bilden, ein Bach oder das Meer ist dein Wasser, der Wind ist er selbst. Wenn keine Brandgefahr besteht, ist ein echtes Feuer am besten, wobei ein Hibachi (japanischer Ofen) als improvisierte Feuerstelle dienen kann.

Achte darauf, daß du nie etwas aus deinem Leben, das du dem Universum übergeben hast, zurücknimmst. Dasselbe gilt für die Dinge, die du für einen anderen Menschen erbeten hast.

Tanz ist etwas Magisches. Jeder kann daran teilnehmen, um die Welt symbolisch neu zu erschaffen. In allen primitiven und ländlichen Kulturen wird der Tanz eingesetzt, um transformative Zustände herbeizuführen und die Teilnehmer zu vereinen. Heilige Tänze lassen die Welt neu entstehen. Der Tanz ist ein bewegtes Gebet, das von einer musikalischen Begleitung untermalt wird, die Zuschauer und Tänzer in höhere Bewußtseinszustände führt und ihnen erlaubt, das Reich der Schöpfung und die Quelle zu erreichen.

Du tanzt in beide Richtungen des Kreises, im Uhrzeiger- und gegen den Uhrzeigersinn, um alle Seiten einer Frage, alle Aspekte des Universums, mit einzubeziehen. Halte beide Hände seitlich hoch über deinen Kopf und wirble sie herum, um sämtliche segensreichen Attribute der Quelle anzurufen. Handbewegungen und Körperhaltungen beschwören die Kräfte, die mit ihnen verbunden sind. Im Sanskrit werden diese vorgeschriebenen Gesten *Mudras* genannt. Die heiligen Tänze von Bali und Hawaii sind bekannt für ihre Mudras, wobei jede Geste einem Gebet und bestimmten Worten entspricht.

Was ist heilig?

Was ist eigentlich heilig? Die Weisen sagen, alles sei heilig, jede Sekunde unseres ganzen Lebens. Doch die meisten Menschen möchten das Heilige und die heiligen Zeiten lieber aus ihrem Alltagsleben ausklammern. »Heiligkeit« ist das ehrfurchtsvolle Gefühl, das Leben als Ganzes sei wertvoll; ein Gefühl für das Wunderbare in der Schöpfung, dem wir auch Sorge tragen müssen.

Heilig ist für die einen das Auffangen des Mistelzweigs in einem reinen, weißen Tuch, damit er den Boden nicht berühre und von den Erdschwingungen nicht verunreinigt wird. Ist denn unsere Erde ein ungeweihter, von den Mißklängen der Menschen verseuchter Ort? Oder ist alles geheiligt, jede Handlung, jeder Gedanke, jedes natürliche Geschöpf?

Viele Religionen und spirituellen Wege bestätigen die Heiligkeit aller Dinge. Dennoch kennen sie Rituale, die die Heiligkeit von entweihtem Boden wiederherstellen, und Taufen, die dich von der Ursünde des Geborenwerdens reinwaschen sollen. Letztere Auffassung ist zu vertrackt, um glaubhaft zu sein. In unserer Seele und in unserem Wunsch, innerhalb dieser Inkarnation zu wachsen, sind wir immer heilig. Wir kommen vom Schöpfer und kehren zu Ihm zurück, wenn unsere Zeit abgelaufen ist.

Ein großer Teil der heiligen Orte, die von Tausenden von Generationen in Ehren gehalten wurden, sind heute zur Touristenattraktion oder zum Wasserloch für Nutztiere verkommen; oder sie liegen unter Backstein und Beton begraben. Heißt das, daß diese Orte nicht länger heilig sind?

Heilige Klänge und Orte behalten ihren sakralen Charakter, egal was die Eroberer – und Liegenschaftenmakler – damit anstellen. Jedes Machtsystem geht irgendwann zu Ende. Die Schwingungen eines heiligen Orts bleiben bestehen, sogar wenn man daraus eine Müllhalde macht, wie es in Findhorn der Fall war, ehe es wieder entdeckt wurde. Die meisten christlichen Kirchen sind auf dem heiligen Grund der heidnischen Mutterreligionen gebaut worden. Gleich welche Glaubensrichtung den Ort beherrscht oder wie sehr die dort gebaute Kirche die Glaubensgrundsätze verfälscht, der Ort bleibt heilig, und es werden ihm weiterhin Wunder zugeschrieben, wie schon seit Menschengedenken.

Trotzdem wird eine Religion oder eine spirituelle Gruppe, die eine alte Kultstätte zurückerobert oder sie nur für eine einzige Zeremonie benutzt, zuerst ein Reinigungsritual für den Ort vornehmen.

Je länger ein Ort verehrt worden ist, um so wahrscheinlicher wird er wiederentdeckt, nachdem der Kult in Vergessenheit geraten und die Stätte zur Sehenswürdigkeit verkommen ist. Die Ebene von Glastonbury ist ein solcher Ort. Auch Mount Shasta war den Indianern heilig, lange ehe die Europäer Amerika eroberten. Wenn an einer solchen Stätte ein Reinigungsritual vorgenommen wird, geschieht das, um den Geist der Gläubigen zu beruhigen. Heilige Orte kehren von selbst zu ihrer eigenen harmonischen Schwingungsebene zurück. Die Frommen glauben, sie hätten dazu beigetragen, was auch stimmt, denn das, woran du glaubst, gewinnt Gewicht, wohingegen das, woran du selten denkst, an Bedeutung verliert.

Schwer zugängliche Orte, die von Pilgern zu Fuß aufgesucht wurden, sind heutzutage mit Fahrstühlen für körperlich Behinderte oder Kranke ausgerüstet. So können auch Suchende, die nicht wie früher die lange, mühselige Reise auf sich genommen haben, ein gewisses Maß an Heilung erfahren. Doch die wirklich Gläubigen, die denken, sie müßten ein Opfer bringen, um eine Heilung oder eine Vision zu erbitten, werden den mühsamen und sogar gefährlichen Auf- oder Abstieg zum heiligen Ort vorziehen. Ist es möglich, dieselbe Heilung, dieselbe tiefgründige Vision zu erhalten, wenn man per Auto die heiligen Kräuter sammeln geht? Ist es notwendig, drei Tagesmärsche auf sich zu nehmen, um den Ort zu erreichen, und drei Tage zurückzuwandern, wobei man nur soviel Kräuter ernten kann, wie man selbst zu tragen vermag? Viele Ureinwohner reisen heute mit Auto oder Lastwagen zu ihren heiligen Stätten. Vermindert das ihre Ehrfurcht und die Inbrunst ihres Gebets? Wird einem Mohammedaner, der mit dem Flugzeug in Mekka ankommt, ein geringerer Segen zuteil als dem Pilger, der barfuß hingereist ist? Jeder unternahm die Reise mit den ihm zur Verfügung stehenden Mitteln. War der eine frommer als der andere?

Der Tod

Der letzte der heiligen Riten ist das Sterben, der Abschied von der Inkarnation, die du geschätzt oder gehaßt hast. Bei vollem Bewußtsein hinüberzugehen, deiner Umgebung gewahr, während du auf deine Freunde und jene, die du liebst, im Reich der Schöpfung zugehst, ist wirklich ein heiliges Erlebnis.

Es gibt keine festen Verhaltensregeln für den Fall eines plötzlichen Todes. Die einzige Vorbereitung ist, bewußt zu leben. Wenn du deine geistige Entwicklung zugelassen hast und du keine Angst hast, vor deinen Schöpfer zu treten, kannst du eines friedlichen Todes sterben. Der geplagte, entsetzte Ausdruck, den wir auf dem Gesicht von Menschen sehen, die sterben, ohne sich mit ihrem Dahinscheiden abgefunden zu haben, macht den Überlebenden große Angst. Dieser Ausdruck sagt uns, daß der Sterbende krampfhaft versucht hat, am Leben festzuhalten, auch wenn er wußte, daß seine letzte Stunde geschlagen hatte. Menschen, die nach einer Krankheit sterben oder die nur wenige Minuten Zeit haben, um sich mit ihrem plötzlichen und möglicherweise gewaltsamen Tod anzufreunden, haben einen friedlicheren und manchmal sogar einen seligen Gesichtsausdruck.

Es ist immer am besten, zu Hause zu sterben, wenn man es kann. Man hört in der Familie oft, daß, während der

Onkel schnarchte, die Tante aufstand, um ihm seinen Morgenkaffee zu bereiten. Dann rief sie ihn, aber er wachte nicht auf. Sie ging ins Schlafzimmer, schüttelte ihn und sah, daß er gestorben war. Die Einzelheiten können variieren, doch man ist sich im allgemeinen einig, daß das eine gute Art zu sterben ist.

Heutzutage leiden viele Menschen an schleichenden Krankheiten, die ihren Körper langsam zerfallen lassen. Bei dieser Art Tod haben die Familienangehörigen Zeit, um Pläne zu machen, damit der geliebte Mensch in einer freundlichen und liebevollen Umgebung Abschied nehmen kann.

Oft leugnen die Familien die Tatsachen. Unsere Kultur kennt viele Wege, um unsere Ängste rund um das Sterben zu beschwichtigen. Die Sterbeklinik ist eine der besten Hilfen, die ausgedacht wurden, um der Wahrheit ins Gesicht zu sehen. Unser Verwandter wird sterben, und wir sind aufgerufen, daran aktiv teilzuhaben.

Der nachstehende Bericht ist nicht als Modell gedacht, aber er kann dir vielleicht ein paar Ideen geben, was du für deine Lieben tun kannst, wenn ihre Zeit gekommen ist. Dies ist die Schilderung von André Christiaan Cuppen, dessen Mutter zu Hause sterben wollte. Es ist ein Weg, sich der Wahrheit zu stellen, wenn es einen Todesfall in der Familie gibt:

»Meine Mutter beschloß zu sterben. Nach ihren letzten Worten begann sie sich in sich selbst zurückzuziehen: ›Wäre heute nicht ein großartiger Tag, um zu gehen?‹ hatte sie gefragt und bemerkt, daß es ein siebter und ein Samstag sei. Im alten katholischen Kalender ist der Samstag der Tag der heiligen Jungfrau, der archetypischen Mutter, zu der sie eine tiefe Beziehung hatte. Die Sieben war ihre Glückszahl. Auch wußte sie, daß ich wegen meines gebuchten Rückfluges nach Amerika ihrer Beerdigung nicht würde beiwohnen können, wenn sie noch einen Tag länger wartete.

Es war ein Uhr morgens, und ich hatte ihr gerade ihr mitternächtliches Schmerzmittel verabreicht, das ich in ein Plastikröhrchen, das in ihrer Schultervene steckte, injiziert hatte. Sie schlief im Wohnzimmer. In dieser Nacht war ich an der Reihe,

*neben ihr auf dem Boden zu schlafen. Sie sprach kein weiteres
Wort, und sie öffnete auch die Augen nicht mehr.*

*Am nächsten Tag sahen wir, daß sie nicht mehr nach der Schale
mit Eiswürfeln langte, die einzige Art, wie sie Flüssigkeit hatte
aufnehmen können. Während des Nachmittags fand eine deutliche Veränderung in ihrem Atemmuster statt. Ich ging in einen
Laden und kaufte Blumen in ihrer Lieblingsfarbe – Weiß. Im
Wohnzimmer zündete ich mehrere Kerzen an. Es herrschte ein
Gefühl von heiliger Stille. Wir sprachen mit gedämpfter Stimme,
während wir allerlei notwendige Vorbereitungen trafen.*

*Am späten Nachmittag mußte ich meine Schwester unterbre-
chen. Sie war zum Bett meiner Mutter gegangen und hatte sie
angerufen: ›Mama, soll ich dir noch einen Eiswürfel geben?‹ Ich
bat sie, nicht weiter zu fragen, weil ich das Gefühl hatte, Mutter
hätte ihre letzte Reise bereits angetreten.*

*Am frühen Abend ging ihr Atem schwerer und unregelmäßiger.
Mama hatte sich seit ein Uhr früh nicht einen Zentimeter bewegt. Vater und ich schauten einander an und wußten, daß wir
uns beide fragten, wie lange es wohl noch dauern würde. Wir beschlossen, meine beiden Schwestern anzurufen, da sie ein paar
Stunden weit weg wohnten. Zwei Tage zuvor hatten meine beiden Brüder sich von Mama verabschiedet und waren zu ihrer Arbeit zurückgekehrt. Meine Brüder lebten beide in anderen Ländern, eine Tagesreise entfernt, und wir wollten sie erst nach
Mamas Tod benachrichtigen. An jenem Abend arbeitete meine
jüngste Schwester, sie hatte Nachtschicht in einem Krankenhaus,
und meine älteste Schwester, die Hebamme ist, nahm an einer
Taufe teil für ein Baby, das sie entbunden hatte. Mamas Zustand schien stabil, als sie sie am vorherigen Abend verlassen
hatte.*

*Meine Ankunft vor einer Woche hatte die engste Familie zusam-
mengeführt, aber meine Frau, die nicht hatte mitfahren können,
fehlte mir. Wir verbrachten die letzten gemeinsamen Tage zusammen. Mutter konnte sehen, daß das Leben weiterging, daß das
Essen auf den Tisch kam und es alle genossen. Während der vergangenen paar Monate hatte sie Vater in ihre Haushaltsgeheim-
nisse eingeweiht, ein wichtiger Schritt, um loslassen zu können.*

*Wir besprachen die Einzelheiten ihres Begräbnisses. Sie wünschte
sich viele Lieder und schrieb Worte des Dankes an alle Men-*

schen, die ihr während ihrer letzten Monate so liebevoll zur Seite gestanden hatten. Sie hinterließ klare Anweisungen für ihren Besitz. Eines Abends verlangte sie, daß wir ihren ganzen Schmuck unter uns aufteilten, damit jeder etwas davon bekam. Am letzten Tag, als meine Brüder da waren, setzte sie sich im Bett auf, und wir machten letzte Familienfotos. Während Papa sie beim sitzen stützte, sangen wir vierstimmig ihr Lieblingslied Animée de l'amour (›Von Liebe beseelt‹). Es war schwer, die Töne zu halten, weil wir wußten, daß sie dabei immer so stolz auf ihre Kinder war, und daß es das letzte Mal sein würde, daß sie uns alle singen hört. Gemeinsame Tränen wurden vergossen. Mama wußte Bescheid.

Etwa um zehn Uhr abends bemerkten wir den nächsten Schritt in Mamas Abreise; der Prozeß schien jetzt immer schneller abzulaufen. Wir versammelten uns um ihr Bett, Papa zu ihrer linken, meine Schwestern und ich zu ihrer rechten Seite. Wir hielten ihre leblosen warmen Hände und hörten auf ihren Atem, wobei wir jedes Mal einen kleinen Schrecken verspürten, wenn sie ein paar Sekunden aufhörte, um dann doch, unter immer größeren Schwierigkeiten, wieder einzusetzen. ›Warte noch, Mama, gehe noch nicht, nur noch ein bißchen länger, Mama.‹ Meine Schwester bat sie auszuharren, bis unsere anderen Schwestern kommen konnten. Ich blieb im Geist mit Mama in Verbindung und versicherte ihr, daß die Entscheidung bei ihr und ihren Geisthelfern lag. Ich fühlte, daß sie sich durch den Durchgang kämpfte.

Dann hörte sie wieder auf zu atmen. Wir warteten etwa fünfzehn Sekunden und dachten, es sei vorbei. Mein Vater bedeckte sein Gesicht mit beiden Händen und begann zu weinen. Plötzlich atmete Mutter mit einem tiefen röchelnden Ton wieder ein. Wir knieten neben ihr und beobachteten, wie sie ihren Weg durch den Geburtskanal fand. Ich dankte ihr mehrmals für das Vorrecht, bei diesem Übergang bei ihr sein zu dürfen. Wir müssen etwa eine halbe Stunde so gesessen haben, mein Zeitgefühl war dahin. Kurz vor elf Uhr warteten wir auf einen weiteren Atemzug, der nie kam.

Wir weinten und hielten einander fest. Es klingelte. Meine älteste Schwester kam zur Tür herein, sah, wußte und brach ebenfalls in Tränen aus. Sie fuhr gerade unter einer Brücke durch, als Mama starb, und wurde plötzlich von einer großen Trauer über-

wältigt. Sie brachte einen großen weißen Blumenstrauß mit, den die Eltern des Täuflings ihr als Zeichen ihrer Dankbarkeit geschenkt hatten. Mehrere Minuten später kam meine andere Schwester mit ihrem Mann, traurig, aber erleichtert. Sie arbeiten beide in der Krankenpflege und waren über Wochen abwechselnd von ihrem Wohnort hergefahren, um Mama die Pflege zu geben, die sie brauchte, damit sie zu Hause bleiben konnte.

Kurz vor Mitternacht rief ich Mutters Arzt an, damit er ihren Tod feststellen konnte, und benachrichtigte auch das Beerdigungsinstitut. Der Arzt kam bald, und wir ließen ihn ein paar Minuten allein. Als er fertig war, versammelten wir uns im Wohnzimmer und tranken zusammen einen Kaffee. Der Arzt lobte die Entschlossenheit und den Mut meiner Mutter, die versucht hatte, ihre Krankheit mit alternativen Heilmethoden zu bekämpfen.

Ich sah zu Mamas Körper hinüber und war dankbar, daß sie noch bei uns war. Plötzlich fiel mir auf, wieviel jünger und wirklich friedlich ihr Gesicht aussah, der leidende, angestrengte Ausdruck war verschwunden, sogar ihre Falten hatten sich geglättet.

Sobald der Arzt gegangen war, beschlossen meine Schwester und mein Schwager, Mutters Leichnam aufzubahren. Es war ein sehr kranker Körper, und wir wollten sie bis zum Morgen der Beerdigung zu Hause behalten. Beim Waschen und beim Herrichten leisteten sie hervorragende Arbeit. Sie zogen Mutter das Kleid an, das sie gewählt hatte, und schminkten sie dezent, um der Stille ihrer sterblichen Hülle gerecht zu werden.

Am nächsten Morgen kam der Leichenbestatter, der einverstanden war, uns in unseren Bemühungen zu unterstützen, sie so lange wie nur möglich zu Hause zu behalten. Er bedeckte ihren Körper bis zur Brust mit einer Plastikhülle und gab als Schutzmaßnahme mehrere Handvoll geruchsabsorbierendes Salz mit hinein, um den Leichengeruch einzubinden. Er riet uns, die Temperatur im Wohnzimmer so niedrig wie möglich zu halten, um der Zersetzung entgegenzuwirken.

Mama war zweimal täglich die stille Gastgeberin, während wir Freunden und Verwandten erlaubten, im Wohnzimmer von ihr Abschied zu nehmen. Die Stimmung hatte eine außerordentliche Leichtigkeit, voller Nostalgie und Lachen. Kaffee und Kuchen machten die Runde, während Mama ruhte und immer noch Teil des gesellschaftlichen Geschehens war. Besucher, die noch nie einen Tod zu Hause erlebt hatten, waren überrascht, wie wohl sie sich fühlten. Sogar der Leichenbestatter brachte seine Freude darüber zum Ausdruck, wie natürlich wir mit Mamas Tod umgingen.

Am Morgen des Begräbnisses brachte man den weißen Sarg hinein, den wir für Mama ausgesucht hatten. Er hätte ihr gefallen: einfach und schön. Wir begleiteten den Sarg, als er den Gang der Kirche hinuntergerollt wurde. Wieder sangen wir Mamas Lieblingslied. Der Chor respektierte ihre letzten Wünsche, und die Trompete klang zu Ehren von Maria, die ihre liebste Zuflucht gewesen war.

Im Krematorium packte ich meine Gitarre aus, und wir sangen das Ariadne-Lied: ›Du bist ein Teil der Kette, die die Gezeiten bestimmt ...‹ Mein älterer Bruder und meine älteste Schwester erzählten beide aus ihren Erinnerungen von Mamas Leben. Mama hatte entschieden, daß ihre Asche nicht aufbewahrt werden sollte. Sie wollte keinen Grabstein, keine Erinnerungstafel: Sie wollte in unserer Erinnerung weiterleben.«

Wenn du zusammen mit einem sterbenden Angehörigen die Vorbereitungen für seinen Tod und sein Begräbnis triffst, so wird dir die Begrenztheit einer einzelnen menschlichen Inkarnation voll bewußt. Wenige Familien vereint der Tod eines Elternteils so sehr wie diese, da es sehr schwer ist, der letzten Wahrheit ins Gesicht zu sehen.

17

Die Weisheit des Universums

*Das Universum besteht aus Geschichten und
nicht aus Atomen.*

MURIEL RUCKEYSER

Petronia

Mehrere Tage in der Woche setzte ich mich genau um zehn
Uhr morgens hin, um Petronia, White Eagle oder Raphael
zuzuhören. Ich schrieb auf, was sie mir mitteilten, bis ich
müde wurde oder bis das Gespräch eine Wendung nahm,
der ich nicht folgen konnte. Später formulierte ich die Fragen für unsere nächste Zusammenkunft. Diese Begegnungen
erwiesen sich als Kern der Lehren, die mir für die Sonnenspirale zuteil wurden.

Petronia ist ein Erzengel, der als runde oder elliptische
fliederfarbene Glyphe in Erscheinung tritt. Sie ist weder
weiblich noch männlich. Während ihres Lebens als Patronin
(denn so erschien sie mir) nahm sie die weibliche Form an.
Mein innerstes Wesen sagte mir, daß ich ihr vertrauen
konnte.

Petronia, die als Frau zur Zeit der römischen Cäsaren
lebte, sagt, daß das Leben und das Jenseits wie zwei Seiten
derselben Platte sind. Es gibt Seelen, die sich nach Außerkör-
perlichkeit sehnen, doch gibt es sieben weitere Stufen auf
der Reise der Seele. Eine fortgeschrittene Seele inkarniert
nicht mehr im materiellen Reich. Für die meisten beseelten

Wesen beginnt der Weg des Aufstiegs in der Phase zwischen den Leben, wenn sie als Geisthelfer dienen dürfen. Die Entwicklungsstufen sind:

Geisthelfer
Meisterführer
Erzengel
Geistige Ratgeber/Buddhas
Berater
Götter – die Gottheiten der Planeten
Der EINE – das große Geheimnis, der Große Geist, der Schöpfer, Alles-das-ist.

»Wenn du einmal ein Gott bist, kannst du eine eigene Welt bekommen, mit der du experimentieren kannst«, sagt Petronia. »Mit Welt meinen wir einen Planeten.«

Ich fragte mich, ob irgend jemand von uns mehr erreichen könnte als die Einheit mit dem Schöpfer, weil ich annahm, niemand könne ein weiterer Großer Geist werden.

»Die Energie, die bei den spirituellen Übungen, die sich auf Gott konzentrieren, entsteht, manifestiert sich als Gott und vermehrt ihn. Unglaube macht dasselbe, nur umgekehrt. Je mehr Menschen an einen positiven Gott glauben, desto positiver wird der irdische Gott. Je mehr Menschen ihn als zornig empfinden, desto rachsüchtiger und wütender zeigt er sich. Dein Gott wird von dir beeinflußt und beeinflußt dich. Das Schema der Dualität auf der Erde ruft einen Teufel hervor, der gefürchtet wird wie ein Gott. Diese Kosmologie verursacht wiederum eine große Menge Negativität.

Diejenigen, die in menschlicher Form leben, haben, außer durch ihr Gotteskonzept, kaum Kontakt mit der Quelle. Im Laufe der Zeit wurden gewisse erleuchtete Propheten von der Quelle kontaktiert; es braucht Mut, um diese Aufgabe zu erfüllen, denn das Wissen sondert dich danach auf immer von deinen Mitmenschen ab. Das Reich der Quelle wird nur langsam einem breiten Publikum zugänglich gemacht, und es wird um so bekannter werden, je mehr Menschen diese

Informationen annehmen können. Wir werden wissen, daß sie dazu bereit sind, wenn sie in ihren öffentlichen und privaten Beziehungen Ehr- und Mitgefühl, Vertrauen, Respekt, Aufrichtigkeit und Selbstvertrauen zeigen.

Der Gott, den ihr habt, ist jung und begeisterungsfähig, und er lernt gerne. Für einen Gott ist er noch sehr jung. Es ist nicht sein erster Planet, aber es ist sein erster eigener Planet. Yahweh (Yod Hee Vay Yee) ist der Quelle etwa so treu ergeben, wie Samuel in der Bibel es war. Es ginge ihm (und eurer Welt) besser, wenn sein Talent der sanften Stärke ausgereifter wäre, vor allem da, wo es um die Beeinflussung des menschlichen Geists geht. Er sieht euch immer noch als seltsames und widerspenstiges Volk.«

Ich fragte, ob es Götter über Jahweh (Jehova) gibt: »Wie ist das, und was gibt es jenseits des Universums?« Petronia entgegnete vorsichtig:

»Jahwehs Aufgabe ist, mit Bergen, Erdmineralien und Pflanzen zu arbeiten, um ein Gleichgewicht herzustellen. Er könnte es der Intelligenz der Erdlinge erlauben, diese Arbeit zu übernehmen, wie das auf anderen erfolgreichen Planeten der Fall ist. Er mag Tiefseefische sehr gerne und verbringt viel Zeit damit, zusammen mit zwei erleuchteten Wesen mit Fischen zu experimentieren.

Jahweh ist gekränkt, weil die Menschen sein Werk schneller zerstören, als er und die Natur-Devas es wieder in Ordnung bringen können. Er ist ein perfektionistischer Gott, der den Maßstab, den er sich selbst gesetzt hat, niemals erreicht. Das ist einer der Gründe dafür, warum es auf der Erde an Liebe fehlt. Er ist auch betroffen wegen des andauernden Rassismus und der schlechten Behandlung von Menschen, die wegen der von der Gesellschaft aufgestellten ethnischen oder religiösen Schranken als unerwünscht gelten. Als Ergebnis dieser Praxis ist die Menge an persönlicher, emotional befriedigender Liebe begrenzt, die jedem Lebewesen auf der Erde zur Verfügung steht.

Im ganzen Universum werden Haut- und Haarfärbung als interessante Experimente angesehen, ohne die Einschränkungen, die die Menschen der Rasse und Abstammung auferlegen. Einst gab es blaue Menschen, die allerdings sehr geächtet wurden.

Junge Götter müssen sich mit anderen Göttern, die auch Planeten haben, beraten, sowie mit Göttern, die ihre Planeten erfolgreich großgezogen haben.« Petronia war noch nicht fertig, aber ich wurde von einer Ungläubigkeitswelle überrollt. Sofort fiel mir ein Satz aus der Schöpfungsgeschichte ein: »Eine Million Jahre ist für Gott wie ein Tag.«

Petronia bemerkte meine Reaktion und fuhr mit ihrer Belehrung fort:

»Genau wie Institutionen (Ashrams, Kliniken, Universitäten, Konsortien, Laboratorien, Klöster) Welten für sich sind, die nur begrenzt mit der Außenwelt in Kontakt stehen, ist es auch mit einem Planeten, den ein junger Gott zum Experimentieren erhalten hat.

Ein junger Gott muß sich mit Sonnensystemen und den Gesetzen des Weltalls auseinandersetzen und mit dem, was Wesen mit freiem Willen auf ihrem Planeten tun. Euer Gott ist nicht reif genug, um euch sanft und bestimmt zu lenken; so ist eure Welt zwar keine Erziehungsanstalt, aber eine beschwerliche Schule.

Jahweh oder Jehovah ist nicht der Gott dieses Sonnensystems, sondern lediglich der Erde. Er ist sehr männlich und weist dennoch eine aktive weibliche Komponente auf. Sein Glaube an völlige Freiheit entstammt einem seiner Leben auf einem marsähnlichen Planeten, auf dem die gängige Lebensform einen beinahe durchsichtigen Körper hatte. In dieser fortgeschrittenen Zivilisation, die in Frieden lebte und ihre planetaren Strukturen aufbaute, lernte er den Wert persönlicher Freiheit kennen.

Den freien Willen gibt es auf der Erde sogar in den totalitärsten Regierungsformen und in allen geschlossenen Gesellschaftsgruppen wie den Stämmen. Zur Entwicklung von Kultur und gegenseitigen Beziehungen bevorzugt Jahweh die Stammesgruppe. Er hält nicht viel von diesen riesigen Nationen, aber du hast seinen Segen, wenn du dieses Experiment verfolgen willst.

Freiheit in allem, was du tust oder sagst, ist die Regel. Folglich sind deinen Gedanken, Handlungen oder deinem persönlichen Bestreben keine Grenzen gesetzt. Jeder kann nach den Sternen greifen oder die gesamte spirituelle Welt ignorieren. Jahweh hat es so eingerichtet, damit du maßhalten lernst. In seinem Plan, dich deinen eigenen Weg finden zu lassen, wird er von vielen fortgeschrittenen Wesen unterstützt.

Gegenwärtig gibt es in anderen Sonnensystemen dreizehn Planeten, die der Erde stark gleichen. Weitere Planeten mit ähnlicher Gesellschaftsstruktur und Topographie nähern sich eurer Entwicklungsstufe. Einige Planeten wie der eure haben sich selbst zerstört. Ihre Götter sind zurückgerufen worden, um Lernstoff zu wiederholen, damit sie ihre nächste Welt besser im Zügel halten können.

Sehr junge Götter und solche, die zwischen Inkarnationen an Experimenten teilnehmen möchten, bekommen entweder alte Sonnensysteme zum Verjüngen, oder ganz neue, die in Entstehung begriffen sind. So zeigt sich, ob sie die Materie mit ihren Gedanken beherrschen können. Das machen sie in Stammesverbänden unter der Aufsicht eines Anführers.

Auch du kannst eine Zeitlang einer Stammesgruppe angehören, die gemeinsame Interessen teilt, oder du kannst bei Bedarf die Gruppe wechseln. Vielleicht nimmst du nur zeitweise an deiner Gruppe teil, oder für immer. Dies ist das einzige ›für immer‹, das gilt: deine freie Entscheidung.

Jahweh ist da großartig, wo es um Verwirklichungen auf der materiellen Ebene geht. Seine Versuche der Diversifikation von Insekten-, Pflanzen- und Tierformen werden im ganzen Universum gerühmt. Dafür genießt er großen Respekt und wird oft nachgeahmt. Seine mineralischen Formen sind eher gewöhnlich, aber soweit in Ordnung.

Als Jahweh bemerkte, daß seine Meisterschaft in der materiellen Vielfalt so hoch geschätzt wird, wandte er seine Aufmerksamkeit dem Mentalen zu. Er verlieh vielen Geschöpfen geistige Kräfte verschiedenster Ausprägung. Ein Elefant erinnert sich zum Beispiel an alles so, als wäre es eben geschehen. Er hat ein totales Erinnerungsvermögen, aber keinen Zeitbegriff. Alle Delphine und Wale bedienen sich der Telepathie. Auch Menschen könnten sie in einem viel größeren Maß nutzen.

Euer Gott gab den Menschen die unbeschränkte Fähigkeit zu denken und die Vernunft, aber er hat keinen Schutzinstinkt eingebaut. Die Menschen setzen die Glaubenssätze ihrer Gesellschaft ein, um Verhaltensnormen durchzusetzen, doch das ist ein fehlerhafter Zustand, der ein größeres Maß an Intuition und Selbstregulierung verlangt, als die meisten Menschen aufbringen können. Bis ihre Seelen die Erwachsene oder die Reife Stufe erreichen, werden die Leute eher von ihren Leidenschaften als von ihrem inneren Wissen geleitet. Oft lassen sie sich auch von ihren Gefühlen mitreißen und geben ihre Grundsätze auf.

Jahweh selbst hat entschieden, daß die geistig/emotionalen Kräfte des Menschen größer sein sollen als diejenigen anderer Seelen auf ähnlichen Planeten. Im Vergleich zu euren geistigen Fähigkeiten findet er eure Experimente ungenügend. Beim gegenwärtigen Entwicklungstempo werdet ihr mindestens 500 Jahre brauchen, um eine Wende herbeizuführen. Entweder müssen fortgeschrittenere einzelne das einbringen, was der Menschheit fehlt, um sich schneller zu entwickeln, oder ihr müßt so lange warten, bis Jahweh herausfindet, welche Korrekturmaßnahmen zu ergreifen sind.

Wenn du willst, daß deine Welt überlebt, müssen mehr Menschen zu positiven Handlungen und friedlichen Mitteln übergehen, um die Umstände zu schaffen, die es eurem Gott Jahweh erlauben, diesen Wunsch entgegenzunehmen.

Wir meinen, dieses Problem hinge mit gespaltenen Wertvorstellungen zusammen. Die Buddha-Natur, nach der so viele trachten, führt zur Loslösung von den Gefühlen. Um göttlicher zu werden – wörtlich mehr als euer Gott – müßt ihr eure Anhaftungen loslassen. Daß Jahweh die Entwicklung der Loslösung bis zum Äußersten zuläßt, kommt daher, daß er an die völlige Freiheit glaubt.

In anderen Welten wachsen *Doktoren* in dem Wissen auf, daß sie für ihren Planeten sorgen müssen. Das ist ihre er-

erbte Aufgabe. In eurer Welt gibt es von diesen Wesen viel zu wenige.«

Ich nahm an, daß das Wort *Doktor* Meisterschamane bedeutete.

Petronia hielt meine geistige Anmerkung fest und fuhr fort: »Früher gab es einige Stämme, die das konnten. Auf manchen sehr fortgeschrittenen Planeten konsultieren sogar die weltgewandtesten Wesen immer *die Doktoren* und befolgen ihren Rat, zum Vorteil der Umwelt; so wahren sie die Harmonie mit allen Lebewesen. Wenn nötig, schaffen sie Materie aus Atomen und zerstreuen sie wieder, wenn der geschaffene Gegenstand nicht mehr gebraucht wird. Es gibt einige Menschen auf der Erde, die das können. Gegenwärtig haben die Technologie und die Wissenschaft, gepaart mit der Habgier der Wirtschaftsunternehmer, die Räder der Zerstörung in Bewegung gesetzt. Fast kam es zur Katastrophe, obwohl andere Götter eurem Gott rieten, dem Menschen das Wissen vorzuenthalten, wie man Äther in Materie verwandelt, bis die Erde mehr achtbare und integre *Doktoren* hat. Wenn aus Gier gehortet würde, wäre die ganze Erdatmosphäre bald aufgebraucht.

Weiter ist Jahweh sehr enttäuscht vom Ausmaß an Fanatismus und Haß auf Erden. Er ist traurig, weil seine farbigen Völker mißachtet und so schlecht behandelt werden. Im Universum hat die Hautfarbe mit der Herkunft eines Menschen zu tun. Nicht alle Menschen stammen von der Erde. Manche kamen von anderen Sternensystemen vor sechzig Millionen Jahren. Einst gab es fünf verschiedenfarbige menschliche Wesen. Die Blauen vermischten sich mit afrikanischen Schwarzen; nun hält man sie für sehr dunkle Schwarze, weil ihre Hautfarbe blauschwarz erscheint. Sie sind die Abkömmlinge von denen, die von der blauen Rasse übrig waren.

Ungeachtet der Hautfarbe sind die Nachkommen der Menschen keine Maulesel: Es entsteht keine getrennte, unfruchtbare Gattung. Eure Körper haben die gleiche Dichte. Niemand schwebt auf einem Lichtstrahl, wie die Humanoiden anderer Planeten. Bluttransfusionen sind unter allen

Rassen möglich, wenn die Blutgruppe stimmt. Mit anderen Worten wurde es nur zueinander passenden Menschen erlaubt, den Planeten zu bevölkern, unabhängig von Hautfarbe, Haar, Körpergröße im reifen Alter oder anderen Faktoren. Alle sind sie Kinder der Quelle. ER verfügt über ein Bewußtsein, das ihn befähigt, jeden von euch zu kennen. Die Menschen, die sich als die Erben der Welt fühlen, wären überrascht zu erfahren, daß sie eigentlich von anderswo abstammen.«

Das war das zweitemal, daß sie die Hautfarbe erwähnte. Ich wollte nach Farbschattierungen und anderen Merkmalen fragen, aber sie war nicht daran interessiert, in ein Gespräch einzusteigen, das andere dazu benutzen könnten, die Unterschiede herauszustreichen, und nicht das Vereinigende.

Ich fragte: »Warum soll ein Essenz-Wesen die Aufgabe übernehmen wollen, Gott über einen Planeten zu sein? Wer verleiht dieses Privileg, wer gibt den Anstoß und zündet den Funken für das Wachstum einer ganzen Welt, Konstellation oder Galaxie?«

»Andere Planeten, die um eure Sonne kreisen, sind bewohnt, doch leben dort zur Zeit keine Menschen. Mars, zum Beispiel, ist tatsächlich bevölkert und bereitet sich darauf vor, eine Welt wie die eure zu werden. Umlaufbahnen verändern sich. Der Asteroidengürtel ist eigentlich ein Planet, auf dem etwas geschah – wie auf eurem Planeten –, das sein Ökosystem zerstörte. Mars könnte auf eine ähnliche Umlaufbahn wie die Erde gebracht werden, falls eure Welt unbewohnbar oder zerstört wird.

Venus eignet sich zur Zeit nicht als Wohnort für Säugetiere, Vögel oder Reptilien. Die dortigen Lebensformen sind Gase, Mineralien und andere nicht pflanzliche Formen. Ein riesiges Team von Devas arbeitet gegenwärtig an der Venus. Sie wären sonst normale Geisthelfer oder Meisterführer, aber diese Arbeit fasziniert sie mehr.

Devas sind keine Götter, aber sie machen die Arbeit von Göttern, wenn kein Gott zur Verfügung steht oder wenn ein Gott gute Gedankenverarbeiter braucht, die die Arbeit für ihn erledigen. Devas stellen eine Stufe auf dem Weg zum

Adepten dar. Du mußt alles Material aus deinen früheren Inkarnationen bewältigt haben, ehe du eine devische Aufgabe übernimmst. Wenn es dir an Klarheit fehlt, könntest du deine Energie nicht richtig auf den Aufbau eines Planeten oder einer Galaxie konzentrieren. Diese Arbeit ist eine Form von Selbstlosigkeit. Devas nehmen Aufgaben an, die sie zwischen ihren Inkarnationen ausführen, oder die, ohne erneute Inkarnation, Jahrmillionen andauern können.

Ein planetares Unternehmen dient jedoch nicht als Ausrede. Von Zeit zu Zeit werden Berater oder Große Helfer einem Wesen sagen, es solle sich verkörpern, um etwas auszubügeln, das ihre Arbeit als Deva oder ihre schöpferische Arbeit behindert hat. So ein Leben kann als Gärtner, als Mutter von acht Kindern oder aber auch als Mörder zugebracht werden, vor allem wenn die Deva ein gescheitertes Projekt nicht loslassen kann. Es ist ein großes Problem der Devas, daß sie immer versuchen, eine Pflanze, ein Mineral, ein Tier oder eine ätherische Form zu retten, nachdem sie sich als nutzlos erwiesen hat oder zur Vollendung gelangt ist. Manche Devas brauchen mehrere menschliche Kindheiten, nur um loslassen zu können. Wenn eine Deva diese äußerst wichtige Lektion nicht lernt, können die Zellen oder Lebensformen, mit denen sie experimentiert, außer Kontrolle geraten und den ganzen Planeten zerstören. Eine Deva, die ein Unternehmen, das sie nicht unter Kontrolle halten oder zum logischen Abschluß bringen kann, nicht abgeben mag, wird vielleicht ein menschliches Leben bekommen, in dem sie ernsthaft an Krebs erkrankt, um zu lernen, daß Wachstum um des Wachstums willen nicht rechtmäßig ist.

Die kleineren Götter erlauben es fortgeschrittenen Zivilisationen nicht, diejenigen, denen es an Ausrüstung oder an gut entwickelten psychischen Kräften fehlt, zu bedrängen. Euer Sonnensystem wird von Gedankenformen beschützt, die solche Wesenheiten, die ihrer eigenen Kultur entfremdet sind und nach Macht hungern, fernhalten.«

»Gibt es keine kriegführenden Welten?« wollte ich wissen.

»Doch, es gibt kriegerische Welten, und es gibt Planeten, die andere in Kriege verwickeln, aber diese Planeten bestehen nicht lange. Sie zerstören sich selbst oder werden von Feinden zerstört. Wir haben keine intergalaktischen Friedenstruppen. Jeder Planet lernt Frieden oder geht unter. Es gibt friedliche Mittel wie Kraftfelder, um die kriegerischen Welten davon abzuhalten, sich an friedlichen Planeten, die keine äußerlichen Waffen einsetzen, zu vergreifen.

Liebe ist das Gesetz des Universums, Liebe über alles. Jeder lernt das mit der Zeit, und das ist der Grund, warum Planeten sich kaum je auf gegenseitige Schwingungskriege einlassen. Ist eine Seite einmal zum Sieger erklärt worden, ist alles vergeben und vergessen, und der gegenseitige Handel wird wieder aufgenommen. Bei solchen Schwingungskämpfen werden Regen, permanente Nacht und ähnliche natürliche Mittel eingesetzt. Es ist verboten, die Saat zu zerstören oder zu töten. Einzelne Ereignisse des biblischen Auszugs aus Ägypten wurden auf diese Weise bewerkstelligt. Diese Strafen gingen jedoch zu weit. Das Töten des Erstgeborenen wurde untersagt, weil es zu grausam war. Eure Welt ist diese Methoden der Austragung von Fehden weder gewohnt noch ist sie bereit dafür. Zum einen kennt ihr die Schutzmaßnahmen gegen Überschwemmungen und große Stürme nicht. Andererseits verbietet euer Gott anderen Planeten, in die natürliche Entwicklung der Erde einzugreifen.

Das ist der Grund, warum außer den Erzengeln nur wenige auf diese Welt kommen, ohne von einer menschlichen Mutter geboren zu werden. Ab und zu schleicht sich der eine oder andere ein, um euch Talente beizubringen, für die ihr noch nicht bereit seid. Sie finden ein kleines, interessiertes Publikum vor, auch wenn manche lächerlich gemacht und buchstäblich aus der Welt gelacht werden. Dieses kleine Publikum hat in den letzten hundert Jahren jedoch stetig, nicht übermäßig, zugenommen.

Zu dieser Zeit hat eine große Anzahl von Wesen beschlossen, geboren zu werden, um das Leiden auf diesem Planeten auszulöschen. Diejenigen unter euch, die diesen Versuch unternommen haben, haben die Pforte der Einweihung bereits durchschritten und leiten die Veränderungen auf der Erde ein. Ihr gelangt ohne viel Widerstand auf höhere Bewußtseinsebenen. Manche von euch gehören zu Klans, die dabei sind, einen eigenen Planeten vorzubereiten, an dem sie arbeiten wollen. Alles, was du denkst, teilt sich einem Mitglied deines Klans mit, damit der Klan dich in die richtige Richtung führen kann und das negative Karma der Erdenzivilisation reinigen kann.«

Gelegentlich regte ich ein neues Thema an: »Wie denkst du über planetares Karma?«

Petronia: »Die Erde ist ebenfalls ein lebendiger, atmender Organismus, auch wenn die westliche Zivilisation sie im allgemeinen als leb- und gefühllos ansieht und sie endlos ausnutzt. Erdöl ist die Gelenkflüssigkeit der Mutter Erde. Es auszubeuten, um Industrie und Transportmittel zu betreiben und um Häuser zu heizen, verdirbt nicht nur die Luft, die ihr und sie braucht, um am Leben zu bleiben, sondern es macht sie auch ›arthritisch‹. Wenn sie ihre schmerzenden ›Knochen‹ zurechtrückt, kommt es zu einer Naturkatastrophe nach der anderen. Tatsächlich fällt die große Zunahme an Erdbeben auf.«

Ich dachte einen Augenblick nach, während sie meine Gedanken las. »Die Erde auf diese Art zu mißachten, fordert die Katastrophe heraus. Dennoch haben sich Gedankenformen und Aktivitäten, die früher auf Westeuropa und Nordamerika beschränkt waren, heute auf dem Globus ausgebreitet. Reiche Leute in China, einer Nation, die nicht genügend Elektrizität hat, um Kühlschränke zu betreiben, kaufen solche zum Vorzeigen, in der Hoffnung, sie eines Tages benutzen zu können. Ganze Wälder, die den Sauerstoff der Erde produzieren, werden gerodet, um Platz für Dörfer und Bauernhöfe zu machen in Gegenden, in denen der Boden sich nicht für die Landwirtschaft eignet. Deshalb breitete sich auch die amerikanische Wüste so schnell aus, seit das Land von Europäern besiedelt wurde und die Steppe als Weideland diente. Zu glauben, man hätte für diese Dinge keinen Preis zu zahlen, hat zum Karma geführt, daß Meere, Süßwasservorräte, Luft und sogar Felder zerstört werden, auf denen eure Nahrung wächst.

Babys auf der ganzen Welt trinken Milchpulver, das von großen Firmen verkauft wird; sie lügen, wenn sie behaupten, sie hätten sich gebessert, und vermarkten den Tod weiterhin.« Ich brachte eine Reihe von Gedanken ein, einschließlich einiger Boykotte, an denen ich teilgenommen hatte. »Reichen diese Beispiele aus?« fragte ich Petronia. Sie gab mir zu verstehen, daß ich die wesentlichen Wahrheiten hinter ihren Botschaften verstanden hatte.

Dann tauchte Raphael auf, um mit mir über die Fische in den Tiefen des Ozeans und in den Flüssen zu sprechen. Diese Informationen waren derart bedrückend, daß ich begann, nach einem Weg zu suchen, um die Ozeane zu reinigen. Jahre später erschien Großmutter Ozean, um mir zu zeigen, wie man mit Tönen die Meere wiederbeleben kann.

Frieden

Als lebenslange Pazifistin mußte ich mich damit auseinandersetzen, daß ich in einer kriegführenden Welt lebte, in einem Land, das den Krieger verherrlicht. Jahrelang, während meine Geisthelfer und menschlichen Freunde mich unterwiesen, hielt mein innerer Kampf an. Schließlich zeigten mir meine Geisthelfer kurz vor dem Beginn des Golfkriegs während meiner alljährlichen Visionssuche, wie ich den inneren Löwen befrieden könnte. Ich brauchte vier Tage, um ihn zu zähmen. Am ersten Tag des Golfkriegs kam ich in Deutschland an, um einen Kurs über schamanisches Wissen zu lehren. Überall fanden große Friedensdemonstrationen statt. Die gesammelte Weisheit aus meinen eigenen Kämpfen um Friedfertigkeit stürzte aus mir heraus, und an jenem Abend kristallisierte sich alles in einem Vortrag über den Frieden. Frieden schaffen ist wirkliches schamanisches Wissen.

Wenn du dir Frieden und eine neue Weltordnung

wünschst, wirst du deine Sicht der Welt ändern müssen. Wir in Amerika kommen aus einer kriegerischen Kultur, wo immer jemand gewinnen und jemand verlieren muß. Der entgegengesetzte Standpunkt ist, daß wir alle gewinnen können.

Sich für friedliche Mittel zu entscheiden, verlangt eine Art Wachsamkeit und Selbstbeobachtung, die Jahre des eigenen Lebens einschließt. Meistere die innere Friedfertigkeit; daraus entsteht der Weltfrieden als endloser Prozeß. Wenn die Kultur, in der du lebst, ihre Angelegenheiten nicht auf diplomatische, ehrliche und respektvolle Art löst, ist es um so schwieriger, friedliche Methoden zu erlernen, um Streitigkeiten zu schlichten.

Du demonstrierst *für* den Frieden und nicht *gegen* jemanden. Der Feind ist der Krieg als Konzept und nicht seine neuesten Befürworter. Die Politiker, das Militär und die Industriellen, die davon profitieren, zu hassen, ist viel zu kurzsichtig. Der Krieg wird ein Ende nehmen, wenn die Mehrheit der zum Kämpfen Aufgebotenen sich weigert mitzumachen.

Herz und Verstand lassen sich nicht gewinnen, indem man den Soldaten die Schuld zuschiebt. Viele, die kämpfen müssen, würden es nicht tun, wenn sie den Mut, sich dem Einsatz zu widersetzen, oder andere Möglichkeiten hätten. Wie kannst du Menschen böse sein, die gerade erst lernen, für sich selbst einzustehen?

Demonstrationen können nicht erfolgreich sein, wenn wir auf Reden hören, die in dem Ton abgehalten werden, der in der Politik herrscht, mit Rednern, die einander ausstechen wollen. Sie verbreiten dieselbe Energie wie die des Krieges. Es braucht einen anderen Ton, wenn wir den Wechsel zur friedlichen Lösung der nationalen und internationalen Unstimmigkeiten herbeiführen wollen. Mögliche Folgen sind nur selten vorauszusehen, solange wir überstürzt handeln. Laß die Dinge reifen. Unternimm nichts, was der einen oder der anderen Seite das Gefühl geben könnte, sie würde nie gehört oder berücksichtigt. Die besten Beschlüsse entstehen aus geduldigem Warten in andächtiger Stille.

Nimm an Märschen teil, singe zu Gott oder gehe in Schweigen. Kein Schwatzen, kein Geflüster. Nichts Wichtiges kann gesagt werden, das gewichtiger ist als die Stille. Der Friede in uns schafft Frieden auf der Welt.

Schließt Frieden unter euch. Beendet alte Fehden und laßt keine neuen entstehen. Sprecht die Wahrheit, achtet einander und schließt alle in überpersönlicher Liebe ein. Zeigt Rücksicht und Dankbarkeit. Der Zorn in uns bringt Zorn in die Welt. Das Universum hat die Fähigkeit, Negativität aus dem Weg zu räumen: Wilde Winde und Regenstürme werden sie zerstreuen. Errichte einen Wall der universellen Liebe gegenüber den Gewalttätigen, begegne den Ängstlichen selbstsicher und gelassen. Wenn jemand dich körperlich angreift, schütze dein Leben. Selbstverteidigung ist gestattet. Handle ohne Furcht: Dein Auftreten ist äußerst wichtig, es signalisiert der Welt, daß man dir nicht zu nahe treten darf. Worte haben die Macht, die Streiter zu entwaffnen.

Wenn du für die Freiheit demonstrierst, ist es besser, keine Steine zu werfen, sondern für Friede, Freiheit und zu Ehren deines Landes zu singen. Als ich sah, wie das litauische Volk in den Straßen sang, wußte ich, daß es die Freiheit für sein Land erreichen würde.

Der Friedensklang

Während unseres Lebens können wir noch so hart arbeiten, um Frieden zu schaffen, wir brauchen doch Hilfe aus dem Reich der Schöpfung und der Quelle. Rufe die zwölf Friedenshüter an, indem du das G unter dem mittleren C mit einem langen »Aah« zwölfmal ertönen läßt. Den Ton singst du leicht und hauchend, und hältst ihn so lange, wie du kannst. Genieße die Schwingung des Friedens, nachdem du den Ton zwölfmal hast ertönen lassen. Du kannst diesen Klang einsetzen, um Frieden in der Welt oder auch zwischen einzelnen Menschen zu stiften.

Eine neue Weltordnung zu schaffen verlangt Opfer. Es bedarf auch der Opfer, um den Pfad des Friedens zu öffnen; es können persönliche oder regionale Opfer sein; wichtig ist, daß du nicht wartest, bis andere sich dir anschließen. Setz ein Zeichen und laß andere deinem Beispiel folgen. Dein Opfer kann ganz einfach sein: Mit dem Fahrrad zur Arbeit fahren, anstatt das Auto zu nehmen. Oder du suchst dir eine andere Arbeit, wenn dein gegenwärtiger Job kriegsbezogen ist. Es könnte auch heißen, Unterschriften zu sammeln, um ein wichtiges Anliegen bei der Regierung durchzusetzen. Die politische Arbeit verlangt sehr große persönliche Opfer, weil sie so frustrierend und zeitraubend ist. Du könntest dich weigern, deine Steuern zu zahlen, weil dein Geld den Krieg unterstützt und du dagegen bist. Was immer dein Opfer ist, zwinge deinen Partner oder deine Kinder nicht teilzuhaben, es sei denn, sie wünschen es.

Das heilige Feuer

Edison Chilaquin, ein Indianer aus Oregon, fand, das Angebot der Regierung, sein Stammesland zu kaufen, sei nicht annehmbar. Seit Menschengedenken hatte dieses Land dem Stamm der Plaigore gehört, und er als Stammesführer wollte seinen Anteil des heiligen Landes nicht aufgeben. Seine Bemühungen in Washington fruchteten nichts. Standfest weigerte er sich, den staatlichen Scheck zu kassieren. Statt dessen machte er ein Feuer, um die Regierung zu überzeugen, ihm sein Land zu überschreiben. Dieses Feuer brannte ununterbrochen vier Jahre lang. Er lebte und schlief in einem Tipi in der Nähe des Feuers. Seine Enkelin löste ihn bei seiner Arbeit ab, und einige Freunde kamen von Zeit zu Zeit, um zu helfen, das Feuer Tag und Nacht in Gang zu halten. Er benutzte langes Rundholz, das er nach und nach in die Mitte des Feuers schob, wenn das Ende verbrannt war. Es war eine riesige Aufgabe, dafür zu sorgen, daß das Feuer im Winter nicht ausging. Einmal, während eines heftigen Regensturms, erlosch es beinahe. Er rief seine Freunde in Eugene an und bat sie zu kommen, um ihm zu helfen. Die Leute glaubten an seinen Kampf. Nach vielen Jahren gewann er ihn, die Regierung gab nach. Dieses Feuer wirkte wie ein Zauber, da es ein Opfer war und ständiger Wachsamkeit bedurfte, um es am Brennen zu halten. Es war eine Meditation, ein Gebet und ein friedlicher Weg, die byzantinischen amerikanischen Gesetze über die Rechte der Indianer herauszufordern.

Feuer kann ebenfalls zur Schaffung des Weltfriedens eingesetzt werden. Mach mit einer Gruppe ein Feuer, das die ganze Nacht hindurch brennt. Mach eine Feuermeditation. Organisiere Feuer, die so lange brennen, bis die Regierungen der Welt sich bereit erklären, in Frieden zu leben. Sorge dafür, daß die Feuer Jahr um Jahr weiterbrennen.

Das »New Age«, oder Zeitalter des Wassermanns, verlangt, daß wir die Habgier, sei sie privat oder geschäftlich, über Bord werfen. Wir werden uns an weltweiter Gemeinschaft und gegenseitigem Teilen erfreuen, und das wird zur Regel werden. Wenn wir uns als Erdbewohner weiterentwickeln und durch das Herzchakra zu einer neuen Dimension der universellen Liebe und des Mitgefühls finden, werden Hungersnot, Krankheit und Krieg, die drei Plagen, die einer glücklichen Welt im Wege stehen, überwunden. Es gibt immer mehr Menschen, die glauben, der Krieg sei keine geeignete Methode, um Meinungsverschiedenheiten auszutragen. Sollte es uns nicht gelingen, die Veränderungen herbeizuführen, die Erwachsene, Reife und Alte Seelen auf Erden zu verwirklichen haben, so werden alle unheilvollen Prophezeiungen wahr, und das menschliche Leben auf diesem Planeten wird ausgelöscht.

Höre auf diese Botschaft und beherzige sie!

White Eagle

White Eagle, mein besonderer Geistführer, und ich führten zahlreiche Gespräche während eines Sommers der frühen achtziger Jahre, als ich siebzehn Tage lang fastete. Verschiedene Lehrer, die der Klasse der Erzengel angehören, nahmen diese Gelegenheit wahr, um mir Teile des Materials mitzuteilen, das in den Kapiteln 4 »Neunundvierzig Stufen: Die Reise

des Urselbst«, und 6. »Wurzelmann und Wurzelfrau« dargestellt ist, sowie die Teile des Kapitels 3: »Wer ist wer?«. White
Eagle sagte mir:

»Was die Lebensaufgabe anbelangt: du durchläufst Inkarnationen, die alle Phasen des Lernens und jeder möglichen Stellung einschließen. Du wirst von Zeit zu Zeit während deines Reifungsprozesses in verschiedenen Kulturen
ein Weiser der entsprechenden Entwicklungsstufe sein. Du
wirst Gelehrter sein genauso wie du Diener sein mußt. Es
gibt viele Arten, Diener zu sein: von der einfachen Milch-
magd bis zum Politiker, der seine Macht einsetzt. Du hast
immer die Wahl. Vielleicht besteht die Aufgabe darin, zu lernen, mit der Macht umzugehen, doch bestimmen deine
Ideen nach wie vor ihre Modalität.

Du folgst mir im Nebel, Laeh, und wartest auf konkrete
Beispiele. Es gibt kein Beispiel, das dein Bild der Patchwork-
decke nicht einschließt.«

Ich sage oft zu meinen Schülern: »Das Leben ist wie eine
Patchworkdecke; ihr habt eine Lebensaufgabe zu erfüllen.
Wie ihr es macht, ist eure Sache. Du kannst jedes Muster
wählen, das dir gefällt. Du kannst sie aus Stoffresten machen
oder völlig neues Material kaufen. Alles, was von dir verlangt
wird, ist, daß du eine Steppdecke aus Flicken machst, und
daß du sie gut machst.«

Die Mitteilungen White Eagles waren zum Teil so revolu-
tionär und forderten mein Glaubenssystem so sehr heraus,
daß ich mich am verabredeten Tag drückte, um sie nicht
hören zu müssen. Manchmal hob White Eagle, während ich
fuhr, das Metalldach meines Kombiwagens ab, und ich
konnte den Himmel sehen, während er zu mir sprach. Er be-
auftragte mich, Rituale für den Weltfrieden durchzuführen.
Etwas widerwillig und enttäuscht fing ich damit an. Mit den
Jahren begann ich, mehr und mehr Leute zu diesen Ritualen
einzuladen, die an den Tagundnachtgleichen, den Sommer-
und Wintersonnenwenden und zu bestimmten Vollmonden
stattfinden.

Ich ziehe mich jedes Jahr zum Jahrestag meiner Ermächtigung, die mir meine menschliche Lehrerin Essie Parrish gab,

in die Wildnis zurück. Einmal kam White Eagle zu dieser Zeit, um folgenden Begriff einzubringen:

»Eine der Funktionen der Erde ist, ein Übungsort für allerlei Kämpfer zu sein. Auf Erden lehren wir die Kunst des Kämpfens, damit ihr stark werdet und bereit seit für eure zukünftigen Aufgaben.

Fortgeschrittenere Kampfformen werden von zwei Hauptgruppen erlernt, wovon die eine mit Hilfe der Wissenschaft immer größere und gewaltigere Waffen herstellt, während die andere lernt, die innere Kommunikation zu meistern und sich durch Gedankenkraft zu verteidigen oder mitfühlend auf andere zuzugehen. Da die Liebe die stärkste Kraft im Universum ist, besteht die nächste Lektion darin zu lernen, den Kampf oder den Krieg (ritualisierter Kampf) durch Liebe zu entschärfen. Später werdet ihr die erlangte Kraft einsetzen und mit Mitteln kämpfen, die auf der irdischen Ebene nicht oft eingesetzt werden. Ein Teil dieser Liebe soll dazu dienen, neue Universen zu schaffen, ehe ihr zur Deva-Stufe aufsteigt, oder viel später, wenn ihr beschließt, der Gott eines Planeten zu werden.

Freiwillige Seelen und solche, die die euch bekannte Art körperlicher Inkarnation hinter sich gelassen haben, setzen das Werkzeug Liebe ein, um Kraft, Mut und andere Eigenschaften zu erhalten, von denen ihr während eurer Reinkarnationsphasen nur träumen könnt.

Die meisten Menschen lernen, daß Liebe der einzige wahre Ausweg aus der Brutalität ist. Diese Methode wurde von der Menschheit erfunden, und sie hat jahrtausendelang funktioniert. Wenn das etwas provokativ klingt, erinnert euch daran, daß ihr es seid, die überall Schwierigkeiten mit dem Begriff Liebe hattet. Dies ist nur ein Teil des Lernprogrammes, den jeder von euch gewählt hat. Ihr hättet so weitermachen können wie bis dahin, doch ihr habt um diese gewagte Aufgabe (die Stufen der Seele) gebeten, um euch zum Wachstum anzuspornen und euch im Reich der Schöpfung weiterzubringen.

Diejenigen unter euch, die Fragen stellen, kommen am weitesten. Es mag so aussehen, als gäbe es in diesem Kampf, den ich euch offenbart habe, zwei Mannschaften. In Wirklichkeit gibt es aber viele Mittelfelder, wo sich neue Mannschaften bilden, die jede ihren eigenen Teil der Lektion zu lernen haben. Jede dieser Gruppen setzt ihren Mitgliedern ein anzustrebendes Ziel: nachdem sie mit Waffen, Geld, Macht und Horten jeglicher Art gespielt haben, wird jeder Lernende schließlich feststellen, daß äußerliche Waffen nichts nutzen. Auf diese Art kann niemand wirklich gewinnen.

Wie du bereits vermutest, wird sogar ein Mensch, der seinem wahren Weg ausweicht und Karten spielt, seine Aufgabe durch die Karten, durch die Spielsituationen, durch andere Spieler und durch die menschliche Dynamik des Spiels gestellt bekommen. Es scheint kleinmütig, wenn die Leute ihre Kampflektionen auf diese Ebene tragen – und es ist es auch –, denn sie hätten anhand von größeren Beispielen lernen können. Doch wenn sie Karten spielen, um dem Leben auszuweichen, bringen wir das Leben an den Spieltisch.

Wir schicken Tausende wie dich auf die Erde, damit sie die Welt als gleichberechtigten Ort für alle Rassen, Minderheiten und die Frauen aller Klassen neu gestalten. Wir sind daran, die Welt zu verändern, aber die Veränderung muß aus den Gedanken der Menschen entstehen. Diese Aufgabe, die du unternommen hast, um deine essentielle Natur zu vertiefen, ist zusätzlich zu deinen persönlichen Lebensaufgaben zu bewältigen.

Durch die Mutter kommen dreizehn Gene, die von ihrer Mutter und deren Mutter stammen. Das ist das Erbe der Großmütter. Keine Tradition männlicher Überlegenheit kann diesen universellen Plan ändern. Söhne sind vielleicht gesellschaftlich wichtig, weil sie den Familiennamen tragen, aber die Töchter geben das Erbgut weiter. Ein Mann sollte sehr achtgeben, mit wem er seinen Samen vermischt, denn die Frau vererbt die Grundeinstellung, die Fähigkeiten und die rassische Erinnerung, die geistige Identität und die Tiefe der Persönlichkeit. Eine uninteressante Frau wird keine interessanten Kinder gebären. Durch die genetische Kraft der Blutlinie seiner Frau kann ein ziemlich bedeutungsloser Mann ein Genie oder Kinder mit einem angeborenen Gefühl für Schönheit, haben. Einige Talente wie die musikalische Begabung, Heil-Fähigkeiten, geistige Beweglichkeit und künstlerische Veranlagung können von beiden Eltern weitergegeben werden.«

Unsere Wahl

»Wir wollen, daß etwas Neues entsteht, und wie du weißt, sind viele Menschen, meistens Frauen, mit dieser Aufgabe betreut worden. Dich haben wir gewählt, weil es dein sehnlichster Wunsch ist, daß die Erde überlebt und du eine unserer Devas bist, die sie vor Jahrmillionen zusammengefügt hat. Du liebst diesen Planeten und hast wiederholt gezeigt, daß er einer deiner liebsten Orte ist. Wir geben dir diesen Auftrag, weil du keine Unheilsverkünderin bist und keine Vernichtung und atomare Zerstörung voraussagst. Du siehst zwar die erschreckende Gewalttätigkeit des Menschen, der seinen niedrigsten Regungen freien Lauf läßt. Dein Glaube, der Mensch sei besser, als er zu sein scheint, wird wahrscheinlich dazu beitragen, daß um die Jahrtausendwende eine spirituellere, philosophisch orientierte, mitfühlende Welt entsteht, in der jeder seines Bruders Hüter sein wird. Wie du weißt, werden die Unklugen in der Zwischenzeit weiterhin wilde, unbezähmbare, jeder Moral spottende Handlungen verüben. Gleichzeitig werden andere sich immer mehr und immer stärker um Frieden, Liebe, Mitgefühl und Gerechtigkeit bemühen. Lehre die Menschen, ihre eigene Lebensaufgabe zu erkennen und ihren Grundsätzen treu zu sein. Viele nennen ihre Lebensaufgabe den ›Weg‹.

Dieses Mal wird es eine neue Vision für die Menschheit geben, die spirituelle Bestrebungen geduldig und mit Bedacht unterstützt. Es wird kein Paradies auf Erden sein, aber sehr wahrscheinlich wird die Welt mündig geworden sein. Wir ziehen es vor, daß sich diese und nicht die furchtbaren und zerstörerischen Ideen verbreiten.

Zum Glück hältst du die Welt und das Universum der nichtkörperlichen Wesen für viel freundlicher als die meisten Religionen. Die Angst vor negativen Mächten macht einen Menschen erst empfänglich für sie. Es braucht einen ausgeglichenen Zustand, um Reiche jenseits der materiellen Welt kennenzulernen.

Die Kirchen schreiben sich das ausschließliche Recht zu, zu entscheiden, wer gerettet wird und wer nicht. Die meisten organisierten Religionen behaupten, nur Menschen ihres eigenen Glaubens hätten gültige Seelen und seien deshalb rettungswürdig. Doch gerettet werden heißt, seinem eigenen Weg folgen, ganz gleich was geschieht. Das ist die Erlösung.«

Er ließ mich lange über dieser Lehre brüten, bevor er das Thema wieder aufnahm. Ich fragte mich, wie Massen von Menschen lernen könnten, ihr Denken neu auszurichten und im Rahmen ihres weltlichen Lebens den Weg des geistigen Kriegers einzuschlagen. Werden Menschen je die Verantwortung für das übernehmen, was auf der Welt geschieht? Werden sie die nötigen Opfer erbringen, um das Reich des Friedens zu errichten? Die Antwort liegt bei dir. Durch dein Handeln oder deine Gleichgültigkeit wirst du entscheiden, ob die Welt weiterbesteht.

18

Die Ermächtigung

Schneller
die Trommel klingt
es kommen die Geister
die Rassel ertönt
und wir tanzen.

CHIEF DAN GEORGE

Die Ermächtigung ist ein Begriff, über den einige Verwirrung herrscht. Viele Sucher liebäugeln damit, doch eigentlich wissen sie nicht, worauf sie sich einlassen. Teilnehmer schamanischer, mystischer, esoterischer oder heilender Workshops meinen oft, daß sie nach einem Studium von ein paar Monaten auf einem dieser Gebiete genug darüber wüßten und voll ausgebildet wären. Es gibt sogar Leute, die sich für Schamanen halten, nur weil sie eine Trommel hergestellt, eine Maske gemacht oder eine Pfeife gekauft haben. Diese Aushängeschilder lassen aber wohl kaum auf eine innere Kraft schließen.

Ein paar schamanische Fähigkeiten zu haben bedeutet noch lange nicht, daß man ein Schamane ist. Bis dorthin ist es ein langer Weg, der am besten an der Seite eines kompetenten und geduldigen Lehrers gegangen wird. Dieser Weg verlangt Hingabe, Selbstlosigkeit und Pflichtbewußtsein. Er ist ein strenger Meister, der dich ständig, Tag und Nacht, beansprucht. Außerdem brauchst du für diesen Weg die Kraft und den Mut, dein eigenes emotionales Gepäck anzusehen und aufzuarbeiten. Wenn du mit einem echten Schamanen zusammen bist oder selbst Schamane werden willst, wird der Kosmos dich immer wieder auf dich selbst zurückwerfen, bis du entweder zusammenbrichst oder dein Gleichgewicht findest. Ehe du nicht alles tust, was der Schöpfer und deine Geisthelfer von dir verlangen, wirst du nie wirklich Ruhe haben. Die Urvölker wissen das, und deshalb hoffen viele, nicht auserwählt zu sein, damit sie die Bürde und die Verantwortung des schamanischen Wegs nicht auf sich zu nehmen brauchen.

Der Werdegang des Schamanen ist keine Schnellbleiche, die sich mit kurzfristigen Resultaten zufriedengibt. Es dauert ungefähr acht Jahre, bis ein Schüler das Grundwissen und die Weisheit eines Schamanen erarbeitet hat. Hast du von einem Lehrer mit echter Kraft eine Ermächtigung bekommen, so wirst du noch zehn Jahre brauchen, bis du die volle Fähigkeit zur Prophetie, Astralreisen, Heilen und dem Dienst an der menschlichen Gemeinschaft erlangst. Die Voraussetzung dafür sind Weisheit und ein Gefühl für Angemessenheit, denn die Macht kann dich in ihren Griff bekommen und dich benutzen, wenn du nicht mit ihr umzugehen weißt. Wie meine Lehrerin Essie Parrish zu sagen pflegte: »Wenn eine Schamanin nicht richtig handelt, kann es sie umbringen.«

Der schamanische Lernprozeß dauert viele Jahre. Wenn du die erste Ebene der Erleuchtung, die durch den Mond und den Raben versinnbildlicht wird, einmal gemeistert hast, wird das Universum dich zur zweiten Stufe führen, die als Sonnenebene bekannt ist. Sie wird durch den Adler dargestellt. Die dritte Erleuchtungsstufe ist die der Sternenebene; ihr Vogel ist der Schwan, der für die Wandlung der Seele steht. Um den schamanischen Weg begehen zu können, braucht es Pflichtgefühl, ein Begriff, der selten verstanden wird.

Heilen ist ein wichtiger Bestandteil des Wegs des Schamanen, doch bei weitem nicht der einzige. Auch Wahrsagen, Gesang, Tanz und künstlerisches Gestalten gehören dazu. Manche Schamanen gehen ohne große Schwierigkeiten ihre eigenen Wege, weil sie über außerordentliche Kräfte verfügen, während andere die traditionellen Regeln strikt befolgen müssen.

Fragen und Antworten

Ein wichtiger Faktor ist die Ermächtigung oder Kraftübertragung, die gelegentlich auch spontan erfolgt. Dazu werden immer wieder die gleichen Fragen gestellt.

Der folgende Abschnitt geht in Form von Fragen und Antworten auf diese besondere Hilfe ein, die ein Meister seinem Lehrling gibt, worauf sich dessen Leben auf immer verändert. Ich gebe sie so wieder, wie sie in Kursen und anläßlich von Einzelsitzungen von meinen Schülern gestellt und von mir beantwortet wurden:

FRAGE: *Was ist eigentlich eine Ermächtigung?*

ANTWORT: Die mündliche Überlieferung führt in die Kräfte ein. Durch die Ermächtigung wird die Wahrheit buchstäblich lebendig für dich. Eine Ermächtigung ist ein Einweihungsprozeß, deine zukünftige Meisterschaft jedoch ist in dir angelegt. Du mußt in dein Unterbewußtes hinabsteigen und es an die Oberfläche holen. Die Ermächtigung wird von der Quelle dem großen Lehrer zuteil, und wird von ihm wiederum an den ernsthaften Sucher weitergegeben, seinen Schüler oder Lehrling.

Je festgefahrener eine Religion ist, um so stärker kristallisieren sich ihre Methoden zur Herbeiführung der Erleuchtung. Am einfachsten ist es, wenn ein Lehrer dir eine Einweihung gibt; am schwierigsten ist es, sie alleine zu finden und durch eine Reihe von Fehlern seinen Weg zu suchen.

Die Ermächtigung wird vom Lehrer durch Wort, Atem, Tat, Berührung, Gedanken und Absicht an seinen Schüler weitergegeben.

Oft geht die Ermächtigung mit bestimmten Bedingungen einher. Du nimmst das ganze Paket an, nicht nur die

Dinge, die dir passen. Wenn dein Lehrer von dir verlangt, keinen Alkohol zu trinken, Vegetarier zu werden, bestimmte Gebete genau so aufzusagen, wie sie dir beigebracht wurden, oder dir Einschränkungen auferlegt, hat das mit der Tradition zu tun, die an dich weitergegeben wird. Jede Tradition hat ihre Eigenheiten und wirkt am besten, wenn diese Regeln eingehalten werden. Weise Lehrer weigern sich, Schüler anzunehmen, von denen sie spüren, daß sie sich nicht mäßigen können: Wenn du die Regeln der Ermächtigung brichst, kann dich das umbringen.

FRAGE: *Was passiert, wenn jemand die Ermächtigung empfängt und dann die Regeln bricht, indem er gelegentlich ein Glas Wein trinkt oder eine Zigarette raucht, wenn die Geister ihn nicht dazu aufgefordert haben?*

ANTWORT: Das hängt vom Schüler und von den Umständen ab. Eine Jüdin, die zur Einhaltung des Sabbats einen rituellen Schluck Wein trinkt, folgt zusätzlich zur Ermächtigung ihres Lehrers dem Gesetz ihrer Herkunft. Du darfst auch mit der Ermächtigung an einer Kommunion teilnehmen, zu der Wein gehört, oder bei einer Pfeifenzeremonie mitrauchen, obwohl du normalerweise keine solchen Substanzen konsumierst. Bei diesen Gelegenheiten ist es in Ordnung, sich den anderen anzuschließen, denn es handelt sich um verbindende Rituale. Im Wissen, daß wir Menschen gegenseitig unsere spirituellen Wege akzeptieren müssen, um die Schranken niederzureißen, die uns früher voneinander trennten, kannst du dich ganz darauf einlassen.

Wenn dein bester Freund gerade aus dem Himalaya zurückgekommen ist, und ihr zur Feier eines solchen Tages immer in Joes Bar gegangen seid, um das zu begießen, kommt das jetzt nicht mehr in Frage. In Tat und Wahrheit wird die Macht, die du im Griff haben solltest, dich zerstören, wenn du die Regeln mißachtest.

FRAGE: *Kann ein Mensch die Ermächtigung annehmen und dann das ignorieren, was ihm gesagt wird?*

ANTWORT: Ja, doch das hat schlimme Konsequenzen. Viele Lehrer kennen einen »Zauberlehrling«. Ich möchte folgende Geschichte in ihren Einzelheiten erzählen, damit du verstehst, was Eitelkeit und Verleugnung bei Menschen anrichten können, die die Macht, aber nicht die Verantwortung annehmen.

Vor Jahren sprach eine begeisterte junge Frau namens Babe eine Lehrerin an, von der sie das Gefühl hatte, sie sei begabt und würde gut zu ihr passen. Babe hatte allerlei Visionen und Träume und auch einige mystische Erlebnisse gehabt. Sie wollte eine Lehre machen. Aber die Lehrerin willigte nicht gleich ein, sondern erklärte, daß sie von ihr träumen müsse, um zu wissen, ob es richtig sei. In der nächsten Nacht mußte die Lehrerin Babe aus ihrem Traum hinauswerfen, da ihre zukünftige Schülerin sie eindringlich anflehte. Die Lehrerin erklärte ihr, sie hätte das Gefühl gehabt, Babe sei in ihren Traum eingedrungen, und das sei kein echtes Zeichen. Wenn sie ihre Schülerin werden wollte, müßte sie schon geduldig abwarten, bis ein solches käme – wenn überhaupt.

Mehrere Wochen später träumte die Lehrerin von Babe. Daraufhin schrieb sie ihr, sie müsse sich an einen einsamen Ort in die Berge zurückziehen und dort drei Wochen bleiben. Während dieser ganzen Zeit sollte sie mit niemandem sprechen. Es war mitten im Winter, und es lag tiefer Schnee. Babe sollte die Stille aufnehmen und auf eine Vision warten. Wenn diese kam, sollte sie eine Weile darüber nachdenken, und nicht sofort nach Hause fahren, doch nach Ablauf der drei Wochen könnte sie heimgehen. Babe hatte ihre Vision innerhalb der vorgeschriebenen Zeit und war wieder nach Hause zurückgekehrt.

Mehrere Monate später, als sie fühlte, daß Babe für ihre erste Kraftübertragung bereit war, gab ihr die Lehrerin die Ermächtigung. Sie warnte sie eindringlich, daß sie nichts außer Tabak und ein legales geheiligtes Kraut rauchen durfte, und das auch nur, »wenn die Geister es dir sagen«. Vor allem sollte die neu eingewiesene Schülerin keinen Tropfen Alkohol trinken.

Ein paar Monate vergingen. Babe und die Lehrerin verbrachten ein paar Tage zusammen. Der Lehrerin fiel auf, daß Babe zerstreut und ziemlich unzuverlässig schien. Das kommt im ersten Jahr nach der Übertragung häufig vor, besonders bei Leuten, die noch ziemlich viel persönlichen Ballast aufzuarbeiten haben. Babes Ehemann fragte die Lehrerin, ob es möglich sei, jemanden wie wahnsinnig zu lieben, aber nicht mit ihm leben zu können. Die Lehrerin lachte. Nur allzu oft erleben der Mann oder die Frau eines Schülers schwierige Situationen, während ihr Partner sich anpassen muß, mehrere Wirklichkeiten auf einmal wahrzunehmen.

Während des Sommers besuchte Babe eine Sonnentanzzeremonie und stellte sich mitten in das Energiefeld, das für die Tänzer bestimmt war, wo sie gar nicht hätte sein dürfen. Daraufhin verließ sie ihren Körper zwei volle Tage lang. Der Medizinmann, der den Tanz leitete, mußte ihre Seele zurückholen. Als Babe diese Begebenheit schilderte, war ihre Lehrerin schockiert von ihrem Verhalten und stellte entsetzt fest, daß Babe die Gefahr, in die sie sich begeben hatte, nicht einmal erkannte. Babe schlug ihre Ermahnungen in den Wind.

Ein Jahr nach der Übertragung berichtete ein anderer Schüler der Lehrerin, daß Babe, die nie übergewichtig gewesen war, ausgiebig fastete und dabei jeden Abend einen starken Kaffee mit Cognac trank. Die Lehrerin stellte sie zur Rede – Babe leugnete alles. Wenn Babe nicht aufhörte zu trinken, gab es nichts, was man für sie tun konnte. Aus Babes Verhalten schloß die Lehrerin, daß sie mindestens eine leichte Alkoholikerin war und deshalb den Willen zur Abstinenz nicht aufbringen konnte. Babe hätte ihre Alkoholabhängigkeit zugeben und einem Selbsthilfeprogramm beitreten müssen, um darüber hinauszuwachsen.

Im Verlauf des Jahres wurde Babe von ihrer Doktorarbeit ausgeschlossen, weil sie den Anforderungen nicht genügte. Eines Tages beschloß ihr Mann, in seinen Heimatstaat zurückzukehren, ohne sie vorher zu fragen. Babe und ihre Familie zogen in seinen Heimatort. Sie haßte es dort. Ihr Mann reichte die Scheidung ein. Er war nicht der Vater ihrer Kinder und war ihr nichts schuldig. Sie konnte ohne zu arbeiten ihre Teenager nicht durchbringen, also lebten die Kinder vorübergehend bei ihrer Mutter. Nach einer ziemlich langen Suche fand Babe eine gute Stelle, die ihrer Bildung und ihrer früheren Stellung entsprach. Ihre Kinder konnten zu ihr ziehen. Sie schien ihr Gleichgewicht wiedergefunden zu haben, aber ihre Lehrerin war nicht bereit, mit ihrer Ausbildung fortzufahren und zog es vor, abzuwarten und zuzusehen.

Als Teil ihrer Arbeit mußte Babe durch das ganze Land reisen, um eine Reihe von Vorträgen zu halten. Ihr Arbeitgeber rief sie eines Tages an und verlangte, daß sie ihre Reise abbrach und sofort zurückkehre. Es hatte sich in ihrer Abwesenheit herausgestellt, daß sie ihre Arbeit schlecht und unzuverlässig erledigte, weshalb man sie fristlos entließ. Wenige Wochen später, als würde der Kosmos ihr eine zweite Chance geben, fand sie eine angesehene Stelle an der Westküste, weit weg von zu Hause. Ihre Kinder sehnten sich nach einer vertrauten Umgebung. Sie hatten genug von den emotionalen Problemen ihrer Mutter und zogen zu ihrem Vater, den sie seit dem Kindergartenalter nicht mehr gesehen hatten. Babe beklagte sich, sie würden sie nur selten anrufen.

Es gäbe mehr zu erzählen, aber es wird nicht besser. Allerlei Medizinleute haben sie beraten, aber Jahre später trinkt Babe immer noch und läßt sich als »Pechmarie« durchs Leben treiben.

FRAGE: *Wenn du als Mitglied eines Volks wie den Zigeunern, den Juden oder eines nord- oder südamerikanischen Stammes geboren wirst und nicht in ihre Riten eingeweiht wirst, bist du ihnen dann trotzdem verpflichtet?*

ANTWORT: Wie kannst du nach Gesetzen leben, die du kaum kennst und ausübst? Wenn du nicht in die Glaubensgemeinschaft aufgenommen wurdest und weder Einweihung noch sonstige Anweisungen erhalten hast, fühlst du dich womöglich wegen dieses Mangels an Wissen schuldig. Falls es jedoch dein Wunsch ist, aufgenommen zu werden, suche einen angesehenen Lehrer und folge mit Hingabe und Respekt dem Weg, den dein Volk geht.

Hast du das Gefühl, daß deine Familie Druck ausübt, damit du den Riten deiner Kirche oder ethnischen Gruppe folgst, kannst du dich jederzeit zurückziehen. Tritt einfach aus, wobei dir klar sein muß, daß deine Familie und die Freunde, die sich an die Lehren der Religion halten, von dir enttäuscht sein werden. Sie werden dich ausschließen und dich ihre Mißbilligung über deine Aufrichtigkeit spüren lassen.

Du kannst jeden Weg verlassen, im klaren Wissen, daß der Allmächtige nicht darauf aus ist, dich zu bestrafen, weil du es auf eine andere Art versuchen möchtest. Bitte darum, daß du von den Gelübden entbunden wirst, die du gemacht oder akzeptiert hast, da sie deine geistigen Sehnsüchte nicht mehr befriedigen.

FRAGE: *Ich habe das Gefühl, Teil einer neuen Zeit zu sein und beziehe meine spirituellen Impulse von überall. Kann das schädlich sein?*

ANTWORT: Es kommt darauf an, wohin du gehörst. Wenn du aus einem streng protestantischen Milieu kommst und immer noch damit verbunden bist, wird diese Einstellung nicht einfach verschwinden, wenn du andere Lehren annimmst. Du kannst gewisse Dinge miteinander verbinden, wie es viele Leute tun, wenn sie die Tradition wechseln, doch wenn du einen spirituellen Lehrer hast, solltest du die Lehren, die er dir gibt, nicht in den Wind schlagen.

Jede Tradition hat ihre Regeln. Diese Regeln haben ihren Zweck. Führe nicht die Regeln anderer Kulturen in deine spirituelle Praxis ein, es sei denn, du weißt, daß sie allgemeingültig und wahr sind. Auf der ganzen Welt ist es Frauen verboten, an Stammesritualen teilzunehmen, wenn sie ihre Monatsblutung haben. Doch in manchen Kulturen, wie bei den Hopis, gibt es diese Einschränkung nicht. Wenn dein Lehrer dich von der Visionssuche und der Teilnahme an Ritualen ausschließt, während du menstruierst, solltest du dich nicht aufmachen und deine eigene Visionssuche oder dein eigenes Ritual veranstalten. Es gibt vielleicht andere Zeremonien, an denen du teilnehmen kannst.

In der Tradition, aus der ich komme, gehst du nicht in die Nähe von fließendem Wasser (Bäche, Wasserfälle, Flüsse), wenn du deine Periode hast. Ich habe einige Geschichten über dieses Verbot zu erzählen, damit meine Schülerinnen verstehen, in welche Gefahr sie sich begeben könnten.

Eine recht eigensinnige Frau, die uns auf einer Reise zum großartigen, heiligen und kraftvollen Grand Canyon begleitete, bekam ihre Periode. Enttäuscht, daß sie jetzt nicht an der Visionssuche teilnehmen konnte, begab sie sich zu einem nahen Bach und hielt selbst eine ab. Zuvor hatten ihre Geisthelfer ihr die ganze Gruppe rund um ein Feuer sitzend gezeigt und sie von der Feuerstelle weggeführt. Ein klares Zeichen, daß sie für sich bleiben und die Gruppe ihrer Aufgabe überlassen sollte. Stolz und selbstgerecht, beschloß sie, daß diese Vision ihr bedeutete, sie brauche überhaupt keine Belehrungen mehr. Sie glaubte, sie könne ohne äußere Hilfe von ihren Helfern lernen. Kurz danach begann sie schamanische Workshops und Exorzismen anzubieten. Sie bekam Schwierigkeiten und begann, andere langjährige Schülerinnen um Auskunft zu bitten. Wäre sie in einer etwas weniger kämpferischen Stimmung gewesen, hätte sie sich daran erinnert, daß das Tabu dazu dient, sie und die Gruppe zu schützen; das hätte ihr viele emotionale Probleme erspart.

FRAGE: *Wenn man einen biblischen oder mythologischen Namen hat – wie z. B. Helena von Troja, oder Adam aus der Bibel –, ist das ein Hinweis auf deine persönliche Transformation? Werden die Kräfte, die in einem Namen wohnen, wie eine Ermächtigung übertragen?*

ANTWORT: Nein. Nicht alle Frauen, die Rahel heißen, sind unterwürfige, geduldige, sanfte, unfruchtbare Ehefrauen. Die Reaktionen, die dein Name im Zusammenhang mit den entsprechenden Mythen hervorruft, können dich jedoch beeinflussen. Helenas Schönheit soll tausend Schiffe in Bewegung gesetzt haben. Eine Frau gleichen Namens, die eindeutig unvorteilhaft und hausbacken aussieht, kann zwar dasselbe bewirken, aber aus entgegengesetzten Gründen. Ein Mann namens Salomon kann sehr unweise sein und die menschliche Natur völlig verkennen. Demnach ist es möglich, den einen oder den anderen Charakter eines Namens anzunehmen.

Wie viele Menschen wissen schon, daß Sarah, die Frau Abrahams, eine aus dem Wasser geborene Meeresgöttin war? Wie Aphrodite war sie in ihren reifen Jahren eine Heilerin und im Alter eine Weise Frau. Sie lachte, als ihr ein Kind geschenkt wurde, lange nach ihrer Menopause, als ihr kinderloses Schicksal schon längst besiegelt schien. »Sarah war eine lachende Göttin und ihre Nachkommenschaft sollte so zahlreich sein, wie Sand am Meer...« sagt Robert von Ranke-Graves in: *Die Weiße Göttin*.

FRAGE: *Wie entscheidest du, wem du wann eine Kraftübertragung gibst, und was kostet sie?*

ANTWORT: Die Ermächtigung kann man nicht kaufen. Sie gehört einzig und allein der Person, die sie bekommen soll. Ich gebe sie, wenn ich weiß, daß ich sie geben muß. Es gibt drei Ermächtigungsstufen. Die erste beinhaltet die Fähigkeit zu heilen und den Schutz, den du für die Reise durch die Niederungen der ersten Erleuchtungsstufe brauchst; die zweite Einweihung öffnet das Herz und läßt das Mitgefühl zu deiner Leitlinie werden. Die dritte dient zur völligen Ermächtigung für jede Phase der inneren Reise. Sie wird nur wahren Suchern nach einer langen und strengen Bewährungszeit zuteil.

FRAGE: *Ich bin die Geliebte zweier Schamanen gewesen. Heißt das, daß ich so etwas wie eine Ermächtigung bekommen habe?*

ANTWORT: Nein. Die Ermächtigung wird nicht durch Körpersäfte übertragen. Es ist viel wahrscheinlicher, daß du ihnen Kräfte gegeben, als daß du welche gekriegt hast. Tatsache ist, daß Männer, die nach ihrer Einweihung von ihren Lehrern aufgegeben wurden, oder solche, die nie irgendwelche Macht hatten, ihre Kraft oft aus der Frau beziehen, indem sie während des Geschlechtsakts die Shakti-Energie der Frau aufsaugen. Das ist eine sehr alte Technik und die Grundlage des Tantra. Jeder beliebige Mann kann von der Energie einer Frau leben. Vielleicht braucht er auch mehrere Schüsse täglich, damit er weitermachen kann.

Alle Traditionen kennen Verführer. Bei den Hindus, Indianern, Tibetern, Christen und anderen gibt es Männer und manchmal auch Frauen, die die Leichtgläubigkeit ihrer Schüler ausnutzen. Verschiedene bekannte Gurus haben mehrere Dutzend Kinder hinterlassen, die so gut wie möglich von ihren alleinerziehenden Müttern versorgt werden, nachdem diese zufällig zu ihren Geliebten wurden. Mit einem Schamanen oder Guru zu schlafen, gibt diesen Frauen das Gefühl, sie seien etwas Besonderes. Das ist jedoch nur vorübergehend der Fall, da ihr geliebter Meister zur nächsten schönen Blüte ziehen wird, wenn er ihre Säfte aufgesaugt hat. Bist du als einzige die Frau oder Gefährtin deines Lehrers, wirst du kein leichtes Leben haben und hart arbeiten müssen, um seine Ziele zu unterstützen. Bist du nicht auf der Hut, gibst du deinen eigenen Weg auf, um die Rolle der Helferin des berühmten Meisters zu übernehmen.

FRAGE: *Ich bin skeptisch, was spirituelle Lehren als Weg zum Wachstum angeht. Mein Freund hat viele Workshops mitgemacht und an langen Retreats bei berühmten Lehrern teilgenommen. Er kommt begeistert zurück, dann flaut das Ganze wieder ab.*

ANTWORT: Es gibt workshop-süchtige Menschen. Hungrige Geister, innerlich leer, laufen sie von einem Kurs zum nächsten, auf der ständigen Suche nach Erlebnissen und Informationen aus zweiter Hand. Diese Menschen darben innerlich, während sie mit dem Zenmeister sitzen, Sonnentänze besuchen, tibetische Einweihungen erhalten, an

Friedensmärschen teilnehmen oder von erleuchteten Lehrern Tai Chi oder Yoga lernen. Sie besuchen innerhalb von zehn Wochen sieben Seminare, aber sie haben nur wenig davon, weil sie sich nicht die Zeit nehmen, die Übungen selbst durchzuführen. Es dauert nicht lange, und sie eilen zum nächsten Urschrei-Wochenende, zum Männer- oder NLP-Workshop, besuchen Kurse für erwachsene Kinder von Alkoholikern oder über Geomantie. Beim vergeblichen Versuch, sich selbst zu finden, kaufen sie die Bücher, die Kassetten und den neuesten spirituellen Schnickschnack von Pyramiden bis zu Kristallen, der vom esoterischen Lehrer der Woche angeboten wird.

Erleuchtung und Spiritualität kann man nicht kaufen. Das würde auf dasselbe Konsumverhalten hinauslaufen und zu derselben Art falscher Euphorie führen, wie sie der Alkoholismus, die Drogenabhängigkeit oder sexuelle Eroberungen bringen.

Hier haben wir es mit Leuten zu tun, die am Dienstag in die Paartherapie gehen, sich am Mittwoch mit ihren Mitarbeitern für eine Gestaltrunde treffen, am Donnerstagabend ihre Einzeltherapie haben und noch an weiteren wöchentlichen Selbsthilfegruppen teilnehmen. Nichts hilft ihnen, denn sie geben sich der Illusion einer Entwicklung hin und weigern sich, ins Leben hinauszutreten und sich wirklich zu engagieren. Für manche ist die Therapie zum Lebensinhalt geworden, ein Schild, der sie davor schützt, ihr wahres Potential zu verwirklichen. Andere sind furchtbar egoistische Eltern und Partner, deren Beschäftigung mit ihrer eigenen, eingebildeten Entwicklung einen sinnvollen intimen Austausch unmöglich macht. Es sind buchstäblich schamanische Touristen, spirituelle Naivlinge, zu ihrer eigenen Befreiung. Irgendwann werden sie es schaffen. Dann wird es wirklich gelingen. Und es gelingt auch für eine Weile, bis sie wieder über etwas stolpern und dem nächsten spirituellen Höhenflug nachlaufen.

FRAGE: *Wie fühlt es sich an, wenn man die Ermächtigung erhalten hat?*

ANTWORT: Das ist für jeden anders. Eine Schülerin sagte mir, sie würde Klänge besser hören, seit sie die zweite Kraftübertragung erhalten hat. Das folgende Zitat stammt von Jona Ash, die alle drei Stufen der Ermächtigung erhalten hat:

»Für jegliche Art von Ermächtigung mußt du in einer besonderen Beziehung zu dem Menschen stehen, der sie dir geben kann, was in unserer Gesellschaft nicht sehr häufig vorkommt. Sowohl der Geber als auch der Empfänger sind aktiv und bewußt daran beteiligt.

Ein Lehrer, vor allem ein ›echter‹, erweckt Möglichkeiten in der Seele des Schülers. Unsere Kultur verschließt wunderbare Schätze vor uns, macht uns zu Robotern, abgespalten von Atem und Leben.

Wer den Zugang zu dieser ›wirklichen‹ Welt sucht, braucht eine innere Motivation und Überzeugung. Auf diesem Weg benötigt er Unterstützung und Führung aus einer anderen Ebene. Er muß einen Mentor finden, sei es in spiritueller oder körperlicher Gestalt.

Die Ermächtigung ist keine Gabe, die vom Lehrer auf den Schüler übergeht; sie verleiht dem Empfänger die Möglichkeit, eigenes Verständnis sowie heilende und seherische Kräfte zu erschließen.

Als Laeh mir an einem regnerischen Winterabend die erste Übertragung gab, hatte ich keine Ahnung, worum es sich handelte, oder was ich zu erwarten hatte. Sie bat mich, mich zu waschen und saubere Kleider anzuziehen. Nur schon das Bad war für mich eine heilige Handlung. Als ich auf Laeh wartete, die in ein längeres Telefongespräch verwickelt war, fragte ich mich, ob wir überhaupt Zeit für das Ritual haben würden. Es zeigte sich, daß es eine enttäuschend kurze und einfache Handlung war. Laeh überprüfte, ob ich die Ermächtigung bekommen hatte und sagte: ›Gut!‹ Ich dachte: ›Oh, jetzt habe ich es verpaßt.‹ Doch sofort begann sich die Qualität der Farben zu verändern. Ich gewann Abstand zur Welt um mich herum, die zu leuchten begann. Meine Knochen fühlten sich so an, als würden die Moleküle in ihnen sich neu ausrichten. Es ging drei ganze Tage, bis dieser Prozeß zum Abschluß kam. (Die Regel ist: keinen Sex, keine Besuche, keine Anrufe, keine Duschen oder Bäder; ruhe dich während 72 Stunden in der Stille aus.)

Jede der drei Übertragungen wirkte ganz anders auf mich. Die zweite Stufe ging mir ins Blut. Der dritten Ermächtigungsstufe ging eine Visionssuche voraus: Da arbeiteten körperlose Wesen an mir. Am nächsten Abend vollzog Laeh das letzte Einweihungsritual. Es war fast die exakte Wiederholung dessen, was meine Geisthelfer in meiner Vision getan hatten. Es traf den Kern meiner Seele, wobei Energie sich vom Scheitel- zum Wurzelchakra ausbreitete. Ich spürte die Reihe der Eingeweihten, die mir vorangegangen waren. Diese Verbindung gab mir eine neue Beziehung zu meinem vergangenen und zukünftigen Leben.

Um diesen Weg zu gehen, mußt du bereit sein, dich zu ergeben und in den Staub zu werfen. Das ist nicht körperlich oder wörtlich zu verstehen: Du mußt offen sein für die Engerie, die dich immer wieder durch- und überflutet, so daß sich dein Ich zeitweise völlig auflöst und dich gestaltlos zurückläßt. Es bleibt kein Platz für Lügen, Haß oder Negativität. Du hast nichts, an dem du dich festhalten könntest, keine materiellen Ablenkungen oder Sicherheiten. Dazu braucht es einen tiefen Glauben und eine starke innere Ausrichtung. Du wirst völlig neu gestaltet, und es gibt in deinem weltlichen Alltag nur wenig, das dieses geistige Leben untermauert.«

FRAGE: *Wie groß ist die Gefahr, daß jemand mystisches Wissen mißbraucht?*

ANTWORT: Hier haben wir es mit dem alten Dualitätsprinzip zu tun. Eigentlich fragst du mich, wie weit die dunkle Seite dieses Wissen benutzen kann und ob sie denselben Gewinn erwarten kann wie die helle. Meistens sind Menschen mit schlechten Absichten von einem gewissen Punkt an nicht mehr in der Lage, das Wissen aufzunehmen. Setzen sie es für negative Zwecke ein, so überschreiten sie ihre Grenzen. Dann sind sie der Kraft ausgeliefert. Sie stürzen ab und können die Prüfungen des Lebens nicht mehr bestehen.

Im spirituellen Bereich gibt es keinen Unterschied zwischen Gut und Böse. Die Kraft ist einfach da, du kannst sie gebrauchen. Es ist deine Absicht, die Art, wie du die Kraft einsetzt, die daraus weiße oder schwarze Magie macht. Anhänger der schwarzen Künste, die dich verfluchen oder Unglück herbeiwünschen, wissen, daß alles auf sie zurückkommt, wenn sie sich nicht ständig schützen.

FRAGE: *Muß ich ein absolut ehrlicher und vertrauenswürdiger Mensch sein, um mich ernsthaft auf einen spirituellen Weg begeben zu können?*

ANTWORT: Viele Menschen glauben, sie seien nur dann würdig, wenn sie in allem absolut perfekt sind. Ihr Akzeptanz/Ablehnungsmuster ist so stark, und sie stecken ihre Ziele so hoch, daß sie diese nicht erreichen können. Heilige waren im wirklichen Leben Leute, die lachten, weinten, sich ärgerten und mit der Mischung an Erhabenem und Weltlichem, die das Leben bietet, umzugehen wußten. Wenn du dich unwürdig fühlst, an einer Zeremonie teilzunehmen oder die Führungsrolle zu übernehmen, verwehrst du dir den Zugang zur Göttlichkeit. Du mußt dich selbst achten und die innere Reise suchen, wo immer du stehst. Dich nicht als Gottes Geschöpf zu sehen, ist eindeutig lästerlich.

FRAGE: *Was ist Karma?*

ANTWORT: Es gibt zwei Arten von Karma. Die Art, von der wir im Westen meistens sprechen, ist das Karma als Schicksal, das entweder vorbestimmt ist oder durch unsere Handlungen in unserem jetzigen Leben verursacht wird. Die östlichen Philosophien kennen die Lehre des Karma als Kausalität; sie ist in allen hinduistischen und buddhistischen Glaubensrichtungen dieselbe. Das folgende Zitat, eines der besten auf diesem Gebiet, stammt aus dem Buch *Bud-*

dhism: Its Doctrines and Its Methods von Alexandra David-Néel:

»...Deine Worte, deine Gedanken und die Lehren, die du verbreitest, und dein Vorbild sind wie so viele Funken, die entstehen und auf andere fallen. Manchmal dringen sie in den Geist deines Nachbarn oder in den Geist einer Seele, von deren Existenz du nicht einmal weißt, oder die sie am anderen Ende der Welt empfängt, durch einen Bericht, den sie hört oder ein Buch, das sie liest, oder, wie die Tibeter sagen, durch die Macht der ›Wellen, die unsere Handlungen und Gedanken in Äther erzeugen‹.«

FRAGE: *Würdest du erklären, was Power (Macht/Kraft) ist?*

ANTWORT: Es gibt einen riesigen Unterschied zwischen Menschen, die aus Gründen des Wissens, der Weisheit und der Erleuchtung vom spirituellen Bereich angezogen werden, und solchen, die nach Macht streben, um sich wichtig zu machen. Die deutsche Sprache kennt zwei Ausdrücke für das englische Wort *Power*. *Macht* kann man erben oder über andere ausüben. Es ist etwas Politisches, das einem von anderen als Kontrollmittel über Menschen gegeben wird. *Kraft* ist Stärke im Sinn von Fähigkeiten, Kräften im spirituellen Sinn, die von niemandem herrühren. *Kraft* bedeutet, daß man in der Lage ist, mit Kraftfeldern und Energien umzugehen und Dinge einzusetzen oder auszuschalten.

Macht sollte erstrebt werden, um zu dienen, um Wissen und Fähigkeiten zu erlangen. Wenn man sie richtig einsetzt, so geschieht das, ohne anderen zu schaden. Das Ausüben von Macht über andere, sei es als Kompensation für die eigenen Unsicherheiten oder um zu prahlen, kann nicht befriedigen und schadet dir selbst und anderen in jeglicher Hinsicht. Diese Macht über andere erzeugt Angst, und zwar nicht nur in anderen Menschen, sondern auch in dem, der sie ausübt. Medizinleute, die ihre Macht für das Wohlergehen der Gesellschaft einsetzen, brauchen nur den Schutz des Schöpfers, wenn sie auf Reisen gehen oder sich unter Menschen begeben. Jene, die sie für ihre eigenen Zwecke benutzen, stellen Leibwächter an und umgeben sich mit großem Gefolge, um sich vor den sie angeblich bewundernden Massen zu schützen.

Es gibt Kraft in Menschen, Gegenständen, Orten (geologischen Formationen oder Gebäuden), Bewegungen (Tanz), Klängen (Musik oder Geräuschen), Bildern, transempirischen Wesen, Gottheiten oder abstrakten Prinzipien. Kraft ist das Ziel von Ritualen. Die Handhabung der Kraft bedeutet, Mythen und Handlungen zu einer spirituellen Dimension zu erwecken und die Macht einzusetzen, um Gutes zu fördern und Schlechtes abzuwenden. Macht gleicht einer unsichtbaren schöpferischen Kraft, die sowohl in spirituellen als auch in weltlichen Angelegenheiten nutzen (und manchmal auch schaden) kann.

Als Beispiel einer nichtkörperlichen Kraft kennen wir den einstimmigen Gesang der Mönche, die bei Trockenheit Regen herbeiführen, oder mehrere Tage hintereinander einen wolkenfreien Himmel für die Feier heiliger Feste bewirken.

FRAGE: *Warum verbietest du deinen Schülern den Genuß von Alkohol?*

ANTWORT: Unter Alkoholeinfluß kannst du dir leicht etwas vormachen oder von den Kräften, die du kontaktiert hast, getäuscht werden. Auch wenn sich das nachstehende Zitat von Grace Cooke in *The New Mediumship* an Menschen wendet, die ihre medialen Fähigkeiten entwickeln wollen, gilt ihre Antwort ebenso für Heiler, Visionäre und spirituelle Sucher aller Art:

»Bestimmte Mittel können das Sonnengeflecht stimulieren, eines davon ist Alkohol. Wenn Alkohol oder Drogen im Spiel sind, können erstaunliche Kommunikationen stattfinden. Ein zukünftiges Medium unter dem Einfluß von Drogen oder Alkohol ist wie ein Kind, das man in ein Kraftwerk hineingelassen hat und das dort einen Schalter betätigt, den es nicht mehr abstellen kann. Manchmal sehnen sich die Menschen so sehr danach, Kontakt mit der anderen Seite aufzunehmen, daß sie alles tun, um ihr Ziel zu erreichen; und da ihnen be-

kannt ist, daß ihre natürlichen Gaben durch Alkohol stimuliert werden, öffnen sie sich verschiedenen astralen Sendern und werden wegen ihrer Unkenntnis der Gesetze der Medialität von einem Gemisch gleichzeitiger Stimmen und Klänge aus der astralen Ebene verfolgt.«

Verwirrung, mangelnde Unterscheidungskraft und Besonnenheit sowie die Unfähigkeit, die Stimmen zu stoppen, so daß du von den erhaltenen Informationen noch ganz verstört bist, wenn du schon lange nüchtern bist, das sind die wirklichen Probleme beim Trinken.

Der andere Grund ist, daß meine Lehrerin Essie Parrish den Alkohol völlig verbietet, und ich mich an ihre Anweisungen halte.

FRAGE: *Welche Art Rituale empfiehlst du für den rituellen Gebrauch von Drogen und Kräutern?*

ANTWORT: Der Gebrauch der »Medizin« beschränkt sich auf bestimmte Zeremonien, und sie wird nur sakral, ehrfurchtsvoll und selten eingenommen. Zur richtigen Jahreszeit werden Pilgerfahrten unternommen, um die betreffenden Pflanzen zu sammeln und zu genießen. Mit Liedern und Gebeten werden die Visionen gemeinsam gefeiert. Eine ganze Gemeinschaft geht zusammen der Vision nach, angeführt von einem oder mehreren weisen Führern, die ihnen den Weg bereiten.

Wenn du zu einer Reihe von Ritualen eingeladen worden bist und daran teilgenommen hast, werden du und dein Lehrer, sei er menschlicher oder geistiger Natur, wissen, daß du bereit bist, und dich in eine oder mehrere Zubereitungsarten einweihen; dies wird zu deiner heiligen Praxis werden. Dazu mußt du wissen, wie und in welcher Menge die Droge einzunehmen ist, um eine mystische und doch klare Vision zu erhalten.

Es ist schwer, Menschen zu glauben, die regelmäßig oder über längere Zeit chemisch synthetisierte Substanzen einnehmen, wenn sie erzählen, ihr MDMA (Ecstasy) oder Thorazin sei eine heilige Droge. In welcher Tradition sind diese Pharmazeutika ein Sakrament? Persischer Stoff sei speziell, raunte mir ein Heroinabhängiger zu. Cocablätter sind für manche südamerikanische Stämme zwar heilig, doch in Form von Kokain und Crack sind sie nichts als Drogen, die mißbraucht werden.

Mutter Natur hat narkotische Pflanzen geschaffen, um Schmerzen zu lindern oder dich über deine alltägliche Scheinwelt hinaus in die Welt des Geists zu heben. Nur natürliche Substanzen dürfen in gewissen Kulturen heilig genannt werden, was aber nicht für die synthetischen Derivate gilt, auch wenn sie in Mode sind. Kräuter sind ein natürlicher Bestandteil unseres Lebens und können naturbelassen (fermentiert, getrocknet oder gekocht) als Tee getrunken, aufgelegt, geraucht oder gegessen werden.

Du mußt äußerst vorsichtig sein mit Substanzen, die traditionell für spirituelle Erfahrungen eingenommen werden. Alkohol, der als Entspannungsmittel, bei gesellschaftlichen Anlässen oder als psychisches und emotionales Schmerzlinderungsmittel genossen wird, verliert einen Teil seiner Wirkung als spirituelle Erleuchtungs-Essenz, und später bist du ihm ausgeliefert. Der Genuß beschränkt sich nicht mehr auf die vorgesehenen Anlässe, sondern gehorcht einem unbewußten Wunsch. Später sehnt sich der Körper so sehr danach, daß du nicht mehr widerstehen kannst.

Die Druiden benutzten an Festtagen oder für spezielle Gruppenzauber kleine Mengen Alkohol als Sakrament. Sie benutzten ihn spärlich und zu genau festgesetzten Zeiten, so daß nur alle paar Wochen eine halbe Tasse genossen wurde, um Anlässe wie die Tagundnachtgleichen, die Sonnenwenden, Winter- und Frühlingsanfang oder den 1. Mai zu feiern.

Peyotl wird von verschiedenen Stämmen eingenommen, in einem nächtlichen Ritual, bei dem alle wach bleiben. Es gibt einen Anführer, der über die Leute wacht und sicherstellt, daß alle heil von ihrem Kontakt mit dem Schöpfer in ihr Alltagsbewußtsein zurückkehren. Der eine Medizinmann mischt vielleicht wildes Oregano unter sein Peyotl gegen die Übelkeit, während ein anderer seine

Leute es einfach durchstehen läßt. Doch diese Pflanze ist unverfälscht und wird als naturbelassene Substanz eingenommen. Die Häufigkeit der Zeremonie hängt von der Gruppe ab und variiert zwischen ein- und dreizehnmal im Jahr; manche Mitglieder der amerikanisch-indianischen Kirche (Native American Church) halten die Zeremonie alle zwei Wochen ab.

Peyotl wächst wild im Südwesten der Vereinigten Staaten, in Nevada oder in der Wüste Südkaliforniens. Es ist illegal, aber Mutter Erde läßt es trotzdem üppig wachsen. Der wissenschaftliche Name für Peyotl lautet *Lopophorium williamsii*. Es handelt sich dabei um eine stark psychotrope Pflanze. Wenn du sie ohne Führer, der dich leitet, einnimmst, kann sie dich sowohl erschrecken als auch erleuchten, es hängt ganz von deiner Interpretation ab.

Marihuana wird seit langem als Opfergabe verwendet. Zusammen mit Kaffee genossen wirkt es geistig anregend. Das Rauchen dieses Krauts führt zu einer ganz anderen mystischen Erfahrung, als wenn man es ißt. Hier ist die richtige Zubereitungsmethode wichtig, da die Blätter und Samen nicht in das Essen geraten dürfen. Beim täglichen oder wöchentlichen Genuß jedoch handelt es sich um nichts anderes als um Sucht.

Meine Lehrerin lehrte mich, die Wurzeln eines Krauts zu rauchen, das im westlichen Teil von Kalifornien und Oregon wächst. Sie sagte mehrmals: »Rauch nur, wenn die Geister es dir befehlen.« Dieses Kraut bringt absolute Klarheit und spirituelle Einsicht.

Ein inniges Gebet wird auch zur »Medizin«; du brauchst nichts einzunehmen, wenn ein begnadeter Gebetsheiler (praying doctor) dir zeigen kann, wie du beten sollst. Vielleicht stößt du zufällig auf günstige Voraussetzungen für das Gebet oder du übst, bis du diese Kunst gemeistert hast, und konzentriert, zentriert und positiv bleiben kannst.*

---

* Das Gebet wird in Kapitel 12 des Buches: *Der heilende Klang,* von Laeh Maggie Garfield, behandelt.

Bibliographie –
Empfohlene Literatur

Astrophysik

Stephen W. Hawking: *Eine kurze Geschichte der Zeit. Die Suche nach der Urkraft des Universums,* Reinbek 1981

Buddhismus

Chögyam Ngakpa: *Rainbow of Liberated Energy,* Element Books 1986

Alexandra David-Néel: *Buddhism: Its Doctrines and Its Methods*

Pierre Delattre, *Tales of the Dalai Lama,* Creative Arts Book Company 1971

Sogyal Rinpoche: *Dzogchen and Padmasambhava,* Riga Fellowship 1989

–: *Das tibetische Buch vom Leben und vom Sterben,* Scherz Verlag 1994

Christliche Mystik

Elaine Pagels, *Versuchung durch Erkenntnis. Die gnosischen Evangelien,* Frankfurt 1987

Enneagramm

Margaret Frings Keyes: *Emotions and the Enneagram: Working Through Your Shadow Life Script,* Molysdater Publications

Helen Palmer: *Das Enneagramm: Sich selbst und andere verstehen lernen,* München 1991

Frauen

Robert von Ranke-Graves: *Die weiße Göttin. Sprache des Mythos,* Reinbek 1985

Indianer

Barbara Means Adams: *Prayers of Smoke,* Celestial Arts
John Redtail Freesoul: *Breath of the Invisible,* Quest Books 1986
Malcolm Margolin: *The Way We Lived, California Indian Reminiscences, Stories and Songs,* Heyday Books 1981

Judentum

Penina V. Adelman: *Miriam's Well: Rituals for Jewish Women Around the Year,* Biblio Press, Fresh Meadows, New York 1986
Rabbi Aryeh Kaplan: *The Light Beyond: Adventures in Hassidic Thought,* Maznaim Publishing 1981

Klang

Hans Cousto: *Die kosmische Oktave. Der Weg zum universalen Einklang,* Essen 1991
William David: *The Harmonics of Sound, Color and Vibration: A System for Self-Awareness,* De Vorss & Company 1980
Kay Gardner: *Sounding the Inner Landscape: Music as Medicine,* Caduceus Publications 1990
Laeh Maggie Garfield: *Der heilende Klang, Das wunderbare Netz von Stimme, Ton und Gesang,* Goldmann, München 1989
R. J. Stewart: *Music and the Elemental Psyche: A Practical Guide to Music and Changing Consciousness,* Destiny Books 1987

Liebe

Susan Peabody: *Addiction to Love: Overcoming Obsession and Dependency in Relationships,* Ten Speed Press, Berkeley, California 1989
Carlotte Davis Kasl, Ph. D.: *Women, Sex and Addiction,* Harper and Row 1990

Sexualität

Andrew Ramer: *Two Flutes Playing*
Richard Alan Miller: *The Magical and Ritual Use of Aphrodisiacs,* Destiny Books 1985

Spiritualität

Grace Cooke in: *The New Mediumship,* White Eagle Publishing Trust

Laeh Maggie Garfield & Jack Grant: *Geisthelfer. Eine Einführung in die Arbeit mit Wesen aus der anderen Welt,* Goldmann, München 1988

Joan Hodgeson: *Why On Earth,* White Eagle Publishing Trust, England 1979

Murry Hope: *Practical Techniques of Psychic Self-Defense*

Träume

Strephon Williams: *Durch Traumarbeit zum eigenen Selbst. Die Jung-Senoi-Methode,* Ansata, Interlaken 1987

Yoga

Baba Hari Dass: *Stille Spricht,* Franz Schickler, Berlin 1979

–: *Fire Without Fuel*

–: *Ashtanga Yoga Primer,* 1981
  beide bei Sri Rama Publishing, P.O. Box 2550, Santa Cruz, California

–: *Kinder im Garten Yoga. Eine spielerische Anleitung,* Tanner & Staehelin, Zürich 1989

Namkai Norbu: *Yantra Yoga: Yoga of Movements,* TSAPARANG Verlag, Graz 1988

Glossar

Abholer: Es ist niemandem erlaubt, den Übergang vom Leben zum Tod unbegleitet zu machen. Deshalb wird dir ein Begleiter zugeteilt, der dir auf deiner Reise beisteht.

Ahimsa (Gewaltlosigkeit): »Das Yoga von Ahimsa besteht in dem Ausdenken von Mitteln und dem Ausführen von Handlungen ... die den üblen Auswirkungen ... der Taten der menschlichen Gesellschaft entgegenwirken.« (Ghandi)

Alte Seelen leben nach ihren eigenen Regeln, Bestrebungen und Prinzipien, gleich welcher Gesellschaft sie zugehören. Es sind die erfolgreichen Einzelgänger dieser Welt. Sie hören auf ihre Intuition.

Arthi ist eine indische Feuerzeremonie, bei der in Ghee-Butter getränkte Baumwolle benutzt wird.

Astralreisen: 1. Reise der Psyche in andere Reiche oder Daseinsebenen; 2. eine Reise im feinstofflichen Körper zu entfernten geophysikalischen Orten.

Der **Atem Gottes** ist dein göttlicher Funke. Er ist der vierte Teil der Seele, der in dem Augenblick in den Körper eintritt, wenn das Neugeborene seinen ersten Atemzug macht.

Atempunkt: Die Stelle, an der der Atemimpuls seinen Anfang nimmt, befindet sich direkt unter dem Schulterblatt.

Die **Berater** kommen von der Sternenebene. Sie sind nicht einem einzigen Sonnensystem zugeteilt. Eine Reihe von Beratern übernimmt die Obhut einer Galaxie und arbeitet zusammen mit weiteren Beratern, die andere Galaxien überwachen. Zwei Berater, die keine weiteren Aufgaben übernehmen, betreuen jeden Klan.

Blastechnik (blow doctoring): Eine schamanische Heilweise, die den Atem als belebende Kraft einsetzt und das Atemmuster des

Patienten buchstäblich neu herstellt. Jemand kann durch diese Methode ins Leben zurückgerufen werden oder seine volle Gesundheit wiedererlangen.

dZog Chen: Mysterienschule des tibetischen Buddhismus.

Ermächtigung: Die Übertragung der Kräfte durch Berührung, Blick, Wort, Tat, Berührung, Absicht und Gedanken. Die Übertragung erfolgt nicht vom Lehrer auf den Schüler im Sinne einer Gabe; doch sie gibt dem Eingeweihten die Fähigkeit, sein persönliches Verständnis sowie seine heilenden und seherischen Kräfte zu erschließen.

Erwachsene Seelen betrachten ihr Leben nicht bloß vom Standpunkt der Bequemlichkeit und der Macht aus, sondern richten es nach wesentlicheren Werten wie Mitgefühl, Liebe, Leiden und Güte aus.

Essenz: siehe Urselbst.

Ewige Zeit: Die Zeit, die immer währt, zu der alle Ereignisse an allen Orten ohne Einschränkungen stattfinden.

Freiwillige Seelen haben in früheren Inkarnationen alle Stufen der Entwicklung (Häuser) erfolgreich absolviert. Sie haben von Geburt an Zugang zu allen Erinnerungen in allen Teilen des Universums. Sie sind die Meisterarchitekten.

Frühere Leben: siehe Mit-Wesen.

Großmutter Ozean: Die Ozeane und Meere haben je eine großmütterliche Beschützerin, die über ihre Energien wacht.

Häuser: Es gibt sieben Häuser oder Stufen des Wachstums in der Dimension, die uns als materielles Leben bekannt ist.

Der Heilige Geist ist buchstäblich »Atem«.

Irdische Zeit: siehe Welt-Zeit.

Klan: Eine Gruppe ähnlicher Individuen, die miteinander verwandt sind. Er ist zahlreicher und vielfältiger als eine Familie.

Kleinkind-Seelen sind oft pedantisch, fordernd, eigensinnig oder übertrieben lieb. In dieser Inkarnationsreihe arbeiten sie mit Annahme und Ablehnung oder mit buchstäblicher Aussetzung.

Kollektive Erinnerung: Das angehäufte Wissen von Millionen Lebzeiten, die von allen Seelen gelebt wurden, die sich je verkörpert haben. Jedermann hat Zugang dazu.

Die **Kraftübertragung** geschieht direkt vom Meister an den Lehrling, durch Blick, Wort, Tat, Berührung, Gedanken und Absicht.

Lebensaufgabe: Die Arbeit, zu der du dich vor deiner Geburt verpflichtet hast. Soll dein Leben gelingen, mußt du sie in allen Teilen erfüllen.

Lebensschnur/Lebensklang: Erst kommt der Tod, dann das Leben. Es gibt einen Punkt im Anus, unter dem ersten Chakra und mit diesem verbunden, der die Lebensschnur (dreifarbiger Zopf, in Rot, Blau und Weiß) und den Klang enthält, der dich mit der Erde verbindet.

Lehrstoffprüfung: Wenn du dein Verhalten gegenüber einer bestimmten Situation geprüft oder verstanden und bewiesen hast, daß du das Problem auf neue Art lösen kannst, tritt, als Prüfung des Gelernten, eine ähnliche Situation auf; entweder du bestehst die Prüfung, oder du fällst durch.

Ley-Linien: Ein Netz von Kraftlinien, das die Welt umspannt. Sie sind durch megalithische Kultplätze, Gebäude oder andere Monumente bezeichnet, welche die geheimnisvollen Kräfte unterstreichen, die da auftreten, wo Ley-Linien sich kreuzen.

Meisterführer sind spirituelle Wesen, die bestrebt sind, Samen kosmischen Wissens auf der irdischen Ebene zu pflanzen. Sie teilen sich selten einem Einzelnen mit, sondern wählen Menschen aus, die die Lehre weitergeben werden.

Die **menschliche Seele** besteht aus vier Komponenten, jede Komponente hat eine andere Funktion. Zusammen bilden sie ein einzigartiges Selbst.

Mission: siehe Lebensaufgabe.

Mit-Wesen sind Seelen, die von demselben Urselbst stammen; sie werden oft frühere Leben genannt.

Mondspirale: Auf der ersten Stufe der Erleuchtung, die durch den Mond symbolisiert wird, betrifft das erworbene Wissen insbesondere die Entdeckung des Selbst.

Die **Persönlichkeit** ist die dritte Komponente einer lebendigen Seele. Sie tritt während der Schwangerschaft in den Körper ein, zu einem Zeitpunkt, der von dem Moment, an dem die Mutter Leben spürt, bis zur Geburt reichen kann.

Die **Quelle** ist der Wohnort des Allmächtigen, des Herrschers unseres Universums. Dort wohnen auch die planetaren Götter, die aufgestiegenen Wesen. Es ist die Sternenebene der Erleuchtung. Alles Bekannte und Unbekannte im gesamten Kosmos geht von der Quelle aus.

Das **Reich der Gestalten und Formen** ist die Heimat von körperlosen Hütern, die für die Entwicklung und die Sicherheit von Landformationen wie Berge oder heilige Orte zuständig sind. Elfen, Devas, Feen, Trolle, Baumgeister und Tiergeister gehören alle zum Reich der Gestalten und Formen.

Das **Reich der Materie** wird auch Reich der Erscheinungsformen, Reich des Handelns oder Reich der Bewegung genannt. Es umfaßt das Wasser, den Wind, das Feuer, jedes Molekül und chemische Element, jeden Punkt und jeden geophysikalischen Ort im Universum.

Das **Reich der Schöpfung** ist die Welt des reinen Geistes jenseits des Intellekts. Der Geist hat die Fähigkeit, mit wahrem inneren Verständnis alles zu erfassen und auszudrücken; er kann Wissen schaffen und aufnehmen.

Reife Seelen arbeiten an Projekten, die mit dem fünften Chakra zusammenhängen. Sie kümmern sich um das Allgemeinwohl und sind oft Pazifisten. Sie schauen weg, wenn ihnen etwas begegnet, mit dem sie nichts zu tun haben wollen oder mit dem sie nicht ganz einverstanden sind.

Säuglings-Seelen können sehr unschuldig scheinen, als wären sie nicht von dieser Welt. Anders als Alte Seelen, denen sie in dieser Hinsicht gleichen, erscheinen sie eher naiv als weise.

Schöpfer: siehe Atem Gottes.

Shakti: Der Energiestrom, der die Welt antreibt. Meine Lehrerin, Essie Parrish, sagte mir, daß es wie Elektrizität ist, aber daß es keine Elektrizität sei.

Sitio: Kleiner persönlicher Kraftort.

Die **Sonnenspirale der Erleuchtung:** Die zweite Ebene der Erleuchtung wird durch die Sonne dargestellt. Das Wissen, das dir hier mitgeteilt wird, betrifft die fünf Bereiche Tod, Vergänglichkeit, Liebe, Geburt, Zeit, Wahrheit.

Die **Sternenspirale der Erleuchtung** verschafft Zugang zum »großen Geheimnis«, der Weisheit, die zu allen Zeiten und an allen Orten gegeben war. Hier erstreckt sich dein Wissen auf den Raum. Du arbeitest mit Verwandlung, Elektromagnetismus, der Schwerkraft und der Schwerelosigkeit, dem Vakuum und den molekularen und atomaren Struktur.

Strahl: Dein Strahl ist die Farbe, die immer bei dir ist. Der Farbton bleibt unverändert, trotz Krankheiten, emotionalen Erschütterungen, Alter und unabhängig davon, ob du Schritte zu deinem spirituellen Wachstum unternimmst oder nicht. Die Farbintensität oder -dichte zeigt die Seelenstufe an, auf der du gegenwärtig willst.

Synästhesie: Die Vermischung von zwei unzusammenhängenden Empfindungen, die ein Mensch gleichzeitig wahrnimmt, wie Schmecken und Fühlen oder Riechen und Sehen. Jene, die die Sinnesüberschneidung bis ins erwachsene Alter bewahren, erfahren die Synästhesie von Farbe und Klang, Tastsinn und Geruch, Form und Erinnerung, Riechen und Sehen.

Teenager-Seele: Egal an welchem Chakra sie arbeitet, sieht die Teenager-Seele das Leben als Weg zu Macht und Einfluß. Sie schmiedet Pläne, um diese Ziele zu erreichen.

Tod: Der Tod ist der Stillstand der Winde der Wandlung innerhalb des Lebens, das gelebt wurde. Die Seele in ihrer Ganzheit wählt nicht nur den Zeitpunkt des Todes, sondern verfügt über viel Spielraum, um den Moment neu zu bestimmen.

Todeston: Ein Ton, den man nirgendwo anders hört: Ein schwirrendes Pfeifen, ähnlich einem Lasso, mit einem sirenenhaften Oberton. Das betörende, eintönige Summen führt dich an einer wirbelnden, dreifarbigen Nabelschnur aus deinem Körper hinaus.

Traumzeit: Das Eintauchen durch Träume und Visionen in eine mythologische Zeit, auf der eine ganze Kultur gründet. Die Erfahrungen können aus einem speziellen Trance-Traum, einer Vision oder einem plötzlichen Entschweben aus der normalen Wirklichkeit mitten in einem ganz gewöhnlichen Tag kommen. Es gibt eine besondere Art zu dösen, die eine bemerkenswerte Form der Traumzeit hervorbringt.

Tumo ist die Kunst, sich ohne Feuer zu wärmen.

Die **Überseele** berät und wacht über eine Gruppe von Urselbsten.

Übertragung: siehe Kraftübertragung.

Uhrzeit: siehe Welt-Zeit.

Das **Urselbst** ist der erste Bestandteil der Seele; es ist zur Zeit der Zeugung bereits vorhanden. Es ist dein essentielles (Ur-)Wesen, und das essentielle Wesen aller Verkörperungen, an denen du beteiligt gewesen bist.

Visionssuche: Die Suche nach einer spirituellen Anweisung (oder Führung); sie ist meist persönlicher Natur. Es gibt zwei Arten der

Visionssuche, die innere, die man im allgemeinen als »Reise« bezeichnet, und die äußere, bei der der Körper durch Fasten, Schlafmangel und die Begegnung mit den Elementen bis an seine äußersten Belastungsgrenzen getrieben wird. Die beliebtere ist die innere Suche.

Welt-Zeit: Kalenderzeit. Die Zeit, nach der wir unsere Uhr richten.

Wurzelmann und Wurzelfrau sind innere Helfer und partielle Mit-Wesen für die Dauer eines bestimmten Lebens. Kapitel 6 ist dieser besonderen und sehr engen Beziehung gewidmet.

Die **Zerstückelung** ist ein Weg, um sein Leben neu aufzubauen, bei dem man alles wegwirft, und nur das zurücknimmt, was man wirklich braucht. Sie tritt meistens ungewollt auf; es ist keine körperliche, sondern eine geistig-spirituelle Erfahrung.

Zeuge: Der zweite Teil der Seele ist ein Erzengel, der gleichzeitig über Hunderte inkarnierte Urselbste wacht.

Namens- und Sachregister

Für genauere Informationen über Tonbandkassetten, Kurs-
programme, Meditationen und weiteres Material, das in dem
vorliegenden Buch erwähnt wird, wenden Sie sich bitte an:

Inward Journeys
Hauptstraße 54
CH-8455 Rüdlingen
Tel. 0049-1-8670763

Louise L. Hay

»Nur wer sich selbst akzeptiert und liebt, kann gesund werden und anderen Gesundheit bringen.«   Louise L. Hay

08/9542

Wilhelm Heyne Verlag
München

Heilen mit Bachblüten

Blütenessenzen für geistige und körperliche Harmonie

08/9517

Wilhelm Heyne Verlag
München